STUDI SUPERIORI / 668

LINGUE E LETTERATURE STRANIERE

W0394625

I lettori che desiderano
informazioni sui volumi
pubblicati dalla casa editrice
possono rivolgersi direttamente a:

Carocci editore

via Sardegna 50,
00187 Roma,
telefono 06 42 81 84 17,
fax 06 42 74 79 31

Visitateci sul nostro sito Internet:
http://www.carocci.it

E. Bonvino / L. Di Prete/ F. Giardini / A. Iori / I. Longo
A. Pontesilli / G. Ridarelli / R. A. Scalzo / C. Serra Borneto
P. Vardaro / C. Vergaro / P. Visciola / U. Weidenhiller

C'era una volta il metodo

Tendenze attuali nella didattica delle lingue straniere

A cura di Carlo Serra Borneto

Carocci editore

Stampato con il contributo del Centro Linguistico d'Ateneo
dell'Università degli Studi di Roma Tre.

1ª edizione Studi Superiori, marzo 2011
1ª edizione Università, 1998 (12 ristampe)
© copyright 1998 by Carocci editore S.p.A., Roma

Finito di stampare nel marzo 2011
dalle Arti Grafiche Editoriali Srl, Urbino

ISBN 978-88-430-1515-3

Riproduzione vietata ai sensi di legge
(art. 171 della legge 22 aprile 1941, n. 633)

Senza regolare autorizzazione,
è vietato riprodurre questo volume
anche parzialmente e con qualsiasi mezzo,
compresa la fotocopia, anche per uso interno
o didattico.

Indice

Presentazione

Questo volume rappresenta il primo risultato dell'attività svolta all'interno del Centro Linguistico d'Ateneo dell'Università di Roma Tre, che fin dal suo costituirsi (1995) si è posto l'obiettivo di svolgere, oltre ad attività di servizio, attività di formazione e ricerca.

Il gruppo degli autori è costituito da giovani studiosi che si sono formati all'interno della struttura del CLA, alternando forme di specializzazione in campo teorico ad attività pratiche di costruzione di materiali didattici, elaborazione di percorsi formativi in autoistruzione e gestione di alcuni aspetti organizzativi della struttura.

Questo tipo di formazione li ha resi particolarmente adatti al compito che si sono assunti, quello di presentare una trattazione approfondita, ma allo stesso tempo estremamente chiara, degli sviluppi attuali di diversi approcci all'insegnamento e apprendimento delle lingue moderne. Il libro rappresenta un'introduzione accessibile e esauriente a questo argomento e si rivolge in maniera particolare agli studenti di Glottodidattica e agli insegnanti di lingue straniere, proponendosi di offrire loro una panoramica ampia, teoricamente fondata e riccamente esemplificata di un settore della glottodidattica che nella pubblicistica italiana risulta piuttosto trascurato.

Il volume si apre con un'ampia introduzione del curatore, che inquadra storicamente l'argomento dell'opera e ne delinea gli sviluppi più recenti e si articola in tre parti – ciascuna preceduta da una breve introduzione – ognuna delle quali include una serie di capitoli su approcci che condividono alcuni tratti comuni, pur nella loro diversità.

Ci auguriamo che questo volume possa rappresentare uno strumento utile per la didattica di un disciplina che di recente è stata introdotta come obbligatoria nei piani di studio di alcuni indirizzi delle Facoltà umanistiche.

ANNARITA PUGLIELLI
Direttore del CLA di Roma Tre

Ringraziamenti

Desideriamo ringraziare i docenti e i collaboratori responsabili della formazione del CLA – Serena Ambroso, Patrick Boylan, Nancy Isenberg, Olivia Monesi, Giovanna Stefancich – che molto ci hanno aiutato mettendoci nelle condizioni di concepire e realizzare questo volume.

Ringraziamo inoltre Patrick Boylan, Eros Caliò, Paola Giunchi, Silvana Merico, Erika Palombo, Ugo Peru, Daniela Pucci, Sara Ramunno, Teresa Staffa per aver letto il manoscritto e averci fornito preziosissimi consigli.

Un ringraziamento vivissimo va inoltre a Renato Moretti che ci ha fornito tutta l'assistenza tecnica necessaria per l'allestimento del volume.

Un rigraziamento particolare va rivolto infine ad Annarita Puglielli, senza il cui sostegno e incoraggiamento l'intera impresa sarebbe stata semplicemente impossibile.

GLI AUTORI

1

Introduzione

di *Carlo Serra Borneto*

1.1
"Contro il metodo"

Alcuni anni fa, nel 1975, Paul Feyerabend pubblicò un libro che fece scalpore: *Against method. Outline of an anarchic theory of knowledge.* Vi si sosteneva, con argomenti non sempre solidi ma certamente brillanti, che la scienza è sostanzialmente un'impresa anarchica e che i metodi e le teorie troppo restrittive sono contrarie al suo sviluppo più vitale. Nella ricerca scientifica non esisterebbero principi validi in ogni occasione, né metodi che possano considerarsi incontestabili. Diceva infine Feyerabend: «C'è *un* solo principio che possa essere difeso in *tutte* le circostanze e in tutte le fasi dello sviluppo umano. È il principio: *qualsiasi cosa può andar bene*» (Feyerabend, 1979, p. 25).

Feyerabend si riferiva alla scienza e la sua era chiaramente una provocazione. Ma, significativamente, anche nell'insegnamento, e in particolare nell'insegnamento delle lingue straniere, in quegli anni si andava sviluppando una campagna "contro il metodo", cioè contro un sistema rigido di regole che prescrivono "come bisogna insegnare". A dire il vero, una definizione standard di cosa sia un metodo nell'insegnamento delle lingue straniere non è mai stata raggiunta. Stern (1983, p. 452) rilevava che il concetto è tra i più elusivi e ambigui e gli stessi Richards e Rodgers, che pure vi dedicano un volume, non giungono a definizioni da tutti condivise su cosa sia "metodo" in contrapposizione ad "approccio", "procedure", "tecniche" (Richards, Rodgers, 1986; cfr. anche Larsen-Freeman, 1986). Non è nostra intenzione avventurarci in tentativi di delimitazione terminologica al riguardo (per discussioni in ambito italiano cfr. Balboni, 1991, pp. 6-7; Ciliberti, 1994, pp. 18-9; Porcelli, 1994, pp. 41-59): ci basti dire che un metodo è qualcosa di più di una tecnica o di una strategia di insegnamento, poiché fa riferimento a una *teoria dell'insegnamento* (cioè a impostazioni, procedure e modelli di azioni ripetibili in grado di guidare l'insegnante nella sua attività didattica), a una visione o una vera e propria *teoria della lingua* da insegnare, a una serie di ipotesi sull'apprendente e sulla natura dell'apprendimento. In pratica, esso implica un insieme di assunzioni implicite o esplicite che ne fanno una sorta di sistema di riferimento per l'insegnante fino a toccare i problemi della scelta, articolazione e progressione dei materiali didattici da utilizzare nell'interazione con gli allievi. Ed è proprio questo carattere sistematico e tendenzialmente rigido che è stato messo in discussione, anche perché ciascun metodo enfatizza solo alcuni aspetti della didattica e dell'apprendimento a scapito degli altri. Il preteso carattere generale, globale, del metodo – è stato detto – è fondato su un'illusione, un'illusione di compattezza e unità nella didattica. In realtà non può esistere *un* metodo che vada bene per tutte le situazioni che si presentano nella prassi dell'insegnamento, perché varie sono le esigenze e differenti gli attori che vi prendono parte. Di questo ci si era già resi conto molto tempo fa, assai prima che maturasse la contestazione cui sopra si accennava. Un insegnante tedesco degli anni Trenta sosteneva, con parole che forse ancora oggi potremmo condividere (Weber 1933, *Introduzione*, cit. in Rösler, 1994, p. 113):

> Ich halte es für verfehlt, unsere Lehrer für den Deutschunterricht mit Ausländern auf eine bestimmte Methode festzulegen und einzudrillen. Jede Methode hat ihr gutes, von jeder können wir lernen. Darum ist es nötig, möglichst alle Methoden kennenzulernen und von jeder das beste zu nehmen[1].

Questa critica ad un'impostazione unilaterale della formazione dell'insegnante è confermata anche dalle recenti ricerche sull'apprendimento delle lingue straniere. Bialystok e Hakuta, a conclusione di un interessante volume che riassume molti dei risultati di tali ricerche, esprimono il seguente parere (Bialystok, Hakuta, 1994, pp. 209-10):

> The inescapable conclusion we draw from the information presented in this book is that there is no single correct method for teaching or learning a second language and that the search for one is probably misguided. [...] With the

1. «Considero sbagliato formare i nostri insegnanti di lingua tedesca per stranieri ancorandoli solo ad un determinato metodo. Ogni metodo ha del buono, da ciascuno si può imparare qualcosa. Perciò è necessario conoscere, se possibile, tutti i metodi, in modo da poter ricavare il meglio da ciascuno».

range of goals, the different dimensions of proficiency, and the diversity of methods, learners must take responsibility for acquiring a second language. And teachers, for their part, must support and guide this efforts [2].

Al di là della critica al metodo, o al solo metodo valido, queste parole indicano tuttavia anche una prospettiva diversa: quella che pone il *discente* al centro del processo di apprendimento come soggetto attivo e responsabile. Alla "crisi del metodo" si affianca infatti anche una crisi del ruolo dell'insegnante. Le due cose sono legate perché nella visione tradizionale l'insegnante svolgeva il suo compito pedagogico applicando in certo senso "dall'alto" un metodo didattico "completo", che gli forniva non solo le conoscenze da trasmettere ma anche gli strumenti per stimolare e controllare i progressi dei discenti. Ora le posizioni si rovesciano: di fronte alla molteplicità delle variabili implicate e all'impossibilità di soddisfarle con una procedura univoca è il discente stesso che – soggetto e arbitro dell'apprendimento – ne diviene anche il responsabile. Non si tratta tuttavia neppure in questo caso di un'idea troppo nuova: anch'essa deriva dalla prassi dell'insegnamento ed era già implicita nei presupposti della didattica comunicativa degli anni Settanta. Già in un libro di Johnson e Paulston, dal titolo significativo di *Individualizing in the Language Classroom* (1976), vengono delineate come segue le caratteristiche del ruolo dell'apprendente (Johnson, Paulston, 1976 cit. in Richards, Rodgers, 1986, p. 23):

(a) Learners plan their own learning program and thus ultimately assume responsibility for what they do in the classroom. (b) Learners monitor and evaluate their own progress. (c) Learners are members of a group and learn by interacting with others. (d) Learners tutor other learners. (e) Learners learn from the teacher, from other students, and from other teaching sources [3].

2. «L'inevitabile conclusione deducibile dai fatti presentati in questo libro è che non esiste un unico metodo corretto per insegnare o imparare una lingua straniera e che probabilmente è fuorviante cercarlo. [...] Visto lo spettro degli obiettivi, le molteplici dimensioni delle possibili competenze e la diversità dei metodi è bene che siano i discenti ad assumersi la responsabilità nell'acquisizione di una seconda lingua. Gli insegnanti, per parte loro, devono appoggiare e guidare i loro sforzi».

3. «(a) Gli apprendenti pianificano il proprio programma didattico e quindi in ultima analisi si assumono la responsabilità di quel che faranno in classe; (b) gli apprendenti controllano e valutano i propri progressi; (c) gli apprendenti sono membri di un gruppo e apprendono attraverso l'interazione con gli altri membri; (d) gli apprendenti assistono gli altri discenti nel processo dell'apprendimento; (e) gli apprendenti apprendono dall'insegnante, dagli altri studenti e da altre fonti di insegnamento».

Si invoca qui esplicitamente un'assunzione di responsabilità da parte dell'apprendente, sia per quanto riguarda la scelta dei materiali linguistici, sia per quanto riguarda la pianificazione dello studio, sia per quanto riguarda la (auto)valutazione e il controllo. In effetti all'epoca ci si era già resi conto della grande importanza che rivestono gli aspetti individuali e la motivazione personale nell'ottenere successo nell'apprendimento. Questo voleva dire che l'insegnante dovesse "mettersi da una parte", lasciando il campo a forme di autoistruzione che tendevano a emarginarlo? Le cose non stavano ovviamente in questi termini, almeno per quanto riguarda gli approcci didattici di tipo comunicativo che in quel periodo si andavano affermando. Breen e Candlin, ad esempio, affrontarono il problema nei seguenti termini, in un importante articolo programmatico dell'inizio degli anni Ottanta, in cui si illustra il ruolo dell'"insegnante comunicativo" (Breen, Candlin, 1980, p. 99):

> The teacher has two main roles: the first role is to facilitate the communication process between all participants in the classroom, and between these participants and the various activities and texts. The second role is to act as an independent participant within the learning-teaching group. [...] These roles imply a set of secondary roles for the teacher; first as an organizer of resources and a resource himself, second as a guide within the classroom procedures and activities [4].

Come si è visto sopra, Bialystok e Hakuta (verso la metà degli anni Novanta) sostengono che l'insegnante deve solo aiutare, "appoggiare e guidare" i discenti nei loro sforzi di apprendimento. Per Breen e Candlin, invece, l'insegnante ha ancora una funzione più attiva, di partecipazione al processo sociale della comunicazione e di organizzatore delle attività di gruppo, tipiche della metodologia didattica comunicativa. Ma nello stesso tempo viene anche delineata chiaramente la funzione dell'insegnante come "facilitatore", non più severa guida onnipresente e interprete del metodo ma mediatore di attività e di risorse, "risorsa" egli stesso a disposizione dell'apprendente. Lo sviluppo di quest'idea può condurre a quelle conclusioni estreme che si vanno diffondendo negli ultimi tempi e

4. «L'insegnante ha fondamentalmente due ruoli: il primo consiste nel facilitare il processo di comunicazione tra i partecipanti alla lezione e tra di essi e i vari testi e attività. Il secondo sta nell'agire egli stesso come partecipante all'interno del gruppo di insegnamento-apprendimento. [...] Questi ruoli implicano a loro volta una serie di ruoli secondari: innanzi tutto l'insegnante deve essere un organizzatore di risorse e una risorsa egli stesso, poi deve essere una guida nelle procedure e attività di classe».

che trovano spazio in varie pubblicazioni destinate agli insegnanti. Ne riportiamo una a mo' di esempio (Wingate, 1995, p. 12):

We can re-define ourselves as a "rich source", a "resource", which our learners can use or not use as they need. We are "selectors", shopping for materials which may or may not interest our learners. We are "partly hosts", helping to create a positive environment where learning can take place [5].

Qui l'insegnante viene schiacciato sullo sfondo del gran teatro consumistico dell'apprendimento: è visto come un operatore specializzato, in grado di valutare e giudicare un'ampia offerta di mezzi e materiali sul mercato e di proporre quanto ritiene possa risultare utile a creare un *ambiente* favorevole all'apprendimento. Ma il discente può anche rifiutare le sue scelte: è lui infatti il vero protagonista, fino in fondo. L'insegnante fa *shopping*, si guarda intorno al cospetto di un'offerta differenziata di materiali eclettici, li sceglie e li combina in un elegante *collage*, fa da filtro, ma sarà poi il discente a compiere l'ultima scelta su ciò che realmente vorrà utilizzare. In quest'immagine c'è già il germe di un'autonomia radicale da parte del discente che ha come ultimo esito l'ipotesi di far *shopping* per conto proprio, per esempio nel grande supermercato della multimedialità, delle videocassette sottotitolate, dei programmi per computer autogestiti. L'apprendente comporrà poi il proprio *collage* individuale di strumenti e materiali, dando spazio a tutta la sua "creatività". Per noi questo non è un modello auspicabile. Chiunque abbia una qualche dimestichezza con le aspettative e le richieste di chi è interessato all'apprendimento di un lingua straniera sa bene che la figura dell'insegnante come guida è ancora ritenuta indispensabile, specialmente nelle prime fasi dell'apprendimento (ma anche nelle successive, specie se l'insegnante è bravo). Se è vero che un insegnamento rigido e autoritario non è più né ben visto né oggettivamente accettabile, l'immagine del docente moderno somiglia piuttosto a quella di un consigliere serio e preparato, che sostiene l'apprendente ma non si annulla, anzi lo assiste, osserva la classe e se stesso per migliorarsi, insegna a imparare e a programmare. Un docente competente, con doti umane e capacità di invenzione, ma all'occorrenza anche pronto a ricorrere a "vecchi" strumenti come

5. «Possiamo ridefinirci come una fonte, una risorsa che i nostri apprendenti possono utilizzare o non utilizzare secondo necessità. Siamo "selezionatori" che fanno *shopping* di materiale didattico che può o può anche non interessare i nostri apprendenti. Siamo in parte "ospiti", che aiutano a creare un ambiente favorevole in cui possa aver luogo l'apprendimento».

la spiegazione grammaticale e l'organizzazione delle attività di gruppo. Questo tipo di docente non si affida acriticamente ad un metodo, interpretandolo passivamente "secondo le istruzioni", e tuttavia dei metodi è consapevole, ne conosce pregi e difetti, sa utilizzarne gli aspetti positivi. La critica al concetto di metodo e alle sue rigidità ha invece talvolta condotto, come abbiamo visto, a esagerazioni che spesso hanno portato l'insegnante ad abdicare alla sua più autentica vocazione pedagogica.

1.2
C'era una volta il metodo

A questo punto è forse opportuno delineare un rapidissimo schizzo dell'evoluzione dei metodi più noti e utilizzati nel passato per rendersi conto di come si è arrivati alla situazione odierna di sfiducia nei confronti dei metodi stessi. Si vedrà così come metodi e approcci abbiano subito essi stessi uno sviluppo continuativo, una vera e propria evoluzione che li ha portati da forme relativamente compatte ad una sorta di "destrutturazione": si è passati in sostanza da indicazioni solide e univoche, centrate sul ruolo di guida dell'insegnante, alla realizzazione di forme sempre più aperte, con molte possibilità e poche prescrizioni e in cui l'insegnante e il "metodo" stesso si mettono al servizio del discente e della molteplicità delle sue esigenze.

Come si è detto, alcuni metodi del passato avevano l'ambizione di porsi come globali, cioè di soddisfare quelle che erano considerate le esigenze dell'apprendimento di una lingua nel suo complesso. Questo vale almeno fino al metodo audiorale, ma in qualche misura ancora per certi aspetti dell'approccio comunicativo. A mano a mano che questa pretesa si fa più flebile, e contemporaneamente si stemperano gli aspetti prescrittivi dell'insegnamento, si diffonde una sorta di "tolleranza" (rappresentata ad esempio dalla tolleranza verso l'errore), ci si affida sempre più alle qualità e motivazioni del discente. È un percorso che verrà ora delineato, sia pure in maniera estremamente sintetica, dal punto di visto dell'evoluzione del ruolo dell'insegnante.

Uno dei metodi più tradizionali, ancora parzialmente in uso, è quello *grammaticale-traduttivo*. In esso all'insegnante viene richiesto di conoscere bene la grammatica della lingua straniera, di conoscere il meglio possibile la lingua stessa e di far svolgere esercizi e traduzioni, correggere composizioni ecc. La lezione è di tipo frontale e l'insegnante può di norma fare leva su un libro ben strutturato, frutto di una lunga tradizione di studi grammaticali e di tentativi pedagogici. Il libro lo si può seguire in linea di principio passo a passo e prevede spesso una serie di esercizi graduali. Gli allievi riconoscono all'insegnante competenza e autorità e accettano sanzioni, per esempio quelle connesse alla valutazione degli errori nei compiti scritti.

La posizione dell'insegnante si modifica già con l'avvento del metodo *diretto* – nato in contrapposizione a quello grammaticale-traduttivo verso l'inizio del secolo – che mette al centro della didattica il parlare "direttamente" in lingua straniera senza la mediazione della lingua madre. L'esigenza di ricavare le nozioni linguistiche per via induttiva, "dalla lingua stessa", e di rifarsi a situazioni nelle quali si possa esercitare la lingua orale porta l'insegnante ad assumere una posizione più vicina a quella dello studente, a collaborare con lui, ad essergli quasi *partner* nel processo di apprendimento. Lo studente, dal suo canto, è per certi aspetti meno passivo che nel metodo precedente e può a tratti fungere da iniziatore di un'attività didattica. E tuttavia il "metodo" fornisce ancora in sostanza tutti gli strumenti necessari alla lezione in maniera strutturata sulla base di una progressione didattica sostanzialmente ancora di carattere grammaticale.

Da questo punto di vista il metodo *audiorale* – diffusosi nel dopoguerra prima negli Stati Uniti e poi anche in Europa – pur mantenendo alcuni dei presupposti di quello diretto (situatività, lingua orale, apprendimento non cognitivo), è più rigido del precedente. L'introduzione di una progressione rigorosa nelle strutture, la scarsa elasticità tipica degli esercizi strutturali, l'interpretazione vincolante dell'uso del laboratorio linguistico, sono tutti aspetti che impongono all'insegnante una tabella di marcia quasi obbligata. Nel rapporto con gli studenti l'insegnante è un *leader:* ne orchestra gli interventi, li stimola direttamente, rappresenta il modello linguistico da imitare in classe ecc. Nel complesso il metodo audiorale si può definire ancora altamente strutturato, con tutti i difetti che questo comporta.

La vera svolta verso una sostanziale destrutturazione avviene con l'approccio *comunicativo* – sviluppatosi a partire dagli anni Settanta – in cui si sottolinea *come* usare la lingua nelle diverse circostanze in cui si realizza la comunicazione. Già il semplice fatto che l'accento si sposti dall'esigenza di apprendere una lingua come sistema a quella di impadronirsi di un *comportamento* che si rifà alle caratteristiche funzionali della lingua rende le cose più fluide. Una *funzione comunicativa* si può infatti realizzare in molte maniere, con mezzi linguistici assai eterogenei e con diverso grado di "difficoltà" per lo studente, con scopi, obiettivi e contesti diversi. Spesso risulta quindi difficile prevedere tutte le varianti in cui essa può presentarsi. Inoltre, siccome lo studente è parte integrante della comunicazione di classe, è lui che può determinare il corso degli eventi, cioè lo svolgimento della lezione (o almeno lo può codeterminare) e la sua creatività è esplicitamente sollecitata. Lo stesso insegnante è un "coautore", una sorta di "facilitatore" della comunicazione linguistica. Naturalmente ciò non significa che l'insegnante sia lasciato completamente a se stesso: i materiali di impostazione comunicativa, specialmente agli inizi, erano corredati di istruzioni ampie e dettagliate, modelli di lezioni, attività consigliate ecc. E tuttavia proprio la varietà di queste attività, la loro eterogeneità, i loro diversi scopi comunicativi le rendevano difficilmente riconducibili a criteri unitari, aprendo così la strada a quella differenziazione nei materiali e nelle tecniche che oggi ha raggiunto il livello ricordato più sopra.

L'*approccio interculturale* (cfr. *infra* CAP. 9), imparentato con il precedente, anzi da esso direttamente derivato a partire dalla fine degli anni Ottanta, ne porta alle estreme conseguenze alcune premesse: la centralità del discente è ulteriormente accentuata (le sue difficoltà emozionali, di comprensione e adattamento a culture straniere, così come le sue abitudini di studio rappresentano uno dei punti di partenza della nuova tendenza); il materiale fa leva su situazioni particolari, esempi e casi singoli anche se rappresentativi, la lingua viene presentata come un'entità integrata con molti altri aspetti a prima vista "extralinguistici", quali le convenzioni e i comportamenti stereotipici, i gesti e le abitudini ecc. Al discente viene chiesto di valutare situazioni, giudicare ed esprimere i propri punti di vista, che diventano spesso il vero e proprio oggetto della lezione di lingua. L'insegnante appare qui quasi come uno sperimentatore, forse un mediatore, e deve reagire con molta elasticità a situazioni imprevedibili.

Anche la tendenza, recentemente sempre più accentuata, verso forme di *autoapprendimento* – già sperimentate negli anni Ottanta ma incrementate notevolmente negli anni Novanta per venire incontro agli stili individuali di apprendimento e alla crescente domanda linguistico-didattica degli ultimi anni – accentuano la decadenza del "metodo", poiché nell'autoapprendimento le procedure non possono essere predeterminate o imposte all'apprendente. In questa linea si inquadra anche la didattica affidata alle nuove tecnologie e ai materiali multimediali, che premia l'accesso individuale e autodeterminato e la cosiddetta *interattività*, sottraendosi a un'utilizzazione sistematica e lineare e al controllo costante e attivo dell'insegnante.

Infine non va dimenticato l'apporto destrutturante dei cosiddetti metodi *umanistico-affettivi* o *alternativi*, che risalgono agli anni Sessanta ma che sono stati rivalutati solo a partire dagli anni Ottanta: comune a tutti è l'esigenza di porre al centro dell'attenzione pedagogica gli aspetti psicologici dell'apprendimento, prestando particolare attenzione all'atmosfera di classe, all'ambiente rilassante, alla motivazione e al coinvolgimento dell'apprendente. La struttura e i contenuti linguistici (quella che tradizionalmente si chiama la "grammatica" e i "vocaboli") hanno un peso relativo in queste metodologie; lo scopo principale è piuttosto quello di mettere il discente a suo agio per facilitare il suo personale processo di apprendimento. Tuttavia l'insegnante mantiene ancora un forte ruolo di guida, non tanto come esperto della lingua straniera, quanto piuttosto come punto di riferimento, consigliere, in certi casi quasi psicologo (per esempio nel *Community Language Learning*, cfr. *infra* CAP. 2) che cerca di individuare le difficoltà dei singoli contribuendo a superarle e a creare l'atmosfera più favorevole per l'apprendimento. La formazione dell'insegnante è quindi complessa e delicata, poiché è estremamente varia e deve includere un ampio spettro di competenze integrate: bisogna essere psicologi, animatori, talvolta mimi, attori ecc. Non si tratta tuttavia di una preparazione generica o superficiale: in molti casi si richiedono competenze assai specifiche (si pensi all'uso delle combinazioni colori-suoni e dei regoli nel *Silent Way* o alla minuziosa programmazione del *Total Physical Response*, cfr. *infra* CAPP. 5 e 3) che prevedono un lungo *training* iniziale e la capacità di affrontare sequenze di attività rigorosamente pianificate.

Nel complesso appare chiaro che l'evoluzione delle proposte di insegnamento negli ultimi anni – qui delineata a rapidissime linee – va dall'applicazione di metodi solidamente incentrati sulla lingua e la descrizione sistematica delle sue caratteristiche, in cui l'insegnante svolge un ruolo dominante, via via verso approcci sempre più eterogenei, che fanno leva su un ruolo più attivo del discente e quindi attenti alle sue esigenze e ai suoi bisogni. La lingua si identifica sempre di più con una serie di comportamenti (individuali, sociali, interculturali) che sfuggono a una sistematizzazione precostituita e l'insegnante in linea di principio deve essere estremamente elastico, reattivo, autonomo nella concezione e nella gestione della didattica.

Un metodo univoco o "globale" risulta quindi non accettabile per molte ragioni: si è sviluppata una didattica differenziata per fasce d'età (ai bambini si insegna in maniera diversa che agli adulti o anche agli studenti di scuola media), per gruppi di utenti (gli studenti richiedono un approccio diverso da quello adatto, ad esempio, agli infermieri o agli operatori turistici), per base linguistica (in una classe plurilingue si insegna in maniera diversa che in una classe omogenea dal punto di vista della lingua di partenza), per area (i corsi di lingua in patria hanno carattere diverso da quelli svolti *in loco* all'estero) ecc. Anche il tipo, il livello, il registro linguistico può essere diverso: uno studente di letteratura ha esigenze diverse da un *manager*, un tecnico di una compagnia internazionale diverse da quelle di un futuro interprete parlamentare ecc. Si è anche più attenti agli stili di apprendimento degli studenti: per il tipo riflessivo-introverso si individuano strategie diverse che per il tipo estroverso e socialmente interattivo ecc. Tutto questo ha tendenzialmente portato a quella differenziazione e a quella parcellizzazione di procedure e tecniche che abbiamo ricordato più sopra.

1.3
Dalla "teoria" alle "ipotesi"

Un ulteriore motivo di diffidenza nei riguardi dei metodi nasce dal loro rapporto con la teoria, in particolare con le teorie linguistiche. In passato infatti molti metodi piuttosto che ispirarsi alla pratica e alle esigenze dell'insegnamento riflettevano gli orientamenti delle teorie linguistiche che si imponevano di volta in volta: il metodo audiorale era figlio della linguistica strutturale, quello comunicativo della linguistica pragmatica, quello interculturale dell'etnolinguistica ecc. Per conseguenza gli insegnanti si sentivano spinti a una didattica fondata su principi astratti, poco rispondente ai bisogni e alle reazioni degli studenti e spesso assai lontana dalla realtà in cui la lingua viene utilizzata e per cui viene imparata. Ne è derivata per un certo periodo una sorta di "decadenza della teoria" che, assieme alla differenziazione e parcellizzazione delle pratiche e alla concentrazione su nuove tecniche, ha indotto ad accantonare la discussione sui principi.

La situazione attuale è quindi più svincolata dalla teoria linguistica – che oltretutto appare essa stessa poco unitaria e non in grado di offrire modelli univoci – e sembra più attenta alle esigenze strettamente didattiche; potremmo dire che è più "pedagogicamente corretta". Tuttavia questo non significa che ogni riferimento teorico sia escluso: se infatti da una parte è vero che l'epoca delle teorizzazioni "prescrittive" si è per il momento esaurita, è anche vero che – in maniera più o meno esplicita – alcune tendenze di fondo sono ravvisabili in molti aspetti attuali della didattica delle lingue straniere moderne. Non si tratta tuttavia neppure qui di una teoria univoca, "monolitica" di riferimento, dato anche il carattere differenziato dell'insegnamento, ma piuttosto di una serie di ipotesi, di linee-guida, non strettamente linguistiche, ma anche di ispirazione filosofica o pedagogica, riscontrabili talvolta in maniera trasversale in più di una tendenza della didattica. Anche in questo settore vale in realtà il principio della parcellizzazione e della differenziazione, come del resto nella vita sociale in genere (non dimentichiamo che l'apprendimento delle lingue straniere è un'attività eminentemente sociale che non può non risentire della generale temperie ideologica e culturale). Tuttavia, tra le molte idee che si alternano a livello teorico o programmatico, ve ne sono alcune che possiamo considerare ricorrenti e che rappresentano una sorta di sostrato concettuale della didattica moderna delle lingue straniere. Non le vorremmo chiamare "teorie", appunto per non attribuire loro un carattere di rigidità e completezza che sarebbe improprio; preferiamo raccoglierle sotto l'etichetta meno impegnativa di "ipotesi", suddividendole in tre principali filoni:

a) ipotesi cognitiviste;
b) ipotesi costruttiviste;
c) ipotesi psicologico-affettive.

Tali "ipotesi" non vengono sempre enunciate esplicitamente ma, come si diceva, permeano in forma più o meno sottintesa l'impostazione degli approcci e delle tendenze presentate in questo volume. Comune a tutte è il rilievo attribuito al soggetto apprendente, che rappresenta il riferimento essenziale di ogni attività pedagogica. Le esamineremo ora singolarmente.

1.3.1. Le "ipotesi" cognitiviste

Il termine "cognitivo" ha diversi significati a seconda del contesto in cui viene adoperato e della disciplina che lo utilizza. Esistono teorie cognitive in psicologia, in filosofia, in linguistica, nell'ambito dell'intelligenza artificiale ecc. Da qualche tempo, inoltre, si parla di una disciplina autonoma, la "scienza (o scienze) cognitiva", in cui confluiscono, oltre ai contributi delle discipline citate, anche quelli della neurobiologia e dell'informatica.

Anche all'interno delle singole discipline vi sono differenze di interpretazione sul significato del termine "cognitivo". Per esempio, in linguistica, esistono due tendenze che si definiscono "cognitive", una rappresentata dalla scuola generativista e una da certi settori del funzionalismo, che sono per molti aspetti antitetiche. Nella stessa glottodidattica il termine viene adoperato con una certa frequenza e con significati diversi, non sempre coincidenti con quelli delle altre discipline. È a questi significati e valori che si farà qui riferimento, trascurando le eventuali divergenze con teorie generali più accreditate.

In una delle accezione più diffuse, il termine "cognitivo" viene adoperato in glottodidattica più o meno come sinonimo di "consapevole". Un approccio "cognitivo" è un approccio che rende esplicite le caratteristiche della lingua, per esempio le regole grammaticali, come avviene nel caso del metodo grammaticale-traduttivo. In effetti una tendenza verso la "rivalutazione della grammatica" si può riscontrare negli ultimi tempi anche all'interno di approcci, quale quello comunicativo, che non pongono esplicitamente la grammatica al centro dell'interesse della loro didattica. Ma il fenomeno della "cognitivizzazione" non si limita alla grammatica: nello studio del lessico, ad esempio, sempre più si tende a rendere consapevoli i legami esistenti tra le parole, le opposizioni, le inclusioni, le affinità, le differenze, in un lavoro di confronto e comparazione che dovrebbe renderne esplicite le relazioni (cfr. *infra* CAP. 10). Il concetto di "cognitivizzazione" non è quindi statico, bensì fondamentalmente dinamico. Non si tratta infatti solamente di mostrare in maniera esplicita le relazioni grammaticali o semantiche intercorrenti tra i vari aspetti della lingua, ma di favorire un processo di "presa di coscienza" di come tali relazioni abbiano carattere tendenzialmente sistematico, in modo da mettere il discente nelle condizioni migliori per elaborare personalmente le conoscenze consapevoli raggiunte e per poterle poi utilizzare (cfr. Hawkins, 1984).

Alcuni approcci didattici hanno di per sé un'impostazione che potremmo definire "cognitiva" (o "cognitivizzante"). Per esempio, quello sviluppo dell'approccio comunicativo che va sotto il nome di *approccio interculturale* (cfr. *infra* CAP. 9) si basa in buona misura sulla presentazione comparata di casi relativi ad atteggiamenti culturali differenti e sulla riflessione che da essi può derivare. Si tratta di un procedimento che si richiama alla tradizione etnografica e che sottolinea sia l'aspetto di "scoperta" che viene attivato attraverso la discussione in classe sia l'importanza di ottenere una prospettiva multipla ("triangolazione") dei fenomeni al fine di renderli consapevoli e didatticamente utilizzabili (cfr. van Lier, 1988; Nunan, 1992). Anche il programma europeo *EuRom4* (cfr. *infra* CAP. 12) ricorre a quello che potremmo definire un procedimento di "comparazione consapevole", in questo caso limitato maggiormente agli aspetti linguistici, sia quelli grammaticali che quelli lessicali.

Un'applicazione diversa del termine "cognitivo" in glottodidattica riguarda le tendenze dell'apprendimento individualizzato e autonomo. Nella loro forma attuale esse hanno fondamentalmente due matrici: una di carattere psicologico, che nasce con gli studi sul cosiddetto *good language learner* ("buon apprendente"), e una di carattere pratico, che nasce dall'esperienza dei centri linguistici con vocazione all'autoapprendimento. Gli studi sul *good language learner* risalgono nella loro forma attuale agli anni Settanta, quando un gruppo di studiosi canadesi decise di esaminare con metodi empirici di ispirazione sociolinguistica le caratteristiche, le motivazioni e i comportamenti di quei soggetti che si erano rivelati apprendenti di successo delle lingue straniere (Naiman *et al.* 1978, 1995[2]). Risultò che tali apprendenti applicavano una serie di strategie che richiedevano un alto livello di controllo e di consapevolezza: ricerca costante dei significati, esperimenti e tentativi con la lingua straniera, monitoraggio dei propri progressi, pianificazione delle attività di apprendimento ecc. Furono questi risultati che diedero l'avvio agli studi sulle strategie di apprendimento autonomo e sugli stili individuali di apprendimento (Skehan, 1989 e 1994; O'Malley, Chamot, 1990; Oxford, 1990). Parallelamente si sviluppava un altro filone di autonomia e autoapprendimento, quello legato all'istituzione dei centri linguistici (Holec, 1981; Dickinson, 1987; Sheerin, 1989; Barbot, 1994). In questo caso l'autonomia era un obiettivo didattico dettato da motivi pratici (sovraffollamento dei corsi di lingua, diversificazione della domanda, sviluppo di nuove tecnologie), che tuttavia richiedeva una riflessione sul ruolo che l'apprendente e la figura del *tutore* potevano assumere all'interno dell'istituzione. Anche qui si rendeva necessaria una maggiore consapevolezza della pianificazione didattica (sia da parte dell'apprendente che da parte di colui che lo assiste), degli obiettivi e delle difficoltà dell'apprendente, nonché delle funzioni e servizi che i centri erano in grado di offrire.

Un'accezione più linguistica del termine "cognitivo" la si può ritrovare in determinate impostazioni, per lo più di orientamento comunicativo, che hanno della lingua una visione estremamente differenziata. Queste ipotesi si rifanno al paradigma della cosiddetta "linguistica cognitiva" che privilegia gli aspetti funzionali ma soprattutto vede il linguaggio non come un sistema a se stante ma come parte integrante e integrata del sistema cognitivo generale della mente umana, lo vede cioè ancorato alla percezione, alle capacità associative e all'organizzazione generale della mente. Per i fautori della linguistica cognitiva il linguaggio è costruito in maniera simile alle altre funzioni cognitive e non va visto autonomamente: la lingua diviene così creatività, cultura, emozione, modo di ragionare, capacità di metaforizzare, interpretazione del mondo, in una parola cognizione nel senso più lato del termine (cfr. in particolare *infra* CAP. 7).

C'è infine un'ultima accezione del termine "cognitivo" che ha un certo rilievo in glottodidattica e che deriva dagli studi sull'acquisizione di una seconda lingua condotti in particolare da Krashen e collaboratori (Krashen, 1982; Krashen, Terrel, 1983; Dulay, Burt, Krashen, 1986; cfr. anche Giunchi, 1990). In contraddizione con quanto detto finora, in questo caso il termine è associato ad una pratica che privilegia più l'aspetto inconsapevole che quello consapevole dell'apprendimento, poiché l'acquisizione di una lingua in maniera "naturale" è vista come un processo poco influenzabile dallo studio formale (cioè in buona sostanza inconsapevole) e la formalizzazione di regole e la loro presa di coscienza hanno quindi un'influenza relativa (cfr. *infra* CAP. 11). L'approccio si definisce nondimeno "cognitivo" poiché si basa sullo studio delle conoscenze linguistiche acquisite (e per così dire "introiettate") da bambini e adulti a seguito di vari tipi di esposizione alla lingua materna e alle lingue straniere. In questo senso si riferisce allo sviluppo delle capacità cognitive (relativamente alla lingua) che una persona sperimenta in generale nelle varie fasi della propria vita.

1.3.2. Le "ipotesi" costruttiviste

Il costruttivismo pedagogico (von Glaserfeld, 1989; Duffy, Jonassen, 1992; Wolff, 1994) può essere considerato uno sviluppo della teoria cognitiva dell'apprendimento che si può fare risalire addirittura a Piaget (per gli aspetti glottodidattici cfr. ad esempio O'Malley, Chamot, 1990). Per la teoria cognitiva l'apprendimento si configura come un *processo* costituito da un progressivo accrescimento delle conoscenze sulla base delle conoscenze già disponibili: le nozioni nuove si affiancano e si integrano con quelle già esistenti, influendo sul sistema cognitivo dell'apprendente e rendendolo disponibile per nuovi compiti. Apprendere non consiste quindi nell'acquisire un patrimonio di conoscenze precostituite e statiche ma è un processo dinamico di adattamento che conduce alla formazione di nuove abilità.

Le ipotesi costruttiviste si ricollegano a quelle cognitiviste e ne accentuano alcuni aspetti. In particolare esse sottolineano il ruolo del soggetto apprendente, visto come un organismo in evoluzione che continuamente si autorganizza, sviluppando il sapere in maniera attiva e "costruendo" per l'appunto il sistema delle conoscenze pezzo per pezzo. Per i costruttivisti non è possibile ottenere alcuna conoscenza se non la si è costruita dall'interno lungo linee individuali e "al momento giusto", sulla base delle condizioni esistenti e derivanti dall'esperienza. Questo esclude un sapere uniforme, meccanicamente acquisito, o i cui contenuti possano venire imposti dall'esterno. I programmi uguali per tutti, le memorizzazioni coatte, le nozioni imposte ma non assimilate sono la negazione dell'apprendimento.

La metafora conoscitiva che meglio si adatta a questo tipo di apprendimento è quella della "rete". Le conoscenze non sono sequenze lineari di fatti o strutture gerarchiche i cui elementi sono organizzati in forme chiaramente interdipendenti e subordinate le une alle altre. Sono piuttosto reticoli costruiti dal soggetto in conformità alle proprie esperienze e attitudini, con aspetti più approfonditi e altri appena accennati, con propaggini che si sviluppano lungo linee preferenziali e che ignorano la logica della strutturazione impostata sulla base di principi esterni. Noi costruiamo la nostra personale rete di sapere che è diversa da quella degli altri e si basa su criteri di rilevanza individuali. Apprendiamo meglio ciò che per noi è importante, ma questo non significa che apprendiamo solo le cose a noi più affini o le più semplici. Anzi, ogni apprendimento duraturo modifica l'organismo e crea in prima battuta una sorta di instabilità che poi si ricompone ad un livello superiore di organizzazione. La responsabilità del soggetto è una responsabilità di individuazione e scelta delle entità che si decide di far rientrare nel processo di elaborazione e apprendimento.

L'aspetto "soggettivistico" della concezione costruttivista potrebbe far pensare ad un sistema di istruzione poco socializzante, del tutto indipendente dall'esterno e "solipsistico". Nulla di più errato: dato che l'apprendimento è visto come l'evoluzione di un organismo che si autorganizza per rispondere alle sollecitazioni del mondo, il confronto con la realtà, e in particolare con la realtà sociale, risulta invece fondamentale. L'apprendimento su basi costruttiviste ricerca l'*input* complesso, non predisposto ma "autentico", proprio perché è un tipo di apprendimento che corrisponde alle condizioni biologiche e naturali. Si ricerca quindi il confronto con altri soggetti per verificare le proprie ipotesi sul mondo, per interagire in maniera cooperativa e costruire sinergicamente un ambiente favorevole all'identificazione di conoscenze attivabili per poi utilizzarle. La metafora della "rete" si manifesta in questo caso nella costruzione di un sapere condiviso attuato in forma cooperativa, come avviene oggi in certe forme di didattica distribuita che trae ispirazione dalle reti informatiche (cfr. Wilson, Ryder, 1998, cfr. inoltre *infra* CAP. 14).

Quali aspetti della moderna didattica delle lingue straniere possono essere ricondotti in qualche misura alla visione costruttivista? Ne elencheremo qui sotto alcuni:

1. I contenuti autentici e non semplificati (confronto con la complessità).
2. I lavori di gruppo (apprendimento cooperativo).
3. La didattica centrata sull'azione (processo che modifica la struttura del sistema e lo adatta a nuovi compiti).
4. Il lavoro in progetti (costruzione di conoscenze autonome e condivise con altri).
5. La didattica centrata sui bisogni dell'apprendente (che evita l'imposizione di contenuti preordinati dall'esterno).
6. Lo sviluppo delle strategie autonome di apprendimento e di controllo da parte dell'apprendente (responsabilizzazione del proprio processo di apprendimento).
7. L'apprendimento interattivo tramite nuove tecnologie (costruzione di reti di conoscenze distribuite).
8. Il ruolo dell'insegnante come "facilitatore" (non propone conoscenze "prestrutturate" e imposte dall'esterno ma cerca di favorire le scelte più adatte al soggetto e alla fase di apprendimento in cui si trova).

1.3.3. Le "ipotesi" psicologico-affettive

La sempre maggiore attenzione rivolta all'apprendente («Focus on the learner», cfr. Tarone, Yule, 1989) porta, come è naturale, a sottolinearne gli aspetti psicologici, di cui si riconosce sempre più la rilevanza nelle diverse fasi del processo di apprendimento. Le ipotesi psicologiche si intersecano in tal modo con quelle pedagogiche e variano a seconda dell'impostazione didattica. Anche se vi è una tendenza a privilegiare le teorie psicologiche cosiddette "umanistiche" (Rogers, 1975; Ciliberti, 1994, p. 93) che ispirano in parte gli approcci *umanistico-affettivi* (cfr. *infra Parte prima*), non esiste una tendenza particolare nella quale si possa identificare una vera e propria "psicologia dell'apprendimento delle lingue straniere" di riferimento. Piuttosto si può riscontrare una generale "attenzione" alla tematica psicologica nell'ambito della didattica e una serie di ricerche che hanno avuto e hanno una certa influenza nel settore. Più che rifarci quindi a qualche teoria particolare vogliamo qui citare le aree sottoposte a indagine e interpretazione dal punto di vista psicologico e vedere quale influenza essi esercitino nella moderna didattica delle lingue straniere. Le principali aree sottoposte a indagine psicologica sono:

- i presupposti psicologico-attitudinali dell'apprendente;
- la situazione psicologica all'inizio dell'apprendimento;
- le condizioni psicologiche durante l'apprendimento.

1. *I presupposti psicologico-attitudinali dell'apprendente.* I presupposti psicologo-attitudinali riguardano le caratteristiche che l'apprendente porta con sé come "bagaglio" attitudinale e ambientale alla "partenza" del suo viaggio nell'apprendimento delle lingue straniere. Tra di esse vanno sottolineate in particolare la predisposizione per le lingue, l'età, alcuni aspetti caratteriali del soggetto, le preferenze di studio e il *background* linguistico-culturale dell'apprendente. Che per le lingue straniere esista una *predisposizione* che varia da soggetto a soggetto, o sia addirittura legata alla lingua madre del soggetto (per esempio, quando si dice che "gli slavi sono portati per le lingue") è un'ipotesi controversa, che tuttavia negli ultimi tempi sta riprendendo quota (cfr. Skehan, 1989; Bialystok, Hakuta, 1994). Fattori strutturali quali memoria, capacità di decodificazione della stringa fonetica, alcune capacità analitiche sembrano infatti avere una certa influenza sull'apprendimento (Skehan, 1994, pp. 24-6). In generale tuttavia la variabile della predisposizione alle lingue non è esplicitamente considerata nei programmi didattici moderni, se non forse a livello di apprendimento individualizzato. L'*età* è stata spesso considerata fattore determinante nel successo dell'apprendimento linguistico. Anche qui l'effettivo ruolo esercitato da questo fattore non è affatto chiaro (Singleton, 1989), ma appare evidente che la psicologia dell'apprendente varia a seconda dell'età e che questo può rappresentare un incentivo alla differenziazione nell'offerta didattica: i corsi per adulti, o addirittura per la terza età, sono chiaramente impostati in maniera differente da quelli per bambini. L'elemento ludico-narrativo è più accentuato in questi ultimi, mentre per i primi si adatta una impostazione più strutturata (Taeschner, 1986).

La didattica comunicativa (cfr. *infra* CAP. 6) è la più sensibile a questo aspetto e presenta una notevole varietà di spunti didattici differenziati anche in base all'età dell'apprendente. Tra gli *aspetti caratteriali* vanno citati la propensione al rischio (Skehan, 1989), l'apertura/chiusura verso l'esterno, la tolleranza verso forme di ambiguità ecc. (Ehrman, 1996). Questi fattori sono rilevanti nell'autoapprendimento e in certa misura anche nella didattica multimediale (ci si "avventura" su *Internet*? Si accettano o ricercano nuove forme? cfr. *infra* CAPP. 13 e 14). Le *preferenze di studio* (si impara la lingua studiandola sistematicamente da soli o più "tangenzialmente" immergendosi nell'ambiente dei parlanti nativi; si preferisce imparare con ausili visivi, per stimoli auditivi, con l'aiuto di schemi ecc.) sono alla base dell'appren-dimento individualizzato, dell'applicazione delle strategie di apprendimento, dei lavori di gruppo (cfr. *infra* CAPP. 10 e 13); infine il *background linguistico-culturale* dell'apprendente ci dice quali lingue si parlano in famiglia, se si può fare affidamento su precedenti esperienze linguistiche, quali sono le difficoltà interculturali che l'apprendente potrebbe incontrare (cfr. *infra* CAP. 9).

2. *La situazione psicologica all'inizio dell'apprendimento*. La situazione psicologica all'inizio dell'apprendimento riguarda le condizioni in cui si trova l'apprendente nel momento in cui decide di iniziare lo studio di una lingua straniera: esse implicano principalmente l'analisi dei bisogni, delle motivazioni e delle attese dell'apprendente. I *bisogni* sono stati sottoposti a indagine accurata sin dagli anni Settanta (Richterich, Chanterel, 1977; Tarone, Yule, 1989; cfr. anche Ciliberti, 1994, pp. 117-28), dando luogo a una serie di procedimenti di analisi che di solito vengono applicati in fase di progettazione di un corso o di materiali didattici: i diversi scopi per cui un apprendente studia una lingua straniera aprono la strada a una diversificazione dei corsi (corsi di tipo generale, per scopi speciali, per scopi accademici, di formazione ecc.) e alla definizione degli obiettivi comunicativi che in tali corsi e materiali vengono perseguiti. Una analisi più dettagliata degli scopi conduce invece all'individualizzazione delle funzioni e azioni comunicative all'interno dei materiali stessi (cfr. *infra* CAP. 6). La *motivazione* è stata riconosciuta assai presto come uno dei principali fattori che influenzano il successo nell'apprendimento delle lingue straniere (Gardner, Lambert, 1972; Gardner, 1985), anche se non è facile delimitarne chiaramente l'effetto rispetto ad altre componenti che facilitano il processo (per esempio aspetti caratteriali, attitudinali, ambientali ecc.). In generale sembra comunque che, se il desiderio

di apprendere è forte, l'apprendente è in grado di trarre il massimo profitto dall'offerta didattica cui viene esposto. Perciò si cerca di stimolare questo aspetto sia in fase di scelta (per esempio nei programmi europei per la diffusione delle lingue straniere e l'insegnamento bilingue, cfr. *infra* CAP. 12), sia durante il corso (attività motivanti quali la possibilità di confronto con situazioni realistiche e stimolanti, cfr. *infra* CAPP. 7 e 8). Le *attese* si riferiscono a quanto l'apprendente ritiene di dover affrontare nel corso del processo di apprendimento, sia in termini di giudizi (e pregiudizi) che in termini di difficoltà e di successo. Spesso ci si avvicina ad una lingua straniera con tutta una serie di opinioni che riguardano il tempo e lo sforzo occorrente per raggiungere un determinato livello, il tipo di studio che esso comporta (per esempio assai diverso da quello di altre discipline, oppure simile a quanto si è sperimentato finora), addirittura il modo di affrontare aspetti specifici dell'apprendimento (imparare liste di vocaboli a memoria, studiare la grammatica fuori contesto, vietarsi di fare ricorso alla lingua madre ecc.) che influenzano sensibilmente il percorso di apprendimento a venire. La mancata corrispondenza con le attese può provocare frustrazione e in ultima analisi il fallimento del processo di apprendimento. Per questo motivo quegli approcci che si pongono al di fuori dell'insegnamento tradizionale, in particolare gli approcci umanistico-affettivi (cfr. *infra* CAPP. 2-5), affrontano in genere il tema delle attese nelle prime fasi, introducendo l'approccio e motivandolo per evitare forme di rifiuto o attese sproporzionate nei partecipanti.

3. *Le condizioni psicologiche durante l'apprendimento.* Le condizioni psicologiche durante l'apprendimento si riferiscono essenzialmente alle situazioni emotivo-affettive (ansia, difficoltà di socializzazione), a quelle ambientali (scontri fra culture), al rapporto con l'insegnante, al senso di gratificazione o frustrazione in caso di successo o insuccesso. L'*ansia* è stata oggetto di particolare attenzione negli studi sull'apprendimento linguistico (Horwitz, Young, 1991; Ehrman, 1996) e risulta uno dei maggiori fattori di ostacolo sia nei metodi tradizionali (grammaticale-traduttivo, audiorale) che in quelli fortemente incentrati sull'insegnante: l'apprendente ha difficoltà a reagire con spontaneità durante le attività di classe, ha paura di fare errori, teme di perdere la faccia al cospetto dei colleghi ecc. L'ansia può provocare non soltanto un calo di prestazioni in un contesto istituzionale e nel confronto con il "mondo esterno" ma può essere talmente demotivante da spingere ad abbandonare lo studio della lingua straniera. L'abbassamento del livello di

ansia è uno degli obiettivi "storici" degli approcci umanistico-affettivi ma viene ormai perseguito da quasi tutte le impostazioni moderne. Le *situazioni ambientali* riguardano l'impatto che un ambiente difficile od ostile può avere sull'apprendimento (si pensi alle difficoltà che incontra un emigrante nel confrontarsi con una cultura straniera): si possono generare incomprensioni che inficiano la comunicazione o blocchi che ostacolano il proseguimento dell'apprendimento (Kramsch, 1993; Bredella, Christ, 1995). Il superamento di questi ostacoli (vere e proprie "barriere" per l'apprendimento) è perseguito in varie forme di apprendimento interculturale (cfr. *infra* CAPP. 9 e 10) e multilingue (cfr. *infra* CAP. 12). Il *rapporto con l'insegnante* è naturalmente decisivo nella psicologia dell'apprendimento. C'è chi sostiene che questo – accanto alla motivazione – rappresenti il fattore più importante: un buon insegnante sarebbe in grado di valorizzare al meglio qualsiasi approccio. Si è visto come lo sviluppo della didattica moderna sia stato contrassegnato da un'evoluzione del rapporto insegnante-apprendente che ha spostato l'attenzione sempre più su quest'ultimo. Tuttavia negli ultimi anni si sono avuti anche molti studi dedicati alla psicologia dell'insegnante, alle sue esigenze e alla maniera in cui egli può affrontare i nuovi compiti che gli si presentano (Richards, Lockhart, 1994; Richards, 1994; Nunan, Lamb, 1996; Woods, 1996). In un certo senso l'insegnante "facilitatore" si fa sempre più "compagno di studi" non solo in quanto personaggio meno autoritario che condivide le esperienze di classe ma anche nell'atteggiamento "riflessivo" e programmatico, di ricerca continua e modificazione degli atteggiamenti, con una forte propensione ad un approccio "cognitivo" e "costruttivistico" nei confronti della sua attività. Infine appare chiaro che la *gratificazione* rappresenta un momento altamente motivante per l'apprendente. Questo aspetto va tuttavia inquadrato anch'esso nella visione attuale dei rapporti insegnante-apprendente: la gratificazione in un contesto in cui si privilegia la condivisione di responsabilità non potrà consistere in un'approvazione paternalistica delle prestazioni dell'apprendente ma consisterà in varie forme di incoraggiamento e soprattutto nella consapevolezza di aver ottenuto buoni risultati. Di questo aspetto tengono conto anche le nuove tecnologie che hanno cura di presentare un *feedback* articolato e "divertente" che soddisfa l'utente e lo stimola a cimentarsi con ulteriori compiti (cfr. *infra* CAP. 14).

Riferimenti bibliografici

BALBONI P. (1991), *Tecniche didattiche e processi di apprendimento linguistico*, Liviana, Padova.

BARBOT M. J. (1994), *Centri di autoapprendimento in ambito istituzionale e prerequisiti*, in L. Mariani (a cura di), *L'autonomia nell'apprendimento linguistico*, La Nuova Italia, Firenze, pp. 217-33.

BIALYSTOK E., HAKUTA K. (1994), *In Other Words. The Science and Psychology of Second-Language Acquisition*, Basic Books, New York.

BREDELLA L., CHRIST H. (Hrsg.) (1995), *Didaktik des Fremdverstehen*, Narr, Tübingen.

BREEN M., CANDLIN C. N. (1980), *The Essentials of a Communicative Curriculum in Language Teaching*, in "Applied Linguistics", I, 2, pp. 97-116.

CILIBERTI A. (1994), *Manuale di glottodidattica*, La Nuova Italia, Firenze.

DICKINSON L. (1987), *Self-Instruction in Language Learning*, Cambridge University Press, Cambridge.

DUFFY T. M., JONASSEN D. H. (eds.) (1992), *Constructivism and the Technology of Instruction: A Conversation*, Erlbaum, Hillsdale, NJ.

DULAY H., BURT M., KRASHEN S. (1986), *La seconda lingua*, Il Mulino, Bologna.

EHRMAN M. E. (1996), *Understanding Second Learning Difficulties*, Sage, Thousand Oaks, CA.

FEYERABEND P. K. (1979), *Contro il metodo. Abbozzo di una teoria anarchica della conoscenza*, Feltrinelli, Milano (ed. or. 1975).

GARDNER R. (1985), *Social Psychology and Second Language Learning: The Role of Attitude and Motivation*, Arnold, London.

GARDNER R., LAMBERT W. C. (1972), *Attitudes and Motivation in Second language Learning*, Newbury House, Rowley, MA.

GIUNCHI P. (a cura di) (1990), *Grammatica esplicita e grammatica implicita*, Zanichelli, Bologna.

VON GLASERFELD E. (1989), *Cognition, Construction of Knowledge and Teaching*, in "Synthese", 80, pp. 121-40.

HAWKINS E. (1984), *Awareness of Language*, Cambridge University Press, Cambridge.

HOLEC H. (1981), *Autonomy in Foreign Language Learning*, Pergamon, Oxford.

HORWITZ E., YOUNG D. (1991), *Language Learning Axiety: from Theory and Research to Classroom Implications*, Prentice Hall, Englewood Cliffs, NJ.

JOHNSON F., PAULSTON C. B. (1976), *Individualizing in the Language Classroom*, Jacaranda, Cambridge, MA.

KRAMSCH C. (1993), *Context and Culture in Language Teaching*, Oxford University Press, Oxford.

KRASHEN S. (1982), *Principles and Practice in Second Language Acquisition*, Pergamon, Oxford.

KRASHEN S., TERREL T. (1983), *The Natural Approach. Language Acquisition in the Classroom*, Pergamon, Oxford.

LARSEN-FREEMAN D. (1986), *Techniques and Principles in Language Teaching*, Oxford University Press, Oxford.

VAN LIER L. (1988), *The Classroom and the Language Learner*, Longman, London.

NAIMAN N. *et al.* (1995²), *The Good Language Learner*, Multilingual Matters, Clevedon.

NUNAN D. (1992), *Research Methods in Language Learning*, Cambridge University Press, Cambridge.

NUNAN D., LAMB C. (1996), *The Self-Directed Teacher. Managing the Learning Process*, Cambridge University Press, Cambridge.

O'MALLEY J. M., CHAMOT A. U. (1990), *Learning Strategies in Second Language Acquisition*, Cambridge University Press, Cambridge.

OXFORD R. (1990), *Language Learning Strategies. What Every Teacher Should Know*, Newbury House, New York.

PORCELLI G. (1994), *Principi di glottodidattica*, La Scuola, Brescia.

RICHARDS J. (1994), *L'insegnamento linguistico in una prospettiva "riflessiva"*, in L. Mariani (a cura di), *L'autonomia nell'apprendimento linguistico*, La Nuova Italia, Firenze, pp. 117-31.

RICHARDS J., LOCKHART C. (1994), *Reflective Teaching in Second Language Classrooms*, Cambridge University Press, Cambridge.

RICHARDS J., RODGERS Y. (1986), *Approaches and Methods in Language Teaching*, Cambridge University Press, Cambridge.

RICHTERICH R., CHANTEREL J. (1977), *Identifying the Needs of Adults Learning a Foreign Language*, Council of Europe, Strasbourg.

ROGERS C. (1975), *Bringing together Ideas and Feeling in Learning. A Humanistic Education Sourcebook*, Prentice Hall, Englewood Cliffs, NJ.

RÖSLER D. (1994), *Deutsch als Fremdsprache*, Metzler, Stuttgart.

SINGLETON D. M. (1989), *Language Acquisition: The Age Factor*, Multilingual Matters, Clevedon.

SKEHAN P. (1989), *Individual Differences in Second Language Learning*, Arnold, London.

ID. (1994), *Differenze individuali e autonomia di apprendimento*, in L. Mariani (a cura di), *L'autonomia nell'apprendimento linguistico*, La Nuova Italia, Firenze, pp. 19-38.

SHEERIN S. (1989), *Self-access*, Oxford University Press, Oxford.

STERN H. H. (1983), *Fundamental Concepts of Language Teaching*, Oxford University Press, Oxford.

TAESCHNER T. (1986), *Insegnare la lingua straniera*, Il Mulino, Bologna.

TARONE E., YULE G. (1989), *Focus on the Language Learner*, Oxford University Press, Oxford.

WEBER W. (1933), *Metodik des Deutschunterrichts mit Ausländern*, Wolfenbüttel.

WILSON B., RYDER, M. (1998), *Distributed Learning Communities. An Alternative to Designed Instructional System*, reperibile in rete all'indirizzo <http://www.cudenver.edu/~bwilson/dcl.html>.

WINGATE J. (1995), *The Changing Role of the Teacher*, in "Resource", II, 1, pp. 12-4.

WOLFF D. (1994), *Der Konstruktivismus: Ein neues Paradigma in der Fremsprachendidaktik?*, in "Die Neueren Sprachen", 93, 5, pp. 407-29.

WOODS D. (1996), *Teacher Cognition in Language Teaching. Beliefs, Decision-making and Classroom Practice*, Cambridge University Press, Cambridge.

Parte prima
Gli approcci umanistico-affettivi

Verso la fine degli anni Sessanta cominciano a farsi luce, in Europa e negli Stati Uniti, alcuni approcci didattici definiti come "approcci umanistico-affettivi" o "approcci alternativi". I due termini caratterizzano piuttosto bene alcune delle loro peculiarità: da una parte essi rivolgono infatti una particolare attenzione al soggetto apprendente, alle sue caratteristiche psicologiche, ai suoi problemi quotidiani nel corso dell'apprendimento, dall'altra si pongono come alternativi rispetto ai metodi "ufficiali" allora in vigore (in particolare quello grammaticale-traduttivo e quello audiorale), creando attorno a sé un'aura un po' esoterica, condita di accenti miracolistici (si sentiva dire di eccezionali prestazioni ottenute con questi metodi). A dire il vero quest'ultimo aspetto fu anche favorito dall'atteggiamento poco aperto della didattica "ufficiale" dell'epoca, scarsamente incline ad accettare alcune delle pratiche innovative di questi approcci, che finì per accentuarne la componente "alternativa". Col passare degli anni, tuttavia, anche la didattica ufficiale cominciò a prestare maggiore attenzione alle caratteristiche peculiari del soggetto apprendente e gli approcci umanistico-affettivi – depurati dalle loro esagerazioni ad effetto – furono in parte rivalutati perché per primi avevano posto la *persona* al centro dell'attenzione teorica. Oggi si può affermare che non pochi dei suggerimenti didattici proposti da questi approcci costituiscono parte integrante del bagaglio di conoscenze tecniche e teoriche del docente di lingue straniere moderne.

Gli approcci umanistico-affettivi non rappresentano in realtà un gruppo omogeneo ma risentono di influenze disparate e si presentano con caratteristiche assai diverse gli uni dagli altri (e i capitoli raccolti in questa sezione ne illustrano le specificità). Pur tenendo conto di questo fatto, è tuttavia possibile individuare alcuni aspetti generali che li caratterizzano, soprattutto in contrapposizione ai metodi tradizionali.

Ne illustreremo brevemente alcuni qui di seguito a mo' di introduzione:

1. *Primato della pedagogia*: gli approcci affettivi nascono in genere in un ambiente non linguistico; i loro propugnatori (Asher, Curran, Gattegno, Lozanov) sono psicologi, pedagogisti o scienziati che cercano di trasferire esperienze didattiche sviluppate in contesti più generali (ad esempio nell'insegnamento della matematica o delle scienze naturali) all'ambito dell'apprendimento delle lingue straniere. Di conseguenza viene attribuita un'importanza minore all'aspetto strettamente linguistico rispetto ai principi generali dell'apprendimento: si presta più attenzione all'apprendente, al suo sviluppo, ai suoi problemi che ai contenuti linguistici da trasmettere. Gli approcci umanistico-affettivi non offrono teorie linguistiche autonome ma spesso si limitano a ricalcare modelli già esistenti (ad esempio di ispirazione strutturalista). Non è infatti importante una teoria sulla lingua, l'essenziale è la *maniera* con cui alla lingua ci si avvicina.

2. *Centralità dell'apprendente*: conseguenza del primato pedagogico è naturalmente una particolare attenzione per il soggetto apprendente. Chi si accinge ad apprendere una lingua straniera è visto come una personalità in evoluzione che affronta un compito complesso. Per questo si cerca di seguire e aiutare il *processo* che tale compito richiede: la personalità dell'apprendente viene considerata "umanisticamente" nella sua complessità e interezza, si bada a che l'apprendimento avvenga in maniera non traumatica, si aiuta l'apprendente a superarne gli ostacoli, si cerca di rendere personale e motivante l'acquisizione del nuovo, si stimola la fiducia nelle capacità personali (in questo consiste anche il carattere "affettivo" che contraddistingue questi approcci).

3. *Multimodalità*: per "multimodalità" si intende pluralità di accessi nell'acquisire informazioni. L'accesso all'informazione da parte dell'apprendente può avvenire attraverso il canale visivo, auditivo, tattile ecc. Più canali vengono attivati – questa è la tesi – più è facile che l'informazione venga acquisita stabilmente, a parità di esposizione. Per questo motivo gli approcci alternativi fanno ricorso nella prassi didattica a suoni, musica, colori, movimento ecc. Vi è tuttavia un altro motivo che favorisce una presentazione multimodale del materiale. Secondo le idee diffuse all'epoca, le funzioni cerebrali superiori erano abbastanza nettamente localizzate nei due emisferi: quello sinistro presiedeva al linguaggio e alle funzioni logiche e razionali, quello destro alla processazione globalistica, agli aspetti emotivi, alla percezione musicale ecc. Approcci che privile-

giano gli aspetti psicologici ed emotivi tendono evidentemente a sfruttare le modalità di acquisizione che fanno capo all'emisfero destro (facendo leva ad esempio sulla musica, sul gioco ecc.). Indipendentemente dalla validità di questa concezione distributivo-localistica delle funzioni cerebrali, l'idea di privilegiare gli aspetti meno "razionali" della comunicazione linguistica (intonazione, aspetti emotivi, intenzionalità ecc.) si è rivelata un arricchimento per la pedagogia dell'apprendimento delle lingue straniere in generale.

4. *Infantilizzazione*: uno degli aspetti più controversi della didattica alternativa è quello legato al cosiddetto processo di "infantilizzazione", in base al quale si cerca di simulare la situazione di apprendimento tipica dei bambini che acquisiscono la prima o anche una seconda lingua. Non si tratta qui di riprodurre solo la maniera "naturale" (secondo l'ipotesi: "Dato che la lingua che si impara meglio è quella che si impara da bambini, riproduciamo lo stesso percorso e impareremo meglio anche tutte le altre lingue") ma soprattutto di porsi in un atteggiamento psicologico che favorisca in generale l'apprendimento. Il bambino, infatti, è l'apprendente per definizione, poiché tra i suoi compiti vitali primari c'è appunto quello di apprendere. Se quindi anche da adulti ci poniamo in una condizione psicologica simile a quella del bambino, liberandoci in particolare dai condizionamenti che ci vengono dalla nostra personalità strutturata, ci apriamo più facilmente al processo di cambiamento, arricchimento, modifica interiore necessario per apprendere.

5. *Atmosfera*: in generale negli approcci affettivi si tende a sollecitare nella classe un'atmosfera non competitiva, rilassata, giocosa, in cui la persona si senta libera da stress e condizionamenti di immagine. L'apprendimento in queste condizioni appare facilitato.

6. *Ruolo del docente*: contrariamente a quanto ci si potrebbe attendere da quanto detto finora (centralità del discente, attenzione agli aspetti psicologici ecc.), negli approcci umanistico-affettivi il docente non svolge una funzione secondaria, anzi la sua presenza è fondamentale e determinante. Innanzi tutto ha il compito di suscitare fiducia nel discente, al fine di rendere accetti procedimenti "strani" e inusuali per chi è abituato ai metodi tradizionali di insegnamento. Durante la lezione deve inoltre tenere sempre sotto controllo la classe, guidandone il cammino e ispirando l'interazione tra i suoi componenti. Il docente assume la figura di chi "dirige" le operazioni di apprendimento dei discenti e non ne "facilita" solamente il percorso, come avviene nelle impostazioni più recenti della didattica comunicativa. Inoltre egli deve possedere qualità personali (sensibilità psicologica, carisma, senso del ritmo) e

una preparazione specifica non improvvisata in vari settori (a seconda dei metodi, deve possedere conoscenze musicali, conoscenze delle tavole dei colori, della mimica ecc.).

Come si è detto, non tutti gli approcci umanistico-affettivi esibiscono nella stessa misura le caratteristiche qui sopra elencate; abbiamo delineato soltanto alcuni degli aspetti essenziali. Va inoltre aggiunto che in questo volume si è privilegiata la trattazione degli approcci umanistico-affettivi "classici", quelli che sono stati sviluppati durante gli anni Sessanta (*Community Language Learning*, *Total Physical Response*, *Suggestopedia*, *Silent Way*, cfr. *infra* CAPP. 2-5) e che in qualche maniera si sono imposti all'attenzione generale per l'influenza che hanno avuto sullo sviluppo della riflessione e della prassi didattica delle lingue straniere. Più tardi se ne sono aggiunti altri, alcuni anche molto diffusi (uno per tutti il *Neurolinguistic Programming*), che tuttavia, da questo punto di vista, non si distinguono da quelli qui citati. Altri approcci, come *Strategic Interaction* (cfr. *infra* CAP. 8) o *Natural Approach* (cfr. *infra* CAP. 11), mostrano anch'essi aspetti che si richiamano ai principi della didattica umanistico-affettiva ma mostrano in aggiunta caratteristiche che ne suggeriscono l'inclusione in altre parti del volume.

2

Il *Community Language Learning*

di *Laura Di Prete*

2.1
Introduzione

Il *Community Language Learning* (CLL) nasce da una sperimentazione condotta da Charles A. Curran, docente di psicologia presso la Loyola University di Chicago, alla fine degli anni Cinquanta. I punti di partenza di questa sperimentazione sono la *psicologia umanistica* di Carl Rogers e la psicoterapia del *Counseling* da questi elaborata.

Curran, studente di Rogers, inizia nel 1959 una ricerca volta ad esplorare in quali termini e in quale misura i principi della psicoterapia rogersiana del *Counseling* possano venire applicati con successo all'ambito dell'apprendimento in età adulta. Quando la psicoterapia rogersiana dall'apprendimento in genere (*Counseling Learning*) viene applicata allo specifico dell'apprendimento delle lingue straniere nasce il *Community Language Learning*.

La ricerca di Curran inizialmente era incentrata sull'osservazione di piccoli gruppi di studenti universitari il cui obiettivo era l'apprendimento simultaneo di quattro lingue: il francese, il tedesco, lo spagnolo e l'italiano. I discenti conversavano nelle lingue target mediante l'aiuto e il supporto di esperti linguistici, i *knowers*, nella terminologia adottata da Curran. Il CLL non è tuttavia imparentato unicamente con la psicoterapia del *Counseling* di Rogers, esso ha anche un altro modello di riferimento per quanto concerne alcune delle tecniche che lo strutturano: l'educazione bilingue e la *language alternation* che la caratterizza. Il paragrafo che segue analizza entrambi i modelli.

2.2
I modelli

2.2.1. Il *Counseling*, la "terapia centrata sulla persona"

La tradizione alla quale il CLL è maggiormente debitore è la psicoterapia teorizzata da C. R. Rogers, il *Counseling*, ovvero la "terapia centrata sulla persona". Il costrutto teorico rogersiano si inserisce nell'ambito della psicologia umanistico-esistenziale. Esso pone al proprio centro il *client*, una persona che, nel tentativo di superare una condizione esistenziale di disaccordo interno, di vulnerabilità o di angoscia, cerca un contatto con il terapeuta per riceverne l'aiuto (cfr. Picone, Conte, 1984). L'approccio teorizzato da Rogers ha rappresentato un attacco al dominio e al potere assoluto del terapeuta in psicologia poiché riconosce la centralità della figura del *client* e del suo universo affettivo.

Alla base della "terapia incentrata sulla persona" vi è la constatazione che gli esseri umani interagiscono con l'ambiente e, di fronte ad esperienze minacciose, reagiscono difendendosi. L'autodifesa è una reazione istintiva davanti a un problema o una difficoltà. Tuttavia per Rogers l'uomo è un essere degno di fiducia, con ampie possibilità di comprendere se stesso, di migliorarsi, e di modificare i propri atteggiamenti.

Condizioni per l'instaurarsi della sicurezza, delle quali è responsabile il terapeuta sono:

– considerazione e stima della persona-*client*;
– assenza di un modello predefinito di parametri esterni a cui fare riferimento come strumento di giudizio;
– comprensione partecipe del terapeuta, che non significa approvazione acritica, ma accettazione della persona in modo totale ed empatico.

Nel *Counseling* il terapeuta dispone sostanzialmente di due strumenti di intervento:

1. *L'ascolto partecipe e rispettoso*: estrema attenzione a tutto quello che il cliente riesce a verbalizzare, disponibilità, buona capacità di attesa riguardo ai tempi di maturazione del cliente.
2. *Tecnica speculare o della risposta-riflesso*: la verbalizzazione del cliente riflette il suo stato interiore di confusione, angoscia, mancanza di chiarezza. Il terapeuta può dare un *feedback* al cliente riflettendo specularmente ciò che ha ascoltato: può riproporre cioè in maniera chiara e organizzata la comunicazione, usando le stesse

espressioni verbali o riassumendo e parafrasando. Questo modello comunicativo è incentrato sulla risposta cognitiva, cioè elaborata in termini razionali, ad un messaggio di natura affettiva, cioè costruito intorno a sentimenti ed emozioni. Questa tecnica è particolarmente significativa perché il *counselor* riesce a comunicare al paziente di aver compreso ciò che gli è stato riferito, e di essere sensibile alle difficoltà manifestategli.

Ma veniamo al CLL. Nel 1959 Curran costituisce i suoi primi gruppi di ricerca: studenti universitari e successivamente delle scuole superiori che si offrono di sperimentare l'apprendimento simultaneo di quattro lingue: il francese, il tedesco, lo spagnolo e l'italiano. Curran applica il modello comunicativo del *Counseling* al suo approccio didattico. L'esperimento da lui condotto muove dalla considerazione che vi sia un doppio parallelismo tra il *client* in sede psicoterapeutica e il *learner* in età adulta, e tra il *counselor* (il terapeuta) e il *knower* (l'esperto linguistico). Curran adotta pertanto consapevolmente i principi teorici e le tecniche del *Counseling* in sede didattica, nella convinzione che l'apprendimento delle lingue straniere venga così facilitato e incoraggiato. Stevick sottolinea con queste parole lo stretto legame tra *Counseling* e *Community Language Learning*: «[CLL] is a way of learning and teaching in which one or more of the persons involved acts as the "counselor" to the others, in order that the work of the other(s), whether that work is learning or teaching, may be fuller, smoother, more satisfying» [1] (Stevick, 1980, p. 107).

Le analogie tra il cliente e il *learner* sono evidenti. Un discente in età adulta può sentirsi profondamente minacciato dalla necessità di apprendere una lingua straniera sconosciuta (cfr. *supra* CAP. 4). Alcune delle difficoltà più comuni, quali ad esempio la capacità di pronunciare o memorizzare parole nuove, o di comprendere durante l'ascolto, possono derivare proprio da un profondo stato di ansietà e di stress. Come nel *Counseling*, è proprio tramite l'interazione tra il *knower* e il *learner* che le difficoltà iniziali possono essere risolte. Il *learner* abbassa il "filtro affettivo" che ha eretto come autodifesa a condizione che il *knower* manifesti un atteggiamento empatico e rassicurante. L'interazione tra il *learner* e il *knower* è inoltre evidente nello scambio comunicativo. Nel CLL la conversazione tra i *learners* non è infatti diretta, il *knower* interviene a tra-

1. «Il CLL è un modo di apprendere e di insegnare in cui uno o più dei partecipanti svolge il ruolo di "psicoterapeuta" degli altri allo scopo di rendere il lavoro degli stessi, sia esso apprendere o insegnare, più completo, facile e soddisfacente».

durre i messaggi espressi dagli apprendenti nella L1, oppure si limita a riformulare in modo corretto i messaggi articolati all'origine nella L2. Richards e Rodgers (1986, p. 114), sintetizzano così le affinità tra *Counseling* e CLL individuando sei tappe in comune (cfr. TAB. 2.1).

TABELLA 2.1

Counseling (cliente-terapeuta)	*Community Language Learning* (*learner-knower*)
1. Il cliente e il terapeuta accettano le regole del *Counseling*	1. Il *learner* e il *knower* accettano le regole del *Community Language Learning*
2. Il cliente articola il proprio problema nel linguaggio delle emozioni e dei sentimenti	2. Il *learner* presenta al *knower* un messaggio nella L1 che desidera comunicare agli altri
3. Il terapeuta ascolta con attenzione	3. Il *knower* ascolta il messaggio; gli atri discenti ascoltano a loro volta lo scambio tra il *learner* e il *knower*
4. Il terapeuta ripete il messaggio del cliente tramite un linguaggio cognitivo	4. Il *knower* ripete il messaggio del *learner* nella L2
5. Il cliente valuta l'accuratezza del messaggio riformulato dal terapeuta	5. Il *learner* ripete il messaggio nella L2 al suo destinatario
6. Il paziente riflette sul ruolo dell'interazione durante la seduta psicoterapeutica	6. Il *learner* ascolta il messaggio registrato (o cerca di ricordarlo) e riflette sui messaggi che sono stati scambiati durante la lezione

2.2.2. *Language alternation*

Nell'approccio teorizzato da Curran è possibile riscontrare punti di contatto e collegamenti anche con la didattica dell'educazione bilingue. Ciò che essi condividono è una procedura particolare nota come *language alternation* o *code switching*, ovvero l'alternarsi e il libero passaggio da una lingua all'altra nel corso di una lezione secondo regole che possono variare.

La *language alternation* nell'educazione bilingue è applicata mediante una varietà di tecniche volte a dare uno spazio più o meno ampio all'una o all'altra delle lingue conosciute dagli studenti. Nel suo studio sull'educazione bilingue (anglo-tedesca) Mackey (1972, pp. 62-4) cita cinque tecniche frequentemente adottate in aula dagli insegnanti:

- il contenuto della lezione è comunicato in una lingua e ripetuto successivamente nell'altra;
- l'intero contenuto è espresso in una lingua e riassunto poi nell'altra;
- l'insegnante alterna continuamente e liberamente una lingua all'altra;
- alcune parti della lezione sono in una lingua, altre nell'altra;
- allo studente viene chiesto di riassumere o ripetere i contenuti della lezione nella lingua non adottata fino a quel momento dall'insegnante.

La tecnica più frequentemente utilizzata è la *free alternation* tra le due lingue, senza che necessariamente venga data l'immediata traduzione. Tuttavia le domande, le definizioni, le indicazioni relative ai compiti a casa e i termini tecnici vengono puntualmente tradotti.

Il CLL adotta anch'esso la *language alternation* come parte integrante della sua struttura. Soprattutto i principianti, che necessariamente dipendono dal *knower* come fonte di informazione linguistica, devono affidarsi alla *language alternation* per riuscire ad esprimere un messaggio nella L2. Ma vediamo un esempio: se un *learner* di madrelingua inglese desidera esprimere un semplice messaggio quale: "*It is a beautiful day today*" in francese, sua lingua target, è sufficiente che esprima questa frase nella propria lingua e che aspetti l'intervento del *knower*, il quale, avvicinandosi, ripeterà lo stesso messaggio in francese: "*C'est un beau jour aujourd'hui*". A questo punto il *learner* si rivolgerà al gruppo e ripeterà, anche più volte, le parole francesi udite.

Il modello comunicativo che si attiva nelle fasi iniziali del CLL esclude pertanto la comunicazione diretta, poiché l'intervento traduttivo del *knower* si fa costante strumento di mediazione nello scambio linguistico tra gli apprendenti. Per i livelli superiori la traduzione potrà limitarsi anche a singole parole.

Come accade nella *language alternation* dell'educazione bilingue, i discenti costruiscono la propria conoscenza della lingua non dominante mediante un lento processo di associazione e comparazione di singoli "pezzi" e frammenti di lingua. In entrambi i casi la lingua dominante, la lingua madre, sostiene e incoraggia la comunicazione. Nell'educazione bilingue essa garantisce una sufficiente ridondanza affinché il messaggio espresso nella lingua debole sia compreso, nel CLL garantisce il successo della comunicazione anche in assenza quasi totale di conoscenze della L2. È infatti mediante il ricorso alla lingua madre che il messaggio nella L2 viene compreso da tutti i membri del gruppo. La *language alternation* incoraggia i *learners* ad ascoltare senza essere autorizzati (*overhear*) gli scambi linguistici tra i *learners* e il *knower*. È importante infatti che gli altri partecipanti del gruppo prestino attenzione al passaggio dalla L1 alla L2 mediante l'intervento del *knower* se vogliono garantirsi la comprensione del messaggio.

L'uso della traduzione, e quindi l'oscillare continuamente da una lingua all'altra all'interno del CLL, sembra negare la tesi che la traduzione impedisce la comunicazione. Essa, al contrario, aiuta a superare il senso d'inadeguatezza e imbarazzo di tanti principianti che vengono così calati nel processo comunicativo fin dall'inizio (cfr. *infra* CAP. 4). Dietro un approccio come il CLL vi è infatti la consapevolezza che solo chi comunica impara a comunicare (Butzkamm, 1989, p. 31) e la traduzione, ricorrendo al supporto della lingua madre, sostiene questo obiettivo. È tuttavia evidente un chiaro limite di questa tecnica. La traduzione può avere luogo solo all'interno dei gruppi in cui vi sia una lingua madre in comune (che a sua volta sia conosciuta dal *knower*). In classi "internazionali", cioè costituite da persone provenienti da paesi diversi, i *learners* converseranno esclusivamente nella lingua target senza ricorrere alla L1.

2.3
La lezione

2.3.1. Due esempi

Qui di seguito vengono dati due esempi tratti da lezioni impostate secondo il CLL (Burke, 1995; Stevick, 1990). Henny nel primo caso e Darren nel secondo sono i *knowers* ai quali le due comunità di discenti fanno riferimento. Si tratta di due situazioni comunicative nelle quali un gruppo di discenti, mediante l'aiuto di un *counselor*-

knower madrelingua, si cimenta in una conversazione in lingua inglese. Le due conversazioni verranno commentate nel corso dei paragrafi successivi.

1.
A: –Te has cortado el pelo, me gusta
Henny: – I like your haircut
A: – Um I like your haircut (presses record) I like your haircut
B: – A mi también
Henny: – So do I
B: – So?
Henny: – So do I
B: – So do I (presses record) So do I
A: – Er the three kings um three kings have er no present for you?
Henny: – Ah okay. Did the three kings bring you any presents?
A: – Did the three kings?
Henny: – bring you
A: – bring you any presents? bring?
Henny: – bring
B: – Ah traer
A: (presses record) – Did the three kings bring you any presents?

2.
A: – What shall we talk about tonight?
B: – I don't know
C: – What did you do this week?
D: – I move to new apartment
C: – You new apartment nice?
Darren: – Is your new apartment nice?
C: (repeats) – Is you new apartment nice?
D: – Yes, it have (looks over shoulder at Darren)
Darren: – it has...
D: – It has one bedroom and (looks again at Darren) room of sofa, TV?
Darren: – a living room
D: – and a living room
E: – You like it?
D: – Yes, but very much money.

La classe da cui è tratta la prima situazione è di livello principiante, la seconda di livello preintermedio. Un primo dato di partenza è la dimensione spaziale nella quale le due situazioni comunicative si collocano. Gli apprendenti siedono in cerchio, al centro si trova un tavolino su cui è poggiato un registratore. A turno, chi ha la parola attiva il registratore e registra la propria voce. Il *knower* occupa una posizione esterna rispetto al cerchio, in piedi, e attende che i discenti manifestino il desiderio di un suo intervento, di un suo aiuto concreto.

2.3.2. Il sillabo

Come mostrano i due esempi il CLL esercita principalmente l'espressione orale e l'abilità comunicativa dell'apprendente. Non esiste un sillabo convenzionale al quale fare riferimento, il contenuto della lezione è l'argomento intorno al quale si costruisce lo scambio comunicativo dei *learners*, e sono proprio questi ultimi a decidere di cosa intendono parlare. Lo spunto, nei due casi citati, è dato da cosa gli studenti hanno fatto durante le vacanze di Natale e il week-end.

2.3.3. Le attività

Vediamo ora le attività [2] principali che costituiscono una lezione di CLL.

– *Traduzione*: laddove gli strumenti comunicativi nella L2 sono ancora troppo pochi o troppo deboli il CLL prevede l'intervento traduttivo del *knower*. Nel primo esempio il *knower* sussurra il messaggio tradotto in inglese allo studente che lo ha formulato in spagnolo. Questo fa sì che il messaggio nella L2 venga compreso da tutta la comunità di discenti per mezzo di un'operazione di *overhear*: alla comunicazione tra il *learner* e il *knower* e al passaggio tramite traduzione dalla L1 alla L2 hanno infatti assistito gli altri membri del gruppo, destinatari ultimi del messaggio in L2. Il CLL richiede al *knower* una particolare sensibilità nella sua funzione di traduttore: questi dovrebbe infatti, ove necessario, reinterpretare e semplificare il messaggio articolato dapprima nella L1. Stevick descrive così il ruolo della traduzione: «The purpose of translation is not to produce an exact equivalent, but only to provide for the learner a sentence in whose content he can feel some sense of investment» [3] (Stevick, 1980, pp. 151-2). L'intervento del *knower* si ridurrà considerevolmente nel tempo, per limitarsi alla traduzione

2. Per la descrizione di alcuni esperimenti concreti secondo le tecniche del CLL si rimanda a Stevick (1973; 1976; 1980, CAPP. 12-15, 17). Stevick documenta dettagliatamente le attività proposte agli apprendenti durante alcune sessioni di CLL.

3. «Lo scopo della traduzione non è produrre un esatto equivalente, ma offrire al discente una frase nel cui contenuto possa ritrovare un qualche legame (e coinvolgimento)».

di singole parole o come nel secondo caso, alla correzione e riformulazione di messaggi scorretti prodotti già inizialmente in inglese (cfr. PARR. 2.2.2 e 2.3).

– *Ripetizione e registrazione*: il *learner* ripete ad alta voce nella L2 il messaggio suggeritogli dal *knower* (qualora vi sia stato un suo intervento), finché non si sente sicuro. La ripetizione rafforza e consolida l'acquisizione secondo un principio riscontrabile, ad esempio, nei bambini quando imparano parole nuove. Il messaggio nella L2 viene infine registrato su nastro dallo studente, quando si ritiene pronto.

– *Trascrizione*: il *knower* trascrive alla lavagna (o su cartelloni) le singole battute di cui si compone la registrazione della conversazione di gruppo. Allo studente è data la possibilità di tradurre il proprio intervento, il *knower* scrive poi l'equivalente nella L1 sotto la trascrizione nella lingua target. Gli studenti possono copiare la trascrizione, che costituisce la base per le attività successive, quando essa è stata interamente riportata alla lavagna. La raccolta di tutte le trascrizioni delle conversazioni tra i discenti costituisce il libro di testo di riferimento per la classe.

– *Analisi*: la trascrizione è analizzata dalla classe. Si osservano le occorrenze lessicali, le strutture grammaticali, o altri aspetti linguistici di rilievo.

– *Attività libere*: i discenti possono elaborare in gruppo nuove frasi partendo dalla trascrizione della conversazione. Se la classe è divisa in più gruppi, alla fine dell'attività ogni gruppo presenterà le proprie frasi agli altri. Questa attività è chiamata da Stevick «compose and combine» (Stevick, 1980, p. 176) e consiste nell'utilizzare, in combinazioni diverse, "pezzi" di conversazioni già trascritte, creando nuove frasi. Un'altra possibilità è che i singoli gruppi discutano uno stesso argomento e successivamente riferiscano agli altri il riassunto della conversazione avuta. All'interno di classi di livello intermedio o avanzato, il *knower* può incoraggiare gli studenti ad inventare un *paper drama*, cioè una storia da accompagnare con cartelloni che descrivono gli avvenimenti. Il gruppo riferisce al *knower* la storia inventata nella lingua target e questi suggerisce correzioni e possibili miglioramenti. Una volta definiti i dialoghi e preparati i cartelloni che li accompagnano, ogni gruppo presenta il proprio lavoro al resto della classe. I *learners* inoltre possono esercitare la pronuncia in lingua straniera mediante un esercizio noto come *teaching machine*: lo studente ripete ad alta voce una frase o un *chunk* della conversazione trascritta che desidera imparare a pronunciare correttamente nella lingua target. Il *knower* ripete automaticamente la stessa frase in modo corretto. Ogni qual volta lo studente ripete quella frase, anche il *knower* la ripete. Quando il *learner* si ritiene soddisfatto della propria *performance* e smette di ripetere la frase, anche il *knower* rimane in silenzio.

– *Riflessione e osservazione*: il *knower*, terminate le attività (ma anche tra un'attività e l'altra), chiede agli apprendenti di riflettere sull'esperienza. L'uso della lingua target non è più fondamentale anche se incoraggiato. Si chiede di riflettere su aspetti quali l'interazione personale con il gruppo, lo stato d'animo nei confronti del *knower* o degli altri *learners*, la propria percezione di un eventuale progresso, o in caso contrario, il senso di frustrazione laddove il progresso non sia stato avvertito. La fase di riflessione può essere incoraggiata mediante un questionario, al quale gli studenti possono rispondere anche nella L1. Al primo esempio di lezione qui presentato (la classe spagnola) faceva seguito il seguente questionario:

1. Cosa pensi delle attività di oggi?
2. Sono state utili? Perché? Perché no?
3. Sono state interessanti? Perché? Perché no?
4. Come ti sei sentito/a durante le attività?
5. Hai altri commenti?

La fase di riflessione invita l'apprendente a interrogarsi in modo critico sull'esperienza di apprendimento in cui si è calato.

– *Conversazione libera*: i *learners* partecipano a conversazioni libere con l'insegnante o con altri *learners*. Il punto di partenza può essere la fase di riflessione: considerazioni su ciò che si è imparato o sul proprio stato d'animo durante il processo di apprendimento.

2.4
Teoria dell'apprendimento

Allorché la psicologia umanistica entra nella sfera della glottodidattica il ruolo del discente cambia. Il CLL ne condivide la visione della personalità umana come sostanzialmente costituita da affettività, da un complesso cioè di emozioni e sentimenti contrastanti: timori, paure, ansie, ambizioni e speranze.

Ne deriva che il modello didattico proposto dal CLL è, per usare la definizione di Curran (1972) «a whole-person model», un modello in cui l'apprendimento di una lingua straniera è inteso come processo insieme cognitivo e affettivo. Si parte dal presupposto che non possa aver luogo alcuna forma di apprendimento laddove il filtro affettivo del discente, le barriere psicologiche da questi innalzate come forma di difesa, non vengano dissolte e superate. A questo scopo, se da un lato, sul calco della psicoterapia rogersiana risulta fondamentale l'interazione tra il *knower* e il *learner*, dall'altro il CLL ipotizza un modello di apprendimento che si configura come apprendimento *collettivo*: apprendimento interno ad una comunità di discenti, costruito cioè anche sull'interazione tra i *learners*.

2.4.1. La *Community*

Il CLL elabora una visione dell'apprendimento linguistico inteso come risultato dell'interazione sociale tra più persone all'interno di un gruppo. Proprio le complesse dinamiche psicologiche e affettive che scaturiscono dall'interazione tra più individui con un comune obiettivo condurrebbero, secondo il CLL, all'acquisizione di competenze linguistiche. L'apprendimento non è il successo di individui isolati e in competizione gli uni con gli altri, è piuttosto il successo collettivo di una comunità, nella quale figurano *learners* consapevoli di non sapere e desiderosi di apprendere e *knowers* disposti a condividere le conoscenze possedute. Il senso di condivisione dell'esperienza e il consolidarsi di un tessuto comunicativo allargato a tutti i membri della comunità hanno il benefico effetto di promuovere l'autostima, diminuire la distanza e ridurre l'imbarazzo e il senso d'inadeguatezza iniziali. A unire i membri della *community* è nelle parole di La Forge «a supportive language learning contract»[4] (La Forge, 1977, p. 376), che prevede l'alternarsi di momenti di conversazione di gruppo a momenti di riflessione. I membri della comunità diventano tali quando sottoscrivono questa sorta di "contratto", accettano cioè di collaborare e aiutarsi (processo interpersonale) per raggiungere un obiettivo comune (la conoscenza della lingua straniera).

Prima di analizzare i diversi tipi di relazioni interpersonali che si stabiliscono all'interno della *community*, è necessario dare uno sguardo alle due figure che la costituiscono: il *learner* e il *knower*.

2.4.2. La figura del *learner*

Il CLL è un approccio che riconosce l'importanza e la centralità della figura del *learner* nel processo di apprendimento e nasce proprio dalla constatazione che molti studenti, specialmente in età adulta,

4. «Un mutuo contratto per l'apprendimento linguistico».

tendono ad avvertire uno stato d'insicurezza e di ansietà davanti alla necessità di comunicare in una lingua straniera. Se da un lato il desiderio di comunicare resta forte, dall'altro è avvertita come ugualmente impellente la necessità di difendersi, di non esporsi, di non rischiare e mettersi in discussione. Il CLL vuole creare le condizioni affinché l'atteggiamento difensivo del *learner* venga meno. Determinante nel creare questo bisogno del discente di proteggersi è la percezione, più o meno conscia, della figura dell'insegnante come minacciosa e invadente. Il punto di partenza di Curran è proprio la consapevolezza che alla base di qualsiasi processo di apprendimento che preveda l'interazione tra un *learner* e un *knower* vi sia una qualche forma di minaccia e condizionamento da parte del secondo.

Curran tuttavia non si limita a descrivere la sfera psicologico-affettiva del discente nella fase iniziale, egli analizza tutte le componenti psicologiche che, nel corso del processo di apprendimento, vanno sostituendosi all'ansietà del primo momento. Esse sono raccolte sotto l'acronimo SARD.

*S*icurezza: è necessario che il *learner* avverta attorno a sé un ambiente sicuro affinché possa superare le remore e le incertezze iniziali.

*A*ttenzione: il livello di attenzione del *learner* è la spia dell'intensità e forza della sua interazione sociale all'interno del gruppo e quindi dei progressi nell'apprendimento della lingua.

A è anche *A*ggressività, il *learner* nel progredire guadagna sicurezza nelle proprie capacità e potenzialità. Le nuove conoscenze vengono usate come strumento di autoaffermazione. Il *learner* cerca di rendersi visibile al gruppo non senza una certa dose di aggressività.

*R*iflessione: a momenti di intenso coinvolgimento nella conversazione di gruppo, seguono momenti di riflessione individuale e collettiva sull'esperienza. Il *learner* è pertanto invitato a riflettere periodicamente sul proprio stato d'animo.

R è anche *R*itenzione: il discente nella fase di riflessione consolida e rafforza il livello di consapevolezza delle nuove informazioni acquisite. È la fase di "ritenzione" e assorbimento delle informazioni.

*D*iscriminazione: è la capacità del *learner* non solo di interiorizzare nuove conoscenze, ma di riconoscere la funzione che ogni nuovo elemento acquisito occupa all'interno della lingua. Ciò lo aiuta successivamente a stabilire nuove connessioni tra gli elementi.

2.4.3. La figura del *knower*

L'attenzione che il CLL presta alla sfera affettiva del discente determina un capovolgimento della concezione della figura del docente. Questi deve conoscere le tecniche e i fondamenti della psicoterapia del *Counseling*, deve cioè farsi *counselor* di un nuovo *client*, l'apprendente.

Ciò implica in primo luogo l'abbandono di un atteggiamento inquisitorio e valutativo, a favore di un atteggiamento benevolo, condiscendente, che nasce dalla volontà di comprendere e aiutare. Il *knower* deve essere in grado di rispondere all'incertezza del *learner* con la sensibilità e discrezione richiesta al *counselor* in sede psicoterapeutica. La sua precisa responsabilità è di creare e mantenere un ambiente rassicurante e sereno in cui si possa collocare l'esperienza dell'apprendimento (cfr. *Suggestopedia*, *infra* CAP. 4). Deve pertanto rinunciare alla naturale predisposizione ad affermarsi e imporsi, e incoraggiare, invece, l'indipendenza e l'autostima del *learner*.

Il *knower* deve saper capire quando il suo intervento è realmente desiderato dall'apprendente, e quando invece questi ha soltanto bisogno di più tempo per trovare da solo la parola o l'espressione corretta. Per ritornare al secondo esempio del PAR. 2.3 notiamo che il *knower* non corregge l'ultima affermazione di D: "*Yes, but very much money*". Ciò accade perché il significato è intelligibile nonostante l'errore e perché l'apprendente D non manifesta il desiderio di venire aiutato. La correzione dell'errore è pertanto subordinata allo stadio evolutivo in cui si trova il discente. Correzioni troppo frequenti minacciano la sicurezza del gruppo e riducono la spontaneità della conversazione. Spetta al *knower* con la sua sensibilità comprendere quando e in che misura intervenire per non suscitare nell'apprendente reazioni controproducenti, in quanto inibitorie. Se tuttavia il *learner* fa un errore così serio da rendere necessaria la correzione, il *knower* deve fornire la forma corretta, ma con un tono di voce che non comunichi disapprovazione. Mentre il discente ha il *diritto* di esprimere in ogni momento ciò che sente e di "essere come si sente", il *counselor-knower* deve sapere come controllare il proprio comportamento per dare supporto all'apprendente [5].

5. Nuovamente, si consiglia di consultare Stevick (1980, CAPP. 12-15 e 17) per alcune indicazioni pratiche relative al comportamento del *knower*.

2.4.4. Apprendimento come interazione sociale

Il processo di apprendimento, nella prospettiva del CLL, è un fenomeno sociale che nasce dall'interazione tra tutti i membri della *community*. Esso prende corpo e concretezza mentre i ruoli del *learner* e del *knower* vanno ridefinendosi e modificandosi. Esistono due distinti tipi d'interazione sociale: l'interazione tra *learners* e l'interazione tra *learners* e *knowers*.

L'interazione tra *learners* ha forti implicazioni affettive. Gli apprendenti interagiscono tra loro per sentirsi parte della *community*, e per non venire esclusi dall'intimità creatasi all'interno del gruppo. Ciò rappresenta una componente motivazionale costante che stimola il *learner* a mantenere il livello di competenza linguistica acquisito dagli altri.

L'interazione tra *knower* e *learner* è cruciale nel CLL. L'apprendimento è il risultato di un processo di crescita del discente parallelo alla trasformazione e ridefinizione del ruolo del *knower*. Esso è descritto nei termini di una sorta di rinascita dell'individuo, che approda, tramite l'esperienza del *Counseling*, ad una nuova identità, un'identità linguistica. Il successo linguistico è il segnale inequivocabile del successo e della qualità delle relazioni sociali intessute all'interno della comunità.

Alla base del rapporto tra *learner* e *knower* deve esservi quella che Curran definisce una *consensual validation* o *convalidation*, in altre parole stima e comprensione reciproche, oltre alla chiara accettazione dei propri ruoli, sebbene questi siano destinati a cambiare. L'apprendimento linguistico viene interpretato difatti dal CLL come ricapitolazione degli stadi dell'apprendimento infantile, e secondo questo modello, il ruolo del *learner* (e conseguentemente anche quello del *knower*) si evolve attraverso cinque distinte fasi. Il presupposto è che una simbolica regressione infantile crei le condizioni ottimali ai fini di un apprendimento efficace e produttivo (cfr. *TPR*, *infra* CAP. 3). L'*infantilizzazione* è intesa come la disponibilità a lasciarsi "permeare" dal flusso linguistico senza alcun muro affettivo di difesa. In questo modo il *learner* cresce gradualmente all'interno della nuova lingua, superando i conflitti affettivi con i quali ogni stadio, o livello, lo confronta. Tali conflitti rappresentano i segni tangibili della crescita nella lingua. Vediamo ora brevemente le cinque fasi della crescita del *learner*.

– Fase I: *Fase della nascita* (*The Embryonic Stage*). È caratterizzata da un forte senso di dipendenza da parte del *learner-client*. Il filtro affettivo ostacola la comunicazione tra i *learners* e con il *knower* mentre il livello di ansietà e tensione del *learner* è ancora alto. Il *learner* si esprime unicamente nella L1, attende l'intervento traduttivo del *knower*, quindi ripete il messaggio nella L2 al resto del gruppo.

– Fase II: *Fase di autoaffermazione* (*The Self-Assertion Stage*). Viene paragonata all'infanzia; il *learner* inizia a esprimersi senza l'inevitabile mediazione del *knower*. Inoltre la sua volontà d'indipendenza si manifesta tramite un'inconscia ostilità verso il *knower*. Alterna semplici messaggi nella L2 a messaggi articolati nella L1. L'insegnante aiuta quando l'apprendente esita o richiede il suo intervento.

– Fase III: *Fase di indipendenza* (*The Independent Stage*). Nel paragone con le fasi della vita, si identifica con la crisi dell'adolescenza: è quella in cui si manifesta la chiara volontà del *learner* di essere del tutto indipendente. Le conoscenze acquisite a questo livello gli consentono di esprimersi prevalentemente nella L2. Affinché il *learner* perfezioni e affini ulteriormente le proprie conoscenze è tuttavia necessario che consenta al *knower* di ritagliarsi uno spazio maggiore nel gioco dell'interazione sociale tra i membri della *community*. In altre parole, a questo livello, si potrà avere un ulteriore sviluppo del *learner* solo a condizione che abbia luogo quello che Curran (1972) chiama «role reversal», un'inversione dei ruoli. La traduzione cioè viene data solo quando uno dei membri del gruppo la richiede.

– Fase IV: *Fase di inversione dei ruoli* (*The Role Reversal Stage*). L'apprendente inizia a manifestare una maggiore sensibilità verso il ruolo del *knower* ed è sufficientemente sicuro della propria nuova identità linguistica da accettare serenamente le correzioni relative ad errori di grammatica o di pronuncia. In questa fase i *learners* diventano a loro volta *counselors* dei *knowers* stessi (i quali diventano paradossalmente loro *clients*), manifestando loro quella comprensione e quel calore che avevano ricevuto nelle fasi iniziali. I *learners* si rivolgono serenamente al *knower* quando desiderano arricchire il proprio vocabolario.

– Fase V: *Fase adulta* (*The Adult Stage*). Teoricamente è la fase in cui il *learner* conosce tutto ciò che il *knower* può insegnargli. Tuttavia può ancora imparare molto se si assume in parte la responsabilità di farsi a sua volta portatore di conoscenze per altri *learners*. Il conflitto cruciale della quinta fase è l'accettare o meno questa responsabilità nei confronti di studenti meno avanzati, ancora al primo, secondo o terzo stadio, pur continuando ad approfittare del contatto con la propria figura di riferimento.

Il processo descritto attraverso queste cinque fasi è un processo che, nella terminologia di Curran, porta "all'incarnazione" del *knower* e del *learner*. L'incarnazione è il presupposto affinché le dinamiche interpersonali all'interno della comunità determinino l'apprendimento linguistico. Questo termine, indubbiamente di forte sapore teologico, descrive la capacità del *knower* di rinunciare alla propria «non incarnate God-figure»[6] (Curran, 1972), alla "distanza del sapiente", dell'infallibile, del detentore di verità. Allo stesso modo lo studente deve percorrere un cammino affine, rinunciando a quei meccanismi di difesa, quali riluttanza a correre rischi e a lasciarsi coinvolgere, ed estrema razionalità, nel tentativo di proteggere la propria immagine da un'esperienza totalizzante. *Incarnation* significa in quest'ottica proprio la volontà di "abbandonarsi" completamente a un'esperienza umana complessa, così come essa è, e non evitare il coinvolgimento in prima persona.

2.4.5. Teoria della lingua

Il sistema comunicativo attuato dal CLL nasce, come si è visto, dall'interazione incrociata tra i diversi membri della comunità e tra questi ultimi e il *knower*. La dimensione sociale su cui si costruisce il metodo influisce profondamente anche sulla visione della lingua che non è vista come strumento di trasmissione lineare di informazioni da un emittente ad un destinatario, ma come *processo sociale*. Nello scambio comunicativo entrambe le figure cambiano, crescono, interagiscono. Per usare la definizione di La Forge (cit. in Richards, Rodgers, 1986, p. 116): «language is people; language is persons in contact; language is persons in response»[7]. Il CLL attiva un modello comunicativo che immerge l'apprendente nella vita reale e non lo tiene artificiosamente lontano da essa. In primo luogo, lo si è visto, sono i discenti a decidere cosa dire e quando dirlo. Non esiste un libro di testo con situazioni artificiali alle quali fare riferimento. La conversazione gravita intorno a ciò che ha un significato vivo e reale per chi vi prende parte. Le immagini mentali si organizzano non intorno a parole o fotografie, ma intorno ad emozioni e punti di vista soggettivi.

Nel secondo esempio di lezione proposto, i compagni di corso di D associeranno le parole che veicolano l'immagine mentale della

6. «Figura di Dio non incarnata».

7. «La lingua è la gente, la lingua è persone in contatto, la lingua è persone che si rispondono».

nuova casa di D direttamente alla personalità di quest'ultimo, alle sue preoccupazioni e ai suoi desideri: «Il CLL crede che la lingua, quando è connessa allo studente e alle sue immagini mentali, abbia più probabilità di venire assorbita» (cfr. Stevick, 1990, p. 76).

2.5
L'interazione nella *Community*: il silenzio sociale

L'interazione sociale all'interno della comunità, nella duplice valenza *learner-learner* e *learner-knower*, rappresenta il principio al quale il CLL affida l'esperienza dell'apprendimento linguistico. La peculiarità di questo approccio sta principalmente nell'uso consapevole che esso fa del silenzio sociale come di un fenomeno psicodinamico che può promuovere e incoraggiare l'apprendimento nell'ambito delle abilità comunicative (cfr. La Forge, 1977). Il silenzio informa e struttura in profondità le pratiche del CLL; esso si manifesta in forme diverse: è il silenzio del *knower*, il silenzio del *learner*, il silenzio come postulato da contratto durante i *reflection periods*. Esso causa e porta in superficie gli ostacoli e i freni affettivi che impediscono l'apprendimento, ma nel contempo, costringendo il *learner* ad un confronto con essi, può essere responsabile del loro superamento. Inoltre, usato consapevolmente nella fase di riflessione che segue la sessione di conversazione, il silenzio è uno strumento fondamentale per sciogliere e superare i conflitti affettivi del discente.

Nel paragrafo relativo alla lezione (cfr. PAR. 2.3) abbiamo presentato due situazioni comunicative standard: un piccolo gruppo di discenti conversa in lingua straniera, ricorrendo, più o meno frequentemente, all'aiuto del *knower*, anche nella funzione di traduttore. Cercheremo ora di arricchire e specificare la tipologia relativa alle sessioni di conversazione, con particolare attenzione alle relazioni interpersonali e alla componente psicodinamica del silenzio che in esse si realizzano.

2.5.1. Il silenzio nelle fasi di conversazione e di riflessione

Un insegnante di CLL può scegliere tra tre diversi tipi di sessioni di conversazione. A seconda del tipo variano le relazioni interpersonali tra i membri della comunità, oltre che la funzione e lo spazio del silenzio. Alla conversazione tra i *learners* deve fare seguito un momento di riflessione e valutazione dell'esperienza comunicativa, in cui il *knower* usi il silenzio consapevolmente, come strumento per risolvere i conflitti affettivi emersi.

– *Primo tipo*: il *knower* si rivolge alla classe nella sua interezza, indica la durata dell'attività di conversazione, poi attende la reazione degli studenti in silenzio. Il silenzio del *knower* consente al discente di ritagliarsi un buon margine di autonomia all'interno della lezione, di scegliere l'argomento della conversazione e di condurne lo svolgimento. Il *knower* partecipa alla conversazione solo quando è direttamente coinvolto. In questo tipo di esperienza al silenzio del *knower* segue frequentemente la risposta silenziosa degli apprendenti, chiaro segnale di ansietà, paura ed autodifesa.

– *Riflessione dopo la sessione di conversazione del primo tipo*: durante il periodo di riflessione che fa seguito alla conversazione del primo tipo, il *knower* dovrebbe indagare come ciascun discente si sia posto di fronte al silenzio. La domanda da porre è: "Perché rimanevi in silenzio?". L'obiettivo è far sì che il gruppo comprenda che la paura è un sentimento comune, e questo, spesso, è sufficiente a neutralizzarne gli effetti negativi. Il *knower* può fornire consigli utili: è sufficiente rompere il silenzio ponendo una facile domanda ad un altro membro della comunità, non è necessario dire qualcosa di profondo nella lingua straniera, ci si deve aiutare e incoraggiare gli uni con gli altri a superare l'imbarazzo iniziale.

– *Secondo tipo*: la classe viene divisa in piccoli gruppi di cinque o sei studenti che conversano tra loro per un tempo che ha stabilito l'insegnante. Il *knower* rimane in silenzio e assiste l'apprendente solo quando questi si mostra desideroso di venire corretto o aiutato. Il silenzio del *knower* in questo contesto, in cui i gruppi sono costituiti da poche persone, ha più che mai l'obiettivo di consolidare la rete di relazioni interpersonali tra i discenti e creare le basi per una sorta di "contratto collettivo per l'apprendimento".

– *Riflessione dopo la sessione di conversazione del secondo tipo*: il silenzio nel periodo di riflessione dopo un'esperienza comunicativa del secondo tipo è fondamentale per far emergere e superare difficoltà relative all'interazione *learner-knower*. Il silenzio del *knower* e la sua apparente ritrosia a partecipare alle conversazioni tra *learners* possono essere interpretati come segno di disinteresse e deresponsabilizzazione. Generalmente il gruppo reagisce "rifiutando" il *knower*, perché l'ambiente sembra essere più sicuro e protetto se questi ne rimane escluso. La riflessione collettiva deve aiutare a creare un nuovo equilibrio: i *learners* vanno incoraggiati a comprendere che il *knower* può essere usato come "risorsa" collettiva e che il suo intervento è di vantaggio e beneficio per l'intera comunità.

– *Terzo tipo*: i discenti si distribuiscono su due file parallele a costituire coppie di persone l'una di fronte all'altra. Dopo brevi intervalli di tre minuti si formano nuove coppie. Il *knower* non è escluso dalle attività, anzi partecipa attivamente, intrattenendo, di volta in volta, brevi scambi comunicativi con *learners* diversi. Il silenzio del *knower* è parziale: egli è silenzioso verso il gruppo nel suo complesso, ma attivo e presente verso il singolo. L'apprendente calato in questo tipo di attività è incoraggiato ad assumersi la responsibilità di un confronto diretto con i suoi pari e soprattutto con il *knower*.
– *Riflessione dopo la sessione di conversazione del terzo tipo*: questa fase di riflessione ha una duplice funzione. Da un lato invita a un bilancio delle proprie capacità espressive nella lingua straniera, dall'altro fissa nuovi obiettivi, più alti, per la collettività. Il *knower* dovrebbe a questo punto porre le seguenti domande: "In quale percentuale hai usato la tua lingua e la lingua straniera? Hai dato o ricevuto aiuto?". Generalmente la discussione serve ad infondere nella comunità un senso di successo collettivo e a fissare nuovi obiettivi per le sessioni successive, ad esempio usare una percentuale più alta di L2.

2.6
Conclusioni

L'applicazione dei principi e delle tecniche della terapia centrata sulla persona alla didattica delle lingue straniere ha avuto sicuramente degli effetti positivi. Titone (1973, p. 115) ne evidenzia alcuni:
– l'apprendente stabilisce con una certa rapidità un rapporto di stima, identificazione e confidenza con il *knower* e con gli altri membri del gruppo;
– l'apprendente supera l'imbarazzo e il senso d'inadeguatezza iniziali. Riesce a confrontarsi positivamente con la lingua straniera;
– l'apprendente acquisisce buone capacità espressive nella L2;
– l'apprendente ha una concezione della lingua non astratta e avulsa dalla realtà, ma come reale strumento di comunicazione e interazione sociale.

Va inoltre segnalata l'estrema flessibilità dell'approccio, che si presta a variazioni e innovazioni a seconda delle esigenze reali della classe. In classi troppo numerose, ad esempio, è del tutto legittimo fare a meno del registratore e ricorrere alla semplice ripetizione e trascrizione dei dialoghi. Sembra essere un sicuro vantaggio del CLL la rapidità con la quale anche persone alle prime armi vengono calate totalmente nella lingua, e il senso di autonomia che contraddistingue il processo di apprendimento. A ciò va aggiunto che la peculiarità, e forse uno dei meriti maggiori del CLL, è proprio la profonda consapevolezza delle componenti psicoaffettive che si esplicitano nella realtà comunicativa e l'uso strumentale di tale conoscenza nell'ambito dell'apprendimento linguistico.

Tuttavia, il successo del CLL è profondamente legato all'abilità personale del *knower*, la cui capacità di interpretare i bisogni e i desideri della classe, e di guidare l'apprendimento con la sensibilità di un *counselor*, può essere raggiunta solo in seguito a un periodo di studio e formazione.

Riferimenti bibliografici

BURKE H. (1995), *Taking Experimental Action: Incorporating Elements of Community Language Learning into Low Level Teaching*, Language Studies Unit, Aston University, <http://sol.aston.ac.uk/lsu/tdahb2.html>.

BUTZKAMM W. (1989), *Psycholinguistik des Fremdsprachenunterrichts: natürliche Künstlichkeit von Muttersprache zur Fremsprache*, Francke, Tübingen.

CURRAN C. (1972), *Counseling-Learning*, in J. W. Oller, P. Richard-Amato (eds.), *Methods that Work*, Cambridge University Press, Cambridge 1983, pp. 146-77.

LA FORGE P. G. (1977), *Uses of Social Silence in the Interpersonal Dynamics of Community Language Learning*, in "TESOL Quarterly", XI, 4, pp. 373-82.

MACKEY W. F. (1972), *Bilingual Education in a Binational School*, Newbury House, Rowley, MA.

PICONE R., CONTE A. (1984), *La psicoterapia di C. R. Rogers*, Armando, Roma.

RICHARDS J. C., RODGERS T. S. (1986), *Approaches and Methods in Language Teaching*, Cambridge University Press, Cambridge, pp. 113-27.

ROGERS C. (1951), *Client Centered Therapy*, Houghton Mifflin, Boston.

STEVICK E. W. (1973), *Charles A. Curran's Counseling-Learning: a Whole Person Model for Education*, in "Language Learning", XXIII, 2, pp. 259-71.

ID. (1976), *Memory, Meaning and Method: Some Psychological Perspectives on Language Learning*, Newbury House, Rowley, MA.

ID. (1980), *Teaching Languages: A Way and Ways*, Newbury House, Rowley, MA.

ID. (1990), *Humanism in Language Teaching*, Oxford University Press, Oxford, pp. 71-99.

TITONE R. (1973), *Some Factors Underlying Second-Language Learning*, in "English Language Teaching", 27, pp. 110-20.

3

Total Physical Response

di *Paola Visciola*

3.1
Total Physical Response: introduzione e aspetti teorici

3.1.1. Che cos'è il *Total Physical Response*?

Insegnare e imparare una lingua straniera attraverso la "risposta fisica" – e silenziosa – ad una serie di comandi verbali, ossia attraverso l'associazione tra parola e movimento fisico: in questa frase si concentrano molto sinteticamente l'essenza, il progetto e insieme l'aspetto più originale del *Total Physical Response*, più comunemente noto come TPR. Ideato negli anni Sessanta da James J. Asher, professore di psicologia all'Università di S. José, California, il metodo, sicuramente "alternativo" rispetto ai modelli allora vigenti, presenta in realtà, sia sul piano teorico che sul piano pratico, numerose implicazioni relative ad altre tradizioni ed esperienze.

L'importanza del coinvolgimento totale – mentale e fisico – della persona nel processo di apprendimento di una lingua straniera era ad esempio già stata ampiamente sottolineata nella seconda metà del XIX secolo da F. Gouin (Gouin, 1880) e negli anni Venti da H. Palmer (Palmer, Palmer, 1959). Entrambe le strategie da questi messe a punto e sperimentate richiedevano infatti al discente l'attuazione materiale di sequenze di azioni. Alla base di queste forme di sperimentazione, nonché asse portante dell'intero approccio TPR, è la concezione che considera l'apprendimento di una lingua straniera (L2) come un processo parallelo all'apprendimento "naturale" della lingua madre (L1) nell'infanzia. Come nella fase iniziale della sua vita il bambino ascolta e, prima di iniziare a parlare, risponde con lo sguardo o con i gesti alle parole dei genitori, espresse in genere sotto forma di esortazioni, così, attraverso le stesse modalità, Asher ritiene che un adulto possa imparare una L2.

Ad esemplificazione di tale processo, in una conferenza tenuta all'Università di Cambridge, in Inghilterra, Asher (sito web su TPR <http://www.TPR-world.com/>) parla di:

> [...] "a language-body conversation" because the parent speaks and the infant answers with a physical response such as looking, smiling, laughing, turning, walking, [...]. Although the infant is not yet speaking, the child is imprinting a linguistic map of how the language works. Silently, the child is internalizing the patterns and sounds of the target language. When the child has decoded enough of the target language, speaking appears spontaneously [1].

L'enfasi posta sulla fase di ascolto silenzioso, quindi sulla comprensione piuttosto che sulla produzione, fa scattare inoltre un collegamento immediato tra il TPR e un insieme di tecniche e di approcci di vario tipo, sviluppatisi negli anni Settanta e Ottanta, complessivamente noti sotto il nome di *Comprehension Approach* (Giraud, 1993, pp. 283-95). Fra i suoi sostenitori questo approccio annovera S. Krashen (cfr. *Natural Approach*, *infra* CAP. 11), e H. Winitz, autore di un saggio sull'argomento (Winitz, 1981).

Non è infine possibile esaurire questa panoramica iniziale senza sottolineare l'appartenenza del TPR al gruppo degli "approcci affettivi" (cfr. *supra* CAPP. 1, 2, e *infra* CAPP. 4, 5), soprattutto in relazione al concetto di *infantilizzazione* e alla volontà di non sottoporre a stress l'apprendente. Lo scarto temporale tra la fase di comprensione e la fase di produzione, sostenuto da Asher, sottrae infatti l'apprendente all'ansia e alle eventuali frustrazioni generate dall'obbligo ad esprimersi fin dal primo momento in L2 e gli consente di decidere liberamente quando incominciare a parlare

Come forse già si intuisce da quanto detto sopra, l'aspetto più originale e senz'altro più interessante del TPR è da ricercarsi nelle sue applicazioni pratiche, laddove materialmente entra in gioco la dinamica comando verbale-risposta fisica. Tuttavia, benché il metodo non goda di un supporto teorico fra i più solidi e strutturati, prima di passare all'analisi da un punto di vista prettamente didattico, sembra comunque opportuno fornire un breve *excursus* su al-

1. «[...] "una conversazione tra linguaggio verbale e linguaggio fisico", dal momento che il genitore parla e il bambino risponde fisicamente guardando, sorridendo, ridendo, girandosi, camminando [...]. Sebbene ancora non sia in grado di parlare, il bambino imprime nella sua mente una mappa linguistica del funzionamento della lingua. In silenzio il bambino interiorizza i modelli e i suoni della lingua obiettivo. Quando il bambino ha raggiunto una sufficiente decodificazione della lingua obiettivo, il passaggio alla lingua parlata avviene spontaneamente».

cune sue implicazioni a livello di teoria della lingua e dell'apprendimento.

3.1.2. Aspetti teorici: la lingua

È necessario far presente che alla base del TPR non esiste una particolare elaborazione teorica sulla natura e sull'organizzazione della lingua. Una prima osservazione da fare riguarda il fatto che nel TPR la lingua è concepita quasi esclusivamente come codice orale. Dal momento che a L2 viene applicato il modello di acquisizione di L1 nell'infanzia (cfr. PARR. 3.1 e 3.1.3), si può facilmente dedurre come questo metodo non lasci un grande spazio al codice scritto, né sotto forma di lettura, né sotto forma di scrittura. Nel programma didattico del TPR tali abilità entrano infatti in gioco in maniera estremamente marginale, come consolidamento finale di quanto acquisito oralmente (cfr. PAR. 3.2.2).

La concezione che Asher esprime attraverso i suoi scritti pone le strutture grammaticali ed il lessico, inseriti nel contesto di una frase con il verbo all'imperativo, come perno intorno al quale ruota l'intero sistema dell'uso e dell'apprendimento linguistico. Questa visione della lingua si rivela quindi sicuramente debitrice nei confronti dello *strutturalismo linguistico* e dei metodi di impostazione grammaticale in genere. È però importante sottolineare come, a differenza di tali metodi, il principale criterio di selezione della grammatica e del lessico non si basi tanto sulle forme, quanto sul significato. La grammatica viene quindi insegnata secondo un criterio induttivo.

Una caratteristica del TPR è costituita dalla suddivisione della lingua in *abstractions* e *nonabstractions*, ovvero in elementi astratti e non astratti, rappresentati rispettivamente da sostantivi che esprimono concetti astratti (cfr. PAR. 3.2.3) e da sostantivi concreti e verbi all'imperativo. Asher sostiene che i discenti possono acquisire una conoscenza e delle competenze sufficientemente complete e dettagliate della L2 attraverso gli elementi concreti, senza fare alcun ricorso alle "astrazioni". In un secondo momento tali elementi possono essere introdotti e spiegati direttamente in L2, una volta che i discenti ne abbiano interiorizzato il codice (Asher, 1977).

Asher opera anche un'altra suddivisione all'interno del sistema linguistico, quella in macrostrutture o *chunks*. Ritiene infatti che la lingua, attraverso la sincronizzazione con il movimento fisico, venga assimilata o "internalizzata" a livello di *chunks*, piuttosto che a livello di singoli elementi lessicali. Grazie alle macrostrutture è possibile ottenere una più rapida assimilazione del codice linguistico di L2 (Asher, Kusudo, de la Torre, 1974).

3.1.3. Aspetti teorici: l'apprendimento

La concezione dell'apprendimento linguistico nel TPR, parzialmente già delineata in sede introduttiva, si basa su tre ipotesi fondamentali.

1. Il *bio-program*: nell'opinione di Asher e di altri studiosi in ogni individuo il cervello e il sistema nervoso sono biologicamente programmati ad apprendere la lingua. Secondo tale concezione, l'apprendimento di L2 avverrebbe infatti in maniera naturale, con lo stesso processo di sviluppo di L1. Seguirebbe inoltre *a)* una precisa sequenza: l'ascolto e la comprensione prima della produzione; *b)* precise modalità: la sincronizzazione tra sollecitazione verbale e movimento fisico. Tale visione risente ampiamente del modello di apprendimento linguistico SV-R (*stimolo verbale* cui il bambino fornisce una *risposta* attraverso i movimenti fisici) messo a punto dalla psicologia *behaviourista* negli anni Cinquanta. (De Cecco, 1968 cit. in Richards, Rodgers, 1986).

La *lateralizzazione* del cervello: per quanto riguarda gli studi di natura neurofunzionale Asher si rifà alle conoscenze dell'epoca. La teoria della lateralizzazione assegna ai due emisferi cerebrali funzioni di apprendimento nettamente distinte. Secondo tale teoria, nell'emisfero sinistro, sede delle facoltà logico-razionali, si localizza l'insieme delle funzioni inerenti la lingua, tra cui la parola, mentre nell'emisfero destro, sede delle facoltà di carattere intuitivo e analogico, si localizza l'insieme delle attività motorie (questa visione risulta oggi parzialmente superata: ricerche ulteriori hanno infatti dimostrato che non esiste una separazione così netta tra le funzioni dei due emisferi, cfr. anche *Suggestopedia e psicopedia*, *infra* CAP. 4). Asher sostiene che l'insegnamento delle lingue basato sui metodi tradizionali mira generalmente al coinvolgimento del solo emisfero sinistro.

Nel TPR invece, l'acquisizione della lingua avviene attraverso l'emisfero destro in stretta correlazione con le attività motorie, molto prima che l'emisfero sinistro intervenga a "processare" da un punto di vista logico-analitico quanto assimilato e consenta poi il passaggio dalla fase di ricezione alla fase di produzione. Asher ritiene che tale passaggio sia possibile solo dopo che una sufficiente quantità di acquisizione linguistica sia stata realizzata attraverso l'emisfero destro.

Restando nell'ambito della relazione tra la teoria dell'apprendimento e il funzionamento della psiche, una citazione a parte merita la memoria, che nel TPR viene attivata dal gesto associato alla parola. Secondo una teoria psicologica nota sotto il nome di "*trace theory*" *of memory* (Katona, 1940 cit. in Richards, Rodgers, 1986), cui Asher si rifà apertamente, quanto più frequentemente ed intensamente un concetto è tracciato nella memoria, tanto maggiori sono le capacità di richiamarlo alla mente. Come hanno dimostrato varie sperimentazioni, l'associazione ripetuta di un concetto al movimento fisico, oltre che alla semplice ripetizione verbale, lascia una traccia permanente e agisce sulla memoria a lungo termine. Attraverso l'attività pratica collegata al movimento è infatti possibile "acquisire direttamente realtà": ai fini della memoria ciò rivela una maggiore incisività rispetto ad un procedimento essenzialmente astratto come la ripetizione verbale.

3. *Attenuazione dello stress*: Asher sottolinea come nell'infanzia l'apprendimento di L1 avvenga naturalmente, senza alcuna forma di ansia. Di solito questo non avviene invece nelle situazioni di apprendimento linguistico di tipo istituzionale, dove lo stress cui è sottoposto l'apprendente può agire come filtro affettivo e bloccare l'apprendimento. Da qui deriva l'importanza di creare nella classe di TPR un clima rilassato, disteso e giocoso, indispensabile secondo Asher anche quando si ha a che fare con un pubblico adulto. Ponendo l'accento sull'interpretazione dei significati attraverso il movimento, piuttosto che sull'attivazione di complessi e astratti procedimenti di analisi delle forme linguistiche e sulla precisa volontà di non forzare il discente a parlare, il TPR, secondo Asher, elimina gran parte dei condizionamenti mentali ed emotivi che inibiscono e limitano l'apprendimento di L2.

3.2
La didattica

3.2.1. Obiettivi del metodo

L'obiettivo fondamentale che il TPR si propone di raggiungere attraverso il lungo tirocinio riservato alla comprensione orale è il conseguimento, da parte dell'apprendente, di una competenza linguistica di base nella lingua orale. Egli deve cioè essere messo in grado di comunicare in L2 senza inibizioni, in modo da essere agevolmente compreso da parlanti nativi.

3.2.2. Presentazione di una lezione tipo

Prima di affrontare l'analisi dettagliata della prassi didattica attraverso l'ausilio di esempi tratti da corsi basati sul metodo, la presentazione schematica di un'intera lezione può essere utile per fornire una visione d'insieme di quanto accade di solito in una classe di TPR [2]. La lezione che segue, tratta dalla guida dell'insegnante messa a punto da Asher (Asher, 1977, 4, pp. 6-10), è una delle prime nell'ambito di un corso di inglese di 159 ore complessive destinato ad un gruppo di 25 adulti principianti. Le ore sono suddivise in blocchi di tre, per cinque giorni alla settimana. La lezione prevede le seguenti fasi:

a) *Review* o revisione degli argomenti relativi alle lezioni precedenti: si tratta di una sorta di "veloce riscaldamento" che richiede agli studenti, prima in gruppo, poi individualmente, l'esecuzione di alcuni comandi già conosciuti.

b) *New commands*: con l'introduzione dei nuovi comandi si entra nel vivo della lezione TPR. Gli studenti sono seduti di fronte all'insegnante, ma non secondo lo schema tradizionale della lezione frontale. Sono infatti disposti in semicerchio, in modo da poter utilizzare lo spazio al centro per l'azione. Sul tavolo dell'insegnante sono presenti alcuni oggetti: matite, libri, fogli di carta, che diventeranno parte integrante della lezione. L'insegnante chiama a fianco a sé uno studente, insieme fungeranno da modelli per il resto della classe che guarda e ascolta in silenzio (cfr. TAB. 3.1). Quando lo studente dimostra di essere in grado di rispondere da solo ai comandi impartiti, l'insegnante chiama a turno gli altri studenti e ripropone loro la precedente sequenza di azioni, all'interno della quale introduce in un secondo momento delle variazioni: «Pick up the paper and the pencil/put down the paper only/now, put down the pencil/put down the book but do not put down the pencil» (Asher, 1977). È da notare che parole piccole come gli avverbi *now*, *only* e la negazione *not*, inserite nel contesto della frase, non presentano difficoltà di comprensione e sono facilmente assimilate dagli studenti.

c) *Novel commands*: quando tutti gli studenti danno prova di eseguire i comandi con rapidità e sicurezza, l'insegnante procede alla ricombinazione degli elementi ormai familiari, formulando frasi che gli studenti non hanno mai sentito prima: «Jaime, stand up/walk to the table/pick up the pencil and the paper/walk to the window and put the pencil on the floor/put the paper on your

2. Lezioni TPR riprese dal vero sono disponibili sul mercato in videocassetta, cfr. sito web <http://www.TPR-world.com/>.

chair» (Asher, 1977). Per non spezzare il ritmo veloce dell'azione è opportuno che l'insegnante abbia già pronta una lunga lista di *novel commands*, ma nello stesso tempo non deve insistere se uno studente si trova in difficoltà, chiamando qualcun altro ad eseguire il comando, oppure eseguendolo personalmente.

TABELLA 3.1

– Juan, stand up and walk to the table	(Juan, lo studente, si alza e si avvicina al tavolo)
– Touch the pencil	(L'insegnante e Juan toccano una matita)
– Pick up the pencil	(L'insegnante prende una matita e fa segno a Juan di prenderne una. Juan esegue)
– Put down the pencil	(Entrambi mettono la matita sul tavolo)
– Touch the book	(Entrambi toccano un libro)
– Pick up the book	(Entrambi prendono un libro)
– Put down the book	(Juan posa il libro prima che l'insegnante si muova, il che indica l'assimilazione del comando)
– Touch the paper	(L'insegnante posticipa la propria risposta, in modo che Juan possa dimostrare la comprensione del comando)
– Pick up the paper	(L'insegnante lascia che sia Juan a prendere per primo il foglio)
– Put down the paper	(Juan risponde immediatamente posando il foglio sul tavolo)

d) New material: a questo punto della lezione l'insegnante introduce nuovi elementi lessicali quali *name*, *address*, *on*, *under*, *numbers from 1 to 10...*, inserendoli nelle sequenze all'imperativo (cfr. TAB. 3.2).

e) Review of new material: l'ultima fase della lezione è estremamente dinamica. L'insegnante ripete i comandi già introdotti e fa muovere a turno tutti gli studenti, cercando di ottenere da loro il massimo coinvolgimento nell'azione e di conciliare in questo modo apprendimento e divertimento.

Anche la fase nota come *reading and writing* viene introdotta solo dopo un certo numero di ore di corso. Nella parte finale della lezione l'insegnante scrive alla lavagna ogni nuovo elemento introdotto, ed una frase che illustra il significato di ognuno di essi. Poi, mentre legge la frase, esegue l'azione che essa contiene. Gli studenti ascoltano e, facoltativamente, trascrivono le frasi nel quaderno.

TABELLA 3.2

– I will write the number 1 on the board. I will write number 2...	(L'insegnante scrive i numeri da 1 a 10 alla lavagna)
– Rita, write the numbers 1 and 2 on the board. Miako, write 3...	(Gli studenti scrivono i numeri alla lavagna)

3.2.3. Il sillabo

La selezione e l'organizzazione dei contenuti

Gli esempi pratici tratti dalla lezione confermano ampiamente quanto già detto nel paragrafo sulla teoria della lingua, e cioè che il verbo all'imperativo, le strutture grammaticali e il lessico costituiscono l'essenza del sillabo del TPR (un collegamento significativo potrebbe essere tracciato qui con l'uso che Gattegno fa dell'imperativo, cfr. *Silent Way*, *infra* CAP. 5). È importante ribadire che la loro selezione non si basa tanto sulle forme grammaticali in astratto quanto sul significato di cui sono portatrici. Almeno nella fase iniziale del processo di apprendimento infatti, le forme linguistiche sono finalizzate alla trasmissione di un messaggio che richiede una ricezione ed una "risposta fisica" immediate. Gli esempi sopra riportati dimostrano che le strutture ed il lessico non sono inoltre scelti in funzione della loro frequenza di uso o di bisogno nella L2, ma delle possibilità del loro utilizzo nell'ambito ristretto della classe e della facilità di assimilazione da parte dell'apprendente, che non deve essere forzato in alcun modo se ha dei problemi per quanto riguarda un particolare argomento. Asher sostiene infatti che: «If an item is not learned rapidly, this means that the students are not ready for that item. Withdraw it and try again at a future time in the training program» [3] (Asher, 1977, 4, p. 6).

Secondo Asher è dunque fondamentale graduare l'introduzione degli argomenti all'interno di ogni lezione, a seconda dell'entità

3. «Se un elemento (lessicale o grammaticale) non viene assimilato rapidamente, vuol dire che gli studenti non sono ancora pronti. Ritiratelo e reintroducetelo in un momento successivo del programma».

e del livello di preparazione del gruppo. Generalmente, come nel caso specifico della lezione tipo, in un corso di principianti assoluti l'insegnante comincia con l'introdurre in rapida successione tre elementi per volta. Una volta assorbiti dalla classe attraverso la rapida e ripetuta attuazione dei comandi, gli stessi elementi vengono riproposti dall'insegnante in un ordine diverso rispetto all'inizio, e raggruppati in nuove combinazioni. Così, da un lato si stimola la flessibilità linguistica degli apprendenti evitando l'assimilazione meccanica di formule fisse, e dall'altro si dà loro modo di verificare se sono in grado di capire espressioni mai sentite prima.

Con studenti di livello più avanzato l'insegnante può introdurre delle serie successive di comandi, comprendenti più di tre elementi, fino a sviluppare una sequenza completa di azioni, una vera e propria procedura: «Take out a pen/take out a piece of paper/write a letter/put it in an envelope/seal the envelope/write the address on the envelope/put a stamp on the envelope/mail the letter» [4] (Larsen-Freeman, 1986, pp. 119-20).

La presentazione dei contenuti

Come appare evidente dagli esempi fatti finora, i movimenti del corpo e l'attività fisica in generale, determinati dall'uso dell'imperativo, rappresentano la peculiarità e l'originalità del metodo, nonché il veicolo di comprensione e assimilazione dei nuovi elementi della L2, soprattutto a livello delle macrostrutture o *chunks*.

Per quanto riguarda la grammatica, Asher ritiene che la quasi totalità del codice linguistico di L2 possa essere presentata attraverso l'uso di comandi.

In risposta ad alcuni dubbi sulla possibilità di introdurre forme complesse della lingua, come il futuro, il passato o lo stesso presente, Asher fornisce gli esempi seguenti (Asher, Kusudo, de La Torre, 1974):

- when Luke walks to the window, Marie *will* write Luke's name on the blackboard;
- Abner, run to the blackboard (dopo l'esecuzione del comando l'insegnante si rivolge ad un altro studente) Josephine, if Abner *ran* to the blackboard, run after him and hit him with your book;

4. «Prendete una penna/prendete un foglio di carta/scrivete una lettera/mettetela in una busta/chiudete la busta/scrivete l'indirizzo sulla busta/mettete un francobollo sulla busta/impostate la lettera».

– when Luke *walks* to the window, Mary will write Luke's name on the blackboard [5].

Benché l'imperativo sia considerato quindi uno strumento essenziale, un grande "facilitatore" dell'apprendimento, lo stesso Asher suggerisce di optare anche per altre strategie di insegnamento, soprattutto per quanto riguarda il *fine-tuning*, ossia il perfezionamento delle competenze fonologiche, morfologiche e sintattiche della L2: «Even if the imperative is the minor or major format of training, variety is critical for maintaining continued student interest. The imperative is a powerful facilitator of learning, but it should be used in combination with many other techniques» [6] (Asher, 1977 cit. in Richards, Rodgers, 1986, p. 92). E ancora: «Language can be internalized in chunks, but alternative strategies must be developed for fine-tuning to micro-details» [7] (Asher, Kusudo, de la Torre, 1974).

Anche se, per quanto ci è dato di conoscere, Asher non sviluppa molto questa parte del programma, fornisce tuttavia alcuni suggerimenti a riguardo. Per quanto riguarda il *fine-tuning*, una strategia consigliata è quella sviluppata da Winitz e Reeds (Winitz, Reeds, 1975). Attraverso l'associazione di immagini all'ascolto di una cassetta, i discenti sono guidati a compiere scelte mirate nella L2, con lo scopo di raggiungere un livello di accuratezza sempre maggiore nei vari aspetti della lingua. Ecco un esempio di *fine-tuning* a livello fonologico, in cui il discente deve discriminare il singolare e il plurale della parola *man*: «Select the picture of the *men* from among these possibilities: a man, a boy, women, and men» [8] (Asher, Kusudo, de la Torre, 1974).

Una citazione a parte merita il trattamento riservato alle parole astratte. In un contesto linguistico dominato dal binomio comando all'imperativo-movimento fisico (quindi essenzialmente pragmatico), non è semplice presentare quelle che Asher chiama *ab-*

5. «– Quando Luke va alla finestra, Maria *scriverà* il nome di Luke alla lavagna; – Abner, corri alla lavagna. Josephine, se Abner *è andato* alla lavagna, corrigli dietro e colpiscilo con il tuo libro; – quando Luke *va* alla finestra, Mary scriverà il nome di Luke alla lavagna».

6. «Anche se il programma di apprendimento è basato in misura maggiore o minore sul *format* dell'imperativo, la varietà è essenziale per mantenere costante l'interesse degli studenti. L'imperativo è un potente facilitatore dell'apprendimento, ma dovrebbe essere usato in combinazione con molte altre tecniche».

7. «La lingua può essere interiorizzata a livello di macrostrutture, ma bisogna sviluppare strategie alternative per perfezionarla a livello di microstrutture».

8. «Scegliete l'immagine degli *uomini* tra le seguenti possibilità: un uomo, un ragazzo, donne, uomini».

stractions in contrapposizione alle *nonabstractions* nella sua concezione della lingua (cfr. PAR. 3.1.2). Quando non è possibile spiegare il significato di tali vocaboli direttamente in L2, Asher propone delle alternative per presentarli anche in una fase iniziale dell'apprendimento. Le "astrazioni" vengono trattate come elementi concreti, vengono scritte in L1 e in L2 sui due lati di un cartoncino e poi inserite nell'abituale *format* dell'imperativo, esempio 1 (Asher, Kusudo, de La Torre, 1974); oppure vengono associate ad un'attività fisica per verificarne la comprensione da parte degli studenti, esempio 2 (Giraud, 1993, p. 266):

1. «Luke, pick up "justice" and give it to Josephine – Abner, throw "government" to me».
2. «Si le président Lincoln est un membre officiel du gouvernement, levez la main droite!» [9].

Un ultimo elemento che forse è bene non trascurare in questa sede, utile per dare un'idea dell'atmosfera distesa e antistress voluta da Asher nei corsi TPR e in un certo senso peculiare del metodo, riguarda l'umorismo e la maniera vivace e divertente di presentare i contenuti all'interno della lezione. Oltre alla combinazione degli elementi in associazioni sempre nuove e al ricorso a tecniche e strategie appartenenti ad altri approcci, il divertimento, riconducibile al concetto di *infantilizzazione* proprio degli "approcci affettivi", diventa infatti una componente importante al fine di mantenere sempre vivi l'attenzione e l'interesse degli studenti. Ecco l'esempio fornito da un insegnante (Asher, Kusudo, de la Torre, 1974):

> As training progressed, the instructor used playful, zany and such bizarre commands that maintained an extremely high interest level in students [...]: Rosemary, dance with Samuel, and stick your tongue out at Hilda. Hilda, run to Rosemary, hit her on her arm, pull her to her chair and you dance with Samuel! [10]

3.2.4. Le attività e i materiali

La maggior parte delle attività di classe ruotano intorno all'uso degli *imperative drills* e privilegiano quindi le abilità di ascolto e pro-

9. 1. «Luke, prendi "giustizia" e dalla a Josephine. – Abner, tirami "governo". 2. Se il presidente Lincoln è un membro ufficiale del governo, alzate la mano destra».

10. «Man mano che andava avanti con il programma, l'insegnante utilizzava comandi scherzosi, inusuali e così bizzarri che mantenevano estremamente alto il livello di interesse degli studenti: Rosemary, balla con Samuel e fai una linguaccia a Hilda. Hilda, corri da Rosemary, colpiscila ad un braccio, trascinala alla sua sedia e balla con Samuel!».

duzione orale. Sono di natura estremamente dinamica dal momento che presuppongono un continuo movimento fisico da parte degli studenti.

Non esiste un testo base di riferimento. Allo stadio iniziale dell'apprendimento sono sufficienti la voce dell'insegnante, l'insieme dei gesti che il movimento fisico implica e gli oggetti reperibili nell'aula in cui si svolgono le lezioni (penne, quaderni, sedie, banchi). In seguito viene fatto uso di immagini, diapositive, *realia*, per fornire un supporto visivo agli argomenti da presentare durante la lezione.

In una fase più avanzata dell'apprendimento il TPR comprende anche attività di tipo più cognitivo: il *role-play* – attività basata sulla riproduzione in classe di situazioni del vivere quotidiano (cfr. *Approccio comunicativo*, *infra* CAP. 6.) – attività di domanda e risposta, storie e dialoghi creati dagli studenti.

Una menzione particolare meritano i cosiddetti *student kits*. Si tratta di un insieme di materiali realizzati dallo stesso Asher, che rappresentano scenografie in miniatura di vario tipo: la casa, la cucina, l'aeroporto, la città, per citare solo alcuni esempi. Il loro utilizzo non implica l'attività fisica e consente all'apprendente di rispondere dal posto ai comandi dell'insegnante, manipolando gli elementi autoadesivi all'interno della scenografia.

Le attività di conversazione nel TPR ricevono un trattamento particolare. Giudicate assai difficili, sono introdotte nei corsi solo dopo almeno 120 ore di lezione: «Everyday conversations are highly abstract and disconnected; therefore to understand them requires a rather advanced internalisation of the target language» [11] (Asher, 1977 cit. in Richards, Rodgers, 1986, p. 93).

Si è già messo in evidenza il ruolo marginale della lettura e della scrittura nel TPR (cfr. PAR. 3.1.2). Gli esempi tratti dalle lezioni confermano la scarsa rilevanza di attività quali leggere e ricopiare sul quaderno, alla fine della lezione, i comandi formulati dall'insegnante.

Nel TPR non sono previste attività da svolgere a casa.

3.2.5. Discente e docente: ruoli e interazione

Come appare ormai chiaro, nel TPR il ruolo fondamentale dell'apprendente è quello di "ascoltatore" e di "attore". Gli studenti de-

11. «Le conversazioni di tutti i giorni sono altamente astratte e sconnesse; comprenderle richiede quindi un grado di interiorizzazione della L2 piuttosto avanzato».

vono ascoltare in silenzio i comandi dell'insegnante per poi eseguirli con rapidità, sia individualmente, sia collettivamente. (Può essere interessante notare l'uso completamente diverso che del silenzio fa il TPR rispetto al *Silent Way*, cfr. *infra* CAP. 5). Si tratta quindi di un ruolo essenzialmente ricettivo, in cui non è lasciato molto spazio all'iniziativa e alla creatività di chi impara. A differenza di altri metodi che si fanno promotori dell'autonomia del discente (cfr. *Approccio comunicativo*, *infra* CAP. 6), gli studenti del TPR non hanno alcuna influenza sui contenuti dell'apprendimento, predeterminati dall'insegnante e inseriti nel *format* dell'imperativo. Tuttavia, questo fatto non sembra incidere negativamente sulla *motivazione* ad apprendere, dato il forte e totale coinvolgimento dei discenti che i corsi TPR implicano. Una volta acquisita una certa sicurezza nella lingua orale, questi hanno infatti la possibilità di formulare da soli le nuove combinazioni degli elementi introdotti e quindi di impartire i comandi al resto della classe e soprattutto allo stesso insegnante, che diventa a sua volta "attore" (cfr. *role reversal*, PAR. 3.2.2); preparano scenette e inventano giochi di ruolo. Essi sono inoltre spronati a valutare costantemente i propri progressi, prova ne sia il fatto che sta a loro stabilire quando iniziare a parlare.

L'insegnante nel TPR ha un ruolo molto attivo e diretto. È un "regista" che dirige una compagnia teatrale di cui gli studenti sono gli attori. Deve decidere cosa insegnare, e, secondo quanto prescrive Asher, deve fare in modo di preparare e strutturare ogni lezione fin nei minimi particolari, anche perché, di fatto, in classe il ritmo dell'azione è così veloce che ben poco spazio può essere lasciato all'improvvisazione creativa. Ciò nonostante, dall'impressione che si ricava approfondendo la conoscenza del metodo, sembra evidente che per diventare un buon insegnante di TPR oltre ad una solida preparazione, ad un certo eclettismo e ad una buona dose di immaginazione – necessari in ogni caso – deve esistere la volontà di insegnare facendo divertire gli studenti.

Figura centrale e dominante della lezione, l'insegnante esercita in realtà un ruolo meno "prescrittivo" di quanto sembri a prima vista. Più che insegnare nel senso tradizionale e in qualche modo peggiorativo del termine, ossia trasmettere ad altri in maniera distaccata delle conoscenze puramente concettuali, senza curarsi in alcun modo della ricezione e dell'effettiva interiorizzazione delle forme linguistiche impartite, l'insegnante secondo Asher deve fornire opportunità di apprendimento. Deve cercare di creare la situazione migliore affinché i discenti possano assimilare e poi riorganizzare nella loro mente in una *cognitive map* i contenuti di cui hanno bisogno per raggiungere la necessaria competenza linguistica. L'insegnante deve procedere inoltre rispettando i loro tempi di apprendimento, senza forzarli mai a parlare se non si sentono pronti.

L'insegnante deve inoltre mostrarsi molto tollerante per quanto riguarda l'uso di L1 finché i discenti non abbiano assimilato una quantità di *input* linguistico tale da consentire loro di esprimersi in L2. La stessa tolleranza è riservata agli errori al momento della produzione in L2. Come i genitori si comportano con i bambini, così l'insegnante non interrompe mai gli studenti per correggerli quando cominciano a parlare, perché altrimenti corre il rischio di inibirli e bloccarli. La tolleranza verso gli errori diminuisce poi progressivamente, man mano che si avanza nella fase del *fine-tuning*.

A livello di principianti assoluti, la valutazione delle competenze acquisite avviene nel momento stesso in cui l'insegnante verifica la comprensione dei contenuti linguistici attraverso la risposta fisica degli studenti ai comandi impartiti. Ad uno stadio di apprendimento più avanzato, la valutazione può basarsi anche sulle scenette, sui *role-plays* creati dagli studenti.

3.3
Conclusioni

3.3.1. Sintesi

Prima di passare ad alcune considerazioni di carattere conclusivo sul TPR è forse utile riassumere brevemente gli aspetti salienti che lo caratterizzano. Si tratta di un approccio che:

– propone l'insegnamento di L2 attraverso l'associazione parola-movimento fisico ed è definito anche *language-body approach* (Asher, 1977, 3, p. 26). Si basa sul modello di apprendimento di L1 nell'infanzia. Il suo obiettivo è quello di fornire all'apprendente una buona competenza di base nella lingua parlata;

– sostiene la priorità e la propedeuticità della comprensione orale rispetto alla produzione. Quest'ultima avviene spontaneamente in un secondo momento, quando si è verificata una sufficiente "internalizzazione" del codice di L2 attraverso processi di tipo prevalentemente intuitivo, nella fase in cui l'apprendente ascolta in silenzio i comandi formulati dall'insegnante e contemporaneamente li esegue;

– considera la struttura verbale all'imperativo come il *format* a partire da cui si costruisce l'intero codice di L2. Ne consegue una concezione essenzialmente grammaticale della lingua, debitrice in gran parte dello *strutturalismo linguistico*, anche se nella prassi didattica le forme grammaticali sono strettamente finalizzate alla trasmissione del significato;
– favorisce l'attenuazione dello stress per l'apprendente, che non è costretto ad esprimersi in L2 fin dall'inizio del corso e, pur avendo nella lezione un ruolo essenzialmente ricettivo, può decidere autonomamente il momento in cui iniziare a parlare;
– prevede attività didattiche essenzialmente imperniate sulla dinamica comando formulato dall'insegnante "regista" - esecuzione del comando portata a termine dall'apprendente "attore" - e sul ribaltamento dei rispettivi ruoli. Tali attività privilegiano la comprensione e la produzione orale e lasciano poco spazio alla lettura e alla scrittura.

3.3.2. Sperimentazione

Tracciare un bilancio sulla validità di un metodo, che in ambito europeo non risulta in definitiva fra i più conosciuti e sperimentati, non è un compito semplice.

Alcune sperimentazioni eseguite negli Stati Uniti da Asher e dai suoi collaboratori hanno fornito risultati molto positivi sull'efficacia del TPR. Una prima verifica ha dimostrato ad esempio che un gruppo di adulti in una classe sperimentale TPR di tedesco, dopo sole 32 ore di lezione ha ottenuto rispetto ai gruppi di controllo, costituiti da studenti universitari con alle spalle dalle 75 alle 150 ore di corso di tedesco con il metodo *audiorale*, risultati superiori nella comprensione all'ascolto, ed un punteggio pari nella produzione orale, nonché nelle abilità di lettura e scrittura, per le quali il TPR non prevede alcuna formazione sistematica. Una seconda verifica, condotta su una classe sperimentale di spagnolo e tre gruppi di controllo formati da studenti liceali e universitari, ha dato pressappoco gli stessi esiti in seguito ad un prima prova basata sulla comprensione, orale e poi scritta, di storie (dopo 45 ore di corso TPR) e a due *proficiency* test concepiti secondo lo standard del metodo *audiorale* (dopo 90 ore di TPR) (Asher, Kusudo, de la Torre, 1974). Malgrado questi risultati apparentemente piuttosto spettacolari, tali esperimenti non sono stati giudicati sufficientemente attendibili per la mancata considerazione di alcuni fattori, ad esempio il più alto grado di motivazione dei gruppi sperimentali rispetto ai gruppi di controllo, ma soprattutto perché la valutazione sull'efficacia del metodo, come appare evidente dal numero di ore di corso dei due casi citati, non va oltre il livello principiante (Richards, Rodgers, 1986).

3.3.3. Aspetti negativi e positivi

Il TPR può definirsi un metodo "completo", o meglio, può veramente funzionare ad un livello intermedio o avanzato? Questa è forse la domanda più ricorrente negli studi critici sul metodo (cfr. Richards, Rodgers, 1986; Giraud, 1993), destinata a rimanere per il momento senza risposta, vista l'insufficienza di dati in materia. Nonostante la sicurezza di Asher nell'asserire che l'intero codice di L2 può essere inglobato nel *drill* dell'imperativo, anche per quanto riguarda le strutture più complesse, le perplessità sono molte riguardo l'artificiosità e la rigidità di procedimenti come quelli citati ad esempio nel caso delle forme verbali del passato e del futuro, o alle evidenti forzature nel trattamento delle parole astratte (cfr. PAR. 3.2.3). Sebbene nel TPR il significato sia privilegiato rispetto alla forma, i criteri di selezione del programma restano in definitiva grammaticali. Ne risulta una concezione della lingua di tipo piuttosto formale, lontana dall'uso che della lingua si fa nella vita quotidiana, basti pensare al parere di Asher sulle conversazioni di tutti i giorni (cfr. PAR. 3.2.4), "altamente astratte e sconnesse" e quindi didatticamente non consigliabili. A tale proposito, i fautori dell'*approccio comunicativo* hanno ampiamente messo in discussione la rilevanza – ai fini dell'uso reale della lingua e dei reali bisogni dell'apprendente – di un programma interamente basato su comandi del tipo: "camminate, saltate, correttte alla lavagna".

Anche a livello teorico varie sono le critiche mosse al TPR. Ad Asher è stato contestato ad esempio il fatto di non fornire un'adeguata elaborazione di concetti quali la divisione della lingua in *abstractions* e *nonabstractions* (cfr. PAR. 3.1.2): si parla di verbi e di sostantivi, ma non si fa alcun riferimento alla natura delle altre parti del discorso, come articoli, preposizioni ecc.; oppure la relazione esistente tra comprensione, produzione orale e comunicazione: Asher usa l'imperativo per formulare richieste, scuse, ma non opera alcuna classificazione degli atti di parola. Estremamente riduttiva e meccanicistica è stata giudicata la concezione che basa l'apprendimento linguistico di L1 sul modello *stimulus-response*, e sono stati anche sollevati dubbi in merito all'ipotesi cardine della teoria dell'apprendimento del TPR, che mette sullo stesso piano l'apprendimento di L1 e L2 (cfr. PAR. 3.1.3). Tale ipotesi non sembra infatti tenere conto delle interferenze che la lingua madre può esercitare quando si intraprende lo studio di una lingua straniera, allorché il bambino, di solito, apprende L1 in assenza di altri condizionamenti linguistici, nonché delle attivazioni e dei collegamenti creatisi a livello neurologico negli stadi successivi alla prima infanzia.

Le considerazioni fatte fin qui non si rivelano certo molto incoraggianti per un giovane insegnante che volesse tentare l'adozione del TPR, anche nel caso in cui fosse riuscito a superare quello che per molti potrebbe rivelarsi lo choc della regressione all'infanzia, ovverosia il fatto di immaginare se stesso in una classe a correre, saltare e ridere a comando. Lasciandosi però alle spalle per un momento tutto il cammino fatto in trent'anni di glottodidattica, è doveroso inquadrare il TPR nella giusta prospettiva storica. Nato in un momento in cui i metodi in auge erano il *grammaticale traduttivo* e l'*audiorale* e gli approcci di tipo *comunicativo* erano ancora in embrione, bisogna riconoscere al TPR la volontà di affrontare lo studio della lingua in maniera alternativa rispetto agli schemi tradizionali. Attraverso l'introduzione del movimento fisico Asher ha cercato di rendere meno statico, monotono ed estenuante lo studio della grammatica, fatto fino ad allora a tavolino, o attraverso la ripetizione meccanica all'infinito dei *drills* davanti al microfono di un laboratorio audio.

Nell'opinione degli autori degli studi critici sul TPR precedentemente citati, e anche di chi scrive, nonostante l'assenza di solide basi teoriche, e l'incompiutezza dell'approccio a livello di sperimentazione didattica, il TPR ha tuttavia il merito di associare l'insegnamento-apprendimento di L2 al gioco e al divertimento (sarebbe molto interessante a questo proposito sperimentare il funzionamento del metodo nell'ambito dell'insegnamento ai bambini), di cercare di trasmettere ai discenti una forte carica di entusiasmo e di fiducia in se stessi, liberandoli dai pesanti condizionamenti legati ai metodi tradizionali e stimolandoli a partecipare alla lezione attraverso il coinvolgimento di tutto il loro essere. Inoltre è da considerare senz'altro con attenzione la scelta di non costringere i discenti a parlare, lasciando loro la responsabilità di decidere quando cominciare ad esprimersi in L2.

Si può dire infine che il consiglio forse più utile ai fini una corretta ed efficace applicazione del TPR nell'insegnamento proviene dal suo stesso ideatore. Non bisogna dimenticare infatti che Asher non ha mai sostenuto l'esclusività e l'esaustività del suo approccio (cfr. PAR. 3.2.3), raccomandando al contrario agli insegnanti l'utilizzo delle tecniche pedagogiche del TPR in associazione ad altre strategie didattiche. Questo fatto, di per sé, ridimensiona la portata delle critiche negative e sembra suggerire che forse sarebbe più corretto considerare il TPR proprio come un insieme di tecniche e strategie cui ogni docente possa ricorrere qualora lo ritenga opportuno, in qualsiasi contesto didattico, anziché un metodo inteso nel senso tradizionale del termine.

Riferimenti bibliografici

ASHER J. J. (1977), *Learning Another Language Through Action: The Complete Teacher's Guidebook*, Sky Oaks Productions, Los Gatos, CA.

ASHER J. J., KUSUDO J. A., DE LA TORRE R. (1974), *Learning a Second Language Through Commands The Second Field Test*, in Oller, Richard-Amato (eds.) (1983), pp. 59-71.

DE CECCO J. P. (1968), *The Psychology of Learning and Instruction: Educational Psychology*, Prentice-Hall, Englewood Cliffs, NJ.

GIRAUD C. (1993), *Évolution de l'enseignement des langues: 5000 ans d'histoire*, CLE international, Paris.

GOUIN F. (1880), *L'art d'enseigner et d'étudier les langues*, Librairie Fischbacher, Paris (trad. ingl. *The Art of Teaching and Studying Languages*, George Philip & Son, London 1892).

KATONA G. (1940), *Organizing and Memorizing: Studies in the Psychology of Learning and Teaching*, Columbia University Press, New York.

LARSEN-FREEMAN D. (1986), *Principles and Techniques in Language Teaching*, Oxford University Press, Oxford, pp. 109-22.

OLLER J. W., RICHARD-AMATO. P. (1983), *Methods that Work*, Newbury House, Cambridge.

PALMER H., PALMER D. (1959), *English Through Actions*, Longman Green, London 1959 (ed. or. H. Palmer, *Teaching English Through Actions*, Tokyo 1925).

RICHARDS J. C., RODGERS T. S. (1986), *Approaches and Methods in Language Teaching*, Cambridge University Press, Cambridge.

WINITZ H., REEDS J. (1975), *Comprehension and Problem Solving as Strategies for Language Training*, Mouton, L'Aia.

WINITZ H. (1981), *The Comprehension Approach to Foreign Language Teaching*, Newbury House, Rowley, MA.

N. B.: per informazioni sul metodo e sui materiali TPR attualmente disponibili in commercio è possibile consultare il sito Internet: <*http://www.TPR-world.com*>.

4

La suggestopedia e la psicopedia

di *Francesca Giardini*

4.1
Introduzione

Attorno alla metà degli anni Sessanta il medico e psicoterapeuta bulgaro G. Lozanov cerca di approfondire le sue conoscenze sulla memoria e sulla suggestione per realizzare un metodo di insegnamento che, attraverso l'apprendimento inconscio, permetta di sfruttare in maniera ottimale le capacità di apprendimento e di memorizzazione della mente umana. Nasce così la *suggestopedia*, approccio caratterizzato da un insieme di tecniche che consentono al discente di imparare la lingua molto più rapidamente, con risultati più duraturi e con minore sforzo rispetto ai sistemi tradizionali. La suggestopedia viene presentata al pubblico come un metodo per corsi intensivi, concepito per gli adulti e capace di dare ottimi risultati in tempi estremamente brevi. Lozanov, inoltre, dichiara apertamente di servirsi della suggestione e dell'apprendimento inconscio nella sua prassi didattica.

Questo atteggiamento ed i presunti risultati "miracolosi" destano diffidenza nel mondo scientifico occidentale; tuttavia, dalla fine degli anni Settanta e ancor più negli anni Ottanta, si risveglia un certo interesse attorno alla suggestopedia e diversi studiosi, soprattutto in Canada, USA, Germania e Francia (Schiffler, 1989; Baur, 1990) cercano di verificare scientificamente la credibilità dei dati forniti da Lozanov a sostegno dell'efficacia del suo metodo. Da questo fermento scaturiscono tanto un necessario ed inevitabile ridimensionamento delle affermazioni dello studioso bulgaro, quanto una rinascita della pratica e della sperimentazione didattica suggestopedica. Le nuove conoscenze, la personalità dei vari operatori sul campo e soprattutto la diffusione dell'*Approccio comunicativo* (cfr. *infra* CAP. 6) hanno apportato poi diverse innovazioni modificando il metodo di Lozanov e rendendolo uno strumento più duttile, sebbene ancor oggi caratterizzato da fasi e procedimenti molto particolari che risalgono a Lozanov stesso. Nell'ambito di questi nuovi approcci, nati dall'approfondimento degli studi sulla suggestopedia, si è imposta la *psicopedia*, sviluppata in Germania, a partire dagli anni Ottanta, da Rupprecht Baur. Nei paragrafi che seguono parleremo in genere di *suggestopedia-psicopedia*, in quanto principi e attività a cui facciamo riferimento erano già presenti fin dalla nascita del metodo e sono rimasti comuni; qualora risulti necessario parlare specificamente di uno dei due approcci se ne farà espressamente menzione.

Per un primo orientamento ricorderemo qui che la suggestopedia e la psicopedia si basano su tre principi fondamentali (Baur, 1990):

– sfruttamento di procedure di apprendimento che si servono sia dell'*elaborazione conscia che di quella inconscia*;
– importanza della *suggestione* nella prassi didattica: essa permette all'insegnante di far sviluppare al discente un atteggiamento positivo ed equilibrato nei confronti del proprio processo di apprendimento;
– "abbattimento" delle *barriere affettive* e conseguente creazione di un clima di apprendimento disteso e rilassato.

È difficile dire quale di questi tre elementi risulti prioritario rispetto agli altri; certo è che nelle ricerche di Lozanov la possibilità di creare una "suggestione positiva" che liberi l'apprendente da condizionamenti, tensioni e paure, e gli permetta quindi di sfruttare appieno il proprio potenziale cognitivo, costituisce un obiettivo capace di riunire in sé tutti questi aspetti. Illustreremo più avanti i motivi che rendono tali elementi così importanti ed il modo in cui essi vengono integrati nella prassi didattica suggestopedica e psicopedica.

4.2
Aspetti cognitivi e psicologici

La suggestopedia, ed in seguito la psicopedia, si sono giovate di studi provenienti da discipline diverse, in particolare di conoscenze specifiche sul funzionamento del cervello, sui diversi tipi di memorizzazione e sul ruolo svolto dalla suggestione e dal rilassamento nella didattica.

4.2.1. Il cervello e la memorizzazione

a) Per quanto riguarda il funzionamento del cervello ci limiteremo qui a delineare gli elementi che negli anni Sessanta sono stati considerati rilevanti e tenuti presenti ai fini dell'elaborazione didattica, avvertendo tuttavia che da allora le conoscenze in questo settore si sono molto ampliate e che alcuni degli aspetti che tratteremo risultano oggi parzialmente superati (per ulteriori informazioni cfr. Springer, Deutsch, 1987).

Si era creduto a lungo che solo l'*emisfero sinistro* del cervello fosse preposto alla produzione del linguaggio. Negli anni Sessanta e Settanta si comprese che, sebbene questa parte svolga le funzioni analitiche e per così dire "logico-grammaticali", la competenza nonverbale, situazionale e contestuale della comunicazione è affidata all'emisfero destro. Secondo le ipotesi tuttora più diffuse entrambi gli emisferi del cervello svolgono quindi un ruolo importante per la produzione del linguaggio. Sembra inoltre che il modo in cui viene imparata una lingua possa influire sulle competenze attivabili al momento della produzione (cfr. PAR. 4.4) e sulla memorizzazione.

b) A questo proposito va ricordato che ciascuno di noi, nell'ambito della sua attività quotidiana, fa ricorso a diverse modalità di memorizzazione utilizzandole alternativamente a seconda del compito da svolgere. Si tratta della
- *memoria cinetica* legata all'azione;
- *memoria visiva* legata alla capacità rappresentativa;
- *memoria verbale* legata all'attività logico-concettuale.

Tali modalità si perfezionano durante la crescita dell'individuo, che, nella sua evoluzione, impara a memorizzare prima azioni concrete attraverso la manipolazione di oggetti, poi a riprodurne l'immagine come rappresentazione visiva ed infine raggiunge lo stadio della concettualizzazione astratta. Superata questa fase dello sviluppo, la memoria cinetica e quella visiva continuano a funzionare accanto a quella verbale, integrandola, anche se in genere l'individuo adulto non ne è perfettamente cosciente e crede di servirsi soprattutto della concettualizzazione astratta. In effetti alcuni studi hanno dimostrato che il ricordo sarà più duraturo e più facilmente disponibile se la memorizzazione avviene utilizzando contemporaneamente le diverse modalità (Baur, 1990, pp. 39-42). Ciò significa che la sua traccia sarà presente nella memoria a lungo termine per un periodo di tempo maggiore e sarà possibile richiamarlo alla mente con minori difficoltà (cfr. TPR, *supra* CAP. 3).

Come vedremo, nell'insegnamento suggestopedico e soprattutto psicopedico si tiene conto di questo fattore e si cerca di coinvolgere i discenti a diversi livelli per ottenere una memorizzazione ottimale dell'*input* linguistico.

c) Da quanto detto in *a* si comprende inoltre che, a seconda del tipo di attività cognitiva svolta in un determinato momento, il cervello utilizza maggiormente i centri dell'uno o dell'altro emisfero cerebrale, immagazzinando in modo diverso i dati recepiti. In linea generale possiamo dire che quando viene svolto un compito logico-analitico lavora soprattutto l'emisfero sinistro del cervello; se il compito è invece legato alla comprensione "globale", visiva, spaziale e situazionale l'elaborazione avviene soprattutto nell'emisfero destro.

Naturalmente, il modo in cui viene processato uno stimolo è legato anche alle competenze specifiche acquisite da un individuo nel corso della propria vita. Possiamo immaginare, ad esempio, che, ascoltando un brano musicale, una persona qualsiasi e un direttore d'orchestra elaborino ciò che sentono in maniera molto diversa: la prima percepirà il motivo nel suo complesso, ascolterà cioè in modo "globale" e intuitivo, utilizzando soprattutto l'emisfero cerebrale destro, l'altro avrà naturalmente la stessa percezione "globale" ma contemporaneamente potrà analizzare il brano anche attraverso criteri specifici di tipo analitico che, come si è detto, risiedono nell'emisfero cerebrale sinistro.

Abbiamo accennato qui all'elaborazione della musica perché, come vedremo, suggestopedia e psicopedia ne fanno uso durante la lezione per favorire l'apprendimento inconscio (cfr. PARR. 4.4, 4.5.6, 4.6.1).

4.2.2. La suggestione

Uno dei concetti cardine della suggestopedia-psicopedia è quello di *suggestione*; tanto Lozanov che Baur la considerano infatti uno degli elementi più efficaci per favorire l'apprendimento. Comunemente per suggestione si intende il processo attraverso il quale un individuo, senza l'uso di argomenti logici o mezzi coercitivi, induce un altro individuo ad agire in un determinato modo o ad accettare determinate opinioni. Questo processo però non si verifica solo in modo cosciente: ogni individuo, infatti, è sempre "portatore" di suggestione sia che cerchi intenzionalmente di influenzare i suoi interlocutori, sia che li suggestioni involontariamente. Ciò accade perché ogni messaggio viene recepito contemporaneamente a livello conscio – passando attraverso il filtro critico-razionale – e a livello inconscio. La suggestione svolge pertanto un ruolo estremamente rilevante in ogni interazione. Essa non passa solo attraverso le parole che un individuo sceglie per esprimere un determinato contenuto ma è veicolata anche dal modo in cui questi si muove, dalla distanza che stabilisce con chi gli sta vicino, dallo sguardo, dal tono di voce, da tutto ciò, insomma, che costituisce la comunicazione non verbale. Se chi comunica è conscio dei messaggi che invia attraverso questi canali e, soprattutto, se è capace di controllarli e di usarli, potrà realizzare una suggestione intenzionale per ottenere più facilmente gli effetti desiderati nell'interazione con i suoi simili.

La suggestione svolge un ruolo fondamentale anche nel rapporto fra classe e docente. I messaggi inviati dall'insegnante attraverso canali verbali e non verbali sono estremamente importanti per la riuscita dell'apprendimento e la creazione di una buona atmosfera di studio. Il comportamento dell'insegnante influisce profondamente sulla classe e sui singoli discenti "suggestionandoli" in modo positivo o negativo e condizionandone parzialmente la riuscita nello studio, creando cioè il cosiddetto *effetto Pigmalione* (Rosenthal, Jacobson, 1972). Purtroppo gli insegnanti non riescono sempre ad incoraggiare gli apprendenti, lasciando talvolta sorgere in loro la convinzione di non essere all'altezza del compito o di non avere capacità sufficienti per affrontarlo con successo. Si crea così uno stato di frustrazione generale (Dhority, 1984) che deve essere risolto per "liberare" le capacità cognitive dei discenti.

Per l'insegnante suggestopedico e psicopedico è importantissimo sia evitare che si sviluppino dinamiche negative, sia utilizzare consapevolmente la suggestione affinché i discenti assumano un atteggiamento aperto nei confronti dell'apprendimento e superino così le eventuali barriere che esperienze precedenti possono aver sviluppato. La suggestione svolge quindi una duplice funzione: «first to "desuggest" the limitations that have resulted from earlier suggestive influences and, second, to suggest various positive ideas» [1] (Stevick, 1976, p. 43). Questo processo viene definito appunto come *desuggestione-risuggestione* e considerato parte integrante della prassi didattica. Il suo ruolo è così centrale perché secondo Lozanov «[...] suggestopedic hypermnesia [2] comes not so much from suggestion of increased capacities, but from desuggestion, from the liberation from the historically individually built up suggestion of the limited capacities of memory» [3] (Lozanov, 1978, p. 165 cit. in Schiffler, 1989). L'insegnante, quindi, deve essere capace di rimuovere gli ostacoli creati da esperienze di studio negati-

1. «Primo "desuggestionare" dalle limitazioni che derivano da precedenti influssi suggestivi, secondo suggerire diverse idee positive».

2. È l'accresciuta capacità di memorizzazione che si ottiene con la suggestopedia (*N.d.A.*).

3. «L'ipermnesia suggestopedica non deriva tanto dal suggerire ai discenti che le loro capacità si sono accresciute, quanto dal "desuggestionarli", dal liberarli dall'idea delle capacità limitate della memoria, costituitasi durante la loro storia individuale».

ve e, attraverso "suggestioni positive", di restituire ai discenti piena fiducia nelle loro capacità.

4.2.3. Le barriere affettive e il rilassamento

Come in altri approcci umanistici, anche nella suggestopedia-psicopedia viene rivolta particolare attenzione all'aspetto affettivo: il discente, infatti, deve sentirsi sicuro e trovarsi a proprio agio per poter mettere a frutto nel modo migliore le sue capacità.

L'osservazione empirica, frutto della sua esperienza di psicologo e psicoterapeuta, aveva portato Lozanov a rendersi conto che i migliori risultati si ottengono quando fra insegnante e discente si instaura un rapporto sereno, in cui il secondo non si senta giudicato, ma accettato e guidato. Se durante l'apprendimento il discente è costretto a mettersi in primo piano, esposto al rimprovero e a correzioni che evidenziano le difficoltà da lui incontrate, tenderà necessariamente ad assumere un atteggiamento di difesa e a concentrarsi su se stesso, utilizzando in maniera poco proficua le sue capacità cognitive. L'insegnante quindi deve cercare di creare in classe un clima di cooperazione e fiducia e un'atmosfera distesa e rilassata affinché i discenti possano mettersi in gioco nel processo di apprendimento senza temere di fallire. Ciò impedisce che stati d'animo negativi, quali sfiducia e paura, abbiano il sopravvento e si crei un clima teso. L'esperienza dell'apprendimento infatti dovrebbe essere vissuta come un evento gioioso, piacevole e psicologicamente privo di tensioni.

Come vedremo, porre l'accento sul modo in cui il discente vive la situazione di insegnamento-apprendimento porta con sé alcune conseguenze sul piano didattico, e implica una riflessione su quali siano gli ostacoli maggiori che si frappongono ad una comunicazione e ad un apprendimento fruttuosi. Lozanov (1978 cit. in Baur, 1990) parla a questo proposito di tre *barriere della comunicazione* o *antisuggestive*: le barriere *razionale*, *emotiva* ed *etica*, che intervengono nella vita abituale a difendere l'individuo dagli stimoli esterni e a garantirne l'identità personale (Stevick, 1976, p. 42; Stevick, 1980). Nell'interazione in classe queste barriere possono però costituire un ostacolo, rallentando il processo di acquisizione. Ciò si verifica, ad esempio, quando le aspettative del discente e le sue idee in merito all'apprendimento non coincidono con quelle dell'insegnante e gli impediscono di accettare senza resistenze le proposte di quest'ultimo. Tuttavia, data la loro importante funzione di difesa da stimoli ed avvenimenti esterni, le barriere antisuggestive non devono essere "distrutte" ma piuttosto "aggirate" dall'insegnante, che dovrà trasmettere sicurezza e fiducia agli apprendenti.

Per raggiungere tali obiettivi ci si serve, oltre che della *desuggestione-risuggestione*, di tecniche derivate dal rilassamento *yoga* e del *training* autogeno. L'impiego di questi mezzi permette al discente di raggiungere uno stato di rilassamento in cui le barriere antisuggestive divengono meno vigili. Ciò, insieme al clima di gioco, cooperazione e fiducia realizzato in classe, porta ad un ulteriore abbassamento del filtro affettivo e consente a chi apprende di sfruttare nel modo migliore le proprie capacità cognitive. Attualmente, nella pratica della psicopedia, si ricorre a diverse tecniche, quali il rilassamento muscolare guidato dalla voce dell'insegnante e quello indotto attraverso il ricordo e la visualizzazione di esperienze e situazioni gradevoli già vissute.

4.3
Aspetti linguistici: uso della L1 e di un *input* linguistico ampio

Dal punto di vista della teoria linguistica, la suggestopedia-psicopedia non presenta idee originali. Nuove sono piuttosto le riflessioni su quale sia il modo migliore per affrontare lo studio della lingua e le conseguenze che se ne traggono, fra queste l'uso in classe della L1 dei discenti. A partire dall'avvento dei *metodi diretti*, infatti, è stato evitato il ricorso alla L1 in classe affinché gli apprendenti, deducendo il significato dal contesto e dalla eventuale spiegazione data dall'insegnante nella lingua target, imparassero più rapidamente. Veniva mantenuta così, nell'insegnamento della lingua straniera, una delle caratteristiche principali dell'apprendimento naturale, il monolinguismo, pensando che in questo modo si potessero ottenere risultati migliori. Tuttavia non si teneva conto del fatto che l'apprendimento di una nuova lingua, specie se in età adulta, avviene quando il sistema cognitivo del discente è già perfettamente sviluppato ed egli dispone di mezzi linguistici adeguati per esprimersi nella L1.

Lozanov inserì l'uso costante della L1 in classe per fornire ai discenti la traduzione di ciò che veniva detto nella lingua target, contrapponendosi con questa pratica alle abitudini e alle convinzioni pedagogiche dei suoi contemporanei. Anche secondo Baur usare esclusivamente la lingua straniera, soprattutto nell'insegnamento ai principianti, porta ad inutili perdite di tempo, rallentando l'acquisizione. In effetti non conoscere esattamente il significato dei vocaboli è fonte di insicurezza per i discenti e può provocare situazioni di stress. È possibile riscontrare facilmente questo problema in metodi che osservano un insegnamento monolinguistico stretto, come ad esempio il TPR (cfr. *supra* CAP. 3), nei quali, in genere, si ovvia a questa difficoltà istituendo una fase iniziale di silenzio. L'uso della traduzione nella suggestopedia-psicopedia persegue quindi un duplice scopo: rendere più veloce la comprensione dell'*input* ed evitare possibili difficoltà di ordine affettivo[4]. Esso permette inoltre di esporre i discenti ad un *input* linguistico ampio, in quanto il materiale non deve essere limitato al numero di vocaboli e strutture che si possono ricordare in condizioni normali, ma può essere ben più vasto, senza creare tuttavia in chi apprende sensazioni di sovraccarico e confusione. Inoltre la traduzione, riferendosi a brani di notevole lunghezza, è sempre contestualizzata e, subordinando la coincidenza di significato al contesto, non induce i discenti nell'errore di credere che esista una corripondenza biunivoca fra le parole delle due lingue.

Usare un lessico ampio porta con sé anche altre conseguenze di non secondaria importanza: in primo luogo non viene trasmessa al discente la sensazione che apprendere la lingua sia un compito al di sopra delle sue capacità (sensazione che le cautele degli insegnanti nel graduare il materiale possono comunicare in modo indiretto); in secondo luogo, l'esposizione ad un *input* ampio sviluppa la competenza ricettiva del discente più rapidamente ed in modo più completo, permettendogli di conoscere, almeno passivamente, una quantità di aspetti della lingua che saranno certamente utili in situazioni reali.

Per quanto riguarda le strutture, infine, dobbiamo osservare che la grammatica viene analizzata in modo abbastanza tradizionale, privilegiando comunque nella didattica l'*approccio induttivo* rispetto a quello *deduttivo*. Anche sotto questo profilo l'uso di un *input* linguistico ampio offre alcuni vantaggi: infatti, entrando in contatto contemporaneamente con il lessico e con le strutture della lingua, l'apprendente non potrà prescindere da una, seppur minima, analisi morfosintattica, e la sua conoscenza delle strutture verrà rafforzata indirettamente dalla possibilità di riconoscere le regolarità della lingua in contesti sempre nuovi (Baur, 1990). L'acqui-

4. Va tuttavia notato che uno degli sviluppi recenti della suggestopedia negli USA, l'ACT (*Acquisition through Creative Teaching*) di Lynn Dhority prevede un periodo di silenzio iniziale da parte dei discenti per evitare in modo ancor più radicale l'insorgere di possibili situazioni di stress.

sizione delle strutture avverrà così senza far costantemente ricorso a poche voci lessicali note – fatto che crea inevitabilmente monotonia e noia nella classe vanificando la possibilità di usare la lingua in modo creativo – e sarà subordinata alla comunicazione di contenuti, senza avere come fine ultimo la formulazione di frasi conformi ad un modello grammaticale dato (cfr. *infra* CAP. 6).

4.4
Aspetti pedagogici: la *desuggestione-risuggestione*, il clima in classe, la gestualità, la musica

Secondo Lozanov è fondamentale tenere costantemente presente nell'insegnamento il fatto che la mente umana non lavora solo con modalità consce e logico-razionali, ma recepisce dati anche a livello inconscio. L'insegnante pertanto deve rivolgersi agli apprendenti coinvolgendoli *sia a livello cosciente che sul piano inconscio*. Tutte le tecniche ed i mezzi utilizzati in classe sono volti a realizzare nella pratica questo principio di insegnamento "*a due livelli*". Vedremo, di seguito, come viene affrontato l'aspetto pedagogico, mettendo in luce questo elemento anche nei procedimenti che abbiamo già menzionato in precedenza. I principali sono:

– *il processo di desuggestione-risuggestione*: è necessario anzitutto liberare l'apprendente dalle sue idee pregresse sulla difficoltà dello studio e sulla limitatezza delle proprie capacità intellettive e mnemoniche attraverso il processo di *desuggestione*. Solo allora potranno essere introdotte "suggestioni positive" che consentano il superamento di tali rappresentazioni e mettano il discente in condizione di poter associare la nuova esperienza di apprendimento ad emozioni gradevoli e ad un senso di fiducia nei risultati positivi (Edelmann, 1991, p. 8). Per incoraggiare i discenti l'insegnante si serve anche del linguaggio non verbale, facendo in modo che i messaggi inviati rafforzino il processo di *risuggestione*. Attraverso questa comunicazione volta a liberare ed incoraggiare l'apprendente vengono attivate delle riserve intellettive in genere poco utilizzate e, di conseguenza, migliorano le capacità di apprendimento e di memorizzazione;

– *la creazione di un'atmosfera piacevole e priva di tensione*, nella quale i discenti non si sentano in competizione ma vivano serenamente il rapporto con gli altri apprendenti e con l'insegnante. È quindi essenziale instaurare all'interno del gruppo relazioni amichevoli che non implichino la necessità di difendersi all'esterno. In quest'ottica va interpretato anche l'inserimento del *gioco* nel contesto pedagogico: esso serve da un lato a rendere ancora più ricreativo e disteso il clima in classe, aumentando la possibilità di interazione e di scambio tra i discenti, dall'altro a farli concentrare su un oggetto diverso da quello di apprendimento, distogliendo quindi dalla lingua la loro attenzione conscia e portandoli ad assorbirla attraverso modalità inconsce non logico-analitiche;

– *l'uso della gestualità*: ha un duplice scopo, da un lato la sua funzione è analoga a quella del gioco, è cioè ricreativa e favorisce l'apprendimento inconscio attivando l'emisfero cerebrale destro; dall'altro il fatto che il discente veda i gesti dell'insegnante e poi li compia egli stesso fa sì che le parole che pronuncia vengano associate ad un'ulteriore traccia mnemonica (cfr. PAR. 4.2.1b e TPR, *supra* CAP. 3), che gli permetterà di richiamarle alla mente con maggiore facilità. Va tenuto presente, inoltre, che la gestualità accompagna normalmente la comunicazione faccia a faccia: escluderla completamente dalla lezione e dall'interazione, quindi, è innaturale e può creare a chi impara difficoltà a livello comunicativo;

– *l'uso della musica*: durante una parte della lezione l'apprendente, rilassato, ascolta i testi del manuale accompagnati da un sottofondo musicale; se avrà raggiunto uno stato reale di rilassamento "assorbirà" le parole della lingua straniera insieme alla musica processandole nell'emisfero cerebrale destro. Ciò darà luogo ad un apprendimento inconscio della lingua. Un altro procedimento utilizzato nella suggestopedia-psicopedia è quello di far ascoltare ai discenti il testo della lezione insieme ad un brano musicale meno rilassante lasciando al parlato un ruolo nettamente distinto rispetto alla musica. In questo modo gli studenti seguono contemporaneamente sia la melodia che il testo. Si verifica uno stato di attività simultanea nei due emisferi cerebrali (a sinistra la lingua, a destra la musica) che dovrebbe fornire ai discenti un'ulteriore possibilità di memorizzare in modi diversi.

Come abbiamo accennato nel PAR. 4.2.1a, recenti studi sui parlanti bilingui hanno dimostrato che, a seconda di come viene appresa una lingua, si avrà un tipo diverso di memorizzazione e sarà possibile attivare diverse capacità al momento della produzione. In particolare secondo Galloway (1983 cit. in Baur, 1990) se la lingua viene imparata solo leggendo e scrivendo in modo analitico – come accadeva nell'insegnamento tradizionale in classe – si fissa nell'emisfero cerebrale sinistro, se viene appresa a contatto con parlanti nativi, cioè in modo più globale, l'emisfero privilegiato sarà, invece, il destro con notevoli ripercussioni positive sulla capacità di comunicare nella lingua target. Alla luce di questi fatti, essendo l'obiettivo principale della suggestopedia-psicopedia quello di mettere il discente in grado di comunicare, si è dato ancora più spazio a quelle tecniche di apprendimento che portano ad elaborare e fissare la lingua nell'emisfero cerebrale destro. L'uso in classe della musica, del movimento, inteso come gioco e gestualità, dell'interazione fra i discenti e di altri elementi che si ritrovano anche nella comunicazione faccia a faccia è stato perciò ulteriormente incentivato.

4.4.1. Il ruolo dell'insegnante: l'autorità

Da quanto detto fin qui si comprende che l'insegnante che utilizza la suggestopedia-psicopedia deve avere una buona conoscenza della musica, delle tecniche di rilassamento, dei messaggi extralinguistici inviati dal corpo umano e la capacità di controllarli e indirizzarli. Deve inoltre conoscere le dinamiche di gruppo ed essere capace di gestirle per evitare che in classe si formino gruppi fissi o che alcuni discenti prevalgano su altri e far sì che il clima sia sempre sereno. L'insegnante deve possedere inoltre una grande comunicativa che gli consenta di utilizzare appieno anche il linguaggio gestuale ed infine una profonda fiducia nelle proprie capacità e nella validità del metodo che usa. Ancor più di un insegnante tradizionale, deve essere pronto ad accettare idee divergenti dalle sue, a non mostrare i propri sentimenti e a controllare le sue antipatie, altrimenti non potrebbe suggestionare i discenti in modo positivo. Deve infine avere un certo carisma (Baur, 1990, p. 114) ed eseguire gesti e movimenti della lezione in modo convincente per poter "trascinare" chi impara. In questo senso il suo compito è paragonabile a quello di un «[...] direttore d'orchestra [...] che modella con abilità l'esecuzione dei singoli e del complesso» (Lozanov, Gateva, 1983, p. 82).

Tutto ciò contribuisce a rendere la sua figura centrale nel processo di apprendimento e a conferirle un'*autorità* che in altri approcci (compresi quelli affettivi) tende sempre più ad essere negata. Il concetto di *autorità* si presta purtroppo a fraintendimenti, va sottolineato tuttavia che per Lozanov esso non indica affatto un comportamento severo e prescrittivo da parte dell'insegnante, ma è piuttosto sinonimo di prestigio. Il docente, grazie al suo modo di agire, alle sue conoscenze, al metodo che usa, acquisisce prestigio e quindi autorità davanti alla classe. Ciò provoca una maggiore fiducia in lui da parte dei discenti, per i quali egli rappresenta il punto di riferimento, e sviluppa in loro un forte spirito di emulazione nei suoi confronti.

Bisogna infine accennare al fatto che molte delle tecniche inserite nella lezione sono viste, comunque, da Lozanov come dei *placebo*: esse non produrrebbero cioè un effetto positivo in virtù di poteri propri, ma trarrebbero la loro efficacia dalla fiducia riposta in loro da chi le usa. I loro effetti quindi sarebbero, almeno in parte, dovuti alle aspettative positive dei discenti, influenzati a loro volta dalla fiducia mostrata dall'insegnante. In ultima analisi perciò anche musica, gioco e rilassamento trarrebbero parte della loro efficacia dall'autorità dell'insegnante.

4.4.2. Il ruolo dell'apprendente: l'infantilizzazione

Il ruolo che viene attribuito all'apprendente nella suggestopedia-psicopedia può essere considerato complementare a quello dell'insegnante. Egli deve infatti essere disponibile nei confronti di ciò che gli viene proposto e, per quanto possibile, non sollevare barriere affettive tali da impedire il proficuo lavoro del docente. Lozanov insiste a questo proposito sul concetto di *infantilizzazione* che indica, da parte dell'apprendente, un atteggiamento di disponibilità e di fiducia verso l'insegnante paragonabile a quello che i bambini hanno nei confronti dei loro genitori. Il discente, accettando senza remore la figura e l'operato del docente e la sua autorità, rende meno vigile il *filtro affettivo* e diviene più ricettivo verso tutti i procedimenti suggestivi adoperati durante la lezione.

Contrariamente a ciò che si verifica in molti altri approcci, soprattutto di ispirazione comunicativa (cfr. *infra* CAP. 6), nella suggestopedia-psicopedia il discente non è chiamato a partecipare alle scelte didattiche, operate esclusivamente dall'insegnante, e non è considerato corresponsabile del proprio programma di studio. Sarà eventualmente compito del docente cogliere, specialmente nell'interazione e nel gioco, gli spunti provenienti dalla classe e inserirli organicamente nella lezione in modo da renderla più varia, ricca e adatta agli apprendenti. Non coinvolgere il discente nelle decisioni didattiche avrebbe l'effetto positivo di diminuire la sua tensione psicologica e le sue preoccupazioni riguardo all'apprendimento. Si favorirebbe così il processo di *infantilizzazione* permettendo al discente di rendere disponibili per l'apprendimento più risorse mentali.

Come abbiamo già accennato (cfr. PARR. 4.2.3 e 4.4), anche con la classe il discente deve riuscire ad avere un rapporto amichevole e sereno. Quanto più si sentirà sicuro e a suo agio nel gruppo, tanto più migliorerà anche l'apprendimento. Oltre all'ovvia ripercussione positiva sul clima in classe, che sarà disteso e rilassato, la cooperazione fra i discenti permetterà anche di superare meglio le difficoltà dovute alla presenza di apprendenti che abbiano un grado di conoscenza della lingua non omogeneo (Baur, 1990, p. 110).

4.5
La lezione

4.5.1. L'organizzazione dello spazio e l'ambiente

L'aula in cui si insegna la lingua straniera con la suggestopedia o la psicopedia non ha un aspetto tradizionale; è invece un ambiente arioso e colorato, in cui sedie e banchi sono stati sostituiti da comode poltrone disposte in semicerchio davanti al docente. Viene evitata la posizione frontale rigida per favorire l'interazione fra gli apprendenti.

Nell'aula vengono disposte alcune piante e le pareti sono rallegrate da poster, alcuni dei quali propongono aspetti grammaticali della lingua target; l'insegnante ha cura di cambiarli periodicamente e ciò dovrebbe permettere ai discenti di imparare più facilmente nuovi elementi linguistici o ricordare meglio quelli già noti (Schiffler, 1989, p. 74).

Naturalmente la scelta di un ambiente così particolare è dettata da esigenze specifiche: prima fra tutte quella di evitare che i discenti associno la nuova esperienza di studio a precedenti esperienze negative (cfr. PAR. 4.2.2) che potrebbero condizionare l'apprendimento tramite il nuovo approccio. L'ambiente deve essere quindi accogliente e ricordare più la stanza di una casa che un'istituzione scolastica.

4.5.2. Il corso

In genere l'insegnamento suggestopedico-psicopedico si rivolge ad adulti durante corsi intensivi. Le lezioni si svolgono almeno tre o quattro volte a settimana per una durata di circa tre ore al giorno (possono essere tuttavia ancora più frequenti o più lunghe). L'intensità dello studio non sembra creare difficoltà: gli apprendenti non si sentono sovraccaricati, anzi spesso dichiarano di sentirsi più riposati alla fine della lezione che prima del suo inizio. In genere ogni classe è composta da dodici discenti, ma, come è ovvio, molto dipende dal contesto in cui ha luogo l'insegnamento. È necessario inoltre che gli apprendenti abbiano la L1 in comune.

4.5.3. Gli obiettivi

Come abbiamo già detto l'obiettivo principale della suggestopedia-psicopedia è quello di permettere ai discenti di comunicare nella lingua target dopo un addestramento di breve durata. Insieme alla comunicazione, e quindi all'abilità di produzione orale, i procedimenti messi in atto durante la lezione portano gli apprendenti ad affinare le loro capacità di comprensione del testo orale e, in maniera più limitata, di comprensione del testo scritto. L'abilità di produzione scritta viene sviluppata, invece, solo in maniera marginale.

4.5.4. Il libro

Il libro di testo usato nei corsi suggestopedici è formato generalmente da dieci lezioni costituite ognuna da un lungo dialogo di 200-400 parole (per un totale di 2.000 parole circa). Il dialogo è accompagnato dalla traduzione (a fronte o interlineare su schede removibili), da alcune note grammaticali e talvolta da materiali integrativi sul paese oggetto di studio e sulla sua cultura. È interessante notare che (Lozanov, Gateva, 1983, p. 71)

> [...] per via del carattere didattico del libro sono evitati i momenti drammatici di maggior esasperazione e [...] sono la naturalezza e la spontaneità, una giusta dose di fantasia e di spirito, l'ottimismo e la gioia di vivere a determinare i caratteri, il tono ed il susseguirsi degli avvenimenti nel manuale suggestopedico.

Anche questi piccoli particolari fanno parte degli accorgimenti usati per rasserenare e rendere più gradevole l'atmosfera di apprendimento.

4.5.5. Il primo giorno di lezione

Il primo giorno di corso l'insegnante spiega quali sono i vantaggi offerti dall'uso della suggestopedia-psicopedia nello studio delle lingue e su quali principi essa si basi. Infatti, attraverso una buona informazione, si può evitare l'insorgere nel discente di difficoltà affettive, in particolare di tipo emotivo e razionale, legate alla scarsa conoscenza dell'approccio.

L'insegnante inizia subito a parlare nella lingua straniera, servendosi di gesti e della traduzione nella L1 dei discenti per farsi capire da loro. Interpreta una scena in cui è un personaggio originario del paese in cui si parla la lingua target e si comporta come se stesse accogliendo i partecipanti del corso all'aeroporto, dove essi arrivano per recarsi poi ad un convegno. Naturalmente le situazioni inventate possono essere diverse ma sempre, a questo punto, i discenti vengono invitati ad assumere una *nuova identità*, scegliendo un nome straniero, una professione e una residenza fra quelle appositamente scritte su dei cartelli. Manterranno questa identità per tutta la durata del corso, diventando anche loro cittadini del paese di cui studiano la lingua. L'uso di questo semplice espediente ha diverse conseguenze positive:

– il discente non si sente chiamato in causa in prima persona ma è protetto da una figura-schermo (se sbaglierà non sarà lui a farlo ma il *signor Rossi* o *Herr Schmidt* come ora si chiama, e la sua vera identità resterà al di fuori della classe);
– il discente accettando la nuova identità entra nel gioco e quindi nel clima rilassato che lo accompagna;
– il discente, interpretando un personaggio del "paese target", sviluppa un maggior interesse nei confronti di quest'ultimo e si avvicina alla sua lingua e alla sua cultura con una più forte partecipazione emotiva.

Tutto ciò contribuisce a metterlo a suo agio e a fargli apprendere la lingua con minore sforzo. I nomi utilizzati presentano inoltre molte particolarità fonetiche della lingua target. La loro ripetizione nella comunicazione in classe permette quindi ai discenti di familiarizzarsi rapidamente con il nuovo inventario fonematico.

4.5.6. Lezione tipo

Per semplicità, nella nostra descrizione, faremo riferimento allo svolgimento di una lezione realizzata secondo il modello della psicopedia ed utilizzeremo la terminologia relativa.

La lezione si può dividere in sei fasi: le prime quattro di *presentazione* dell'*input* e le ultime due di *attivazione* (cfr. TAB. 4.1). Le fasi di presentazione vengono svolte tutte nella stessa giornata ma è necessario che passi almeno una notte prima di iniziare le fasi di attivazione, che si protraggono in genere per tre o quattro incontri.

La presentazione

1. *Introduzione* (circa 20 min): l'insegnante presenta oralmente il testo della prima lezione. Spostandosi e "mimando" la scena, interpreta i vari personaggi e si serve della L1 dei discenti per sussurrare

loro, cambiando tono e atteggiamento, la traduzione di ciò che dice. Anche nei momenti in cui i gesti non sono volti a mimare la scena nel vero e proprio senso della parola, la presentazione del testo è accompagnata da una gestualità pronunciata, che costituisce uno stimolo per la successiva memorizzazione da parte dei discenti (cfr. PARR. 4.2.1b e 4.4) e ne risveglia l'interesse e la curiosità.

2. *Riproduzione* (circa 90 min): l'insegnante ripete nuovamente l'intera lezione eseguendo gli stessi gesti usati in precedenza, questa volta però coinvolge anche i discenti che, in piedi, sotto la sua guida, ripetono tutto il testo e imitano i suoi movimenti riproducendo ciò che hanno visto e udito. In questo modo alla memorizzazione attraverso i canali visivo e uditivo, già attivata nell'introduzione, si aggiunge quella attivata dal movimento. La ripetizione corale consente inoltre agli apprendenti di iniziare a riprodurre l'inventario fonematico della lingua target senza essere al centro dell'attenzione della classe – circostanza che potrebbe provocare ansia – ponendoli quindi in una situazione ottimale dal punto di vista affettivo.

In questa fase gli apprendenti iniziano già a interagire fra di loro rivolgendosi reciprocamente, su invito dell'insegnante, le frasi udite o, se sono in grado, formulandone di simili; il docente favorisce questi scambi cogliendo anche gli eventuali spunti provenienti dalla classe. Egli evita inoltre che si formino piccoli sottogruppi facendo in modo che ognuno venga in contatto con tutti gli altri membri della classe e che si crei un maggiore senso di confidenza e comunità. Si sviluppa così un clima disteso di gioco in cui gli studenti riescono a perdere più facilmente la paura iniziale del gruppo.

3. *Fase analitica* (*concerto attivo*) (circa 40 min): rappresenta il primo incontro con il testo scritto che ripropone il dialogo, già ascoltato e ripetuto in precedenza, e la sua traduzione. In questa fase viene introdotto anche l'uso della musica, scelta in genere fra le opere dei classici del Settecento e dell'Ottocento (cfr. PAR. 4.6.1). Mentre questa viene diffusa l'insegnante legge il testo nella lingua target, assecondando con la voce il tempo e il ritmo del motivo musicale prescelto, e gli apprendenti seguono sul loro testo bilingue. Fra un sintagma e l'altro viene effettuata una pausa sufficiente perché i discenti possano svolgere il lavoro di analisi della lingua tipico di questa fase. In particolare essi riconoscono i limiti delle parole e delle sillabe, confrontano lessico e strutture della L1 con quelle della lingua straniera, si familiarizzano con la sua grafia, leggono e ripetono. Si verifica, quindi, uno stato di coscienza in cui le attività elaborative dei due emisferi celebrali sono in concorrenza: la musica viene infatti processata dal cervello nell'emisfero destro e

l'analisi linguistica (in questo caso logico-analitica) si svolge, invece, in quello sinistro (cfr. PAR. 4.4).

4. *Fase associativa* (*concerto passivo*) (circa 30 min): l'insegnante fa rilassare i discenti attraverso tecniche diverse, permettendo loro di raggiungere una sensazione di benessere e tranquillità. Inizia quindi il secondo concerto nel quale viene usata o musica barocca oppure musica lenta che venga recepita come tranquillizzante, calda e "accogliente". L'insegnante rilegge ancora il testo della lezione nella lingua target dando la giusta intonazione alle frasi. Ciò consente ai discenti, rilassati, di percepire musica e parole come un tutt'uno, e favorisce l'assorbimento inconscio della lingua, processata questa volta insieme alla musica dall'emisfero destro. Gli apprendenti in questa fase si lasciano "cullare" dalla musica, ascoltano ad occhi chiusi e lasciano la mente libera senza seguire le parole sul libro.

Con la fine della fase associativa si conclude la prima giornata di corso. A partire dalla seconda lezione si svolge la parte cosiddetta di *attivazione* che dura almeno il triplo della fase di *presentazione* nel suo complesso.

L'attivazione

5. *Prima fase di esercizi* (circa 4-6 ore): obiettivo di questa fase è attivare le abilità linguistiche degli apprendenti nella riproduzione del testo e portarli ad un grado di autonomia che consenta loro, nella fase successiva, di passare subito alla produzione libera. L'insegnante propone e guida gli esercizi che vengono sempre accompagnati dal movimento e dal gioco; la sua attenzione non è rivolta tanto alla correttezza della produzione quanto al coinvolgimento dei discenti e agli spunti per ulteriori interazioni che essi offrono con la loro partecipazione attiva. È molto importante in questa fase favorire la comunicazione, facendo cambiare spesso posto ai discenti e permettendo loro, come abbiamo già detto, di venire in contatto con ogni altro membro del gruppo. Attraverso il movimento, il gioco, i gesti, la lettura in coro, le canzoni, la ripetizione ritmica ecc. l'insegnante attiva canali di memorizzazione non ordinari, e distoglie almeno una parte dell'attenzione conscia del discente dalla produzione. Si abbassa così la tensione e si crea una situazione di apprendimento ottimale. La correzione degli eventuali errori, in questa come in tutte le altre fasi, avviene in modo indiretto attraverso la ripetizione da parte dell'insegnante delle forme corrette (come accade talvolta nel TPR, cfr. *supra* CAP. 3 e

nell'*Approccio comunicativo*, cfr. *infra* CAP. 6). Durante questa fase, viene introdotto anche lo studio della grammatica: l'insegnante spiega solo l'essenziale per non confondere i discenti e non suscitare in loro l'impressione che la materia sia troppo complessa. Come per il lessico anche in questo caso gli apprendenti assimilano il materiale presentato per mezzo di esercizi variati e ricchi di movimento.

6. *Seconda fase di esercizi* (circa 4-6 ore): è la fase in cui gli studenti sono più attivi, poiché, conoscendo ormai un certo numero di parole, non solo partecipano agli esercizi proposti ma intervengono liberamente nella comunicazione rappresentando il proprio personaggio. In questo contesto assumono particolare rilievo i *role plays*. L'insegnante offre spunti per l'interazione, dirige e indirizza il lavoro della classe, continuando a rappresentare il punto di riferimento e il modello per gli apprendenti. Anche in questa fase il gioco svolge la funzione di favorire la creazione di un clima leggero e di moltiplicare la possibilità di contatto e comunicazione. Non è previsto che gli apprendenti studino o facciano esercizi a casa, se lo desiderano possono rileggere il testo dei dialoghi prima di coricarsi.

Le differenze fondamentali che si riscontrano fra la lezione psicopedica, che abbiamo illustrato, e quella praticata originariamente nella suggestopedia sono:

a) l'introduzione della seconda fase di presentazione del materiale, la cosiddetta *riproduzione*, nella quale l'insegnante fa ripetere per intero agli apprendenti testo e gesti, facilitando così la memorizzazione attraverso più canali;

b) il ruolo centrale della gestualità, la cui importanza non era stata ancora messa perfettamente a fuoco da Lozanov;

c) il ruolo della comunicazione nell'*attivazione* (in questo aspetto è forte l'influsso dell'*Approccio comunicativo*, cfr. *infra* CAP. 6). Se Lozanov, verificando le competenze linguistiche acquisite dai discenti, valutava soprattutto la capacità di tradurre vocaboli dalla L2 alla L1, nella psicopedia si rivolge un'attenzione particolare alla produzione spontanea che è possibile realizzare in classe perché gli apprendenti hanno già memorizzato un *input* ampio e sono guidati dall'insegnante ad interagire.

4.6 Le tecniche

Come si è visto nella parte teorica e nella presentazione della lezione, diverse sono le tecniche adoperate nella suggestopedia-psicopedia

TABELLA 4.1
Fasi della lezione

	Obiettivi	Attività dell'insegnante	Attività dell'apprendente
Presentazione			
1. Introduzione (~ 20 min)	Introduzione del testo della lezione, comprensione globale da parte dei discenti, aumento dell'interesse dovuto all'originale presentazione del materiale.	Presentazione bilingue del testo e introduzione di numerose forme di espressione paralinguistiche.	Primo contatto con il testo e percezione emotiva dello stesso.
2. Riproduzione (~ 90 min)	Riproduzione attiva del testo, superamento delle possibili difficoltà psicologiche e di quelle articolatorie attraverso l'introduzione del movimento e della ripetizione in gruppo.	Avviamento dei discenti alla riproduzione attraverso l'esempio e l'invito, attivazione del desiderio di giocare, creazione di un'atmosfera rilassata e priva di paura.	Riproduzione del testo, ricorso al movimento e all'articolazione verbale, sviluppo dell'interazione e della comunicazione con altri membri del gruppo.
3. Fase analitica (~ 40 min)	Collegamento fra forma sonora e forma scritta della lingua, analisi delle diverse caratteristiche del testo.	Lettura del testo in sintagmi predefiniti, adattamento della lettura al ritmo, al tempo e al volume della musica.	Lettura e ripetizione del testo, confronto fra suono e scrittura, fra strutture e lessico della L1 e della L target.
4. Fase associativa (~ 30 min)	Ricezione emotiva del testo, viene trasmessa una sensazione di tranquillità e benessere.	Introduzione del rilassamento, lettura monolingue (lingua target) del testo, la voce non contrasta con la musica.	Rilassarsi, seguire la musica, non seguire coscientemente il testo.
Attivazione			
5. Esercizi I (4-6 ore)	Le abilità linguistiche vengono attivate attraverso variazioni del testo, permanenza di un clima di gioco che favorisce la comunicazione.	Introduzione di esercizi, ricezione di spunti dall'interazione del gruppo, guida delle attività con particolare attenzione alle dinamiche del gruppo.	Partecipazione attiva agli esercizi.
6. Esercizi II (4-6 ore)	Comunicazione libera fra gli studenti, giochi.	Trasmissione e ricezione di spunti per l'attività e guida dei discenti.	Creazione di esercizi e situazioni di comunicazione.

Fonte: Baur, 1990.

per ottenere un apprendimento veloce e non faticoso. Cercheremo ora di dare qualche esempio di come vengono usate durante la lezione.

4.6.1. La musica e il rilassamento

Uno degli aspetti più caratterizzanti è l'uso della musica, impiegata nella fase di presentazione del materiale per favorire il processo di apprendimento della lingua target attraverso modalità di memorizzazione diverse da quelle abituali. Nel primo concerto, che costituisce la fase analitica della presentazione, la musica permette all'apprendente di giungere più facilmente ad uno stato di *psicorilassamento-concentrazione* (Lozanov, Gateva, 1983, p. 72), quello stesso che abbiamo descritto in precedenza come attività simultanea dei due emisferi (cfr. PARR. 4.4 e 4.5.6). Per questa parte della lezione Lozanov sceglie musica classica romantica e preromantica che trasmette sensazioni positive ed è caratterizzata da un senso di vivacità, sveltezza e forza. Ricordiamo che in questa fase al fattore rilassante della musica, si sovrappone lo stimolo cognitivo dovuto alla lettura da parte dell'insegnante e all'elaborazione linguistica da parte del discente che segue sul libro. Lozanov e Gateva (1983) e Schuster e Gritton (1986) danno indicazioni in merito ai brani musicali da preferire, ma in realtà si possono scegliere anche motivi diversi – per esempio originari del paese di cui si impara la lingua – purché si sia verificato in precedenza quali sensazioni suscitano e quale sia il gradimento presso il pubblico. Va tenuto sempre presente che la musica scelta per questa fase dovrebbe essere recepita come allegra, chiara, stimolante e piacevole. Purtroppo mancano ancora studi specifici che dimostrino inequivocabilmente gli effetti positivi del concerto attivo sulla memorizzazione, ma l'efficacia complessiva di entrambe le fasi musicali è stata empiricamente verificata da Schiffler (1989, pp. 4-12) e risulta maggiore nel caso di corsi intensivi. Sembra comunque che l'effetto positivo sia da ricondurre in parte anche all'*autorità* del metodo (cfr. inoltre Baur, 1990, a proposito di ulteriori esperimenti in merito).

Durante il concerto passivo, invece, gli studenti ascoltano musica barocca (per suggerimenti sulle scelte vedi ancora Lozanov, Gateva, 1983 e Schuster, Gritton, 1986) che contribuisce a risvegliare sensazioni positive, trasmettendo un senso di equilibrio, tranquillità, dolcezza e chiarezza. Essi raggiungono così uno stato di rilassamento in cui la lettura del dialogo da parte dell'insegnante viene percepita in modo "periferico", tanto che la memorizzazione avviene con modalità legate all'attività cerebrale dell'emisfero destro (cfr. PAR. 4.2.1c). In questo modo lo stimolo verbale è pertanto elaborato in maniera inconscia e attraverso associazioni per cui i discenti riescono ad apprendere molte nozioni senza sentirsene sovraccaricati.

Nella variante psicopedica che abbiamo preso in esame, oltre alla musica barocca, viene usata in questa fase anche musica di diverso tipo – irlandese, pop ecc. – che però presenti le stesse caratteristiche di armonia, lentezza e tranquillità. Va inoltre ricordato che mentre Lozanov fa ascoltare ai discenti l'opera musicale prescelta per intero, inclusi cioè i brani dal ritmo più vivace, sottolineando il valore estetico di questa esperienza, nella psicopedia, invece, si usano soltanto le parti lente per non turbare il rilassamento.

Vogliamo infine dare un esempio delle tecniche di rilassamento utilizzate, soprattutto nella psicopedia, prima del concerto passivo e talvolta in altre fasi della lezione per indurre e facilitare la distensione. L'insegnante può guidare gli apprendenti in viaggi di fantasia descrivendo loro delle immagini e facendole visualizzare mentalmente, oppure può indirizzarli nel rilassamento progressivo dei muscoli suggerendo loro su quale parte del corpo devono di volta in volta concentrare la propria attenzione. L'ambiente è tranquillo e la luce soffusa, la musica lenta e rilassante, i partecipanti stanno sdraiati con gli occhi chiusi e sono vestiti comodamente, la voce dell'insegnante è chiara, tranquilla e piuttosto monotona. Durante l'esercizio di rilassamento l'insegnante abbassa il tono di voce e prolunga gli intervalli fra una frase e l'altra per poi alzare di nuovo il volume alla fine dell'esercizio e richiamare i discenti a stati di coscienza più vigili.

4.6.2. La gestualità e il gioco

Abbiamo parlato molto dell'importanza della gestualità per ottenere una migliore memorizzazione e liberare gli apprendenti dalla tensione, ma forse è difficile immaginare cosa fa in concreto l'insegnante durante una lezione suggestopedica o psicopedica. Come abbiamo già detto, nelle prime due fasi della presentazione le parole vengono accompagnate da gesti che ne scandiscono il ritmo, talvolta ne rendono più chiaro il significato, altre volte costituiscono semplicemente un'ulteriore traccia per richiamare alla memoria i vocaboli.

Prendiamo un esempio dalla lezione di Baur (1984, p. 309), due frasi diverse come: "Non sopporto arrivare tardi!" o "Accidenti! Mi si è di nuovo fermato l'orologio!" possono essere entrambe rappresentate con un'espressione contrariata del viso ed un tono di voce sostenuto; pronunciando la prima parte della frase l'insegnante fa un passo avanti e batte con forza il piede a terra, mentre nella seconda parte muove il braccio sinistro, come chi guardi l'orologio, e stringe la mano a pugno con un'espressione incollerita.

Naturalmente non è semplice riuscire a "mimare" in questo modo l'intera lezione e ancor più difficile è dominare perfettamente testo e gesti tanto da poter rappresentare davanti agli apprendenti il dialogo nello stesso modo, costituendo il modello sia per la pronuncia che per la gestualità. Ciò richiede all'insegnante molta preparazione ed esercizio.

Per quanto riguarda il gioco vogliamo dare qui alcuni esempi poiché è ormai chiaro che nella classe suggestopedica e psicopedica gran parte del lavoro sulla lingua avviene in questa forma.

Un gioco utile per imparare i nomi delle parti del corpo è quello chiamato *Piero dice*. L'insegnante dà l'ordine di toccare una parte del corpo, per esempio: "Tocca il ginocchio", gli apprendenti, però, devono eseguire il comando solo quando l'insegnante ha detto anche: "Piero dice", se sbagliano devono fare una piccola penitenza. Naturalmente è consigliabile che il ruolo dell'insegnante venga svolto alternativamente anche dai discenti.

Un altro gioco è quello dei *palloncini* che viene usato per imparare i nomi dei colori. Si formano due squadre e il campo viene diviso in due parti. Il gioco consiste nel tirare tutti i palloncini nella metà campo avversaria; ogni partecipante, lanciando il pallone, deve dire ad alta voce di che colore è; vince la squadra che tira per prima tutti i palloni (esempi tratti da Hinkelmann, Hinkelmann, Ferreboeuf, 1988).

Per esercitare alcune forme grammaticali può essere utilizzato un domino che abbia sulle tessere due mezze frasi: i partecipanti dovranno attaccare parti di frasi compatibili; lo stesso si può fare più semplicemente scrivendo sulle tessere solo pronome-soggetto e verbo coniugato.

Nell'uso dei giochi va tenuto presente che per essere più efficaci dovrebbero essere finalizzati a realizzare la comunicazione e l'interazione fra i discenti ed essere svolti in piccoli gruppi, sempre diversi, per permettere loro di esercitarsi il più possibile nell'uso della lingua. La nuova identità dei discenti fornisce comunque spunti di conversazione sempre nuovi e contribuisce a tener viva l'impressione che si stia giocando.

4.7
Conclusioni

Come abbiamo visto la suggestopedia-psicopedia si propone di far raggiungere in breve tempo agli apprendenti una competenza linguistica abbastanza differenziata, nella quale la comunicazione orale occupa senz'altro una posizione privilegiata. Tale obiettivo viene raggiunto dai discenti senza sforzi eccessivi per mezzo di una lezione molto particolare nella quale si tiene conto sia dell'apprendimento conscio che di quello inconscio.

In classe vengono utilizzati infatti diversi procedimenti quali l'impiego della musica, della gestualità, del gioco, della ripetizione ritmica e del rilassamento che sono diretti a distogliere l'attenzione razionale del discente dal processo di apprendimento e a coinvolgere nell'elaborazione della lingua l'emisfero cerebrale destro, di solito trascurato nella prassi didattica. Attraverso questi procedimenti si ottiene anche l'effetto di rendere più stabile nella memoria a lungo termine il ricordo di ciò che si è appreso. Per avere tale efficacia, però, la suggestopedia-psicopedia dovrebbe essere praticata in corsi intensivi, anche relativamente brevi, ma in cui il numero di ore per settimana sia piuttosto elevato.

Gli insegnanti che utilizzano questo approccio ritengono che possa essere utilizzato con profitto ad ogni livello, ma è soprattutto agli stadi iniziali dell'apprendimento che trova applicazione; tale circostanza è confermata indirettamente dall'impiego costante della traduzione nella fase di presentazione del materiale, procedimento che altrimenti non risulterebbe necessario in così ampia misura.

Nella suggestopedia-psicopedia vengono privilegiate le abilità orali sia produttiva che ricettiva, e secondariamente la ricezione del testo scritto; risulta invece trascurata l'abilità di scrittura che andrebbe maggiormente integrata all'interno della lezione. Proprio per questi motivi l'approccio risulta più adatto per apprendenti con particolari carenze o difficoltà nell'espressione orale, e per coloro che, avendo dimenticato molto di ciò che sapevano, vogliano riprendere in mano rapidamente le loro conoscenze.

Anche se in teoria le caratteristiche dell'approccio dovrebbero consentire in ogni situazione risultati migliori di quelli dei metodi tradizionali, alcuni studi (Schiffler, 1989, p. 129) sembrano dimostrare che il miglioramento delle prestazioni si verifica soprattutto nei discenti che con metodi più tradizionali hanno un rendimento basso. Ciò renderebbe consigliabile l'impiego della suggestopedia-psicopedia per le lezioni di recupero soprattutto in ambito scolastico anche se in tale contesto l'uso di questo approccio è ostacolato da problemi legati alla scarsa duttilità della scuola come istituzione (programmi, spazi, orari non compatibili con un corso intensivo) e alla difficoltà di instaurare in una classe istituzionale il clima disteso di cooperazione fra insegnante e apprendente che l'approccio richiede.

Va detto inoltre che alcuni dei procedimenti utilizzati nella suggestopedia-psicopedia possono lasciare perplessi gli insegnanti. In primo luogo infatti, nonostante il notevole influsso esercitato dall'orientamento comunicativo (cfr. *infra* CAP. 6) sulla psicopedia (cioè sulla variante più recente presa da noi in esame) sembra che quest'ultima non prenda in considerazione la necessità di rendere il discente autonomo e capace di codeterminare il proprio processo di apprendimento, lasciandogli solo la possibilità di partecipare nel modo più creativo possibile alle attività scelte dall'insegnante. In tal modo si rischia di diminuire l'interesse del discente, rendendolo dipendente da una figura di riferimento e incapace di proseguire il suo studio al di fuori del corso. Tale critica comunque può essere ridimensionata se si pensa che l'insegnamento suggestopedico-psicopedico si rivolge in massima parte ad apprendenti ai livelli iniziali i quali richiedono più di altri la presenza di una figura di riferimento.

Riferimenti bibliografici

BAUR R. S. (1984), *Unterrichtspraxis und theoretische Fundierung* in "Deutsch als Fremdsprache", pp. 291-336.

ID. (1990), *Superlearning und Suggestopädie. Grundlagen-Anwendung-Kritik-Perspektiven*, Langenscheidt, Berlin und München.

ID. (1996), *Die Suggestopädie* in "Fremdsprachen Lehren und Lernen" (FLuL), 25.

DHORITY L. (1984), *Acquisition Through Creative Teaching - ACT*, Sharon (trad. ted. *Moderne Suggestopädie. Der ACT - Ansatz ganzheitlichen Leherns und Lernens*, PLS Verlag, Bremen 1986).

EDELMANN W. (1991), *Suggestopädie - Ganzheitliches Lernen?*, in "Unterrichtswissenschaft", 1, pp. 7-22.

GALLOWAY L. M. (1983), *Etudes cliniques et expérimentales sur la répartition hémisphérique du traitement cérébral du language chez les bilingues: Modèles théoriques*, in "Language", 72, pp. 79-112.

HINKELMANN G., HINKELMANN K. G., FERREBOEUF M. (1988), *Leichter lernen, Leitfaden für den Unterricht mit Superlearning und Suggestopädie*, PLS Psychologische Lernsysteme, Bremen.

LOZANOV G. (1978), *Suggestology and Outlines of Suggestopedy*, Gordon & Breach, New York-London.

LOZANOV G., GATEVA E. (1983), *Metodo suggestopedico per l'insegnamento delle lingue straniere*, Bulzoni, Roma.

ROSENTHAL R., JACOBSON L. (1972), *Pigmalione in classe. Aspettative degli insegnanti e sviluppo intellettuale degli allievi*, Angeli, Milano.

SCHIFFLER L. (1989), *Suggestopädie und Superlearning: empirisch geprüft*, Diesterweg, Frankfurt am Main.

SCHUSTER H. D., GRITTON C. (1986), *Suggestopädie in Theorie und Praxis. Handbuch für den Unterricht mit holistischen Lehr-Lern-Systemen*, PLS, Bremen.

SPRINGER S. P., DEUTSCH G. (1987), *Linkes rechtes Gehirn. Funktionelle Asymmetrien*, Spektrum der Wissenschaft, Heidelberg.

STEVICK E. W. (1976), *Memory, Meaning and Method: Some Psychological Perspectives on Language Learning*, Newbury House Publishers Inc., Rowley, MA.

ID. (1980), *A Way and Ways*, Newbury House Publishers Inc., Rowley, MA.

5

Il *Silent Way*

di *Alessandra Pontesilli*

5.1
Introduzione

Il *Silent Way* (SW) viene generalmente compreso all'interno di quel gruppo di approcci definiti umanistico-affettivi. Tuttavia, vedendo gli insegnanti SW al lavoro si rimane spesso impressionati dal loro atteggiamento estremamente diretto, quasi brusco: essi non sembrano in genere dedicare alcuna attenzione agli aspetti affettivi ed emotivi del processo di insegnamento-apprendimento. A differenza di quanto avviene per altri approcci affettivi infatti (cfr. *supra* CAPP. 2 e 4), nel SW l'accento non è posto sulla vulnerabilità dell'apprendente, ma piuttosto sul suo potenziale intellettivo, che è costantemente messo sotto tensione, e che lo mette in grado di confrontarsi anche con emozioni e sentimenti negativi. La connotazione "umanistica" del SW va pertanto ricercata nel ruolo centrale attribuito all'apprendente e nel fatto che l'apprendimento sia visto come processo che, a partire dall'intuizione, e attraverso il raggiungimento di gradi sempre maggiori di consapevolezza, ha come effetto la crescita globale dell'individuo.

Alcune applicazioni recenti del SW, tuttavia, sembrano dedicare un certo spazio ad aspetti affettivi ed emozionali, prevedendo ad esempio, all'interno della lezione, momenti nei quali gli apprendenti vengono incoraggiati ad usare la loro lingua madre per parlare del lavoro fatto e per esprimere le loro impressioni ed i loro stati d'animo (cfr. Stevick, 1990; Larsen-Freeman, 1986).

5.2
La storia

Pur avendo alle spalle una storia ultratrentennale (le prime formulazioni risalgono infatti ai primi anni Sessanta), il SW rimane per la maggior parte degli insegnanti un "oggetto misterioso". Dopo essere passato praticamente inosservato al suo esordio in America, arriva in Europa nella seconda metà degli anni Settanta e, soprattutto grazie all'opera di divulgazione fatta da Stevick, conosce una certa fortuna, che però rimane limitata all'interno di circoli abbastanza ristretti di estimatori. Nel 1976 Stevick diceva: «As for the Silent Way itself, [...] it is, however, possibly the most undervalued pearl on the market today» [1] (Stevick, 1976, p. 146), ed ancora nel 1990 lo indicava come «often-cited, seldom-practiced, strikingly unconventional approach to language teaching» [2] (Stevick, 1990, p. 107). Da allora le cose non sono molto cambiate. In Italia esso è utilizzato da un'esigua minoranza di insegnanti e quasi sempre nell'ambito di sperimentazioni didattiche finalizzate ad obiettivi specifici, limitate nel tempo e realizzate spesso al di fuori degli ambiti scolastici istituzionali.

Caleb Gattegno, l'ideatore del SW, pur proponendo un approccio all'insegnamento delle lingue, non è un linguista. Egli si impegna in una riflessione sui problemi dell'insegnamento-apprendimento in generale, partendo dal rifiuto dell'idea che l'apprendimento avvenga per imitazione e, per quanto riguarda l'apprendimento della lingua, che alla base di esso ci sia la memorizzazione. In un periodo in cui il metodo audiorale, che si basa appunto sull'idea di imitazione e di memorizzazione, è al vertice della sua popolarità, Gattegno propone un approccio che è stato da molti definito di impostazione cognitivista. Egli parte infatti dalla ferma convinzione che ciascuno debba cercare all'interno di se stesso le risposte alle domande che qualsiasi tipo di apprendimento pone; e ciò anni prima che il cognitivismo si affermasse. Tuttavia Gattegno non si rifà ad alcuna teoria, né linguistica né psicologica; egli, volutamente, non tiene conto di quello che succede negli ambiti tradizionali di ricerca e viene a sua volta ripagato dagli ambienti accademici con il più assoluto disinteresse.

Ad ostacolare la diffusione del SW ha contribuito probabilmente anche il fatto che gli scritti di Gattegno, oltre che difficili da reperire attraverso i circuiti tradizionali, risultano spesso di difficile comprensione ai neofiti, e questo non solo a causa di un uso molto personale di termini quali *energia*, *volontà*, *indipendenza*, *autono-*

1. «Per quanto riguarda lo stesso *Silent Way*, [...] esso è forse la "perla" più sottovalutata sul mercato oggigiorno».

2. «Approccio straordinariamente non convenzionale all'insegnamento linguistico, citato spesso e messo in pratica raramente».

mia ecc. Lo stesso Stevick, suo grande estimatore, oltre che utile tramite per avvicinarsi al sistema elaborato da Gattegno, afferma che «any attempt [...] to reword and summarize Gattegno's thinking is almost certain to produce serious distortions» [3] (Stevick, 1990, p. 107).

Anche alla luce di ciò, questo articolo non si propone di essere una trattazione esaustiva del SW, né tanto meno della teoria didattica che lo sottende, ma si limita ad essere una presentazione di alcune delle tecniche e degli strumenti messi a punto nell'ambito di questo approccio. Si farà all'occorrenza riferimento ai principi della scienza dell'educazione elaborata da Gattegno per illustrare la natura e l'utilizzazione degli strumenti stessi. Per una trattazione più sistematica e approfondita si rimanda a Bartoli (1987) e Stevick (1976; 1980; 1990), oltre che, naturalmente, agli scritti dello stesso Gattegno, alcuni dei quali elencati nei riferimenti bibliografici alla fine di questo capitolo.

5.3
La teoria

5.3.1. L'apprendimento

Il SW è un'applicazione alla didattica delle lingue dei principi della scienza dell'educazione elaborata da Gattegno, che non si limita ad essere una teoria dell'apprendimento, ma si configura come una vera e propria "filosofia di vita". Egli parte dal presupposto che solo la consapevolezza è educabile nell'uomo ed è convinto che imparare non sia una delle tante attività umane, ma l'essenza stessa del vivere. L'obiettivo dell'esistenza umana è, secondo lui, il passaggio da uno stato preumano ad uno pienamente umano, attraverso il raggiungimento di gradi sempre maggiori di consapevolezza. Conoscere, apprendere, significa divenire sempre più consapevoli delle proprie risorse e farvi ricorso per risolvere i problemi di diverso tipo che ci si trova ad affrontare.

Gattegno insiste sull'opposizione tra "conoscere" e "credere": per conoscere ci si deve basare unicamente sulla propria esperienza, conoscere dunque genera libertà. Al contrario, credere, accettare le conclusioni offerte da altri, genera dipendenza e ostacola l'evoluzione dell'uomo verso lo stato di piena umanità.

3. «Ogni tentativo [...] di esprimere con altre parole e di riassumere il pensiero di Gattegno è destinato quasi certamente a produrre seri travisamenti».

All'interno di questo quadro va interpretata la sua stessa opera di pensatore ed educatore: ciò che egli dice o scrive è il modo che egli utilizza per compiere il *suo* percorso verso la consapevolezza. Egli mette a disposizione le sue riflessioni che possono costituire per gli altri solo un punto di partenza per un cammino che deve comunque essere personale.

Secondo Gattegno l'apprendimento, di qualsiasi tipo esso sia, segue delle fasi precise:

1. Si ha innanzi tutto il contatto con ciò che non si conosce.
2. È necessario a questo punto disporre di tempo per riflettere sul senso di quanto ci si è presentato, per analizzare, porsi domande, fare ipotesi.
3. Si arriva così alla generazione di criteri interni in base ai quali si riorganizza la vecchia conoscenza, per poi prepararsi al successivo contatto con il nuovo.

In sostanza, il processo di apprendimento avviene attraverso la sperimentazione, la sospensione del giudizio e la revisione delle conclusioni. L'attenzione, come si vede, è concentrata sul processo e non sui risultati, che sono solo una fase intermedia prima della successiva riorganizzazione delle conoscenze. Alla base della conoscenza c'è sempre l'intuizione che porta alla formulazione di ipotesi e permette la generazione di criteri attraverso un processo di *trial and error*. I criteri sono il risultato del processo di apprendimento e sono soggetti a continue revisioni alla luce di nuove esperienze e nuove conoscenze. In quest'ottica l'errore non è connotato negativamente, ma è indice del un processo di riorganizzazione in corso.

5.3.2. La lingua

L'apprendimento linguistico

Il SW parte dalla considerazione che, poiché alla base dell'espressione linguistica c'è sempre la realtà non verbale, il primo passo nel processo di apprendimento di una lingua è la presa di coscienza di tale realtà, attraverso l'osservazione e la sperimentazione. Compito dell'insegnante è quello di "educare" i poteri mentali che entrano in gioco nel processo di apprendimento, tra questi l'attenzione, la concentrazione e la capacità di osservare.

Il SW rifiuta l'idea che l'apprendimento linguistico avvenga per imitazione, attraverso la ripetizione di enunciati modello ai fini della memorizzazione. Gattegno contrappone al concetto di memorizzazione quello di *ritenzione*: perché qualcosa possa essere ritenuto deve essere affrontato con consapevolezza. La capacità di ripetere immediatamente ciò che si è appena ascoltato non sta a dimostrarne la ritenzione, così come l'ascolto ripetuto non la garantisce. L'insegnante SW non chiede mai agli apprendenti di ripetere quanto hanno ascoltato, scoraggia anzi l'imitazione immediata che interferisce con il processo di ritenzione; gli enunciati che vengono prodotti sono sempre in risposta ad uno stimolo, di solito visivo, ad una realtà che gli apprendenti hanno davanti agli occhi e che ciascuno di loro percepisce ed esprime in modo personale.

Il rapporto tra L1 e L2

Per quanto riguarda il rapporto tra l'acquisizione della lingua madre e quella della lingua straniera, il SW si pone in una prospettiva opposta rispetto ai metodi cosiddetti "naturali". Secondo Gattegno, infatti, si tratta di due processi non confrontabili: il primo è naturale e avviene in maniera spontanea e inconsapevole, il secondo, per forza di cose, artificiale, nel senso che esso è consapevole e si basa anche su conoscenze pregresse che derivano all'apprendente dall'esperienza di acquisizione della lingua madre e di eventuali altre lingue. È proprio partendo da quest'ottica che egli giustifica l'artificialità dell'approccio da lui proposto.

Nel lavoro in classe, il ricorso alla lingua madre o ad altre lingue veicolari non è ritenuto da Gattegno né necessario, né auspicabile. Limitando al minimo l'uso della voce, l'insegnante stabilisce e mantiene il contatto con gli apprendenti attraverso un largo uso della mimica e della gestualità.

Il sillabo: lessico e grammatica

Nel SW l'insegnante non fa riferimento ad un sillabo stabilito a priori, ma pianifica le lezioni in modo abbastanza flessibile, in modo da poterle adattare alla situazione di classe e alle esigenze degli apprendenti. Le lezioni sono organizzate a partire da strutture grammaticali presentate attraverso un vocabolario che, soprattutto nelle prime fasi dell'insegnamento-apprendimento, risulta piuttosto ristretto. La parola d'ordine del SW è infatti «much language and little vocabulary»[4]; è in quest'ottica che viene proposta la distinzione tra *vocabolario funzionale* e *vocabolario di lusso*. Gattegno definisce il vocabolario funzionale come «the items which generate

4. «Molta lingua e poco vocabolario».

the grammar of the language»[5] (Gattegno, 1976, p. 62), e spiega che si tratta delle forme ricavabili da qualsiasi testo, una volta eliminata la quasi totalità dei nomi e la maggior parte degli aggettivi e dei verbi. Il vocabolario funzionale sarebbe costituito dunque dalle parole "base" di una lingua, quelle che possono essere presenti in qualsiasi tipo di discorso, ad esempio: *quando*, *come*, *c'è*, *di*, *prendi*, *metti*, *rosso*, *blu*, *oggi* ecc. Il vocabolario funzionale della lingua, che è raccolto nelle tabelle delle parole (cfr. PAR. 5.5.2), viene presentato fin dalle prime fasi dell'insegnamento ed utilizzato per formare enunciati anche complessi nella lingua target. In questo modo, secondo Gattegno, l'apprendente ha la possibilità di familiarizzare fin dall'inizio, oltre che con la struttura grammaticale, anche con il ritmo, la melodia, e molti altri aspetti che costituiscono quello che egli definisce lo *spirito della lingua*.

Vocabolario di lusso è considerato tutto il lessico che non è compreso nelle tabelle delle parole, e cioè la quasi totalità dei nomi e la maggior parte degli aggettivi e dei verbi. Esso viene introdotto in fasi più avanzate dell'insegnamento-apprendimento, anche attraverso l'uso di immagini, testi scritti e *realia*.

L'idea di Gattegno è che utilizzando quasi esclusivamente il vocabolario funzionale si possano cogliere tutte le potenzialità della lingua. In seguito, l'arricchimento progressivo del vocabolario di lusso consentirà all'apprendente di parlare praticamente di tutto, attraverso semplici operazioni di sostituzione di parole: si tratterà in sostanza di cambiare delle "etichette".

Per quanto riguarda la grammatica, essa non viene insegnata in modo esplicito, tuttavia, utilizzando gli strumenti del SW, lo studente ha modo di familiarizzare con aspetti della lingua anche molto complessi dal punto di vista descrittivo, come l'uso dei modi e tempi verbali, i sistemi pronominali ecc. A tale proposito si vedano le descrizioni delle attività nella sezione dedicata alla presentazione degli strumenti del SW (cfr. PAR. 5.5).

5.4
La pratica

5.4.1. Subordinare l'insegnamento all'apprendimento

L'obiettivo primario del lavoro dell'insegnante deve essere quello di rendere "liberi" gli apprendenti. Essi sono liberi nel momento in

5. «Gli elementi che generano la grammatica della lingua».

cui sono consapevoli delle loro risorse e le utilizzano autonomamente. Nell'ambito dell'apprendimento della lingua, gli apprendenti esercitano la loro autonomia quando scelgono, tra le possibilità loro offerte, la risposta linguistica adeguata a far fronte ad una determinata necessità. Attraverso l'*esercizio* dell'autonomia e dell'indipendenza gli apprendenti si assumono la responsabilità del loro processo di apprendimento, che si configura come un percorso globale di crescita, un cammino verso il raggiungimento della piena autonomia, intesa innanzi tutto come consapevolezza delle proprie possibilità. L'insegnante, dal canto suo, deve fornire stimoli che forzino la consapevolezza e spingano gli apprendenti ad utilizzare le loro risorse. Questo è ciò che Gattegno intende quando parla di subordinare l'insegnamento all'apprendimento.

L'apprendente

L'apprendente è il protagonista del processo di apprendimento, del quale si assume nel complesso la responsabilità. Allo scopo di arrivare alla piena autonomia, nel suo lavoro egli fa ricorso a tutte le risorse a sua disposizione: conoscenze pregresse, competenza in altre lingue (compresa la sua lingua madre), cooperazione con i suoi pari all'interno della classe, e soprattutto si impegna in un attento lavoro di osservazione e di ascolto della realtà che lo circonda. Egli si comporta nei confronti della lingua come uno scienziato: osserva, elabora dei criteri, formula delle ipotesi, le verifica, riorganizzando continuamente le proprie conoscenze linguistiche. Impara a fidarsi delle proprie capacità di giudizio, stimolato in ciò dal silenzio dell'insegnante. Ciascun apprendente procede nel suo percorso verso l'autonomia secondo modalità e tempi propri. L'insegnante è consapevole di questo e non interviene mai a forzare tale processo.

L'insegnante

Il ruolo dell'insegnante SW è quello di stimolare la consapevolezza degli apprendenti e di sostenerli nel loro percorso verso l'autonomia, il tutto limitando al massimo il proprio intervento diretto, restando il più possibile in silenzio, evitando di interferire con il loro lavoro.

Nella pratica del suo lavoro l'insegnante SW deve:

– considerare preliminarmente le risorse che gli apprendenti hanno a loro disposizione (e quindi le loro conoscenze pregresse, anche quelle relative alla loro lingua madre);

– fornire di volta in volta agli apprendenti un quantitativo minimo di nuova informazione sulla quale lavorare, oppure assegnare un *task* ben definito e limitato che serva unicamente da stimolo e lasciare poi che ciascuno faccia il proprio lavoro;
– rispettare i tempi degli apprendenti, garantendo loro il tempo necessario a portare a compimento il loro lavoro;
– aggiornare la propria immagine mentale delle risorse a disposizione degli studenti sulla base della loro *performance*.

L'insegnante non fornisce il *feedback*, deve essere la realtà a fornirlo, e anche quando ha un atteggiamento di approvazione questo non è mai plateale, ma sempre un po' sottotono. La necessità di una reazione controllata da parte dell'insegnante deriva dal fatto che l'apprendente deve imparare ad affidarsi alle proprie capacità di giudizio senza ricercare l'approvazione di altri. In caso contrario c'è il rischio che egli organizzi il proprio lavoro in funzione dello scopo ingannevole di compiacere l'insegnante.

Anche l'insegnante, come l'apprendente, è uno scienziato; l'oggetto delle sue osservazioni, però, non è la lingua ma gli apprendenti e i loro percorsi di apprendimento.

Al di là delle doti comunemente richieste ad un insegnante, il SW impone a questo anche una scrupolosa preparazione tecnico-pratica relativa agli strumenti didattici, il cui uso, come vedremo nel paragrafo seguente, richiede rigore e precisione, oltre che una notevole capacità di concentrazione.

5.4.2. Il silenzio

A differenza di quanto avviene nell'ambito di altri approcci (cfr. *Total Physical Response*, *infra* CAP. 3), il silenzio nel SW non si limita ad essere una fase preliminare, preparatoria alla produzione da parte dei apprendenti; esso è un vero e proprio strumento di insegnamento-apprendimento.

Il silenzio dell'insegnante si configura come rifiuto da parte di questi di proporsi come modello; gli apprendenti sono in questo modo spinti a prendere l'iniziativa, a fidarsi della propria capacità di giudizio, assumendosi la responsabilità del loro apprendimento. Il silenzio è l'espressione della volontà dell'insegnante di non interferire con il processo di apprendimento e di rispettare lo spazio dei discenti.

Connotazioni diverse assume il silenzio degli apprendenti, che sta ad indicare il lavoro in atto, la concentrazione necessaria all'analisi dei dati, alla formulazione delle ipotesi e alla loro verifica.

Il silenzio costituisce dunque un momento fondamentale del processo di apprendimento e non è mai percepito come "tempo perso".

5.5
Gli strumenti del *Silent Way*

Sebbene secondo Stevick l'essenza del SW e la sua sostanziale novità siano da ricercare in un modo diverso di porsi nei confronti dell'insegnamento-apprendimento, e benché egli affermi che né le tabelle, né i regoli, né addirittura il silenzio sono essenziali al metodo, gli strumenti ideati da Gattegno per il SW sono così peculiari che molto spesso sono loro ad attirare l'attenzione e a stuzzicare la curiosità di insegnanti e studenti, al di là della "filosofia" che li sottende. Nei paragrafi seguenti vedremo, anche attraverso la descrizione di possibili attività, come tali strumenti permettano di mettere in pratica i principi che sono alla base di questo approccio.

Gli strumenti del SW sono stati approntati, a partire dall'inglese, per un numero considerevole di lingue, tipologicamente molto diverse tra loro (ad esempio francese, spagnolo, italiano, cinese, arabo, giapponese, thai ecc.). Per comodità, nelle esemplificazioni si farà riferimento a quelli relativi all'inglese e all'italiano.

Gli strumenti del SW possono essere divisi idealmente in due gruppi. I primi sono gli strumenti di base, quelli che caratterizzano l'approccio, utilizzati fin dalle primissime fasi dell'insegnamento-apprendimento. Di questo gruppo fanno parte:

- i regoli;
- le tabelle dei suoni;
- le tabelle delle grafie (*fidel*);
- le tabelle delle parole;
- la bacchetta.

Nel secondo gruppo sono compresi gli strumenti utilizzabili, in una fase successiva, per l'arricchimento del vocabolario di lusso. In questo gruppo troviamo:

- una serie di 10 disegni;
- due libri (*Millefrasi* e *Letture brevi*).

Nel corso del tempo, agli strumenti originari se ne sono aggiunti altri: *software* didattico, videocassette, disegni e immagini varie, quaderni di lavoro per lo studente e per l'insegnante.

La descrizione che segue riguarderà gli strumenti del primo e del secondo gruppo.

In generale, ciò che caratterizza gli strumenti del SW è una discreta flessibilità che consente loro di adattarsi a diverse situazioni di insegnamento-apprendimento e che permette all'insegnante di utilizzarli da soli o combinati tra loro, in attività abbastanza variate. Essi sono in genere "neutri", non connotati affettivamente; nelle intenzioni del loro ideatore ciò eviterebbe all'apprendente il coinvolgimento emotivo e affettivo che può interferire con il processo di apprendimento. L'apprendente non si espone mai direttamente, non parla mai di sé, dei suoi sentimenti, e ciò, secondo Gattegno, gli permetterebbe di concentrare tutta la sua energia sulla percezione della situazione extralinguistica e sullo sforzo di renderla verbalmente.

5.5.1. I regoli

Tra i materiali del SW questi sono fòrse gli unici che fanno parte dell'esperienza di molti insegnanti e studenti; si tratta infatti di quella serie di bastoncini di plastica a sezione quadrata, simili a gessetti, di varie dimensioni e colori, comunemente utilizzati nella scuola elementare italiana per insegnare-imparare la matematica. A differenza degli altri materiali SW, che devono essere richiesti direttamente alla Educational Solutions, i regoli possono essere acquistati in qualsiasi cartoleria.

Nella descrizione di un'ipotetica lezione fatta dallo stesso Gattegno (1983) i regoli vengono utilizzati dall'insegnante per stabilire il primo contatto con gli studenti e per fissare, in modo implicito, alcune convenzioni relative all'uso da parte sua del silenzio e della mimica. L'insegnante comincia la prima lezione prendendo un regolo dalla scatola e, mostrandolo agli apprendenti, pronuncia la sequenza "*a rod*". Dopo averla ripetuta un paio di volte resta in silenzio e, usando la mimica, mostra il regolo agli apprendenti e li invita a pronunciare la sequenza a loro volta. Segue di solito un silenzio carico di curiosità e di aspettativa, fino a quando qualcuno prova a pronunciarla. A questo punto l'insegnante, dopo aver fatto intendere agli apprendenti, sempre attraverso la mimica, che era proprio quello che si aspettava da loro, continua a lavorare sulla stessa sequenza, facendola pronunciare più volte alla classe e ai singoli.

Nella fase successiva, a partire da questa prima sequenza, si introducono in successione gli elementi nuovi, in modo da procedere al progressivo ampliamento dell'enunciato di partenza. Si possono ad esempio introdurre i termini che si riferiscono ai colori (*a blue rod, a red rod* ecc.), per poi passare all'imperativo (*take a blue rod* ecc.). Ciascun elemento nuovo viene introdotto dall'insegnante, che lo ripete alcune volte, dopodiché tace per permettere agli studenti di lavorare in prima persona sulle forme appena introdotte. In tal modo il nuovo va sempre a collegarsi a qualcosa di conosciuto e l'apprendimento risulta da un processo circolare che ad ogni passo rimette in gioco conoscenze già acquisite.

Un aspetto da tenere presente è che gli studenti in realtà non si limitano alla ripetizione di quello che dice l'insegnante, ma esprimono in ogni momento una realtà non linguistica che è davanti ai loro occhi. Se l'insegnante dice: "*take a blue rod*", non può poi essere lui a prenderlo, ma dovrà fare in modo che sia lo studente al quale si è rivolto a farlo. In questo senso il rigore e la precisione sono determinanti; infatti lo scopo dei regoli è proprio quello di far concentrare lo studente sulla sua percezione, in modo da stabilire il collegamento tra la realtà non verbale e l'espressione linguistica senza passare attraverso la traduzione nella sua lingua madre.

Nel momento in cui lo studente pronuncia per la prima volta la sequenza "*a rod*", non è detto che ne abbia compreso il significato. Dice Gattegno (1983, p. 74):

> The teacher does not inquire whether some students are thinking of a piece of wood, others of lifting something, or something different. [...] The teacher then introduces the names for four or five colors, [...]. Because the names of the colors are added, the pupils can no longer imagine that different expressions mean the same action and are forced to conclude that the teacher is giving the phrases that summarily describe these objects [6].

È a partire dalla percezione della situazione reale, dunque, che lo studente stesso costruisce il significato, stabilendo una relazione tra la percezione stessa e l'espressione nella lingua straniera, e non tra quest'ultima e un'altra espressione linguistica, quella nella propria lingua madre.

Strumenti estremamente maneggevoli, i regoli si prestano particolarmente al lavoro su aspetti della lingua, quali ad esempio il sistema dei pronomi clitici, per i quali il ricorso a concettualizzazio-

6. «L'insegnante non cerca di capire se alcuni studenti stanno pensando a un pezzo di legno, altri all'atto di sollevare qualcosa, o altro [...]. In seguito l'insegnante introduce i nomi di quattro o cinque colori [...]. Dal momento che vengono aggiunti i nomi dei colori, i discenti non possono più credere che espressioni diverse stiano ad indicare la stessa azione e sono spinti a concludere che l'insegnante stia fornendo gli enunciati che descrivono sommariamente gli oggetti in questione».

ni e spiegazioni rischia di complicare ulteriormente una situazione già di per sé complessa. Con l'ausilio dei regoli gli studenti riescono a stabilire un collegamento immediato tra espressioni quali *give it to me*, *give her a rod*, *dammelo*, *glielo dia* ecc. e la realtà extralinguistica che esse descrivono. Altri oggetti potrebbero essere utilizzati allo stesso modo, pochi però sarebbero altrettanto versatili e facili da maneggiare.

I regoli possono inoltre essere utilizzati in chiave ludica, per creare situazioni diverse facendo ricorso all'immaginazione. Essi possono diventare, a seconda dei casi, alberi, uccelli, automobili ecc., e venire utilizzati anche in fasi successive dell'insegnamento-apprendimento, per l'ampliamento del vocabolario di lusso.

I regoli possono essere usati da soli o in combinazione con le tabelle: in questo caso l'insegnante non dovrà usare la voce neanche per introdurre i termini nuovi, in quanto potrà indicarli direttamente sulle tabelle dei suoni e/o delle parole.

5.5.2. Le tabelle

Le tabelle misurano 40 × 60 cm circa e vengono appese al muro in modo da essere ben visibili, e questo non limitatamente al momento in cui vengono usate. Esse costituiscono infatti un punto di riferimento per lo studente, che può farvi liberamente ricorso in qualsiasi momento e senza la mediazione dell'insegnante.

Il set delle tabelle è strutturato in modo simile per le diverse lingue; esistono tuttavia differenze per quanto riguarda il numero delle tabelle stesse, oltre che il loro contenuto.

La tabella dei suoni

La tabella dei suoni è costituita da un fondo nero sul quale spiccano una serie di rettangoli colorati. Ciascun colore rappresenta un suono della lingua; lo stesso suono viene rappresentato dallo stesso colore nelle diverse lingue (rosso = /i/; bianco = /a/ ecc.). Naturalmente il numero dei rettangoli colorati, e quindi dei suoni, è diverso per le varie lingue (per l'inglese i rettangoli sono 58, 23 per i suoni vocalici, 35 per quelli consonantici). Alcuni suoni sono rappresentati da rettangoli bicolori, si tratta in questo caso di suoni "composti" (ad esempio dittonghi e affricate). Nella parte superiore della tabella sono raggruppati i suoni vocalici e immediatamente sotto quelli consonantici.

La funzione della tabella è quella di rendere percepibili tutti i suoni della lingua, almeno a livello visivo. In molti casi infatti la difficoltà a percepire un suono che non esiste nella nostra lingua madre, al quale quindi né il nostro apparato uditivo né quello vocale sono abituati, determina l'impossibilità di riprodurlo. Il suono in questione finisce così con l'essere assimilato a quello che viene percepito come a lui più vicino nella nostra lingua madre. La tabella dei suoni aiuta l'apprendente a prendere coscienza, anche a livello visivo, delle differenze sonore, e quindi a distinguere più facilmente i suoni della lingua.

Come tutti gli strumenti SW la tabella dei suoni si presta a diverse utilizzazioni, a seconda della situazione e dell'estro dell'inse-gnante e degli apprendenti. L'insegnante può indicare un suono e contemporaneamente pronunciarlo, per poi invitare gli apprendenti a pronunciarlo a loro volta. Oppure l'insegnante, nel momento in cui indica un rettangolo sulla tabella, può limitarsi a "mimare", posizionando gli organi articolatori senza emettere alcun suono. In questo modo, rifiutando di proporsi come modello, spinge gli apprendenti a "ricercare" il suono in questione all'interno di loro stessi, procedendo per tentativi, fino ad arrivare a un'articolazione accettabile. Una volta trovato dentro di sé il suono, l'apprendente sarà in grado di produrlo e di riconoscerlo se prodotto da altri.

I rettangoli/suoni possono essere combinati in sequenza, in modo da formare parole e frasi. L'insegnante inviterà gli apprendenti a pronunciare le parole da lui formate indicando i suoni in successione sulla tabella, oppure li inviterà ad indicare sulla tabella la successione dei suoni che compongono una parola o una frase pronunciata. Durante queste attività l'insegnante e gli apprendenti si scambiano continuamente di ruolo; nel momento in cui l'insegnante cessa di essere il modello, infatti, la sua produzione assume agli occhi degli apprendenti lo stesso valore di quella di uno qualunque di loro.

Nelle prime fasi del lavoro con i suoni il significato delle parole non ha alcuna importanza: gli apprendenti si stanno familiarizzando con i nuovi suoni e con le combinazioni proprie della lingua. Il loro lavoro è paragonabile a quello di un bambino di pochi mesi che emette suoni in modo apparentemente casuale, ma che sta in realtà allenando i suoi apparati uditivo e fonatorio a riconoscere e produrre i suoni della lingua che sente parlare intorno a sé.

La tabella dei suoni viene utilizzata da alcuni insegnanti SW come primissimo approccio alla nuova lingua e viene sfruttata per la presentazione di tutti i suoni; altri insegnanti preferiscono introdurla in un secondo momento e utilizzarla limitatamente ai suoni che creano difficoltà agli studenti. Nel caso in cui gli studenti non siano completamente digiuni della lingua che si apprestano ad imparare, può essere più semplice partire da alcune parole da loro conosciute, che possono essere individuate sulle tabelle delle parole, e da queste procedere all'identificazione dei suoni che le costituiscono.

Nel lavoro con la tabella dei suoni si parte generalmente dai suoni vocalici, sia perché molti suoni consonantici non possono essere pronunciati da soli, sia perché nella maggior parte delle lingue è possibile formare delle parole usando le sole vocali.

La tabella delle grafie (fidel)

Sulla tabella delle grafie sono riportate tutte le grafie corrispondenti a ciscun colore/suono. Il numero delle tabelle fidel cambia da lingua a lingua: per l'inglese esistono otto tabelle, per l'italiano una. Nel caso dell'inglese la tabella è divisa in colonne, ciascuna corrispondente ad un suono, nelle quali sono raggruppate tutte le grafie possibili. La tabella delle grafie serve a rendere in maniera visiva la corrispondenza tra uno stesso suono e grafie diverse, oppure tra suoni diversi e una stessa grafia.

Alcuni insegnanti, che non si trovano a loro agio con la tabella dei suoni, troppo difficile da memorizzare (o meglio da *interiorizzare*!), scelgono di lavorare solo con la tabella fidel, tralasciando i rettangoli. Anche questa è una possibilità, tuttavia è probabile che in questo modo una parte dell'aspetto ludico, e quindi del fascino dell'attività, vada irrimediabilmente perduto, con conseguente diminuzione della tensione positiva e del livello di attenzione degli studenti.

Le tabelle delle parole

Su queste tabelle sono stampate le parole e i morfemi (terminazioni, prefissi, particelle pronominali ecc.) che costituiscono il vocabolario funzionale della lingua. Esse sono colorate a seconda dei suoni che le costituiscono, ciò consente all'apprendente di leggere da solo una parola che non ha mai visto o sentito, se ne conosce i suoni per averli imparati sulla tabella relativa. Il numero delle tabelle è diverso per le varie lingue, quelle dell'inglese sono dodici.

Le tabelle sono ideate in modo da costituire un percorso di apprendimento: nelle prime si trovano le forme di uso più immediato, quelle utilizzate fin dalle prime fasi dell'insegnamento-apprendimento, il cui significato è più immediatamente percepibile, o rappresentabile (con l'aiuto dei regoli ad esempio). La prima tabella contiene una quarantina di forme, tra parole complete e morfemi, e utilizzandola da sola è possibile formare oltre 100 frasi. Questo dà all'apprendente un'idea della "potenza" della lingua, la cui conoscenza non si basa semplicemente sulla memorizzazione di un gran numero di vocaboli, ma piuttosto sulla capacità di mettere in relazione tra loro, in modi diversi, un numero anche limitato di parole (cfr. PAR. 5.3.2).

Gli apprendenti si rendono conto del fatto che si possono formare parole utilizzando i "pezzi" presenti nelle tabelle (*rod* + *s* = *rods*), che in inglese talvolta la stessa parola può essere usata sia come nome che come verbo (*name*), che dagli aggettivi, con cambiamenti minimi, è possibile formare avverbi (*short*>*shortly*), che un aggettivo può diventare un nome (*black*>*the blacks*). Inoltre si stabilirà ben presto la convenzione che è possibile utilizzare solo una parte di una parola stampata (coprendo il resto con una mano) sostituendo la parte nascosta con un altro morfema a disposizione (*prendi/prend-* + *-ete*>*prendete*).

Pur essendoci delle differenze nel contenuto delle tabelle per le diverse lingue, in genere nella tabella n. 1 si trovano la parola per *regolo* e i termini per indicare i colori dei regoli, le parole o i morfemi per il plurale (per l'inglese *-s*), le forme dell'imperativo dei verbi *prendere*, *dare*, *mettere*, pronomi personali, pronomi e aggettivi possessivi e dimostrativi. Le tabelle n. 2 e 3 contengono il resto del sistema pronominale (pronomi relativi, interrogativi, indefiniti), oltre ad alcune forme usate per la localizzazione spaziale (*here*, *there*; *qui*, *lì* ecc.) e per esprimere altri tipi di relazione (per l'inglese *of*, *for* ecc.). La tabella n. 4 (detta anche tabella N) costituisce quasi un'unità a parte; essa è riservata ai numerali e contiene tutte le forme necessarie alla loro costruzione. Questa tabella viene spesso utilizzata prima di tutte le altre, dato che i concetti ai quali fa riferimento sono di immediata comprensione, e data anche la sua "potenza". Essa permette infatti di generare un numero infinito di sequenze/enunciati a partire da un numero ristretto di forme che, per la loro sistematicità e ripetitività, richiedono, per essere apprese, un limitato dispendio di energia. A parte l'immediata utilità di forme che esprimono concetti legati ai numeri e alla quantità (numeri di telefono, età, soldi ecc.), questa tabella permette ai neofiti di esercitarsi con enunciati, anche piuttosto lunghi, che, senza richiedere un eccessivo sforzo mnemonico, li mettono in contatto con gli aspetti ritmici e intonazionali della lingua target.

Le restanti tabelle presentano significative differenze tra le diverse lingue, sia per quanto riguarda il numero che il contenuto. Per quanto riguarda l'inglese, la tabella n. 5 contiene termini che descrivono le relazioni spaziali (*between*, *in front of*, *behind* ecc.). La tabella n. 6 le forme per l'espressione delle relazioni temporali (*now*, *later*, *before* ecc.). La n. 7 introduce gli avverbi e i morfemi necessari a formarli (a partire dagli aggettivi ad esempio). Le tabelle n. 8 e 9 sono dedicate alle forme verbali. La tabella n. 10 introduce i termini per esprimere le relazioni familiari. Le tabelle n. 11 e 12 sono dedicate all'espressione di alcuni concetti legati all'idea di "tempo" (i giorni della settimana, i mesi dell'anno, le stagioni ecc.).

Le tabelle delle parole possono essere usate da sole o in combinazione con gli altri strumenti. È possibile ad esempio formare delle frasi indicando le parole sulle tabelle e poi rappresentarle utilizzando i regoli, o viceversa si può chiedere agli apprendenti di indicare sulle tabelle le parole necessarie a descrivere una situazione visualizzata attraverso i regoli. Questo tipo di attività rende il significato della frase immediatamente percepibile anche ad apprendenti con un livello di competenza molto basso, e ciò senza ricorrere a spiegazioni o traduzione.

Come già accennato, l'uso delle tabelle permette di produrre un numero praticamente illimitato di enunciati, anche di una certa complessità. Ciò consente agli apprendenti di familiarizzarsi con il ritmo e gli schemi intonativi della lingua, oltre che con la sua organizzazione sintattica, senza sovraccaricare la memoria con una quantità eccessiva di vocaboli. Le tavole delle parole si prestano a diverse attività. Gli esercizi che seguono sono solo alcuni di quelli proposti dallo stesso Gattegno (1976).

Facendo ricorso unicamente alle parole della tabella n. 1, si può chiedere agli studenti di:

- scrivere tutte le frasi che è possibile formare con le parole a disposizione;
- formare frasi di due, tre, quattro parole ecc.;
- scrivere la frase più lunga che si riesce a formare;
- dividere le parole in gruppi in base a criteri stabiliti di volta in volta;
- trovare espressioni equivalenti ad una data;
- formulare domande;
- trovare risposte a domande date.

Gli stessi esercizi possono essere ampliati progressivamente, introducendo le parole delle tabelle successive.

5.5.3. La bacchetta

La funzione della bacchetta non è semplicemente quella di indicare i suoni o le parole sulle tabelle; essa permette all'insegnante di defilarsi, di allontanarsi anche fisicamente dalla scena, evitando di invadere lo spazio dell'apprendente e invitandolo contemporaneamente a concentrare la sua attenzione sul lavoro che sta svolgendo. Essa inoltre aiuta l'insegnante a restare in silenzio. Utilizzando la bacchetta questi spinge l'apprendente a focalizzare la sua attenzione su un punto problematico, ad esempio un suono che non riesce a pronunciare: la bacchetta immobile sul suono in questione segnala, senza bisogno di parole, che c'è ancora del lavoro da fare e invita l'apprendente a cercare dentro di sé il suono corretto. Attraverso il movimento della bacchetta è possibile altresì imprimere un ritmo agli enunciati: battendo più parole in sequenza è possibile segnalare l'esistenza di pause e di gruppi di parole che vanno pronunciate insieme.

La bacchetta viene usata sia dall'insegnante che dagli apprendenti, che in questo modo sperimentano in modo diretto, addirittura "fisico", il concetto di "ritmo" della lingua.

5.5.4. I disegni

I disegni, insieme alle *Millefrasi* e alle *Letture* (cfr. PAR. 5.5.5), sono destinati all'ampliamento del vocabolario di lusso. Ciò non significa che essi debbano essere utilizzati solo dopo aver esaurito il vocabolario funzionale contenuto nelle tabelle. Al contrario, il lavoro può procedere di pari passo, infatti il vocabolario suggerito dai disegni non è specialistico, ma sempre riconducibile all'esperienza quotidiana. Inoltre il lavoro con i disegni consente di riprendere le parole e le strutture già apprese attraverso l'uso delle tabelle e dei regoli e di riutilizzarle all'interno di contesti diversi.

I disegni proposti sono 10 e i temi vanno dalla casa, al ristorante, al supermercato, alla famiglia. Essi risultano, ad una prima impressione, piuttosto banali: i colori sono quasi del tutto assenti, le immagini appaiono stilizzate, gli ambienti poco caratterizzati. Tuttavia, prima di cedere alla tentazione di sostituirli con immagini più accattivanti e connotate culturalmente (facilmente ricavabili da giornali e riviste), bisogna considerare il fatto che essi rispondono agli stessi criteri degli altri strumenti SW. Essi sono volutamente schematici; secondo il loro ideatore, infatti, l'apprendente non deve essere distratto da dettagli secondari che sposterebbero la sua attenzione su un lessico troppo specialistico; inoltre, ciascun apprendente deve essere stimolato a fare ricorso alla propria immaginazione per riempire il "vuoto" dell'immagine.

Nel lavoro con i disegni si parte di solito dal vocabolario: l'insegnante, dopo aver eventualmente verificato la conoscenza di alcune parole necessarie alla descrizione dell'immagine, passa ad introdurre i termini non ancora conosciuti. Li pronuncia, oppure li indica sulla tabella dei suoni o delle grafie e poi li scrive alla lavagna. Dopo aver introdotto un certo numero di termini, li cancella e, passando la bacchetta ad uno degli apprendenti, lo spinge a ricordare le parole, a pronunciarle e a riscriverle. Si passa poi ad un altro gruppo di vocaboli. Una volta esaurito, a giudizio dell'insegnante, il vocabolario da introdurre, gli studenti possono produrre enunciati, facendo ricorso anche alle strutture apprese in precedenza, scrivere le frasi, produrre dei brevi testi che si riferiscono all'immagine.

5.5.5. *Millefrasi* e letture brevi (*short passages*)

Le *Millefrasi* costituiscono il primo materiale di lettura approntato nell'ambito del SW Si tratta di una raccolta di frasi raggruppate per argomento. Tra i temi: la casa, il cibo, il lavoro, l'istruzione, la famiglia.

Nell'idea di Gattegno, esse costituiscono un primo esercizio di lettura per coloro che, a causa di una limitata competenza nella lingua target, non sono in grado di affrontare la lettura di un testo più lungo e complesso; lo scopo è quello di proporre agli apprendenti un lavoro sufficientemente stimolante ma non al di sopra delle loro possibilità. Le frasi sono costruite in modo che sia possibile inferire dal contesto il significato della maggior parte delle parole.

È possibile utilizzare le *Millefrasi* in combinazione con i disegni, che ne richiamano alcuni temi; questo contribuisce a chiarire eventuali punti oscuri, riducendo al minimo la necessità di spiegazioni e il ricorso alla traduzione nella lingua madre. Le frasi sono numerate, ciò non sta tuttavia ad indicare in alcun modo una sequenza o una progressione ai fini didattici. Ciascun apprendente/insegnante potrà scegliere l'argomento e le singole frasi in base alle proprie preferenze o necessità.

Le frasi si prestano alla lettura ad alta voce e al lavoro sull'intonazione e sui gruppi di senso: si può ad esempio chiedere agli apprendenti di segnalare con una barra i punti in cui, leggendo, si fa una pausa con la voce. Le frasi possono essere manipolate e modificate in vari modi, sostituendo parole, aggiungendone all'interno della frase o alla fine. Si può chiedere ad uno degli apprendenti di leggere ad alta voce e agli altri di ripetere quanto hanno ascoltato, parola per parola o solo il senso generale, a seconda del caso. È possibile infine, chiedendo di collegare più frasi, guidare gli apprendenti all'elaborazione di un testo, anche breve, ma che presenti i necessari elementi di coerenza e di coesione.

Si può osservare che quella proposta attraverso le *Millefrasi* non può essere considerata "lettura" nel senso che comunemente diamo a questo termine; si tratta piuttosto di una serie di esercizi linguistici che, solo in alcuni casi, possono essere visti come un preliminare a quella che è un'attività tra le più complesse.

Un discorso diverso va fatto per i brani di lettura (*Short Passages*). Si tratta in questo caso di testi di un certo respiro, che costituiscono una sorta di passaggio intermedio, necessario, a giudizio di Gattegno, al completamento del percorso dell'apprendente verso la piena autonomia, intesa in questo caso come capacità di affrontare un qualsiasi testo scritto nella L2 con le stesse modalità con le quali se ne affronterebbe uno nella propria lingua madre.

Sebbene anche questi siano creati *ad hoc*, a differenza di quanto avviene per le *Millefrasi* il vocabolario e la sintassi dei brani non sono soggetti ad alcun tipo di selezione o restrizione. L'unico tipo di controllo è relativo alla lunghezza del testo proposto (tra le 200 e le 900 parole). Gli argomenti sono diversi: temi sociali, lavoro, viaggi, eventi naturali, curiosità ecc. Nell'intenzione dell'ideatore i brani dovrebbero stimolare domande, commenti, discussioni, reazioni di partecipazione emotiva, oltre che proporre agli apprendenti una tipologia abbastanza variata di testi scritti nella lingua target.

5.6
Conclusioni

Fin dalla sua nascita il SW ha suscitato atteggiamenti contrastanti tra gli insegnanti, gli studenti e tutti coloro che si interessano di glottodidattica: si va dall'adesione completa al più assoluto rifiuto.

Tra le critiche, molte sono più che fondate, soprattutto quelle relative all'artificialità di un approccio che pretende di separare l'espressione linguistica dal suo significato, dando la priorità alla prima e rimandando il secondo a fasi più avanzate dell'apprendimento. Di fatto quella che è alla base del SW è un'idea di conoscenza della lingua che non è ancora *competenza d'uso*. All'interno di questo approccio la lingua viene osservata, manipolata, rappresentata attraverso oggetti concreti (i regoli), e considerata unicamente nella sua funzione di descrizione della realtà, mentre del tutto ignorata risulta sia la dimensione personale (la lingua usata per esprimere la vita interiore dell'individuo), che quella sociale (la lingua come strumento di comunicazione).

Per essere compreso tuttavia – e, almeno in una certa misura, apprezzato – il SW necessita di un inquadramento storico. Concetti quali autonomia, assunzione di responsabilità da parte dell'apprendente, rispetto dei tempi individuali di apprendimento, rifiuto della pratica dell'imitazione e della memorizzazione, che sono oggi alla base del modo di intendere il processo di insegnamento-apprendimento, vengono proposti da Gattegno già alcuni decenni or sono, in opposizione ai metodi audiorali allora imperanti.

Si può osservare che il concetto di autonomia dell'apprendente che è alla base dell'approccio, e che è di per sé estremamente attuale, risulta nella realtà dei fatti notevolmente ridimensionato, inquadrato com'è all'interno di una pratica didattica alla cui base ci sono strumenti e tecniche che prevedono un alto grado di controllo da parte dell'insegnante. Bisogna tuttavia riconoscere che molti dei principi che sono alla base del SW rimangono moderni, e come tali andrebbero apprezzati, al di là di quella che è la loro attuazione sul piano della pratica didattica; così come alcune delle tecniche didattiche e degli strumenti che ad esso fanno capo sono innovative ed efficaci e possono essere recuperate e utilizzate anche all'interno di una metodologia di impostazione comunicativa.

Per quanto riguarda le difficoltà di ordine pratico, il fatto che il SW si discosti molto dalle esperienze di apprendimento comunemente vissute dalla maggior parte dei discenti, soprattutto in ambito istituzionale, fa sì che non tutti si trovino fin dall'inizio a loro agio con tale approccio. L'atteggiamento distaccato dell'insegnante risulta, nell'esperienza di alcuni apprendenti, addirittura intimidatorio e il suo silenzio finisce per essere causa di ansia. Nello stesso tempo, il fatto che gran parte della lezione, soprattutto nelle prime fasi dell'insegnamento, consista in una serie di discussioni apparentemente irrilevanti sui regoli, può risultare frustrante per coloro che sentono l'esigenza di imparare da subito a padroneggiare una lingua connotata affettivamente, strumento di comunicazione e di espressione personale ed emotiva.

D'altro canto questo approccio, ponendo l'accento sulla responsabilità dell'apprendente e sulle sue potenzialità, spinge questi ad un'intensa attività cognitiva, inducendo in lui un alto grado di concentrazione. Ciò sembra avere, alla resa dei conti, l'effetto di potenziare le sue capacità e di portarlo a raggiungere in un tempo relativamente breve una padronanza linguistica degna di nota (cfr. Stevick, 1976). Naturalmente niente esclude che si otterrebbero risultati analoghi se il medesimo sforzo, volto alla ricostruzione del significato e alla formulazione di ipotesi, fosse impiegato all'interno di attività più significative e con una maggiore utilità pratica.

Una delle lamentele più frequenti da parte degli insegnanti riguarda il tempo necessario a imparare ad usare correttamente gli strumenti del SW, soprattutto la tabella dei suoni, che deve essere memorizzata. Si tratta senza dubbio di una difficoltà reale: come già detto in precedenza infatti, l'esercizio e la pratica (magari insieme ad altri insegnanti interessati alle stesse tecniche) sono indispensabili per acquisire la necessaria dimestichezza con gli strumenti del SW. Per alcuni insegnanti risulta invece difficile accettare l'idea di stare in silenzio per gran parte della lezione. Se però si riesce a comprendere il ruolo determinante del silenzio al fine di consentire all'apprendente di prendere l'iniziativa e di assumere il controllo del suo processo di apprendimento, e se l'insegnante riesce ad abbandonare l'idea di dover *trasmettere la conoscenza*, il silenzio non verrà più vissuto da questi come una menomazione del suo ruolo, bensì come manifestazione di rispetto nei confronti del lavoro dell'apprendente. È questa forse la lezione più importante che ci viene dal SW.

Alcuni insegnanti, infine, esprimono perplessità sulla possibilità di utilizzare l'approccio con gruppi particolarmente numerosi o con individui con un alto livello di competenza. Il modo migliore per affrontare queste ed altre difficoltà è probabilmente quello suggerito da Stevick, quando afferma che il SW è nella sua sostanza un modo diverso di guardare all'insegnamento-apprendimento e che non si identifica con nessuno degli strumenti che ad esso fanno capo. L'insegnante che dovesse decidere di rinunciare ad utilizzare uno di questi perché non si sente a suo agio non dovrà per questo considerarsi un "infedele".

Per concludere, ricorriamo ancora una volta alle parole di Stevick (1990, p. 130) che, a proposito del pensiero di Gattegno afferma:

> those of us who cannot fully accept the faith that underlies his Science of Education can still make profitable use of the Silent Way. [...] And even if we

finally choose not to adopt the Silent Way, we will sharpen our own skills as teachers if we learn to use it [7].

Riferimenti bibliografici

BARTOLI C. (1987), *Lingua tempo energia – apprendere l'inglese*, Quaderno per i docenti, CENSIS sperimentazione, Roma.

GATTEGNO C. (1976), *The Common Sense of Teaching Foreign Languages*, Educational Solutions, New York.

ID. (1983), *The Silent Way*, in J. W. Oller, P. Richard-Amato (eds.), *Methods That Work: A Smorgasbord of Ideas for Language Teachers*, Newbury House Publishers, Cambridge.

LARSEN-FREEMAN D. (1986), *Techniques and Principles in Language Teaching*, Oxford University Press, Oxford-New York.

STEVICK E. W. (1976), *Memory Meaning and Method: Some Psychological Perspectives on Language Learning*, Newbury House Publishers Inc., Rowley, MA.

ID. (1980), *Teaching Languages: A Way and Ways*, Newbury House Publishers Inc., Rowley, MA.

ID. (1990), *Humanism in Language Teaching*, Oxford University Press, Oxford.

N. B.: gli strumenti del *Silent Way* possono essere richiesti a EDUCATIONAL SOLUTIONS (UK) LTD, 11 Crown Street, Reading RG1 2TQ England, oppure a EDUCATIONAL SOLUTIONS Inc., 95 University Place, New York, New York 10003-4555 USA.

7. «Quelli di noi che non possono condividere del tutto le convinzioni che sono alla base della sua *Scienza dell'Educazione* possono tuttavia utilizzare in modo proficuo il *Silent Way*. [...] E anche se alla fine scegliamo di non adottare il *Silent Way*, affineremo le nostre capacità di insegnanti se impareremo ad usarlo».

Parte seconda
Didattica comunicativa

Gli approcci comunicativi nascono all'inizio degli anni Settanta in contrapposizione alle forme di insegnamento tradizionali allora dominanti (metodo grammaticale-traduttivo e varie forme di didattica audiorale o audiovisiva). Di questi metodi la didattica comunicativa si proponeva di eliminare i principali difetti, che potevano essere ricondotti essenzialmente alla difficoltà di trasferire quanto appreso in classe a situazioni pratiche in contesti reali. Il *metodo grammaticale-traduttivo* risultava carente da questo punto di vista perché privilegiava le conoscenze grammaticali, gli esercizi formali e la pratica della produzione scritta e si rivelava quindi poco utile per chi volesse farsi intendere e interagire in maniera spontanea e naturale con parlanti stranieri. Il *metodo audiorale*, invece, benché privilegiasse la lingua orale e l'esercitazione di espressioni correnti, risultava troppo rigido e meccanico, sicché il discente riusciva a comunicare agevolmente solo se doveva applicare schemi e strutture già esercitati ma si trovava in difficoltà a comprendere cose nuove e a reagire in maniera creativa a situazioni non codificate. La *didattica comunicativa*, ponendo l'accento sulla comunicazione più che sulla grammatica o sulle strutture, si proponeva invece di fornire all'apprendente gli strumenti che gli avrebbero consentito di interagire attivamente nelle situazioni e condizioni più svariate.

La didattica comunicativa si è sviluppata nel corso di quasi trent'anni fino a divenire un punto di riferimento indispensabile nella didattica delle lingue straniere e si può affermare che oggigiorno non esiste praticamente approccio che non ne sia influenzato nelle premesse o nella pratica. A sua volta essa ha risentito di svariate influenze, non da ultimo quelle derivanti dall'impatto degli approcci umanistico-affettivi illustrati nella sezione precedente.

Come si è già detto, in una prima fase l'approccio comunicativo si contrapponeva ai metodi allora più diffusi (grammaticale-traduttivo, audiorale, audiovisivo) per una serie di caratteri, che possono essere schematizzati in maniera estremamente sintetica nei seguenti punti:

1. *Aspetti funzionali della lingua*: l'approccio comunicativo non si concentra esclusivamente sugli aspetti strutturali della lingua e sulle regole grammaticali ma pone particolare attenzione al suo *uso*. Le forme e le espressioni linguistiche vengono presentate non soltanto nel loro aspetto sistematico ma anche in relazione alla *funzione* che esse svolgono in diversi tipi di comunicazione (conversazione, esposizione argomentativa, esposizione narrativa, contesto formale ecc.) e all'intenzione comunicativa del parlante. Non si fa quindi riferimento ad una sorta di modello generale della lingua ma questa viene vista (e insegnata) anche nei suoi fenomeni e nelle realizzazioni specifiche, adatte alle diverse circostanze in cui viene adoperata.
2. *Autenticità del materiale linguistico*: la lingua oggetto di insegnamento è il più possibile autentica, corrisponde cioè a quella che si può incontrare nella comunicazione reale. Si privilegiano quindi testi estratti direttamente da libri o giornali, registrazioni di conversazioni o trasmissioni radiotelevisive, resoconti, piuttosto che frasi inventate o costruite con lo scopo di illustrare argomenti grammaticali o strutturali. Va tuttavia notato che questa tendenza generale non è in realtà sempre e del tutto condivisa, poiché sono stati portati argomenti a favore di una presentazione dei materiali linguistici almeno parzialmente adattati per scopi didattici.
3. *Progressione e unità didattica*: la progressione degli argomenti didattici non è basata su criteri di completezza grammaticale o di passaggio progressivo da strutture semplici a strutture sempre più complesse, ma si orienta sui contenuti e sulle funzioni che si intendono presentare di volta in volta, affidando la trattazione e lo studio della grammatica ad una progressione ciclica che ne introduce e ripete gli aspetti più volte e a diversi livelli di complessità. Si fa strada il concetto di *unità didattica*, inteso come insieme coerente di contenuti, forme linguistiche, informazioni culturali, pratiche di interazione, esercitazione, ripetizione ecc.
4. *Differenziazione dell'offerta didattica*: funzioni e contesti comunicativi possono essere assai diversi; per questo la didattica comunicativa propone una serie di "specializzazioni" che rispondano alle esigenze particolari degli apprendenti. Nascono corsi per scopi specifici (accademici, professionali ecc.), corsi limitati ad alcune abilità come la lettura, corsi per argomento, basati su tipi particolari di testi ecc.
5. *Ruolo "sociale" dell'apprendente*: l'apprendente è chiamato sin dall'inizio ad interagire con i suoi colleghi per realizzare o simulare

situazioni comunicative realistiche. Giochi di ruolo, drammatizzazioni, attività di coppia e di gruppo divengono strumenti comuni dell'organizzazione didattica della classe.

Come si è detto, la didattica comunicativa ha attraversato diverse fasi di sviluppo, che tuttavia qui non è possibile ripercorrere (cfr. però i vari capitoli di questa sezione). Va in ogni caso ricordato il passaggio più rilevante della sua evoluzione, quello che ha portato a spostare l'accento dalla comunicazione strettamente linguistica alla comunicazione basata sul concetto di *azione*. Un passaggio del genere era già implicito nelle premesse dell'approccio: comunicare, infatti, significa agire, agire attraverso la lingua, e porre l'accento sull'uso della lingua significa evocarne i contesti, le situazioni, l'agire nel mondo. Ma al di là delle implicazioni teoriche, si è visto ben presto che effettivamente l'apprendimento della lingua avviene in maniera più efficace e motivante se inquadrato in una serie di compiti realistici e di attività di interazione con il mondo reale. Di qui l'esigenza di integrare la didattica comunicativa con un serie di compiti parziali (*tasks*) o addirittura di progetti complessi (*projects*) che mettano a confronto l'apprendente non soltanto con la lingua straniera in quanto sistema ma con tutta la serie delle attività in cui la lingua è normalmente inserita. I due capitoli di questa sezione sull'*Approccio comunicativo* (cfr. *infra* CAP. 6) e il *Project work* (cfr. *infra* CAP. 7) illustrano questi aspetti della didattica comunicativa.

Al di là delle motivazioni linguistiche e didattiche fin qui illustrate vi sono anche fattori psicologici e sociali che hanno propiziato l'avvento della didattica comunicativa. Va ricordato infatti che verso la fine degli anni Sessanta il "pubblico" degli apprendenti di lingue straniere cominciò a cambiare. Il numero delle persone interessate all'apprendimento delle lingue straniere aumentava e la richiesta di insegnamento non fu più rivolta ai soli luoghi istituzionali, quali per esempio le scuole. Viaggi, turismo, scambi rendevano sempre più frequenti i contatti diretti con la realtà sociale e culturale del paese di cui si intendeva apprendere la lingua. La richiesta non si limitò quindi più alla conoscenza teorica della lingua ma interessava per l'appunto il suo *uso*, per poter essere messi nella condizione di *agire* nei contesti reali più disparati. L'allargamento della "base d'utenza" si può tuttavia ricondurre anche ad altri fattori: l'internazionalizzazione (non ancora globalizzazione) delle relazioni culturali e commerciali, che spingeva i parlanti di lingue indoeuropee a confrontarsi sempre più frequentemente con lingue extraeuropee; l'immigrazione da aree extraeuropee, che poneva a sua volta la didattica delle lingue europee di fronte a nuovi compiti. In tutti questi casi spesso nascevano difficoltà di comprensione e di adattamento culturale (a volte vere e proprie "barriere") in parte riconducibili a differenze di uso e di consuetudini linguistiche. L'apprendimento di una lingua straniera si fa oggi quindi sempre di più anche confronto interculturale in cui, ancor più che in passato, la lingua diventa veicolo di comprensione, integrazione, accettazione, talvolta invece anche di incomprensione e di rifiuto. La società multilinguistica è una società in cui l'elemento interculturale diviene di assoluta preminenza. La didattica comunicativa si rende assai sensibile a questo tipo di esigenze, elaborando esplicitamente forme di attività didattica che ne affrontano le specifiche esigenze (cfr. *La competenza interculturale*, *infra* CAP. 9).

Tutti questi aspetti accentuano le caratteristiche di differenziazione dell'apprendimento linguistico anche per quanto riguarda il ruolo dell'apprendente. Abbiamo visto già nella parte precedente (approcci umanistico-affettivi) come la personalità dell'apprendente fosse posta al centro del processo di apprendimento. A sua volta la didattica comunicativa sottolinea da una parte l'interazione sociale e di gruppo, dall'altra cerca tuttavia di tenere in debito conto anche la personalità del singolo, rispettandone le preferenze di studio, le strategie nell'accostarsi alla lingua straniera, le motivazioni, i tempi e le resistenze. Gli ultimi due capitoli di questa parte illustrano approcci in cui questa attenzione alla personalità dell'individuo appare particolarmente evidente. Il primo, l'*Interazione Strategica* (cfr. *infra* CAP. 8), viene addirittura classificato da alcuni tra gli approcci alternativi per la sua somiglianza con alcuni aspetti del *Community Language Learning* (cfr. *supra* CAP. 2), (mancanza di un sillabo, registrazione e revisione del materiale linguistico prodotto spontaneamente dai discenti, situazioni emotivamente coinvolgenti), ma presenta anche un carattere fortemente comunicativo nel suo aspetto più qualificante, la cosiddetta "sceneggiatura". Il secondo (l'*Approccio lessicale*, cfr. *infra* CAP. 10), è apertamente di derivazione comunicativa; la trattazione che se ne fa in questa sede include tuttavia anche l'illustrazione di una serie di strategie di apprendimento individuale del lessico che aprono prospettive sul cosiddetto insegnamento individualizzato che verrà illustrato nella parte seguente.

Due parole vanno dette infine sul *ruolo del docente* nella didattica comunicativa. Anche questo si è andato evolvendo nel corso degli anni: mentre in una prima fase il docente svolgeva una funzione piuttosto tradizionale, come depositario di conoscenza e organizzatore delle attività di classe e di verifica, con il passare del tempo – al crescere dell'indipendenza del ruolo dell'apprendente – il docente si limita sempre più ad una funzione di attivazione e appoggio dell'attività individuale e autonoma dell'apprendente, assumendo quel ruolo di "facilitatore" che oggi gli viene attribuito universalmente e che è stato già illustrato nel primo capitolo di questo volume.

6

L'approccio comunicativo. Oltre la competenza comunicativa

di *Rosa Angela Scalzo*

> E un discepolo chiese: parlaci dell'insegnamento.
>
> Ed egli disse: nessuno può rivelarvi alcunché, eccetto ciò che già riposa semiaddormentato alle radici del vostro sapere.
>
> Il maestro che passeggia coi suoi discepoli all'ombra del tempio non elargisce la sua conoscenza, ma piuttosto la sua fede e la sua amorevolezza. Se è veramente saggio, egli non vi impone di entrare nella dimora della sua saggezza ma vi guida alla soglia della vostra stessa mente.
>
> L'astronomo può parlarvi di ciò che conosce dello spazio ma non può consegnarvi la sua conoscenza.
>
> Il musicista può cantarvi il ritmo che pervade il creato ma non può donarvi l'orecchio che arresta quel ritmo, né la voce che lo riecheggia.
>
> E colui che è abile nella scienza dei numeri può illustrarvi il mondo dei pesi e delle misure ma non può condurvici. Perché la visione di un essere umano non presta le sue ali ad un altro essere umano.
>
> E come ognuno di voi è da solo nella sua coscienza di Dio, così ognuno deve essere solo nella sua conoscenza di Dio e nella sua conoscenza del mondo.
>
> Gibran Kahlil Gibran, *Il profeta*, 1923

6.1 Introduzione

Al di là dello stile poetico ci sembra che il brano riportato da *Il profeta* bene si presti a descrivere un mutamento di prospettiva che gli ultimi orientamenti della metodologia – e non solo in ambito comunicativo – hanno posto come linea di discrimine per distinguere ciò che può essere attribuito alla sfera delle metodologie tradizionali da ciò che invece può dirsi innovativo: la posizione occupata dallo studente, la sua *centralità* (e *autonomia*) o meno nel processo di apprendimento.

Considerare lo studente come passivo ricettore delle "verità rivelate" dell'insegnante – unico depositario quest'ultimo di saggezza e conoscenza – oppure, al contrario, pensare il discente come protagonista del proprio processo di apprendimento in modo attivo e consapevole muta radicalmente il suo ruolo, la funzione dell'insegnante, e anche il concetto stesso d'insegnamento.

Il *profeta*, in un linguaggio certamente non scientifico, sembra voglia dirci che non si può trasmettere conoscenza, bensì «guidare alla soglia della mente». Tradotto in termini metodologici, tutto questo significa che l'insegnante *non insegna più*, ma può (soltanto) *facilitare* il processo di apprendimento, ossia aiutare il discente ad apprendere; egli può dettare le regole del "gioco comunicativo" – come un arbitro – ma non può farsi "giocatore"; può essere il regista, ma non può fare il "mattatore" con gli studenti nel ruolo di spettatori. Se allora l'insegnante non insegna ma è lo studente che impara, questo rovesciamento di prospettiva porta il discente a diventare l'elemento catalizzatore di tutte le decisioni prese in ambito didattico.

Sembra essere questo l'ultimo orientamento [1] della didattica, che rappresenta in qualche modo anche il superamento dell'approccio comunicativo *tout court*.

Tale approccio, infatti, si configura sempre più come un *learner-centred approach*, sempre più attento a sviluppare nel discente un tipo di competenza non più soltanto *comunicativa* [2] (come era stato per tutti gli anni Settanta), ma piuttosto *di azione*. È la *competenza di azione* infatti che permette al discente di usare la lingua non soltanto per esprimere determinati *atti comunicativi* [3] – quali ad esempio sapersi presentare, fare richieste, rispondere ad un'offerta, fare un invito, dare un ordine ecc. – ma anche, e soprattutto, per interagire in modo partecipativo con gli altri interlocutori usando la lingua fattivamente per il raggiungimento di determinati scopi, di determinati "saper fare" [4].

1. Ricordiamo che l'idea di porre il discente al centro del processo di apprendimento/insegnamento vanta illustri predecessori in S. Agostino, Rousseau, Montessori ecc., per citare solo alcuni.
2. Per una nozione di *competenza comunicativa*, cfr. PAR. 6.2.
3. Per una nozione di *atto comunicativo*, cfr. *ibid.*
4. Per una nozione di *saper fare*, cfr. Reboul, 1980, pp. 47-54.

Ma cosa ha portato a questo cambio di prospettiva? Già dalla fine degli anni Sessanta si assiste ad uno spostamento di attenzione dal *prodotto*, ossia dalla lingua – al centro di approcci pur diversissimi fra loro, quali il metodo grammaticale-traduttivo e quello strutturalista/audiorale – al *processo*, ossia al "come si apprende", a come si costruiscono le proprie strategie di apprendimento. E chiedendosi come si apprende, ci si è accorti che non esiste alcuna relazione biunivoca fra l'insegnare e l'apprendere, tra *input* e quello che effettivamente gli studenti imparano, trasformano in "sapere procedurale"; che non tutti gli studenti apprendono allo stesso modo, con gli stessi tempi, con le stesse modalità.

E ancora, l'interessarsi al processo – più che al prodotto – ha portato la riflessione metodologica a concentrarsi sul momento della comprensione/ricezione del messaggio linguistico – ossia sulle modalità di decodifica – piuttosto che solo sul momento della produzione [5].

In tempi più recenti poi, sotto la spinta di un rinnovato interesse per i metodi cosiddetti "affettivi" [6], ci si è accorti che l'affettività dello studente gioca un ruolo importantissimo nel suo processo di apprendimento; che studenti motivati, consapevoli e responsabili del proprio processo di apprendimento ottengono risultati migliori di quelli che delegano all'insegnante ogni decisione riguardo al raggiungimento di una qualche competenza nella lingua obiettivo.

In questo capitolo tratteremo dell'approccio comunicativo non tanto da un punto di vista storico (per questa parte rimandiamo al capitolo introduttivo), quanto piuttosto mettendo in evidenza gli aspetti innovativi rispetto al momento della nascita: si parlerà dunque della posizione occupata dallo studente, della scelta di materiali autentici, dell'importanza di insegnare la lingua d'uso e la cultura, della competenza d'azione, del concetto di *task* ecc. Nel PAR. 6.2 accenneremo ad alcuni dei concetti cardine dell'approccio, sottolineando il cambio di prospettiva rispetto a metodologie più tradizionali. Nel PAR. 6.3 considereremo i risvolti pedagogici di quei concetti. Infine, nel PAR. 6.4 cercheremo di illustrare attività e tecniche entrando in una classe "comunicativa".

5. Questo cambio di prospettiva è stato argomento di alcuni importanti convegni: cfr. Pozzo, 1982; Lend, 1983; De Mauro *et al.*, 1988.

6. Cfr. *Communicative Language Learning, Total Physical Response, Suggestopedia, Silent Way, supra* CAPP. 2-5.

6.2
Aspetti linguistico-teorici

6.2.1. Un breve *excursus*

Intorno alla fine degli anni Sessanta, accanto ad un tipo di *competenza linguistica* come quella teorizzata da Chomsky – ossia «la capacità di un parlante/ascoltatore ideale in una comunità linguistica omogenea di produrre frasi corrette» (Chomsky, 1965, p. 3) – comincia a farsi strada la necessità di allargare il campo della ricerca linguistica dalla frase all'evento linguistico in cui ha luogo la comunicazione. Si comincia pertanto a parlare di una competenza che l'etnolinguista americano Hymes, in un articolo che appare nel 1972, definisce *«comunicativa»*.

I risvolti in didattica delle teorie di Chomsky – pur non essendo nate segnatamente per questo ambito – avevano contribuito a privilegiare il prodotto, ossia la forma linguistica. In questo senso, «a theory of competence is equivalent to a theory of grammar and is concerned with the linguistic rules that can generate and describe the grammatical (as opposed to ungrammatical) sentences of a language» [7] (Canale, Swain, 1980, p. 3). Accuratezza e conoscenza consapevole delle regole continuavano ad essere fino a tutti gli anni Sessanta i principali obiettivi dell'insegnamento. E per le metodologie che si ispiravano a tali principi conoscere una lingua significava in buona sostanza conoscerne la grammatica. Comunicare significava dunque applicarne le regole.

Hymes, senza abbandonare la prospettiva analitica del linguista che osserva i fatti della lingua – non interessandosi neanch'egli specificatamente di didattica – parte dalla considerazione che conoscere le caratteristiche formali di una lingua non è condizione sufficiente per comunicare; ed afferma infatti che «there are rules of use without which the rules of grammar would be useless» [8] (Hymes, 1972, p. 278). Conoscere una lingua dagli anni Settanta in poi, dunque, significa conoscerne anche le convenzioni sociali, badare non soltanto alla "correttezza" di una frase ma anche alla sua "appropriatezza" al contesto socioculturale in cui ha luogo la comunicazione. Hymes sarà il primo infatti a introdurre il concetto

7. «Una teoria della competenza equivale ad una teoria della grammatica e riguarda quelle regole della lingua che possono generare e descrivere le frasi corrette (come opposte a quelle non corrette) di una lingua».

8. «Ci sono regole d'uso senza le quali le regole di grammatica sarebbero inutili».

di *competenza comunicativa* rappresentandola come la "capacità" del parlante di esprimere giudizi sul proprio enunciato e di scegliere fra tutte le forme linguistiche a sua disposizione quelle «che riflettono in modo appropriato le norme sociali che governano il comportamento in situazioni specifiche» (ivi, p. 270). L'attenzione viene dunque rivolta verso l'*evento comunicativo*, caratterizzato da elementi quali:

- la *situazione* in cui ha luogo la comunicazione;
- i *partecipanti all'evento* (colui che parla, colui che ascolta);
- gli *scopi* della comunicazione;
- il *contenuto* del messaggio;
- la *scelta del canale* attraverso il quale veicolare tale messaggio (scrittura, comunicazione a voce, per telefono ecc.);
- la *scelta del registro* (formale, informale, substandard ecc.).

Dall'altra parte dell'oceano, intorno agli anni Sessanta, poi, i filosofi inglesi Austin e Searle scoprivano che con le parole «si fanno delle cose», ossia si compiono degli *atti linguistici*[9], come ad esempio chiedere, promettere, ringraziare, ordinare, presentarsi ecc. Tali atti sono soggetti a dei giudizi di "appropriatezza" al contesto socioculturale in cui ha luogo l'evento comunicativo. E capire un atto linguistico presuppone la conoscenza (e padronanza) della *competenza pragmatica*: è questo tipo di competenza che ci permette di capire se una frase come: "qui dentro si gela" è una semplice constatazione, oppure una richiesta (ti prego di chiudere la finestra perché "qui dentro si gela").

La teoria degli atti linguistici ha svolto un importante ruolo nella didattica delle lingue, in quanto ha costituito il fondamento teorico per la costruzione dei *sillabi nozional-funzionali* approntati a partire dagli anni Settanta.

Nel 1971 una commissione di esperti incaricata dal Consiglio d'Europa inizia a lavorare ad un progetto di ricerca per il miglioramento dell'insegnamento delle principali lingue europee ad apprendenti adulti. Si arriva così all'individuazione di un programma di insegnamento linguistico (sillabo) – che costituisce il punto di riferimento per tutte le principali lingue – caratterizzato dalla presenza di materiali didattici divisi in «unità capitalizzabili» (*unit-credit system*), ognuna delle quali corrispondente ad un bisogno linguistico e pensata per risolvere situazioni d'uso comune. L'analisi dei bisogni linguistici dei discenti aveva portato all'individuazione

9. Per una nozione di *atto linguistico*, cfr. Austin, 1962; Searle, 1969 e Sbisà (a cura di), 1978.

del cosiddetto «livello soglia» (*threshold level*) per ognuna delle principali lingue europee, ossia dei livelli minimi di conoscenza di una lingua, su cui si basano molti dei materiali didattici tuttora in commercio.

Un contributo importante all'allestimento del programma d'insegnamento viene dal linguista inglese David Wilkins che per primo propone un sillabo *nozional-funzionale* (Wilkins, 1976), un sillabo sviluppato sia sulla base di *nozioni grammaticali*, ossia su concetti quali il tempo, la quantità, la frequenza ecc., sia sulla base di *funzioni comunicative*, quali richieste, rifiuti, ordini ecc.

6.2.2. Quale sillabo?

Dopo i sillabi nozional-funzionali, altri tipi di sillabi sono stati approntati – ricordiamo il *process syllabus* (Breen, 1984) e il *task-based* or *procedural syllabus* (Prabhu, 1987) – ma in tutti si è riscontrato il problema della *learnability*, ossia del fatto che, indipendentemente da come determinate strutture vengano insegnate, il discente sembra apprenderle seguendo tempi e modalità personali, seguendo quello che Corder chiama il «*built-in syllabus*» (Corder, 1967). Secondo tale programma, sarebbe il discente stesso a stabilire – anche se inconsciamente – i tempi e le modalità del proprio apprendimento (cfr. PAR. 6.2.6).
Considerata l'importanza del "programma interno" («*built-in syllabus*»), potremmo affermare dunque che un programma didattico (sillabo) che non tenesse conto di tale meccanismo sarebbe certamente destinato a fallire. E infatti, l'essersi accorti che non esiste nessuna relazione biunivoca fra l'*insegnare* e l'*apprendere*, tra *input* e gli elementi effettivamente appresi (quelli che lo studente trasforma in "saper fare" con la lingua) ha messo in crisi l'idea di un sillabo buono per tutti. Tutto ciò ha portato ad una *individualizzazione dell'istruzione* che ha come obiettivo quello di rendere il discente consapevole e responsabile del proprio processo di apprendimento, aprendo così la strada ad una tendenza ormai largamente accettata in didattica, quale l'*autonomia dell'ap-prendimento* (cfr. *Autoapprendimento*, *infra* CAP. 13).

Infine, l'aver posto l'apprendente al centro del processo d'insegnamento ha fatto sì che informazioni e *feedback* provenienti dai discenti vengano ora usate da preparatori di sillabi e insegnanti per pianificare, svolgere e valutare al meglio il lavoro in classe. Il sillabo tende ora pertanto a diventare un lavoro a più mani, frutto della stretta collaborazione fra insegnante e apprendenti, questi ultimi adesso direttamente coinvolti in decisioni di natura didattica [10].

6.2.3. La competenza d'azione

La *competenza d'azione* – che rappresenta uno degli aspetti più rilevanti della ricerca in ambito comunicativo – consiste nella «capacità di interagire linguisticamente con altri individui in modo partecipativo e orientato al messaggio per raggiungere determinati scopi» (Bach, Timm, 1989, cit. in Ciliberti, 1994, p. 90). Essa si basa dunque su un tipo di "sapere procedurale", su un "saper fare" che coincide con l'uso effettivo della lingua in situazioni di comunicazione reale. Tale competenza è il prodotto di una nuova concezione dell'insegnamento: orientato all'azione e modellato sulla realtà extrascolastica. Si ha pertanto una diversa concezione del discente, considerato ora in tutta la sua complessità di individuo, con una propria storia ed affettività, con determinati bisogni, scopi e motivazioni, con stili cognitivi e tempi di apprendimento personali da considerare e rispettare. In questo senso, si è fatta strada dunque l'idea che apprendere una lingua sia un'esperienza "totale", nel senso di un'esperienza educativa che coinvolge l'individuo su più piani, non più soltanto quello razionale, ma anche quello emotivo e fisico.

6.2.4. Il *task*

Dalla *competenza d'azione* al concetto di "attività" (o *task*, termine inglese ormai largamente usato in metodologia) il passo è breve. L'approdo al *task* è uno dei più importanti cambiamenti apportati dall'approccio comunicativo in ambito metodologico: si passa dal concetto di *drill* [11] – quella tipologia di esercizi meccanici volti ad

10. Una diversa modalità di coinvolgimento del discente è quella secondo la quale l'insegnante non chiama direttamente il discente a decidere su contenuti e modalità d'insegnamento, ma lo informa degli obiettivi e delle finalità del suo lavoro, adottando quella che Holec (1990, cit. in Ciliberti, 1994, p. 13), chiama *pedagogia della trasparenza.*

11. I *drills*, capisaldi di metodologie tradizionali quali il metodo audiorale, hanno goduto di un'incontrastata fortuna per tutti gli anni Cinquanta e Sessanta, nel momento della nascita dei laboratori audio. Si trattava di esercizi meccanici che servivano ad esercitare una certa forma linguistica attraverso la ripetizione di uno schema con varianti minime. Esempio: *Have you got a pen? Yes, I have./Have they got a pencil? Yes, they have./Has she finished her homeworks? Yes, she has.*

esercitare una certa forma linguistica attraverso la ripetizione (perfino ossessiva) di uno schema – a quello appunto di *task*.

Nunan definisce il *task* «a piece of classroom work which involves learners in comprehending, manipulating, producing or interacting in the target language while their attention is principally focused on meaning rather than form» [12] (Nunan, 1989, p. 10).

Il *task* dunque implica un uso "comunicativo" della L2, un *sapere procedurale* che porta il discente a sviluppare quelle capacità (linguistiche e non) – ossia la sua *competenza d'azione* – che lo aiuteranno in situazioni di comunicazione reale [13].

Il *task* è un'attività didattica completa, nel senso che coinvolge più abilità contemporaneamente come ad esempio ascoltare, parlare, prendere appunti ecc., e può essere svolto in classe, ma anche al di fuori (per l'utilizzo di *tasks* al di fuori dalla classe, cfr. *Project Work*, *infra* CAP. 7).

Come caratteristiche generali, Skehan (1996) afferma che il *task* promuove la comunicazione in quanto prevede la negoziazione degli argomenti e l'"aggiustamento" della lingua usata, nel caso in cui la comunicazione non passi. Lo studente ha pieno controllo sulla lingua (e infatti la lingua usata in un *task* è difficilmente predicibile). Essendo poi il focus posto sulla comunicazione, il *task* viene giudicato non sulla base della correttezza del linguaggio usato, bensì su quella dei risultati (non linguistici) raggiunti.

Analizzando le varie componenti, Candlin (1987) suggerisce che un *task* è caratterizzato da elementi quali:

– *input data* ⇒ ossia il tipo di *input* che può essere linguistico (testo scritto o orale), oppure non linguistico (nel caso di immagini, vignette);
– *roles* ⇒ le relazioni esistenti fra i partecipanti al *task*;
– *setting* ⇒ dove ha luogo il *task* e la messa in scena di cui ha bisogno;
– *actions* ⇒ sono le procedure e i sottocompiti per realizzare il *task*;
– *monitoring* ⇒ è la supervisione (da parte dell'insegnante) del *task* in corso di svolgimento;
– *outcomes* ⇒ sono gli obiettivi che il *task* realizza;

12. «Un tipo di attività di classe che spinge l'apprendente a comprendere, manipolare, produrre e interagire nella lingua target, mentre la sua attenzione è focalizzata principalmente sul significato piuttosto che sulla forma».

13. È bene notare comunque che esistono tipi di *tasks* che mirano a sviluppare l'apprendimento attraverso modalità simili a quelle che entrano in gioco nel processo di *acquisizione*. Si tratta dei *pedagogic tasks* (cfr. oltre).

– *feedback* ⇒ è il momento di valutazione del *task* da parte di insegnante e studenti congiuntamente.

Esistono essenzialmente due tipi di *task*:

1. *Real world tasks* ⇒ sono quelli che permettono allo studente di "simulare" (nel senso di ricreare) situazioni di vita reale, quali quelle che gli studenti potrebbero incontrare appena fuori dalla classe. Esempi tipici sono i *role plays*.
2. *Pedagogic tasks* ⇒ sono dei tipi di *task* che stimolano i processi interni di acquisizione. Esempi tipici sono i *problem solving task* [14].

I fautori del primo tipo sostengono che il miglior modo per apprendere è quello di "fare" (*learning by doing*), e dunque che i *tasks* debbono simulare in classe la realtà esterna. Fra i fautori del secondo gruppo si pone Prabhu, linguista indiano autore del famoso *Bangalore Project* (cfr. *Project work*, *infra* CAP. 7).

6.2.5. Lingua d'uso, autenticità e cultura

Abbandonando la prospettiva della "correttezza" propria del metodo grammaticale traduttivo, il passaggio in didattica dalla frase al testo ha portato l'attenzione sulla comunicazione e dunque sulla *lingua d'uso*. La lingua d'uso è quella che occorre in conversazioni spontanee fra parlanti nativi. Si tratta di una lingua vera, autentica, non edulcorata da esperimenti di laboratorio linguistico, caratterizzata dalla presenza di espressioni idiomatiche e colloquiali, e da "guasti" della *performance* quali false partenze, esitazioni, lapsus, anacoluti ecc. (nel caso della lingua parlata).

È (soprattutto) questo tipo di lingua che dovremmo proporre in una classe "comunicativa", in quanto è con questo tipo di lingua che gli studenti verranno in contatto appena fuori dalla classe. Da qui la necessità di usare materiali *autentici*, caratterizzati appunto dalla presenza di lingua d'uso.

Sul concetto di autenticità è stato scritto moltissimo (noi lo riprenderemo al PAR. 6.3.4). Qui diremo per intanto che un materiale didattico può considerarsi autentico anzitutto quando non nasca necessariamente per un pubblico di stranieri ma, al contrario, per un pubblico di parlanti nativi (è questo il caso di giornali, film, programmi radiofonici o televisivi ecc.).

Può essere inoltre considerato autentico (meglio, semiautentico) quando, anche se prodotto di fronte ad un microfono, conservi tutte le caratteristiche del "parlato spontaneo".

14. Per una trattazione più esaustiva del *task* cfr. Nunan, 1989; Wajnryb, 1992.

Vorremmo in questa sede sottolineare almeno due ragioni per preferire materiali autentici:

a) usare in classe materiali autentici significa preparare lo studente ad affrontare la realtà extrascolastica, aiutarlo a sviluppare quelle abilità che gli serviranno nella vita reale, e il sistema più efficace per sviluppare un'abilità sembra essere quello di praticarla in classe. I sostenitori della necessità di utilizzare materiali autentici infatti sono convinti assertori del fatto che testi "didatticizzati", ossia creati *ad hoc* per fini didattici, non preparino lo studente ad affrontare la complessità del mondo al di fuori della classe (Porter, Robert, 1981 cit. in Nunan, 1989, p. 54).

b) i materiali autentici – essendo destinati per lo più ad un pubblico di parlanti nativi – sono (generalmente) portatori di *cultura*, e insegnare la cultura è diventato un imperativo in ambito metodologico data l'importanza attribuita alla condivisione (a qualche livello) di uno stesso background culturale al fine di evitare incomprensioni e fraintendimenti (cfr. *Intercultural Competence, infra* CAP. 9). E se Shank afferma che «learning a language is learning a culture» (Shank, 1990) – ossia, «imparare una lingua significa impararne la cultura» – Boylan parla di «cultural-communicative approach», e completando Shank afferma che «learning a culture» significa «acquiring the capacity to assume, even if only temporarily, a sensibility and a mind-set (or Weltanschauung, "world outlook") consonant with the society whose language one wishes to assimilate» [15] (Boylan, 1998, p. 4).

6.2.6. Gli errori

Un cambio di prospettiva

Un altro importantissimo cambiamento prodotto in ambito comunicativo – e più in generale in ambito metodologico *tout court* – è stato quello di adottare una *pedagogia della tolleranza* nei confronti dell'errore, assente nelle metodologie tradizionali.

Fino alla fine degli anni Sessanta, sotto l'influsso della teoria comportamentista di Skinner – secondo la quale imparare una lingua significava in buona sostanza apprendere un insieme di abitudini corrette attraverso l'addestramento – l'errore veniva conside-

15. «Apprendere una cultura significa acquisire la capacità di assumere, anche se solo temporaneamente, una sensibilità e una visione del mondo in accordo con la società di cui si vuole apprendere la lingua».

rato come indicatore di un comportamento linguistico imperfetto, di una conoscenza insufficiente delle regole morfosintattiche operanti nella lingua target. Esso pertanto si configurava come una devianza dal codice, come un elemento negativo da reprimere, limitando quasi completamente le produzioni spontanee dei discenti. La consuetudine didattica, dunque, prevedeva che ad ogni sua occorrenza l'errore venisse prontamente corretto, in quanto si pensava che la mancata correzione avrebbe portato all'apprendimento di quel comportamento linguistico sbagliato.

Dagli anni Settanta in poi, si assiste ad un cambiamento radicale nei confronti dell'errore. Alla luce degli studi sull'acquisizione della lingua madre (L1) da parte del bambino (Chomsky, Krashen, Bruner), e di quelli sull'*interlingua* (Selinker, 1972; Corder, 1967), ci si è resi conto che l'errore è parte *ineliminabile* del processo di apprendimento di una lingua, ed è anzi segno dello sforzo da parte del discente di ipotizzare una grammatica adatta a descrivere la L2, sulla base delle regolarità osservate e delle attese acquisite nella L1 (Boylan). C'è anche chi, in un'interessante riflessione sull'errore, ne parla come di «uno stato d'animo, un umore dell'insegnante» (Chiavegato, 1997, p. 136).

L'interlingua

L'*interlingua* è un sistema linguistico in continua evoluzione che il discente costruisce a partire dai dati dell'*input* cui è esposto. Si tratta di un "sistema approssimativo", di una lingua del discente che si pone in un *continuum* tra la lingua madre e la lingua bersaglio (Ciliberti, 1994). L'interlingua è un meccanismo interno soggetto a continui processi di sistematizzazione.

Ma come funziona questo meccanismo interno, cosa succede quando il discente s'imbatte in una regola nuova? Può accadere che la sua grammatica interna subisca un (momentaneo) scossone, che vacilli un po' sotto il peso dell'elemento appena appreso. Può verificarsi perfino una momentanea regressione nella capacità di usare la lingua, in quanto la nuova regola potrebbe mettere in crisi o essere in contrasto con le conoscenze pregresse del discente. Tale confusione generalmente permane fintanto che la nuova regola non trova una collocazione precisa nella grammatica dello studente, ossia non diviene elemento effettivamente appreso.

Da quanto detto finora sull'interlingua, appare chiaro che l'errore è dunque parte ineliminabile del processo di apprendimento. Nell'apprendere una L2, infatti, il discente procede per ipotesi, per tentativi – gli errori, per l'appunto. L'errore è dunque l'elemento rivelatore di strategie di apprendimento imperfette – ma anche totalmente inadeguate, nei casi in cui la comunicazione non passi affatto (possiamo parlare di errore infatti anche in termini di "disturbo della comunicazione"). Esso pertanto si rivela strumento indispensabile all'insegnante per avere riscontro di quali strategie di apprendimento il discente stia mettendo in atto per risolvere i propri problemi di comunicazione.

Nella prossima sezione, al PAR. 6.3.2, vedremo che cosa significhi adottare un atteggiamento di tolleranza nei confronti dell'errore per quanto riguarda il suo trattamento.

6.3
Aspetti linguistico-pedagogici

6.3.1. L'insegnante "comunicativo"

Qualche riflessione sul "parlato" dell'insegnante: analisi dell'interazione fra studenti e insegnante

Se chiedessimo ad un collega di osservarci durante una nostra lezione, o meglio, se avessimo l'opportunità di videoregistrare (o anche soltanto di registrare) una nostra lezione, ci potrebbe accadere di scoprire che qualcosa del nostro modo d'insegnare non funziona (oppure non ci piace). Potremmo scoprire, ad esempio, che parliamo troppo, che "rubiamo" il turno di parola ai nostri studenti, che siamo troppo "direttivi" e chissà quante altre cose che non avremmo mai sospettato di fare in classe.

Ma come analizzare il nostro "parlato" utilizzando strumenti il più possibile scientifici? Uno studio di Ned Flanders (Flanders, cit. in Pontecorvo, Menzinger, 1972) sull'analisi dell'interazione fra studenti e insegnante ci appare un utile strumento per capire che tipo di insegnanti siamo. Flanders distingue fra gli interventi dell'insegnante quelli di influenza "non direttiva" da quelli di influenza "direttiva", secondo il seguente schema [16]:

Influenza non direttiva: l'insegnante

– accetta i sentimenti dello studente, li chiarifica, li prevede, ricorda sia quelli negativi che quelli positivi;

16. Schema di analisi delle interazioni fra studenti e insegnante di Letizia D'amico, 1997, tratto da Flanders, cit. in Pontecorvo, Menziger, 1972.

– apprezza e incoraggia l'azione e il comportamento dello studente; scherza per ridurre la tensione, si serve di esclamazioni verbali per esprimere incoraggiamento o interesse;
– accetta o si serve delle idee degli studenti, le chiarisce e le sviluppa;
– pone domande per stimolare le risposte personali degli studenti.

Influenza direttiva: l'insegnante:
– fa lezione *ex cathedra*, dà informazioni sul contenuto e sulla procedura;
– dà direttive e istruzioni cui bisogna obbedire;
– critica l'operato degli studenti, li rimprovera, si appella alla propria autorità.

Flanders analizza anche gli interventi degli studenti in:
– risposte a domande dell'insegnante;
– inizio spontaneo di discorso da parte dello studente;
– silenzio e confusione.

Prendendo spunto dai risultati ipotetici di un'analisi sul nostro parlato condotta adottando i parametri di Flanders [17], cosa dovremmo pensare se per caso questa analisi rivelasse che parliamo per una percentuale superiore a quella dei nostri studenti, che la maggior parte dei nostri interventi sono "direttivi", che lasciamo poco spazio alla libera iniziativa degli studenti, che critichiamo i loro interventi ed esprimiamo costantemente giudizi di valore ecc.? Dovremmo pensare che siamo caduti nella trappola della lezione "frontale", e che – ci piaccia o no – non siamo degli insegnanti "comunicativi".

Nei prossimi sottoparagrafi proveremo a vedere perché la lezione frontale non funziona e che cosa significhi nei fatti essere un insegnante "comunicativo".

Perché la lezione "frontale" non funziona

Credo appartenga all'esperienza di molti di noi l'aver imparato una lingua (o in generale, una materia di studio) secondo metodologie tradizionali.

Che cosa ricordiamo di quell'esperienza? Forse, il fatto che eravamo degli studenti "passivi", abituati a non esporci, a non "rischiare", a delegare all'insegnante ogni decisione di natura didattica; che eravamo abituati a farci dire quando avevamo fatto bene e

17. Tralasciamo qui di addentrarci in una spiegazione dettagliata dell'analisi che potrebbe forse risultare troppo tecnica o noiosa, e per la quale rimandiamo a D'Amico (1997).

a farci correggere ogni errore della nostra *performance* di poveri studenti "difettosi".

La lezione frontale – lezione *ex cathedra* tipica di quelle metodologie, ma tuttora in auge in molte realtà scolastiche – dà all'insegnante il potere (enorme) di stabilire i turni di parola, di decidere chi deve parlare e chi deve tacere, di cosa parlare e per quanto tempo, di porsi nella posizione di chi "sa tutto" rispetto a chi non "sa niente" (lo studente).

Da quanto detto, dunque, potremmo preliminarmente dedurre che la lezione frontale non funziona perché non guarda all'apprendimento-insegnamento dalla parte del discente; perché non favorisce il lavoro di coppia; perché non promuove l'affrancamento dall'insegnante, ma al contrario contribuisce a mantenere il discente in condizione di subalternità; perché non stimola in questi la voglia di rischiare, di diventare protagonista del proprio apprendimento attraverso la costruzione di proprie strategie; perché non rispetta la sua "diversità" rispetto agli altri apprendenti. E dunque, il prodotto tipico di una metodologia che si basi sulla lezione frontale sarà uno studente "addestrato", piuttosto che uno "ricercatore", motivato e artefice del proprio processo di apprendimento.

6.3.2. La correzione

Obiettivi

Da quanto detto sull'errore al paragrafo 6.2.6, dovrebbe apparire chiaro che la sua tradizionale sanzione non può che lasciare il posto a forme di *feedback* (o monitoraggio) più efficaci e meno traumatiche della correzione *tout court*. E avendo adottato un atteggiamento di tolleranza nei confronti dell'errore – avendo anzi attribuito a questo il ruolo (importantissimo) di latore di preziose informazioni sulle strategie di apprendimento adottate dal discente – ci piacerebbe parlare di correzione in termini di *spinta alla consapevolezza dell'errore*, piuttosto che di correzione *tout court*. Dunque è con questa accezione che la parola "correzione" verrà usata d'ora in avanti.

Ambiti

Il momento della correzione deve svolgersi in ambiti ben precisi e tener conto di problemi come quelli che in Ciliberti (1994, p. 161) vengono chiamati problemi "di faccia".

Per quanto riguarda gli ambiti, esistono delle attività (cfr. PAR. 6.4) durante le quali correggere sarebbe un grave errore strategico da parte di un buon insegnante ("comunicativo" e non). Si tratta delle *produzioni libere orali* (PLO) e *scritte* (PLS), dei *role plays* ecc., insomma di tutte quelle attività in cui si chiede allo studente di porre la propria attenzione sul contenuto, e non già sulla forma. Per fare un esempio, se abbiamo chiesto ai nostri studenti di parlare di un'esperienza traumatica o piacevole che sia – coinvolgendo dunque la loro sfera emotiva – non dovremmo in alcun modo interromperli allo scopo di correggere eventuali errori di forma, né valutare l'accuratezza della loro produzione. Ciò cui dovremmo interessarci è la coerenza e la fluenza del loro discorso, la loro capacità di far passare la comunicazione, di interagire in modo partecipativo con gli interlocutori, di negoziare gli argomenti.

Un possibile ambito per la correzione (leggi "riflessione sugli errori"), invece, potrebbe essere quello delle attività analitiche e di quelle controllate – ossia le attività che focalizzano l'attenzione sulla forma (cfr. PARR. 6.4.5, 6.4.7).

Per quanto riguarda le modalità, Ciliberti (1994, p. 161) tocca un importante aspetto della correzione, quello che riguarda i "problemi di faccia", ossia il senso di inadeguatezza che lo studente sperimenta di fronte alla classe nel momento in cui la correzione assume i toni della sanzione o, peggio ancora, della messa in ridicolo della sua proposta. L'effetto che si produce è quello di inibire la sua voglia di partecipare attivamente alla lezione, la sua capacità di "buttarsi", di rischiare, bloccando così quel fondamentale motore dell'apprendimento che è la curiosità, l'interesse, la capacità di fare inferenze, di creare nessi, di procedere per tentativi, di fare errori, in una parola, di essere artefici e protagonisti del proprio processo di apprendimento.

Consapevolezza e autocorrezione

Potremmo chiederci a questo punto quale sia il fine della correzione. Abbiamo in parte risposto al quesito quando abbiamo scelto di usare la parola "correzione" secondo l'accezione di *sensibilizzazione all'errore*. Proviamo adesso a fare un passo avanti introducendo il concetto di autocorrezione, o «*autoriparazione*», come viene chiamata da van Lier (1988, cit. in Ciliberti, 1994, p. 163)

L'autocorrezione è un meccanismo psicologico che i parlanti nativi normalmente attivano parlando quando si accorgono di aver prodotto un messaggio "difettoso". Anche i parlanti non nativi normalmente ricorrono all'autoriparazione. Questi ultimi, infatti, attuano una forma di controllo sulla propria produzione verbale che consiste nel mettere a confronto tale produzione con le conoscenze acquisite presenti nella propria *grammatica interna*. Si tratta di quello che Krashen chiama *monitor* (cfr. *Natural Approach*, *infra* CAP. 11).

In base al lasso di tempo che intercorre dal momento della produzione a quello dell'autocorrezione, si possono distinguere tre forme di controllo (Klein, 1987, pp. 152-3):

– la prima, che si verifica in tempo reale, ossia quasi in contemporanea al momento dell'enunciazione, riguarda sia parlanti nativi che parlanti di una L2. Essa consiste in una sorta di "aggiustamento" che operiamo sulla nostra produzione nel momento in cui ci accorgiamo di aver commesso dei lapsus ecc. Quando invece operiamo sulla *performance* del nostro interlocutore e tendiamo a "correggere" i suoi di lapsus, oppure ne anticipiamo i concetti suggerendo le parole, in questo caso il meccanismo è lo stesso, ma si deve parlare di "correzione", anziché di "autocorrezione";

– la seconda forma, che si verifica in una fase leggermente successiva al momento dell'enunciazione, è sollecitata dal nostro interlocutore con una esplicita richiesta di ripetizione (se il messaggio è stato disturbato da una cattiva trasmissione), o di riformulazione (se non si è stati abbastanza chiari nell'esposizione). Padroneggiare questa seconda forma di controllo diventa importante in una situazione di apprendimento in quanto abitua il discente a dare e chiedere ripetizioni e spiegazioni;

– la terza forma di controllo, che può aver luogo anche in un momento alquanto lontano dal tempo dell'enunciazione, consiste in una riflessione a posteriori – metalinguistica – sulla nostra produzione. Questa terza forma si rivela di particolare importanza in situazioni di apprendimento guidato, in quanto offre all'insegnante la possibilità di far riflettere il discente sull'evento comunicativo e promuovere in questi un certo grado di consapevolezza degli errori eventualmente commessi (sintattici, morfologici, lessicali ecc.).

Per quanto riguarda la prima forma di "autocorrezione", pensiamo che l'insegnante non possa fare molto nella direzione della consapevolezza, se non suggerire, dietro richiesta, possibili forme di autocorrezione.

Al contrario, molto può fare per la seconda forma di controllo. Un buon insegnante, infatti, fin dalla prime lezioni dovrebbe introdurre fra le varie attività il modo di far praticare espressioni volte alla richiesta di ripetizioni, riformulazioni ecc., del tipo: *Co-*

me, scusa? Non ho capito. Puoi ripetere, per favore? Come si scrive? Come si dice "........." in italiano?

Infine, molto di più l'insegnante potrebbe fare per promuovere una riflessione metalinguistica (quella a posteriori) da parte dei discenti sulle proprie produzioni, e così al contempo cercare di sviluppare in loro una *consapevolezza dell'errore.*

In questo senso possiamo percorrere due strade: una è quella della riflessione grammaticale a partire dall'analisi dei testi, sia orali che scritti, per arrivare all'esplicitazione della regola (cfr. PARR. 6.4.5, 6.4.7). L'altra strada, che si rivela una strategia particolarmente proficua per l'insegnante "comunicativo" in situazioni di lezioni private, è quella di registrare (o videoregistrare, se possibile) le produzioni libere del nostro studente per poi farne insieme l'analisi. Lo studente, così facendo, rivestirebbe quel ruolo di "ricercatore" che tante volte abbiamo posto come condizione perché ci sia vero apprendimento.

6.3.3. Lo spazio "comunicativo"

La gestione dello *spazio* in una classe "comunicativa" riveste un'importanza fondamentale, perché è (anche) attraverso la disposizione dell'arredo scolastico che si può percepire se lo studente viene effettivamente posto al centro del processo di apprendimento e, quindi, del processo d'insegnamento (Duranti, 1992).

Se siamo d'accordo sul fatto che l'insegnante *non* insegna (nell'accezione che "insegnare" aveva nell'ambito di metodologie tradizionali), ma tutt'al più *facilita* il processo di apprendimento, allora questa convinzione dovrebbe tradursi in pratica a cominciare dalla disposizione degli arredi di un'aula.

Nell'organizzare lo spazio in classe, l'idea di base dovrebbe essere quella di favorire al massimo l'interazione fra studenti. Abbiamo già messo in evidenza l'importanza dello scambio fra pari grado, e quale dovrebbe essere il ruolo dell'insegnante in una classe "comunicativa"; pertanto cercheremo adesso di vedere cosa si può fare dal punto di vista dell'organizzazione dello spazio per favorire il lavoro di coppia.

Anzitutto, sarebbe opportuno fare a meno della cattedra, simbolo per eccellenza della lezione frontale, e se proprio non ce ne si può sbarazzare, dovremmo cercare di non occupare quella postazione.

In secondo luogo, al posto dei banchi sarebbe auspicabile avere a disposizione delle sedie con piano di appoggio mobile per offrire agli studenti la possibilità di scrivere.

Provando dunque a disegnare lo spazio, potremmo avere una situazione come quella della FIG. 6.1 in cui l'insegnante, dopo aver dato precise istruzioni su come svolgere un determinato compito, divide la classe in coppie o piccoli gruppi che mette a lavorare autonomamente, chiamandosi fuori dallo scambio comunicativo e intervenendo soltanto se ne è richiesto l'aiuto.

FIGURA 6.1

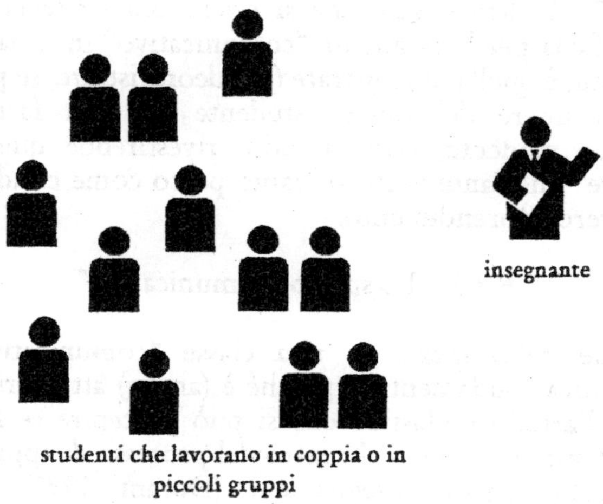

Nel caso, invece, di attività in cui si renda necessaria l'interazione studenti-insegnante, lo spazio potrebbe essere disegnato con una disposizione degli studenti a ferro di cavallo (o in semicerchio), con l'insegnante che occupa la parte lasciata libera dagli studenti (FIG. 6.2A).

Nelle "recite", poi – messe in scena che concludono le attività di drammatizzazione (cfr. PAR. 6.4.6) – l'insegnante dovrebbe lasciare il suo spazio agli studenti-attori e mettersi fra il "pubblico" costituito dagli altri studenti non recitanti (FIG. 6.2B).

Questa che abbiamo prospettato sappiamo essere una situazione ideale che forse non sempre è possibile creare in classe, specialmente se siamo i soli insegnanti "comunicativi" della scuola, se ci sono i banchi e la cattedra. Eppure, se pensiamo che lo spazio sia una questione di non secondaria importanza dovremmo fare di tutto per creare un ambiente che favorisca lo scambio comunicativo fra gli studenti – e dunque l'apprendimento. Quindi, dovremmo essere pronti anche a rivoluzionare completamente la disposizione della classe per poi rimettere tutto a posto per la lezione successiva.

FIGURA 6.2

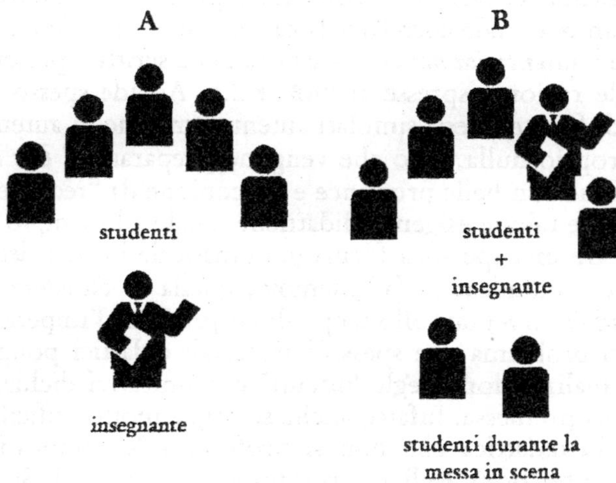

6.3.4. I materiali

Quale libro per le nostre classi: criteri per la scelta

Ci sembra per esperienza personale che una delle maggiori difficoltà per un giovane insegnante agli inizi del proprio percorso professionale consista nella conoscenza e nella scelta del materiale da usare in classe.

Il mercato editoriale offre certo un'ampia varietà di proposte per la didattica, alcune delle quali anche molto valide ed interessanti, e la soluzione più facile potrebbe apparire senz'altro quella di adottare una di quelle proposte e seguirla *in toto*. Sicuramente ci caveremmo dall'impaccio di dover preparare ogni giorno le nostre lezioni, e i nostri studenti avrebbero la "sicurezza", a volte irrinunciabile, del libro di testo. Eppure ci sentiamo di dire che questa scelta, qualora la facessimo nostra, rappresenterebbe una soluzione fin troppo facile – e, aggiungiamo – da evitare, se è nostra intenzione fare di questa professione un lavoro creativo che ci renda curiosi e continuamente disposti a sperimentare idee e proposte didattiche nuove.

Tralasciando per un momento la considerazione che il libro di testo "perfetto" non esiste – riprenderemo questo concetto più avanti – resta comunque il fatto che a volte è necessario averne uno di riferimento, e allora ci siamo chiesti come sia possibile orientarsi fra le varie proposte.

Un primo criterio che vorremmo proporre, soprattutto se si tratta di un materiale correlato da cassette audio o video, è quello di verificare l'*autenticità dei testi* – sia orali che scritti – presenti nel libro per le ragioni espresse al PAR. 6.2.5. Accade spesso infatti di trovarsi di fronte a testi simulati autentici ma che di autentico non hanno proprio nulla, dato che vengono preparati *ad hoc* in sala di registrazione con belle pronunce e un copione da "recitare", al fine di soddisfare talune esigenze didattiche, quale ad esempio quella di far praticare una specifica forma grammaticale in una determinata situazione comunicativa (ad esempio, quella di chiedere informazioni stradali, inventata allo scopo di far praticare l'imperativo).

Altro problema che spesso i materiali didattici pongono è la mancata realizzazione degli "intenti" comunicativi dichiarati dagli autori nella premessa. Infatti, anche se oggi è molto difficile trovare libri per la didattica che non si professino "comunicativi", non sempre le intenzioni degli autori si traducono in realtà. Si dovrebbe allora imparare a leggere fra le righe delle attività proposte: valutare ad esempio quanto lavoro di coppia il libro suggerisce, quanti *tasks* e *role plays*, quanta riflessione grammaticale a livello induttivo viene proposta, quanta attenzione viene data alla *lingua d'uso* e alle forme idiomatiche, quanto spazio viene offerto ad aspetti culturali e – ultimo ed importantissimo aspetto per le ragioni espresse al PAR. 6.2.5 – quanto materiale autentico presenta, sia a livello di testi scritti che orali.

A questo punto la scelta di un testo da utilizzare in classe forse potrebbe risultare più facile. Eppure, come si diceva poc'anzi, anche nel caso in cui ci trovassimo di fronte ad un ottimo testo per l'insegnamento, adottarlo *in toto* e seguirlo dalla prima all'ultima unità senza integrare le nostre lezioni con altro materiale significherebbe imboccare la strada più agevole, ma di certo anche quella che professionalmente ci farebbe crescere poco o per nulla.

Ci pare il caso allora di elaborare sommessamente una proposta: visto che non troveremo mai sul mercato un materiale che si adatti alla perfezione a tutte le nostre esigenze di insegnanti (ossia a tutte le classi), perché non "lavorare" didatticamente testi autentici per i nostri studenti? Così facendo, potremmo arrivare a scoprire un aspetto creativo e stimolante del nostro lavoro che forse non conoscevamo. Integrare il libro di testo con materiali autoprodotti rappresenta infatti un altro dei cambiamenti importanti verificatisi in anni recenti in ambito metodologico; un cambiamento che va nella direzione di considerare l'insegnante non più come (passivo) esecutore in classe di scelte didattiche (*curricula*, sillabi, libri di testo ecc.) prese da altri, ma come attivo creatore di materiale e attività.

Produrre da sé materiale didattico: come?

Sappiamo che creare del materiale da utilizzare in classe non è certo un'operazione semplice, ma crediamo sia ugualmente importante (oltre che utile) cimentarsi nell'impresa.

Si potrebbe cominciare col registrare materiale – questa volta *autentico* di certo – da radio e televisione, scegliendo i programmi in base a parametri che Ambroso (1990) propone per la "selezione" di un testo parlato, quali:

– la *velocità dell'eloquio*, valutando ⇒ se naturale, lenta o veloce;
– la *qualità del sonoro* ⇒ se buona, disturbata da rumori di fondo, con una o più voci, con sovrapposizione di voci;
– l'*accento* ⇒ se neutro o marcato regionalmente;
– l'*intonazione* ⇒ se naturale o innaturale;
– il *lessico* ⇒ se generico o specialistico; se presenta un uso "metaforico" o letterale;
– la *situazione* ⇒ se comprensibile, plausibile o inferibile dal contesto o, al contrario, confusa, innaturale o assurda, difficilmente inferibile;
– l'*informazione* ⇒ se ridondante, esplicita, ben distribuita per tutto il testo, oppure scarsamente ridondante, implicita e mal distribuita; se è data in modo coeso e coerente, oppure il contrario;
– l'*argomento* ⇒ se interessante o meno per il target della nostra classe; se sono presenti aspetti culturali o meno;
– la *durata* ⇒ se il testo è breve o lungo, tenendo conto del fatto che la durata ottimale di un ascolto si aggira intorno ai 2-3 minuti.

Anche i film offrono un interessantissimo corpus di lingua d'uso con in più, rispetto alle registrazioni audio, il vantaggio di fornire il supporto visivo. Si potrebbe pensare dunque di sfruttare didatticamente brevi sequenze[18].

Nell'ambito della carta stampata è possibile fare ricorso ad articoli tratti da giornali e riviste, brani letterari, pezzi di teatro ecc.,

18. Per esempi di sfruttamento didattico di film cfr. Diadori (1987) e cfr. *Autoapprendimento*, *infra* CAP. 13.

anch'essi fonte preziosa di materiale autentico, di lingua d'uso. I criteri di selezione in questo caso potrebbero consistere nell'interesse dell'argomento trattato, unitamente a fatti rilevanti della lingua, quali ad esempio la preminenza di una certa forma grammaticale su cui vorremmo portare i nostri studenti a riflettere.

Per concludere il discorso sui materiali e sul loro sfruttamento didattico, ci preme mettere in luce che un simile lavoro sui testi dovrebbe avere essenzialmente la finalità di guidare lo studente nella comprensione, piuttosto che quella di testarla. In caso contrario, si ricadrebbe nell'errore di pensare che tutto ciò che l'insegnante ha spiegato (fatto leggere o fatto ascoltare) in classe debba necessariamente trasformarsi in elementi appresi. In un secondo momento, da un lavoro di guida alla comprensione, si potrebbe passare a promuovere la consapevolezza di una data forma presente nell'*input*, quella che Ellis (1993) chiama «explicit knowledge» (cfr. PARR. 6.4.5, 6.4.7).

6.4
Tecniche ed attività in una classe "comunicativa"

6.4.1. Una breve premessa

Le attività e tecniche che presentiamo in questo paragrafo sono tratte dall'esperienza maturata durante il corso di formazione per insegnanti di italiano come L2 presso la scuola DILIT di Roma e da libri di testo fra i più "comunicativi" al momento sul mercato, quali Catizone, Humphris, Micarelli, 1997, *Volare* e Bozzone Costa, 1995, *Viaggio nell'italiano*.

In questo paragrafo abbiamo tralasciato di trattare l'*unità didattica* (per questa parte, cfr. Chiaro, 1987); qui diremo brevemente che un'unità didattica è caratterizzata da tre fasi:

1. La fase di *presentazione*: l'insegnante "presenta" alla classe deduttivamente – o induttivamente – (cfr. Giunchi, 1990) il contenuto della lezione che intende svolgere, ricorrendo ad un dialogo (letto o ascoltato) o ad un testo scritto. In questa fase l'insegnante parlerà più dei suoi studenti.
2. La fase della *pratica*: in questa fase gli studenti mettono in pratica la struttura precedentemente presentata dall'insegnante attraverso esercizi e lavoro di coppia e viene loro richiesto di usare la forma in modo accurato.
3. La fase della *produzione*: ora gli studenti usano in modo libero la nuova struttura attraverso *role play* e altre attività di produzione (cfr. PAR. 6.4.6). Il focus è posto sulla comunicazione.

6.4.2. Due modalità d'apprendimento

Importanti studi sull'apprendimento della L2 [19] affermano che esistono due modalità per apprendere una lingua straniera: una *cosciente*, che entra in gioco quando la nostra attenzione è rivolta a cogliere le "forme" del sistema linguistico della L2; l'altra *subcosciente*, che opera spontaneamente quando cerchiamo di cogliere o produrre "significati" che a quelle forme sono associati. La prima modalità viene definita col termine di "*apprendimento*", la seconda con quello di "*acquisizione*" (cfr. *Natural Approach*, *infra* CAP. 11).

Esistono delle attività di tipo "analitico" che sviluppano l'apprendimento, in quanto mirano a promuovere un grado di consapevolezza (esplicita) riguardo alle forme linguistiche su cui è portata l'attenzione del discente. E, oltre a queste, esistono delle attività di tipo "comunicativo" che mentre portano il discente ad esercitare un'abilità comunicativa promuovono al contempo processi di acquisizione subcosciente. Nei prossimi sottoparagrafi andremo ad analizzare entrambi i tipi di attività, a livello sia di produzione che di ricezione.

6.4.3. Attività che promuovono l'acquisizione *versus* attività che promuovono l'apprendimento

Attività che promuovono l'*acquisizione* sono quelle che si propongono di aiutare lo studente a comprendere e a produrre testi, portando dunque la sua attenzione sui significati. Fra tali attività distinguiamo:
- quelle *autentiche*, che si basano sulla "comprensione" di un messaggio (ossia, ascoltare e leggere);
- quelle *libere*, che si basano sulla "produzione" (ossia, parlare e scrivere).

Attività che promuovono l'*apprendimento* sono invece quelle che mirano a portare l'attenzione del discente sulle forme linguistiche contenute nel testo, rendendone così esplicita l'organizzazione a livello sintattico e morfologico. Anche in questo caso distinguiamo due tipi di attività:
- quelle *analitiche*, che si svolgono durante il momento della "ricezione";
- quelle *controllate*, che hanno luogo nel momento della "produzione".

19. Cfr. R. Ellis, 1992; Id., 1997; R. C. Scarcella, S. D. Krashen (eds.), 1980; B. McLaughlin, 1990; H. Zobl, 1995.

FIGURA 6.3

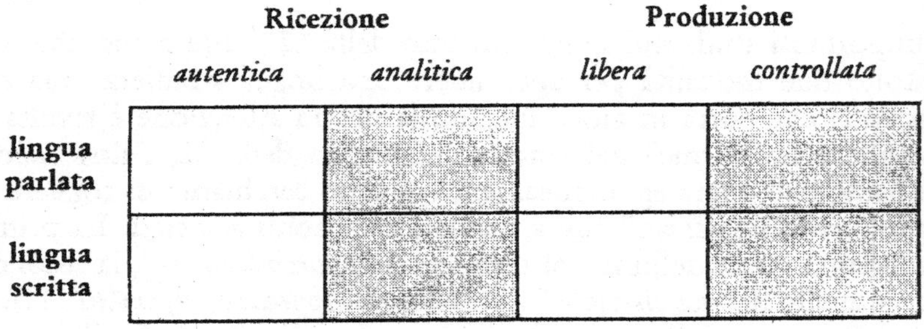

☐ Abilità comunicative (attenzione dello studente focalizzata sui significati)
▩ Grammatica (attenzione dello studente focalizzata sulle forme)

Fonte: Catizone *et al.*, 1997.

È bene che l'insegnante abbia in mente in modo chiaro l'obiettivo dell'attività che sta proponendo alla classe per evitare di fare confusione fra i due piani (forme e contenuti) richiedendo, ad esempio, accuratezza formale in un momento di produzione libera. Lo studente deve quindi sapere se gli si sta chiedendo di fare attenzione ai contenuti o alla forma del messaggio, se sta facendo "grammatica" o sta esercitando un'abilità comunicativa.

6.4.4. Esempi di attività autentiche

Come esempi di attività di ricezione basate su materiali autentici vedremo l'*ascolto autentico* (distinguendo fra ascolto rilassato e ascolto attivo) e la *lettura autentica.*

Ascolto autentico: due modalità

L'ascolto autentico può svolgersi secondo due modalità a seconda del fine che ci proponiamo: ascoltare per cogliere informazioni generali o anche soltanto per sentire fluire i suoni di una lingua che ancora non padroneggiamo abbastanza (*ascolto rilassato*); e ascoltare al fine di trarre informazioni dettagliate (*ascolto attivo*). Tali modalità, seppure diverse, non sono in conflitto fra di loro, ma anzi si pongono gli stessi obiettivi:

a) sviluppare la capacità di comprensione della lingua parlata;
b) promuovere l'acquisizione linguistica attraverso l'esposizione ad una gran quantità di lingua autentica.

L'ascolto rilassato. Durante questa modalità di ascolto vengono attivati (soprattutto) processi di acquisizione inconscia, e perché ciò avvenga è consigliabile che l'insegnante, prima di far iniziare l'attività, induca al rilassamento attraverso l'uso di tecniche adatte allo scopo, quali ad esempio il training autogeno o la diffusione di una musica di sottofondo (musica classica, new age ecc.) per aiutare gli studenti a liberarsi dall'ansia della "prestazione" ("capirò" *versus* "non capirò"). Il punto non è quanto il nostro studente capirà, ma quanto riuscirà a migliorare la sua "capacità di comprensione" ad ogni ascolto. E più si sentirà libero dall'ansia, rilassato e sicuro dei suoi mezzi, meglio si predisporrà alla comprensione.

L'ascolto attivo. Il modo in cui gli studenti si predispongono a questo tipo di ascolto è completamente diverso dal precedente. Generalmente qui sono gli studenti stessi a chiedere di ascoltare nuovamente e a mostrare il bisogno di confrontarsi con un compagno. In questo caso, infatti, è loro richiesto di svolgere dei compiti precisi, come ad esempio riempire tabelle, convertire informazioni in numeri ecc. Anche in questo caso, dunque, l'interazione fra studenti è un motore fondamentale per promuovere la comunicazione attraverso lo scambio delle informazioni. Dopo ogni ascolto, perciò, l'insegnante dovrebbe far seguire una consultazione a coppie o in piccoli gruppi, e poi un cambio di coppia per favorire al massimo l'interazione.

Lettura autentica

Leggere in una lingua straniera non dovrebbe essere un'attività tanto diversa da ciò che facciamo nella nostra lingua madre. Un lettore abile nella sua L1 generalmente è in grado di variare tempi e modalità di lettura a seconda dello scopo per cui legge. Studi su come funziona il processo di decodifica di un testo scritto (Scipioni, 1990) ci dicono che non si legge parola per parola, né tanto meno lettera per lettera (si pensi infatti a quanti errori di stampa riusciamo a correggere automaticamente senza che il processo di comprensione si interrompa). Tutto ciò dimostra che nella lettura si procede facendo previsioni, ipotesi, anticipazioni sul contenuto del testo che stiamo leggendo, le cosiddette *inferenze*, senza le quali leggere in una L2 risulterebbe faticoso e frustrante a causa della scarsa conoscenza del lessico e delle strutture morfosintattiche di quella lingua.

Se vogliamo che i nostri studenti diventino dei lettori abili anche nella lingua bersaglio dovremmo stimolarli a sviluppare strategie di lettura diverse a seconda dello scopo per cui leggono, ma soprattutto dovremmo cercare di sviluppare in loro una *modalità di lettura veloce*, dato che uno dei più importanti fattori di disturbo del processo di comprensione di un testo scritto risulta essere proprio la lentezza. L'insegnante prima d'iniziare l'attività dovrebbe dare precise istruzioni su come leggere (basterà farlo le prime volte, in seguito gli studenti sapranno cosa fare). Questi dunque dovrebbe chiedere di:

– *leggere velocemente* il testo almeno una volta senza interruzioni per farsene un'idea;
– *non aiutarsi col dito, penna o matita* per tenere il segno della riga;
– *non leggere parola per parola*, né subvocalizzare o bisbigliare;
– *leggere per blocchi di significato*; non pretendere di capire tutto;
– *non tradurre* quello che si sta leggendo nella propria L1;
– *non ricercare sul dizionario ogni parola che non si conosce*; sforzarsi piuttosto di fare inferenze, ricorrendo al dizionario (o alla risorsa "insegnante") soltanto per quelle parole che sembrano indispensabili alla comprensione, ossia le parole-chiave (il ricorso eccessivo al dizionario interromperebbe il processo di lettura e inibirebbe la *capacità di fare inferenze*).

Perché queste istruzioni siano rispettate è indispensabile che l'insegnante dia un tempo di lettura limitato (5' al massimo per testi di media lunghezza).

Come nell'ascolto autentico, anche nella lettura l'interazione fra studenti acquista un'importanza fondamentale per il gioco "comunicativo". Alla fine del tempo concesso per leggere, quindi, l'insegnante dovrebbe permettere il lavoro di coppia (e il cambio del partner quando la coppia dà l'impressione di non avere più nessuna informazione da scambiare) prima di far rileggere il testo.

6.4.5. Esempi di attività analitiche

Le attività analitiche, come più volte sottolineato, rappresentano la sede più adatta per una riflessione grammaticale a livello induttivo, ossia partendo dal testo per arrivare alla regola. Vedremo qui di seguito come analizzare dal punto di vista della forma un ascolto o una lettura precedentemente presentati alla classe per un'attività comunicativa.

Ascolto analitico

Lo stesso testo d'ascolto sfruttato in precedenza a livello di contenuti può essere sfruttato in una lezione successiva per un'attività di analisi selezionando una sequenza che presenti in buon numero le forme linguistiche su cui vogliamo far riflettere i nostri studenti. Se ad esempio vogliamo proporre un lavoro sulla differenza d'uso tra passato prossimo e imperfetto, potremmo iniziare l'attività chiedendo agli studenti di trascrivere in due colonne tutte le forme che riescono a riconoscere di un tempo e dell'altro e, successivamente, di pensare ad una possibile differenza nell'uso. Dopo 2 o 3 ascolti di seguito (o anche più, se gli studenti danno l'impressione di averne bisogno), quando la fase di riconoscimento individuale appare conclusa, si farà seguire il lavoro di interazione fra studenti. Si darà, poi, l'opportunità di altri ascolti e di altre consultazioni e cambi di coppia. Ad un certo punto, quando l'insegnante si rende conto che la fase interattiva fra gli studenti è giunta al termine, allora avrà inizio la fase di riflessione guidata che vede l'insegnante accettare e commentare (tutte) le ipotesi degli studenti fino ad arrivare ad una spiegazione metalinguistica dell'uso dei due tempi verbali (possibilmente data dagli studenti stessi).

Lettura analitica

La lettura analitica, come per l'ascolto analitico, si svolge su un testo che gli studenti già conoscono per averlo "lavorato" a livello di contenuti in una lezione precedente. A seconda delle caratteristiche del testo, l'insegnante decide di portare l'attenzione su una forma (grammaticale o lessicale) che è preminente. Ad esempio, se vuole fare un lavoro sulla differenza in italiano fra "che" pronome o congiunzione – e il suo testo presenta entrambe le occorrenze in gran numero – può chiedere agli studenti di individuare graficamente (cerchiando o sottolineando) tutti i "che" che incontreranno, e poi decidere se le parole sottolineate "funzionano" tutte allo stesso modo. Dopo, come al solito, l'insegnante farà seguire il lavoro di consultazione e lo scambio di coppia. Nella fase finale d'interazione con gli studenti, poi, la sua funzione dovrebbe essere quella di accettare e stimolare le loro ipotesi fino a condurli alla formulazione della regola.

6.4.6. Esempi di attività libere

Le produzioni libere sono attività molto importanti in quanto spostano l'attenzione dello studente dalla lingua oggetto di apprendimento in sé ai contenuti che attraverso la lingua è possibile comunicare scatenando così processi di acquisizione subcosciente.

Produzioni libere orali

Fra le attività di produzione libera orale (PLO) distinguiamo quelle di *tipo reale* e quelle di *tipo immaginario.*

Nelle PLO *di tipo reale* gli studenti interpretano se stessi, *hic et nunc*; in quelle *di tipo immaginario* invece la situazione non è quella della classe e gli studenti possono assumere altre identità o ruoli.

Per la riuscita di entrambi i tipi di attività, in cui si chiederà agli studenti di parlare per un minimo di 15'-20' (fino ad un massimo di 50' o più), è necessario che:

- l'insegnante proponga argomenti (e situazioni) interessanti e stimolanti per il target della classe;
- la fase di preparazione all'attività sia ben curata in tutti i particolari;
- in classe si sia già creato un clima di cooperazione e predisposizione alla comunicazione e al gioco.

In entrambi i tipi di produzione l'insegnante aiuta soltanto in fase di preparazione: propone l'argomento o la situazione, spiegando bene come svolgere l'attività (chi deve fare cosa ecc.); dopo, divide la classe in coppie o piccoli gruppi e si tira fuori dal gioco comunicativo lasciando che siano gli studenti a interagire fra loro e intervenendo solo su loro richiesta d'aiuto.

Nelle PLO *di tipo reale* gli studenti possono parlare di loro stessi, di episodi realmente accaduti, della loro famiglia, dei loro gusti, delle loro opinioni su un determinato argomento ecc. In questo tipo di produzioni dunque si ha il coinvolgimento della loro sfera affettiva ed emotiva.

Nelle PLO *di tipo immaginario,* invece, visto che gli studenti possono assumere altre identità e la situazione non è più quella della classe, l'uscire fuori da sé facendo "teatro", il non esporsi in prima persona può servire a vincere le resistenze psicologiche di studenti timidi e refrattari a "lasciarsi andare". In questo di tipo di produzione orale quindi può essere utile l'utilizzo di *realia,* oggetti e quant'altro possa aiutare la "messa in scena" (il prodotto finale infatti a volte può diventare un vero e proprio pezzo di teatro). E infatti questa attività generalmente termina con la drammatizzazione della scena di fronte alla classe (cfr. PAR. 6.3.3).

Un tipico esempio di PLO di tipo immaginario sono i *role plays*, giochi di ruolo ormai largamente sfruttati in classi comunicative (ma non solo) per l'opportunità che offrono di far parlare spontaneamente gli studenti. Esiste una vasta letteratura per descrivere le varie tipologie di *role plays* (Legukte, Howard, 1991, pp. 120-9). Qui diremo brevemente che un *role play* generalmente consiste nel simulare in classe una situazione sia reale – di quelle che gli studenti potrebbero trovare appena fuori dalla classe – che immaginaria, fantastica, totalmente inventata. È stato notato che un *role play* ha una riuscita migliore quando presenti situazioni in cui i partecipanti al "gioco" partono da interessi (o posizioni) contrastanti. Un esempio tipico è il caso del reclamo (cfr. anche *Interazione Strategica*, *infra* CAP. 8).

Nel prossimo sottoparagrafo vedremo la produzione libera scritta e i molti aspetti in comune che presenta con quella orale.

Produzioni libere scritte

Anche nel caso delle produzioni libere scritte (PLS), forse ancor più che nelle PLO, è necessario che l'insegnante trovi argomenti interessanti che motivino gli studenti a "mettere sotto sforzo" la propria interlingua per un lasso di tempo abbastanza lungo (generalmente dai 15' ai 30' o più). Produrre un testo scritto infatti può richiedere un'attenzione e uno sforzo maggiore rispetto ad un'attività comunicativa di tipo orale. In più, nella scrittura, almeno fin tanto che si scrive, non c'è interazione con gli altri studenti. Nelle PLS, dunque, l'insegnante dovrà essere più attento nella fase d'ideazione e, in quella di presentazione, dimostrarsi estremamente convincente.

Questa attività è caratterizzata da tre fasi:

1. *Prima* dell'attività: nel presentare l'argomento, l'insegnante può scegliere se usare (oppure no) la tecnica dello "spremicervello" (*brainstorming*), ossia se dare o ricevere dagli studenti stessi spunti e idee per la composizione.
2. *Durante*: l'insegnante deve decidere se far usare o meno il dizionario e/o la grammatica; oppure, in caso contrario, dire che si può ricorrere soltanto alla risorsa "insegnante".
3. *Dopo*: l'insegnante deve scegliere se ritirare o meno le composizioni. Se decide di farlo, questo non dovrebbe portare in alcun modo alla "correzione" o valutazione dello scritto. Se cadessimo in questa tentazione, è molto probabile che inibiremmo gli studenti nella successiva produzione scritta con il risultato di far produrre loro meno lingua.

Se invece l'insegnante decide di non ritirare le produzioni, in questo caso potrebbe essere utile far seguire la PLS da un'attività di "revisione fra pari", ossia di correzione del proprio scritto con l'aiuto di un compagno. Oppure, far seguire una "revisione d'autore", ossia chiedere allo studente di revisionare il suo scritto da solo in una fase successiva a casa.

Per quanto riguarda i tipi di PLS, possiamo distinguere produzioni in cui l'argomento viene proposto dall'insegnante e quelle in cui sono gli studenti stessi a decidere di cosa scrivere. Questo secondo tipo di PLS, che possiamo definire *attività di scrittura creativa*, possono essere svolte utilizzando la musica. L'idea di fondo di queste attività – certamente non codificate, ma sperimentali – è infatti che attraverso la musica è possibile far "produrre" più lingua ai nostri studenti, proprio come ascoltando un certo tipo di musica le galline producono più uova, le mucche più latte, le piante crescono più velocemente e persone affette da disturbi nervosi riescono a curare la propria patologia. Non ci soffermeremo oltre sulle modalità di realizzazione di queste attività. Per degli esempi pratici di come utilizzare la musica in didattica rimandiamo alle interessanti sperimentazioni di Luzi Catizone (1995) e Corona (1997) e anche cfr. *La suggestopedia e la psicopedia*, *supra* CAP. 4.

6.4.7. Esempi di attività controllate: ricostruzione di conversazione, esercitazione orale, *cloze*, gioco

Le attività di produzione controllata, così come quelle analitiche viste al PAR. 6.4.5, rappresentano le sedi ideali per "fare grammatica" e richiedere accuratezza.

Nella *ricostruzione di conversazione* attraverso i suggerimenti e l'aiuto dell'insegnante gli studenti devono cercare di ricostruire il più fedelmente possibile un brevissimo testo tratto da una conversazione spontanea di cui solo l'insegnante conosce la trascrizione completa. I suggerimenti possono essere dati sotto forma di disegni alla lavagna, utilizzo di oggetti, azioni mimate e informazioni date nella L2. La funzione dell'insegnante in questa attività è quella di guidare gli studenti ad avanzare ipotesi per la ricostruzione del testo attraverso un'interazione giocosa e stimolante e così promuovere la riflessione grammaticale. In questa attività, inoltre, è possibile dare ampio spazio alla cura della fonologia, un aspetto di fondamentale importanza (purtroppo) troppo spesso negletto nella prassi didattica.

L'*esercitazione orale* riprende una o due battute di una ricostruzione di conversazione già "lavorata" in classe, che viene ora utilizzata per esercizi di trasformazione attraverso il cambiamento di un qualche elemento del testo, cosicché tutte le altre parti morfosintatticamente ad esso collegate vengono ad essere necessariamente modificate.

Il *cloze* è un testo "danneggiato", ossia mancante di alcune parole (opportunamente omesse in base a determinati criteri) che gli studenti devono reinserire. Si può utilizzare un testo di lettura autentica già affrontato a livello di contenuti, oppure un testo completamente nuovo.

Per quanto riguarda le *attività ludiche* in classe, si tratta di attività fra le più varie, la cui finalità è sempre quella di "far grammatica" (in questo caso *giocando*). Diremo subito che, al contrario di quello che si potrebbe pensare, tutti amano giocare – specialmente gli adulti – a patto però che si tratti di giochi intelligenti e stimolanti. Il gioco (grazie alla gioiosa competizione e al divertimento che si creano in classe) offre la possibilità di spostare l'attenzione dalla lingua "oggetto di studio" alla lingua "mezzo per giocare". Nel gioco l'insegnante è un vero e proprio "arbitro" che detta le regole e le fa rispettare richiedendo correttezza.

A titolo esemplificativo proponiamo il seguente schema riassuntivo di tutte le attività presentate.

FIGURA 6.4

	Ricezione		**Produzione**	
	autentica	*analitica*	*libera*	*controllata*
lingua parlata	ascolto rilassato, ascolto attivo	ascolto analitico	produzione libera orale (PLO)	ricostruzione di conversazione, gioco, esercitazione orale
lingua scritta	lettura autentica	lettura analitica	produzione libera scritta (PLS)	*cloze*

☐ Abilità comunicative (attenzione dello studente focalizzata sui significati)
▨ Grammatica (attenzione dello studente focalizzata sulle forme)

Fonte: Catizone *et al.*, 1997.

6.5 Conclusioni

In questo capitolo abbiamo cercato di presentare l'approccio comunicativo scegliendo di mostrarne gli aspetti linguistico-pedagogici che meglio si prestavano a descrivere dei cambiamenti di prospettiva rispetto a metodologie più tradizionali, tenendo sempre presente comunque che il comunicativo si configura sempre più come una "filosofia" dell'insegnamento piuttosto che come una vera e propria metodologia codificata – tanto che sarebbe più giusto parlare di "*approcci comunicativi*".

Nel primo paragrafo abbiamo cercato di mostrare alcuni dei presupposti teorici alla base delle scelte metodologiche più peculiari dell'approccio. Abbiamo trattato dunque – in maniera ovviamente non esaustiva, data la vastità dell'argomento – del passaggio dalla frase al testo, della competenza d'azione, del concetto di *task*, dell'importanza della lingua d'uso e della cultura, dei materiali autentici, della visione non drammatica dell'errore.

Nel secondo paragrafo abbiamo visto quali implicazioni pedagogiche comportano quelle scelte metodologiche. Dunque, si è trattato del ruolo dell'insegnante, dell'importanza dell'interazione fra studenti, della correzione intesa come spinta alla consapevolezza ed all'autocorrezione, della gestione dello spazio, dei modi per valutare libri di testo e produrre materiali didattici.

Infine, nel terzo paragrafo ampio spazio è stato riservato alle attività da svolgere in classe facendo una fondamentale distinzione fra attività *autentiche versus* attività *analitiche*, per quanto riguarda il momento della ricezione; e fra quelle *libere versus controllate*, per quanto riguarda la produzione. Inoltre, si è purtroppo soltanto accennato a come teatro e musica possano essere utilizzati a fini didattici con risultati incoraggianti.

A questo punto ci piacerebbe concludere questo nostro discorso sul "comunicativo" in quanto *learner centred approach* con una sorta di "carta dei diritti" dello studente liberamente tratta da un articolo di Bardo Seeber (1995) dal titolo *Diritto al rischio*:

- diritto all'esperienza personale e al rapporto diretto con la realtà, senza la permanente mediazione dell'insegnante;
- diritto al libero scambio fra studenti;
- diritto al libero apprendimento seguendo intuizioni ed ipotesi personali;
- diritto all'errore, inteso come elemento ineludibile del processo di apprendimento, utile all'insegnante perché, come qualcuno ha detto, «l'allievo è il libro dell'insegnante».

Riferimenti bibliografici

AMBROSO S. (1990), *La comprensione orale nella certificazione dell'italiano come L2*, in "Italiano e oltre", 4.

AUSTIN J. (1962), *How to Do Things with Words*, Oxford University Press, Oxford (trad. it. *Come fare cose con le parole*, Marietti, Genova 1987).

BACH G., TIMM J.-P. (a cura di) (1989), *Englischunterricht*, Francke, Tübingen.

BOYLAN P. (1998) *Learning Languages as "Culture" with CALL*, in L. Calvi (ed.), *CALL and Cultural Studies in Language Curriculum*, Springer Verlag, London.

BOZZONE COSTA R. (1995), *Viaggio nell'italiano*, Loescher Editore, Torino.

BREEN M. (1984), *Process in Syllabus Design and Classroom Language Learning*, in C. J. Brumfit (ed.), *General English Syllabus Design*, Pergamon Press, Oxford.

CANALE M., SWAIN M. (1980), *Theoretical Bases of Communicative Approaches to Second Language Teaching and Testing*, in "Applied Linguistics", I, 1, pp. 1-47.

CANDLIN C. (1987), *Toward Task-based Learning*, in C. Candlin, D. Murphy (eds.), *Language Learning Tasks*, Prentice-Hall, Englewood Cliffs, NJ.

CATIZONE P., HUMPHRIS C., MICARELLI L. (1997), *Volare*, vol. I, Edizioni DILIT, Roma.

CHIARO D. (1987), *L'unità didattica*, Loffredo Editore, Napoli.

CHIAVEGATO C. (1997), *Un erore di sbalio*, in Atti del 9° Seminario Internazionale DILIT International-House "Parlare", Edizioni DILIT, Roma.

CHOMSKY N. (1965), *Aspects of the Theory of Syntax*, MIT Press (trad. it. *Aspetti della teoria della sintassi*, in *Saggi linguistici*, vol. II, Boringhieri, Torino 1970).

CILIBERTI A. (1994), *Manuale di glottodidattica*, La Nuova Italia, Firenze.

CORDER S. P. (1967), *The Significance of Learner's Errors*, in "IRAL", 5, pp. 161-70.

CORONA L. (1997), *Parole e musica*, in Atti del 9° Seminario Internazionale DILIT International-House "Parlare", Edizioni DILIT , Roma.

D'AMICO L. (1997), *Le interazioni verbali: un'analisi*, in Atti del 9° Seminario Internazionale DILIT International House "Parlare", Edizioni DILIT, Roma.

DE MAURO T. *et al.* (1988), *Dalla parte del ricevente. Percezione, comprensione, interpretazione*, Bulzoni, Roma.

DIADORI P. (1987), *Segmentazione di filmati autentici e loro sfruttamento per scopi glottodidattici*, in "Rivista Italiana di Linguistica Applicata", 1, pp. 13-31.

DURANTI A. (1992), *Etnografia del parlare quotidiano*, La Nuova Italia Scientifica, Roma.

ELLIS R. (1992), *Learning to Communicate in the Classroom*, in "Studies in Second language Acquisition", XIV, pp. 1-23.

ID. (1993), *The Structural Syllabus and Second Language Acquisition*, in "TESOL Quarterly", XXVII, n. 1.

ID. (1997), *SLA and Language Teaching*, Oxford University Press, Oxford.

GIUNCHI P. (a cura di) (1990), *Grammatica esplicita e grammatica implicita*, Zanichelli, Bologna.

HOLEC H. (1990), *Descriptions linguistiques et enseignement/apprentissage des langues*, in W. Kühlwein, A. Raasch (hrsg.) (1990), *Angewandte Linguistik heute*, Peter Lang (Forum Angewandte Linguistik, Band 20), Frankfurt am Main.

HYMES D. (1972), *On Communicative Competence*, in J. B. Pride, J. Holmes (eds.), *Sociolinguistics*, Penguin, Harmondsworth, pp. 269-93 (trad. it. *La competenza comunicativa*, in F. Ravazzoli, a cura di, *Universali linguistici*, Feltrinelli, Milano 1979).

ID. (1981), *Error Analysis and Interlanguage*, Oxford University Press, Oxford.

KLEIN W. (1987), *Zweitspracherwerb*, Athenaeum, Frankfurt a. M.

LEGUKTE M., HOWARD, T. (1991), *Process and Experience in the Language Classroom*, Longman, New York.

LEND (1983), *Educazione alla lettura*, Zanichelli, Bologna.

VAN LIER L. (1988), *The Classroom and the Language Teacher*, Longman, London.

LUZI CATIZONE R. (1995), *Scrivere una poesia*, in Atti del 7° Seminario Internazionale DILIT International House "Scrivere", Edizioni DILIT, Roma.

MCLAUGHLIN B. (1990), *"Conscious" versus "Unconscious" Learning*, in "TESOL Quarterly", XXIV, pp. 617-34.

NUNAN D. (1989), *Designing Tasks for the Communicative Classroom*, Cambridge University Press, Cambridge.

PONTECORVO C., MENZINGER A. (1972), *L'osservazione come strumento didattico*, in "Quaderni di Sociologia dell'Educazione", XXIV, Roma.

PORTER D., ROBERTS. J. (1981), *Authentic Listening Activities*, in "English Language Teaching Journal", XXXVI, 1, pp. 37-47.

POZZO G. (1982), *La comprensione del testo*, Ed. Scol. Bruno Mondadori Editore, Milano.

PRABHU N. (1987), *Second Language Pedagogy*, Oxford University Press, Oxford.

REBOUL O. (1980), *Qu'est-ce qu'apprendre? Pour una philosophie de l'enseignement*, Presses Universitaires de France, Paris (trad. it. *Apprendimento, insegnamento e competenza. Per una nuova filosofia dell'educazione*, Armando, Roma 1983).

SBISÀ M. (a cura di) (1978), *Gli atti linguistici*, Feltrinelli, Milano.

SCARCELLA R. C., KRASHEN S. D. (eds.) (1980), *Research in Second Language Acquisition*, Newsbury House, Rowley, MA.

SCIPIONI C. (1990), *Lettura e lingua straniera*, La Nuova Italia, Firenze.

SEARLE J. (1969), *Speech Acts: an Essay*, in "The Philosophy of Language", Cambridge University Press, Cambridge.

SEEBER B. (1995), *Diritto al rischio*, in "La terra vista dalla luna", I, Donzelli Editore, Roma.

SELINKER L. (1972), *Interlanguage*, in "IRAL", X, pp. 209-31.

SHANK R. (1990), *Case-based Teaching: Four Experiences in Educational Software Design*, in "Interactive Learning Environments", 1990, I, 4, pp. 231-53.

SKEHAN P. (1996), *A Framework for the Implementation of Task-based Instruction*, in "Applied Linguistics", XVII, pp. 38-62.
WAJNRYB R. (1992), *Classroom Observation Tasks. A Resource Book for Language Teachers and Trainers*, Cambridge University Press, Cambridge.
WILKINS D. A. (1976), *Notional Syllabuses*, Oxford University Press, Oxford (trad. it. *I programmi nozionali*, Zanichelli, Bologna 1977).
ZOBL H. (1995), *Converging Evidence for the "Acquisition-learning" Distinction*, in "Applied Linguistics", XVI, pp. 35-55.

7

Project work

di *Gabriele Ridarelli*

7.1
Introduzione

Cosa hanno in comune una guida alle strutture di una città accessibili ai disabili, una serie di interviste ai passeggeri di un aeroporto, l'organizzazione di un mercato delle pulci a scopo di beneficenza? Sono tutti esempi di progetti finalizzati all'insegnamento linguistico.

Il *project work* consiste nell'insegnare la lingua tramite interazioni in lingua con il mondo reale, svolte pertanto in gran parte all'esterno della classe. Ogni progetto prevede la realizzazione finale di un prodotto finito o comunque fornisce un riscontro pratico che permette di verificare l'efficacia della comunicazione.

In realtà, più che finalizzare un progetto all'insegnamento linguistico, il *project work* al contrario cerca di finalizzare lo studio della lingua al compimento di un progetto. Un progetto quindi è un programma di studio nel quale la L2 è un mezzo per portare avanti un compito ben definito e non oggetto di studio in sé.

Un progetto può essere anche definito come un insieme di compiti o *tasks* (per la maggior parte comunicativi) finalizzati ad uno scopo generale, con riscontro nel mondo reale. Attività di questo tipo sono state già a volte impiegate nell'insegnamento linguistico; la peculiarità del *project work* è di trasformarle, da attività marginali o complementari rispetto al programma didattico principale, a mezzo autonomo per sviluppare ed esercitare la globalità delle abilità linguistiche richieste nell'apprendimento di una lingua. Nello stesso tempo, come si vedrà, i progetti possono rappresentare un utile mezzo per la pianificazione curricolare.

Per chiarire cosa in pratica si intenda per *project work* riprenderemo in dettaglio gli esempi accennati all'inizio del capitolo.

a) *The Good Wheelchair Guide*[1]. L'obiettivo del progetto è di produrre un opuscolo sulle strutture cittadine accessibili a chi usa una sedia a rotelle. Dopo una fase di sensibilizzazione sull'argomento, gli studenti scelgono i luoghi della città dove svolgere l'indagine (ad esempio ristoranti, bar, stazioni ferroviarie, autobus, musei ecc.) e si dividono in gruppi. A turno alcuni studenti condurranno interviste (ad esempio telefonando ad alberghi per controllare l'esistenza di strutture per disabili o intervistando guidatori di taxi), e faranno prove pratiche usando una sedia a rotelle presa a noleggio, per controllare l'accessibilità di cinema, banche, bagni pubblici ecc. In classe si discuterà su come mettere insieme il materiale raccolto (informazioni, registrazioni di interviste, foto ecc.) per realizzare la guida.

b) *Airport*[2]. Il progetto consiste nel realizzare una sorta di "*reportage*" su quello che succede in un aeroporto internazionale. Le fasi di lavoro fuori della classe comprendono:

– raccogliere testi in lingua inglese ritenuti interessanti da presentare alla classe (indicazioni logistiche, annunci, riviste gratuite ecc.);

– intervistare, in gruppi, il maggior numero possibile di parlanti inglesi (viaggiatori, ma anche piloti o personale di bordo); le interviste vengono registrate o riprese con una videocamera dagli stessi studenti. Le interviste più interessanti sono successivamente trascritte e presentate al resto della classe; viene inoltre preparato un poster con una carta geografica sulla quale sono evidenziati i paesi di provenienza delle persone intervistate.

c) *Jumble Aid Sale*[3]. Un gruppo di studenti adulti che frequenta un corso intensivo all'estero organizza una vendita per beneficenza di vecchi oggetti o abiti usati, devolvendone il ricavato a un'associazione di beneficenza. Fra le varie attività, il progetto comprende anche:

1. Questo progetto è stato realizzato originariamente nell'ambito di un corso intensivo di inglese presso la Bell School, nella città di Bath (Fried-Booth, 1982).

2. Il progetto è stato condotto originariamente da una classe di ragazzi di 11-12 anni, frequentanti il secondo anno di una scuola media tedesca, e ha avuto luogo nell'aeroporto internazionale di Francoforte (Legutke, 1984-85). Per una versione italiana del progetto cfr. Ferragati, Carminati (1984).

3. Questo progetto è stato ideato e attuato presso la Bell School di Bath da G. Carter (cfr. Carter, Thomas, 1986; Legutke, Thomas, 1991).

– lo studio di come funziona una vendita per beneficenza in Inghilterra;
– la preparazione di materiale pubblicitario da collocare in negozi della zona o da far pubblicare sui giornali locali;
– la raccolta casa per casa di oggetti da vendere;
– la vendita vera e propria degli oggetti;
– la registrazione video dell'evento.

L'indice del successo del progetto è dato dalla partecipazione del pubblico all'iniziativa.

7.2
Aspetti teorici

Il *project work* può essere considerato uno sviluppo degli approcci comunicativi, in quanto ne condivide molti principi generali. Qui di seguito sono elencati alcuni presupposti teorico-didattici degli approcci comunicativi, considerati validi anche nel *project work*:

a) la lingua non è un sistema statico, ma è creata attraverso l'interazione;
b) l'apprendimento di una lingua non consiste solamente nell'acquisizione di una lista di elementi formali, ma è un processo in cui si impara a "negoziare" il significato in un contesto socioculturale;
c) il contenuto dell'insegnamento è di conseguenza più incentrato sul significato che sulla forma;
d) le attività didattiche possono essere più efficaci se sono focalizzate sui bisogni e gli interessi dei discenti;
e) i materiali usati dovrebbero, analogamente, essere collegati alle necessità e agli interessi dei discenti, nonché fornire esempi di comunicazione reale e autentica;
f) l'efficacia nella comunicazione è più importante dell'accuratezza formale, soprattutto nelle fasi iniziali dell'apprendimento linguistico; gli errori sono una manifestazione del processo di apprendimento.

D'altro canto, alcuni concetti che sono alla base del *project work* si possono rintracciare già agli inizi del secolo nelle opere di pedagogisti sia europei (Decroly, Frenet ecc.) che americani (Dewey, Kilpatrick). Kilpatrick in particolare nel saggio *The Project Method* (1918) sottolinea i vantaggi pedagogici dell'insegnamento tramite l'esperienza pratica per suscitare l'interesse del discente, nonché l'importanza di un processo di apprendimento che responsabilizzi gli studenti e li abitui a collaborare fra loro[4].

Comunque, nonostante il concetto del *learning by doing* non sia recente, è solo negli anni Ottanta che si comincia effettivamente ad applicarlo all'insegnamento linguistico in contesto comunicativo. Analogamente, è in questo periodo che si comincia ad avere una precisa letteratura circa la sperimentazione scolastica di un approccio basato sul portare a termine dei compiti. Un esempio classico è costituito dal cosiddetto *Bangalore Project*, condotto da Prabhu a Madras, nel sud dell'India, nel 1985 (Prabhu, 1987). L'esperimento era basato sull'ipotesi che «form is best learnt when the learner's attention is on meaning»[5] (Prabhu cit. in Brumfit, 1984, p. 102) e consisteva in una serie di problemi che gli studenti dovevano risolvere usando l'inglese: leggere cartine geografiche, consultare orari ferroviari, interpretare vari documenti autentici ecc. L'inglese costituiva semplicemente il mezzo con il quale portarli a termine. La realizzazione dei compiti era preceduta da una dimostrazione esemplificativa da parte dell'insegnante e seguita da un momento di verifica incentrato non sulla valutazione della lingua prodotta ma sulla risoluzione del problema.

Il *project work* nasce fra l'altro dalla considerazione che gran parte dell'insegnamento linguistico avviene in classe ma non sempre le nozioni imparate riescono ad essere applicate nella realtà. È innegabile infatti che esista molto spesso un divario fra il linguaggio (inteso come varietà della lingua oggetto di studio) che viene insegnato in classe e il linguaggio che può servire nella pratica. Inoltre per molti studenti la produzione di una L2 in classe manca di autenticità, con il risultato che si fa ricorso frequentemente alla L1. Lo scopo del *project work* è proprio quello di superare i limiti di una situazione esercitativa in classe, e portare ad un uso reale e "vivo" della lingua studiata.

Incoraggiando gli studenti ad uscire fuori dai confini della classe e a muoversi nell'ambiente esterno, i progetti aiutano a colmare il divario fra studio e uso della lingua e rappresentano quindi un mezzo valido ed efficace per consolidare le abilità comunicative acquisite in classe.

4. Bisogna comunque precisare che Kilpatrick intende con il termine "progetto" il processo psicologico e formativo dell'apprendente, piuttosto che l'esperienza socializzante in sé.

5. «La forma viene appresa meglio quando l'attenzione del discente è rivolta al significato».

A quanto detto si aggiunge la considerazione che la maggior parte dell'insegnamento linguistico avviene normalmente attraverso *tasks* elaborati dall'insegnante, ai quali ci si aspetta che gli studenti rispondano (Fried-Booth, 1986). In altre parole:

l'insegnante definisce la lingua da studiare	→	gli studenti usano la lingua e svolgono i *tasks*

Nell'insegnamento attraverso progetti, al contrario, gli studenti sono responsabili del loro stesso processo di apprendimento (cfr. *Approccio comunicativo*, *supra* CAP. 6). Sono loro, entro certi limiti, a sviluppare e ad articolare il progetto, con l'insegnante che agisce da coordinatore e "facilitatore", ossia

gli studenti elaborano i *tasks*	→	i bisogni linguistici derivano dai *tasks*; ove necessario gli studenti fanno riferimento all'insegnante

Questo cambio di prospettiva ha il risultato di ottenere una maggiore motivazione e responsabilizzazione negli studenti.

7.3
Caratteristiche principali dei progetti

Occorre innanzitutto fare una distinzione fra i progetti nell'ambito dell'insegnamento di una lingua *seconda*, che vengono svolti cioè nella lingua parlata sul posto (ad esempio, progetti svolti in un corso di lingua inglese in Inghilterra) e i progetti realizzati in lingua *straniera*, in un contesto cioè di L1 (ad esempio, progetti svolti nell'ambito di lezioni di lingua inglese in una scuola italiana). Nel primo caso l'insegnante ha il vantaggio di potersi basare sull'intero ambiente esterno per esporre gli studenti alla lingua studiata. Nel caso del progetto *The Good Wheelchair Guide* gli studenti non condividevano la stessa lingua madre ed erano immersi in un ambiente anglofono, per cui dovevano fare ricorso all'inglese sia nei contatti con l'insegnante e gli altri membri del gruppo, sia in ogni interazione con la comunità esterna. In questi casi l'insegnante può dare agli studenti grande libertà di azione, sapendo che l'esposizione alla lingua target è comunque garantita.

Un insegnante che invece insegna una lingua straniera non ha questo vantaggio e non può quindi chiedere agli studenti di intraprendere un progetto senza prima averne pianificato accuratamente i dettagli. Nel caso di progetti in contesti di L1 (come nell'esempio del progetto *Airport*) bisogna tenere presente il fatto che, oltre alla difficoltà di reperire parlanti madrelingua, è naturale che gli studenti, condividendo la stessa lingua madre, nel discutere fra loro i particolari della realizzazione del progetto, sia in classe che all'esterno, usino la L1. A questo si aggiungono le difficoltà pratiche di dover mediare fra le necessità in termini di tempo del progetto ed orari e programmi scolastici (Brotta, 1985).

D'altro canto non è tanto l'ambiente linguistico che incide ai fini della riuscita di un progetto, quanto la motivazione e il coinvolgimento da parte degli studenti. Sarà compito dell'insegnante ideare progetti che sfruttino le fonti autentiche disponibili (ad esempio, intervistando turisti, rivolgendosi ad ambasciate, ad agenzie di viaggi ecc.).

7.3.1. Tipologie di progetti

Legutke (Legutke, Thomas, 1991), oltre ai tipi di progetti già descritti, che definisce progetti esplorativi (*encounter projects*) in quanto danno la possibilità ai discenti di avere un contatto diretto con parlanti nativi, distingue altre due categorie di progetti:

– i progetti testuali (*text projects*) che derivano non da contatti instaurati all'esterno della classe ma dall'analisi di testi di varie tipologie (non solo opere di narrativa, ma anche testi teatrali, canzoni ecc.): in gruppo vengono riscritte o riambientate alcune parti, oppure organizzati *role-plays* e messe in scena basate sui personaggi e le vicende dei testi;

– i progetti di scambio di corrispondenza (*class correspondence projects*) nei quali il contatto con la cultura della lingua target viene stabilito per posta non solo con lettere, ma anche con scambi di registrazioni audio o video, fotografie, oggetti ecc.

A questi due tipi di progetti si sono aggiunti recentemente i progetti che utilizzano la posta elettronica, come ad esempio i *City Projects I, II*, e *III* elaborati a partire dal 1994 dalla George Washington University di Washington, in collaborazione con altre università sia americane che europee. In questi progetti studenti di varie parti del mondo collaborano via e-mail per la realizzazione di una sorta di guide turistiche della loro città[6].

È comunque evidente che, tra queste tipologie di progetti, sono gli *encounter projects* quelli che maggiormente danno la possibilità ai discenti di entrare in contatto con la lingua in situazioni di comunicazione reale proprio perché sfruttano la comunità di parlanti nativi come risorsa per l'apprendimento.

7.3.2. Fasi di un progetto

In linea di massima un progetto si sviluppa in tre fasi generali:

a) Pianificazione e preparazione: in classe gli studenti, in collaborazione con l'insegnante, discutono il contenuto del loro progetto. Fanno inoltre previsioni sulle specifiche strutture ed espressioni linguistiche di cui avranno bisogno per realizzarlo e si allenano ad usarle. Viene discusso anche il modo in cui condurre le eventuali interviste e visite, o su come raccogliere il materiale necessario (dépliant, illustrazioni, brochures ecc.).

b) Svolgimento pratico: gli studenti si spostano fuori della classe per svolgere i *tasks* che hanno programmato (ad esempio, condurre interviste, fare registrazioni, raccogliere materiale stampato o illustrazioni).

c) Presentazione e valutazione: questa fase prevede sessioni di discussione e *feedback*, sia durante che dopo lo svolgimento del progetto, sotto forma di consigli e commenti da parte dell'insegnante, analisi di gruppo del lavoro e autocorrezione da parte dei partecipanti stessi.

Come si può vedere, i progetti partono da un lavoro preparatorio in classe, prevedono poi una fase di lavoro nell'ambiente esterno, e infine attività di presentazione e revisione, di nuovo in classe. In ognuna di queste fasi l'insegnante lavora con gli studenti, non dirigendoli ma agendo da consulente e facilitatore.

Descriveremo ora più in dettaglio come si articolano queste fasi prendendo come esempio un progetto realizzato in un istituto tecnico industriale di Gubbio (Brotta, 1985). Il progetto verte su uno studio sulle tradizioni medievali dell'artigianato della città di Gubbio, con l'intento di:

– produrre un opuscolo informativo destinato a turisti italiani e stranieri (la pubblicazione dell'opuscolo verrà in gran parte finan-

6. Per ulteriori informazioni cfr. la pagina Internet: <http://www.nyu.edu/pages/hess/cities.html>.

ziata dall'ente locale per il turismo, che ne assicurerà anche la distribuzione al termine del progetto);
– allestire una piccola mostra sull'artigianato, con la descrizione in più lingue delle foto e degli oggetti esposti;
– organizzare una serie di visite guidate alle botteghe artigianali della città, sia in italiano che in inglese.

Un vantaggio di questo progetto, come del resto di molti altri, è la sua interdisciplinarietà: per la natura stessa dell'argomento, partecipano alla sua realizzazione anche gli insegnanti di altre materie oltre l'inglese (storia, storia dell'arte, lettere, economia, francese, tedesco ecc.).

Le fasi di lavoro possono essere descritte come:

1. *Introduzione al lavoro per progetti*. Prima di entrare nei dettagli del progetto, viene presentata la metodologia del *project work*, chiarendo quali saranno le funzioni dell'insegnante e cosa invece ci si aspetta dagli studenti. Durante questa fase viene anche presentata agli studenti l'idea iniziale di un progetto (non ancora specificato, se non come tipi di attività), da discutere in dettaglio in un secondo momento.
2. *Definizione dell'obiettivo del progetto*. Durante questa fase viene deciso l'argomento del progetto sulla base delle idee e dei suggerimenti degli studenti. Questa fase serve anche a sensibilizzare gli studenti con discussioni sul tema (nel nostro caso l'artigianato e i mestieri che stanno scomparendo). Tramite *tasks* linguistici si introduce l'argomento, si esplicitano le conoscenze preesistenti (ad esempio i termini inglesi per indicare oggetti e mestieri), e si permette lo scambio di conoscenze ed esperienze personali (ad esempio descrivere le botteghe di artigiani che si conoscono e localizzarle su una pianta della città). Si discute inoltre su come saranno i prodotti finali e, sulla base di quanto stabilito, si discutono e decidono le strategie di lavoro dei vari sottogruppi.
3. *Esercitazioni linguistiche*. Durante questa fase vengono esercitate le strutture linguistiche che si prevede di utilizzare nello svolgimento pratico del progetto, secondo quanto delineato alla fase precendente. Ad esempio, se il progetto prevede che gli studenti richiedano materiale informativo o illustrativo in lingua presso istituti o uffici stranieri (come può essere il caso di materiale sulle corporazioni inglesi del Medio Evo richiesto all'ufficio per il turismo inglese), vengono studiati modelli di lettere formali di richiesta di documentazione. Per le interviste o contatti con stranieri, gli studenti si esercitano invece a porre domande, a scusarsi per il disturbo, a spiegare chi sono e cosa stanno facendo. Questo allenamento

viene percepito non come *drill* scolastico, ma come parte di un futuro evento comunicativo.
4. *Attività esterne*. Questa fase raggruppa tutte le attività svolte fuori dalla classe, di solito in coppia o in piccoli gruppi, per raccogliere gli elementi che costituiranno il prodotto del progetto; ad esempio, raccogliere testi autentici in inglese che descrivano lavorazioni artigianali, intervistare artigiani, raccogliere oggetti e scattare fotografie da esibire alla mostra ecc.
5. *Elaborazione del materiale raccolto*. Tornati in classe, gli studenti, in gruppi, presentano alla classe il materiale raccolto e ne discutono. Per l'opuscolo viene redatto il testo e si scelgono le foto da inserire. Per la mostra vengono preparate le didascalie per le foto e gli oggetti esposti. Per quanto riguarda l'organizzazione delle visite guidate gli studenti, individualmente o in piccoli gruppi, illustrano al resto della classe possibili itinerari culturali per la città; di questi, vengono scelti i cinque migliori, che verranno preparati in dettaglio e provati per mezzo di *role-play*, con gli studenti che fanno la parte delle guide e l'insegnante quella del turista.
6. *Presentazione finale*. Si provvede alla pubblicazione dell'opuscolo, si allestisce la mostra e si affiggono cartelli in inglese per pubblicizzare l'iniziativa. Viene inoltre approntato un banco di accoglienza per i turisti, per fornire indicazioni sugli orari e i punti di partenza delle visite guidate, che verranno condotte da piccoli gruppi di studenti più volte nell'arco della giornata. Il successo dell'evento ripaga dell'impegno necessario alla sua realizzazione.

Anche progetti meno complessi di questo terminano spesso con una presentazione o una dimostrazione ad un pubblico esterno al gruppo. La maniera della presentazione dipende molto dalla forma del prodotto finale (opuscolo, cartina, video, presentazione orale ecc.), ma ha comunque lo scopo di fornire ulteriori opportunità di usare la lingua in modo comunicativo.

Alcuni progetti prevedono in questa fase una valutazione generale del lavoro svolto, sia da parte dell'insegnante che dei componenti del gruppo, che spesso però avviene in maniera più informale durante tutte le varie fasi del progetto.

7.3.3. La figura del docente

Il docente ha molteplici ruoli nell'insegnamento per progetti. Innanzitutto ha un ruolo di organizzatore: partecipa attivamente alla pianificazione, organizzazione, realizzazione e valutazione delle varie fasi del progetto. È inoltre una guida e un animatore nelle fasi iniziali del progetto, avendo la capacità di prevederne i risultati sia dal punto di vista produttivo che pedagogico. In quanto insegnante di lingua ha il ruolo di elaborare procedure e compiti per evidenziare i contenuti linguistici, apportando di volta in volta le necessarie modifiche alla pianificazione. In quanto esperto di lingua (anche se non madrelingua) fungerà da figura di riferimento sia nell'esercitazione in classe delle necessarie strutture linguistiche, sia al momento della stesura e della presentazione finale del prodotto del progetto. Avrà inoltre funzione di "pedagogo", cercando di abituare gli studenti all'autonomia.

Per l'insegnante il progetto può comportare alcune difficoltà, tra cui le seguenti:

– i progetti richiedono molto lavoro, sia da parte dell'insegnante che da parte degli studenti. All'insegnante si richiederà molto lavoro extra a livello organizzativo (ad esempio, prendere contatti preliminari, trovare fonti di materiali adatte);
– l'insegnante non ha la possibilità di seguire direttamente come viene usata la lingua dagli studenti fuori della classe. Di conseguenza è necessario ideare strategie per monitorare periodicamente quello che gli studenti hanno recepito e la lingua che hanno prodotto (registrazioni, *role-playing*, assegnazione del ruolo di monitor ad alcuni studenti ecc.);
– l'insegnante deve essere preparato ad affrontare problemi interpersonali che possono insorgere fra gli studenti durante il progetto, come ad esempio la mancanza di interesse o motivazione in alcuni membri del gruppo, un calo generale di motivazione dopo l'entusiasmo delle prime fasi o al momento del ritorno al lavoro in classe ecc.

Può essere d'aiuto nella realizzazione di un progetto la padronanza da parte dell'insegnante di alcune conoscenze tecniche particolari, soprattutto nelle fasi di reperimento e presentazione dei materiali. Queste conoscenze possono andare dal semplice funzionamento di un registratore o di una videocamera per condurre le interviste, a più complesse conoscenze informatiche, come nel caso del progetto di teatro in L2 *English On Stage*, realizzato da Caterina Cangià (Cangià, 1992). In questo progetto, che comprende tre storie messe in scena in lingua inglese da bambini di 8-10 anni, i bambini lavorano al copione e preparano la scenografia con l'ausilio di supporti informatici. È chiaro che in questo caso l'insegnante, oltre ad essere il regista dell'azione teatrale e la persona di riferimento per le questioni di lingua, lo è anche per quanto riguarda l'uso dei computer. In molti casi, tuttavia, soprattutto con studenti adulti, le capacità dei discenti sono più che sufficienti a svolgere i compiti previsti in un progetto.

7.3.4. La figura del discente

Molti recenti metodi di insegnamento (soprattutto i cosiddetti metodi affettivi) sottolineano l'importanza della cooperazione fra gli studenti come fattore motivante ed è evidente che nello svolgimento di un progetto gli studenti non possono fare affidamento solo sulle loro capacità ma sono costretti ad agire in gruppo.

Alcuni approcci moderni sono incentrati non solo sulle relazioni interpersonali ma anche sul coinvolgimento e sulla crescita psicologica e individuale. Più uno studente è motivato e coinvolto nello svolgimento di un compito, più è probabile che lo porti a termine e ne tragga un effettivo vantaggio. Questo concetto di coinvolgimento personale è alla base anche dell'insegnamento per mezzo di progetti. Gli studenti trovano una motivazione nel loro stesso lavoro: sono loro che (con l'aiuto dell'insegnante) decidono come agire e quali sono le basi linguistiche di cui hanno bisogno. Inoltre avranno dal progetto un prodotto che possono definire e sentire loro.

Per quanto riguarda il compito della correzione, questo viene svolto principalmente dalle situazioni stesse (con i fraintendimenti da parte degli interlocutori stranieri, ad esempio), oltre che dal monitoraggio della classe.

Questo orientamento del *project work* verso l'apprendente è in linea con le tendenze attuali dell'insegnamento (linguistico e non), che mirano ad uno sviluppo dell'autonomia del discente. Coinvolgendo e responsabilizzando gli studenti, il *project work* e il suo tipo di sillabo basato su *tasks* sono le strutture generali per l'apprendimento che sicuramente facilitano di più l'autonomia. I progetti infatti:

a) coinvolgono gradualmente l'apprendente nel processo decisionale circa gli argomenti, i contenuti e i materiali;

b) lo stimolano a fare delle scelte indipendentemente dall'insegnante e a prendere decisioni autonomamente;

c) trasferiscono una gran parte delle responsabilità per queste decisioni e per la valutazione della produzione sull'apprendente e sul gruppo.

Questo li abitua alla programmazione dell'apprendimento, alla selezione dei materiali didattico-linguistici, all'autovalutazione dei risultati e alla scelta delle strategie cognitive più consone al proprio stile di apprendimento e ai propri obiettivi; in una parola, ad essere più autonomi.

7.3.5. A chi può essere rivolto il *project learning*

Molti progetti sono pensati per studenti di livello intermedio-avanzato in quanto richiedono una sufficiente padronanza della lingua target per poter interagire con il mondo esterno. Ciò non vuol dire però che non esistano progetti che possono essere svolti anche da studenti con una conoscenza elementare della lingua. Il progetto *English On Stage* menzionato in precedenza, ad esempio, è stato svolto da bambini principianti assoluti e il progetto *Airport* da bambini che avevano studiato l'inglese a scuola solo per un anno e mezzo.

Naturalmente si hanno finalità diverse nei progetti per studenti principianti o avanzati. Ai principianti, fra l'altro, il progetto può dimostrare come sia possibile comunicare in lingua anche con una conoscenza limitata delle strutture grammaticali, e mostrare l'importanza della competenza comunicativa nella sua globalità.

Per gli studenti di livello intermedio invece il *project work* può servire ad avere uno scatto qualitativo nell'apprendimento. L'apprendimento linguistico infatti non procede sempre ad un ritmo costante e prevedibile. Nei principianti si possono avere rapidi miglioramenti, ma ad un livello intermedio gli studenti arrivano spesso ad un punto oltre il quale è molto difficile progredire. È a questo momento cruciale dell'apprendimento che i progetti possono offrire incentivi per il miglioramento.

Gli incentivi vengono dal progetto stesso, in quanto allo studente viene data la possibilità di usare le abilità linguistiche già acquisite in situazioni nuove e stimolanti. Il progetto non presenta infatti solo aspetti prevedibili e già affrontati in altre occasioni, ma anche circostanze impreviste. Questo stimola lo studente a spostarsi dal suo "punto statico" e cercare di migliorare.

7.3.6. Il sillabo

Appare evidente da quanto detto che il sillabo del *project work*, come i sillabi di tipo nozional-funzionale (cfr. *supra* CAP. 6), è ordinato in base ai contenuti piuttosto che alle strutture grammaticali.

Nei sillabi nozional-funzionali molti dei problemi pratici sono attribuibili ad un contrasto fra il sillabo e la metodologia: una delle maggiori difficoltà che i docenti devono affrontare è quella di tradurre le specifiche voci del sillabo in attività didattiche.

Un modo di superare le difficoltà causate dalla dicotomia fra il sillabo e la metodologia è rappresentato da un sillabo orientato al processo o sillabo procedurale (*procedural* o *task-based syllabus*) (Johnson, 1982). Il sillabo procedurale si basa su cosa si deve fare in classe piuttosto che su quali contenuti vanno insegnati. In questo senso rappresenta una riorganizzazione fondamentale del sillabo e della metodologia, facendo in modo che i *tasks* determinino i contenuti e non viceversa. Ciò permette di fare a meno di un sillabo a priori, dal momento che il sillabo prende forma man mano che si porta avanti il progetto.

L'approccio procedurale alla pianificazione curricolare è caratterizzato da un interesse per il processo di sviluppo della capacità di produrre comportamenti (linguistici e non), piuttosto che per il prodotto stesso. Come si è visto nel CAP. 6, questa concezione è comune a tutti gli approcci comunicativi.

D'altro canto, l'adozione di un sillabo procedurale può comportare un rischio, comune anche ai sillabi nozional-funzionali: se, nel dare prevalenza al contenuto, non vengono assolutamente fornite spiegazioni sulla forma o sulle strutture grammaticali, il sillabo si può ridurre ad un semplice elenco di frasi da utilizzare nelle varie situazioni comunicative, quasi un frasario o manuale di conversazione. A questo proposito Brumfit mette in guardia dai pericoli di un sillabo che si riduce a «simply a disorganized language syllabus based on general cognitive principles»[7] (Brumfit, 1984, p. 93).

Al contrario, se la fase preparatoria di insegnamento delle strutture linguistiche in classe è troppo consistente e strutturata, i caratteri innovativi del *project work* vengono a mancare. In questo caso sia l'insegnante che gli studenti perderebbero la libertà di agire in modo spontaneo per svolgere il compito prefissato; il progetto si ridurrebbe ad attività comunicative che mettono in pratica nozioni e strutture imparate in precedenza, secondo una gradualità data da un sillabo strutturale o nozionale.

7.4 Conclusioni

Si possono riassumere in linea di massima i concetti chiave del *project work* nei seguenti principi generali:

7. «Un semplice sillabo linguistico disorganizzato, basato su principi cognitivi generali».

– è molto motivante e proficuo impegnare gli studenti nella realizzazione concreta di un prodotto o un'esperienza che possano sentire loro ed essere motivati a svolgere;
– le strutture grammaticali vengono apprese anche (e forse meglio) svolgendo compiti apparentemente non finalizzati all'apprendimento linguistico;
– nella lingua è importante anche l'aspetto sociale: è utile perciò lavorare in gruppo e avere contatti con situazioni di comunicazione reale.

Più che un metodo o un approccio linguistico il *project work* è una metodologia di insegnamento, che, pur avendo innegabili vantaggi rispetto a metodi più tradizionali, lascia non ben definite alcune questioni di carattere didattico, come ad esempio il sillabo. Come si è visto, proprio la descrizione aperta e non particolareggiata del sillabo procedurale si presta a critiche.

È chiaro infatti che una pianificazione curricolare che si rifiuta di specificare i contenuti e gli obiettivi linguistici può essere attaccata da molti lati: innanzitutto fa affidamento su una pratica dovuta ad un'esperienza e ad un'inventiva personale che non tutti gli insegnanti hanno. Per lavorare in modo veramente efficace e autonomo, inoltre, gli studenti dovrebbero avere capacità di progettazione, interazione e organizzazione abbastanza sviluppate, oltre a voler imparare ad autovalutare la propria produzione (White, 1987).

Per quanto riguarda l'efficacia del *project learning* rispetto ad altri approcci, non è molto facile quantificare i risultati ottenuti. Sembra che i migliori risultati si abbiano a lungo termine (dopo un periodo di "incubazione" delle forme linguistiche alle quali i discenti sono stati esposti), mentre a breve termine approcci più tradizionali sembrano fornire un risultato più immediato (Johnson, 1982). C'è spazio aperto alla sperimentazione per provare se è possibile accelerare il processo di apprendimento nel *project work* combinando elementi propri di altri approcci (riguardo alla correzione degli errori, gradualità del sillabo ecc.).

Occorre del resto precisare che mancano tuttora dati precisi sulla sperimentazione del *project work*. Lo stesso Prabhu, pur dando una descrizione dettagliata dell'esperimento del *Bangalore Project*, comprovante il successo di questo approccio rispetto ai metodi tradizionali, fornisce i dati solo su una classe coinvolta nel progetto. Prima di poter generalizzare questi risultati saranno ovviamente necessarie ulteriori sperimentazioni.

In ogni caso, anche se non si hanno prove sperimentali sufficienti per stabilire il successo del *project work*, è stato universalmente riconosciuto da parte degli insegnanti interessati a questa metodologia un aumento della motivazione da parte dei discenti quando la loro attenzione non è incentrata sulla lingua in sé, ma è rivolta ad attività interessanti ed appaganti dal punto di vista del contenuto, e questo è senz'altro un risultato importante.

Riferimenti bibliografici

BROTTA F. (1985), *L2 Project Work in L1 Context*, in "Problems and Experiences in the Teaching of English", II, 2.

BRUMFIT C. (1984), *Communicative Methodology in the Language Teaching*, Cambridge University Press, Cambridge.

CANGIÀ C. (1992), *Fare teatro in lingua straniera con il computer tra le quinte*, in "Orientamenti pedagogici", 39.

CARTER G., THOMAS H. (1986), *Dear Brown Eyes. Experiential Learning in a Project-oriented Approach*, in "ELT Journal", 40.

FERRAGATI M., CARMINATI E. (1984), *Airport: An Italian Version*, in "Modern English Teacher", XI, 4.

FRIED-BOOTH D. (1982), *Project Work with Advanced Classes*, in "ELT Journal", 36, 2.

ID. (1986), *Project Work*, Resource Books for Teachers, Oxford University Press, Oxford.

HAYNES S. (1989), *Projects for the EFL Classroom*, Nelson, London.

JOHNSON K. (1982), *Communicative Syllabus Design and Methodology*, Pergamon Press, Oxford.

KILPATRICK W. (1918), *The Project Method*, in "Teachers' College Record", XIX, 4 (trad. it. L. Borghi, *Il metodo dei progetti*, La Nuova Italia, Firenze 1952).

LEGUTKE M. (1984-85), *Project Airport*, parte I in "Modern English Teacher", XI, 4; parte II in "Modern English Teacher" XII, 1.

LEGUTKE M., THOMAS H. (1991), *Process and Experience in the Language Classroom*, Pergamon Press, London.

PRABHU N. (1987), *Second Language Pedagogy*, Oxford University Press, Oxford.

WHITE R. (1987), *The ELT Curriculum*, Blackwell, Oxford.

8

Interazione Strategica

di *Paola Vardaro*

8.1
Introduzione

L'*Interazione Strategica* è l'approccio all'apprendimento della lingua straniera teorizzato da Robert Di Pietro agli inizi degli anni Ottanta ossia quando erano ormai conosciuti e diffusi gli approcci didattici cosiddetti *affettivi* i quali, in generale, nell'insegnamento e nello studio della lingua, prendevano in considerazione non esclusivamente aspetti linguistici ma anche comportamentali, emotivi, culturali e psicologici.

Il presupposto di questo approccio è la concezione che Di Pietro ha dello scambio comunicativo. La comunicazione verbale secondo Di Pietro, infatti, non è mai neutra poiché le parole e le strutture scelte dai parlanti sono sempre strategicamente e tatticamente connotate. In altri termini l'interazione tra le persone non si riduce a mero scambio di informazioni bensì consiste nella realizzazione di obiettivi e programmi personali da ottenere per mezzo di negoziazioni, manipolazioni ed altre strategie. Quindi, oltre al semplice significato letterale di un discorso, bisogna imparare a valutare il significato strategico delle parole e delle strutture scelte dal parlante (Danesi, 1993) [1].

Questo spiega la scelta del nome Interazione Strategica. "Interazione" perché l'insegnamento avviene all'interno di contesti, chiamati *sceneggiature*, che prevedono la presenza di due o più persone che interagiscono tra di loro nei modi che verranno esposti più avanti. Strategica perché questa interazione, libera nello svolgimento, ha

1. Per una sintesi degli elementi essenziali dell'interazione secondo Di Pietro, cfr. C. O'Neill (1993).

lo scopo di far raggiungere la soluzione di una situazione di difficoltà e, quindi, di far fare un uso strategico della lingua target. Di Pietro infatti definisce l'Interazione Strategica come «the purposeful and artful use of the language when dealing with others»[2] (Di Pietro, 1987).

Se la comunicazione è orientata al raggiungimento di uno scopo e la lingua è lo strumento usato per raggiungere tale scopo, insegnare una lingua straniera significa riproporre in classe, nel modo più verosimile possibile, la complessità dello scambio comunicativo così come avviene nella realtà. Di Pietro ritiene inoltre che l'apprendimento avvenga "solo" quando la mente opera in connessione con il mondo reale. Ciò sarebbe confermato dal fatto che chi si sia trovato a contatto con le lingue straniere per motivi di necessità, di lavoro o di viaggio, ha ottenuto dei buoni risultati nell'apprendimento della lingua, in quanto tale apprendimento è avvenuto all'interno di un contesto reale, contrariamente a come generalmente avviene quando la lingua si insegna in classe.

8.1.1. Che cosa è l'Interazione Strategica tramite le sceneggiature. Sintesi degli aspetti generali

Prima di parlare della sceneggiatura, per capire in quale contesto si svolge è opportuno vedere brevemente come è strutturata una lezione secondo l'approccio dell'Interazione Strategica. Passeremo poi nei prossimi paragrafi ad un'analisi più dettagliata delle singole fasi (cfr. PAR. 8.3).

a) *Fase preparatoria*. La classe si divide in gruppi, solitamente due per ogni sceneggiatura. Ogni gruppo dovrebbe essere composto da un massimo di otto persone. Per le classi più numerose si consiglia di lavorare a più sceneggiature contemporaneamente. Si dovrebbero lasciare gli studenti liberi di formare i gruppi da soli in modo che lavorino con quelle persone con cui si sentono più a loro agio e si crei in classe un'atmosfera rilassata. A ogni gruppo si consegna un foglio su cui è indicato il ruolo che un solo elemento del gruppo dovrà svolgere.

b) *Fase 1*: *Rehearsal* (prova). All'interno del gruppo si decide chi e con quali modalità svolgerà il ruolo assegnato e si definiscono le strategie linguistiche e comportamentali cui si pensa di ricorrere

2. «L'uso della lingua, artificioso e che mira ad uno scopo preciso, quando interagiamo con gli altri».

per risolvere la difficoltà presentata dalla sceneggiatura, chiedendo anche consiglio all'insegnante o consultando altri materiali.
c) *Fase 2*: *Performance* (realizzazione). Le persone prescelte dal gruppo svolgono il ruolo mettendo in pratica quanto deciso nella fase di *rehearsal*.
d) *Fase 3*: *Debriefing* (analisi). L'insegnante, partendo dalla lingua prodotta nella *performance*, ne analizzerà prima gli aspetti relativi alla fluenza per passare poi ad esaminare l'accuratezza, vale a dire gli aspetti grammaticali e sintattici. In questa fase verranno esaminate altre possibili modalità di svolgimento della *performance*.

Detto questo vediamo subito un esempio di sceneggiatura, indicato dallo stesso Di Pietro (1987, p. 28), per mostrare quali elementi psicologici e linguistici sono presi in considerazione.

Titolo della sceneggiatura: *Prova a dirlo con i fiori*.

Ruolo A: (m) Sei il proprietario di un negozio di fiori. Hai delle rose fresche, ma gli altri fiori non sono molto freschi. Se non li vendi subito li dovrai buttare. Di conseguenza perderai del denaro. Prova a vendere i fiori vecchi al prossimo cliente.

Ruolo B: (m) Hai conosciuto una ragazza. Ti ha invitato a cena. Ti è stato detto che dovresti portarle dei fiori. Le rose si addicono particolarmente a questa circostanza. Preparati ad acquistare dei fiori da un fioraio.

Innanzitutto sono evidenti tre fattori:
1. La sceneggiatura dovrà rappresentare una situazione che si può verificare nella vita reale.
2. I due personaggi si trovano, ognuno all'insaputa dell'altro, a cercare di far prevalere le proprie, opposte, esigenze. Tale aspetto è fondamentale per l'applicazione di questo approccio, perché in questo modo gli studenti saranno costretti a ricorrere a quelle negoziazioni e strategie cui si è fatto riferimento all'inizio.
3. Infine, perché l'interazione abbia successo ai fini dell'apprendimento della lingua, la sceneggiatura deve essere quanto più possibile coinvolgente.

Bisogna sottolineare il fatto che portare in classe situazioni coinvolgenti e avere la possibilità di gestirle è molto rassicurante per lo studente e ha una funzione psicologica positiva. Infatti la simulazione di una situazione reale fa sì che la classe diventi una sorta di banco di prova in cui esperire quanto può accadere nella vita reale e verificare la propria capacità di affrontarlo linguisticamente. Inoltre, anche dopo aver concordato con il proprio gruppo come svolgere la *performance*, è sempre possibile far ricorso ai propri compagni, qualora ce ne fosse bisogno, sia per chiedere consiglio o aiuto sia per, eventualmente, cambiare strategia nel caso in cui quella decisa al principio risultasse inefficace durante lo svolgimento dell'azione.

L'Interazione Strategica, per il fatto di concentrare l'attenzione sulla comunicazione nella sua globalità, oltre che agli aspetti propriamente linguistici, riserva un'importanza decisiva ad altri aspetti della comunicazione, come per esempio i diversi livelli in cui essa può avvenire o la gestualità, che vengono di solito inconsciamente decodificati nella conversazione nella propria madrelingua ma che, spesso, non vengono usati o addirittura riconosciuti quando si passa ad una lingua che non ci è familiare.

Se, come abbiamo visto, per Di Pietro comunicare significa interagire, e interagire cercando di raggiungere un risultato personalmente positivo, questi aspetti non vanno trascurati. Infatti è proprio attraverso questi, più che attraverso le parole, che spesso passa il messaggio e quindi l'ottenimento di quanto ci siamo proposti tramite l'interazione linguistica.

Analizziamo quindi questi aspetti comunicativi cominciando con i livelli in cui avviene la comunicazione:

1. *Scambio di informazioni.* È quanto avviene nella forma più semplice di dialogo. Per esempio se aspettando l'autobus chiedo l'ora a una persona che aspetta vicino a me, questo può avvenire perché effettivamente voglio soltanto sapere che ore sono.
2. *Transazione.* È però possibile che l'intenzione che determina l'atto comunicativo non sia apertamente dichiarata. Per esempio chiedendo l'ora a chi aspetta l'autobus vicino a me potrei non soltanto voler sapere che ore sono, ma voler iniziare una conversazione per far passare il tempo. D'altra parte alcuni elementi della risposta, come la concisione, il tono della voce e anche l'espressione del viso del mio interlocutore, dovrebbero indicarmi la sua disponibilità o meno a continuare la conversazione.
3. *Interazione.* Si intende il modo, personale, in cui il parlante usa la lingua per interpretare un ruolo, ovvero come il linguaggio rispecchia l'identità del parlante.

Vediamo ora a quali altri elementi si dà risalto nell'Interazione Strategica:

1. La *gestualità*, che varia da cultura a cultura ma che è sempre qualcosa di più che un semplice abbellimento al contenuto verbale del discorso, anzi ne è spesso parte integrante. Attraverso la posizione del corpo, il movimento delle mani, il contatto fisico con il

nostro interlocutore, veicoliamo una serie di messaggi. Possiamo dimostrare per esempio il grado di confidenza che abbiamo con lui, o la nostra solidarietà per qualcosa che gli è successo o, al contrario, manifestare indifferenza o freddezza nei suoi confronti.

2. *L'intonazione* e la *risata*, con le quali, per esempio, si può dare un senso ironico ad una frase, alterandone così il significato che risulterebbe a una sola analisi linguistica. Infatti se chiediamo a un amico "Dove hai comprato questo vestito?", senza alcuna particolare intonazione, significa che il vestito ci piace e vogliamo informarci sul luogo in cui è stato comprato. Ma se la stessa frase la pronunciamo enfatizzando le parole "dove" e "questo", molto probabilmente vogliamo dire che non ci piace, o che lo troviamo ridicolo, capovolgendo completamente il senso della frase rispetto al primo esempio.

3. Le *strategie verbali*, che, a loro volta, si possono suddividere in:

a) *comunicative*: sono tipiche nell'apprendimento di una lingua straniera e hanno lo scopo di supplire alla mancanza di vocabolario in quella lingua. Esempi di strategie verbali comunicative sono la ripetizione di una stessa parola per avere il tempo di pensare a cosa dire, o il ricorso ad una perifrasi per spiegare o chiarire il significato di un termine che non si conosce, o ancora chiedere il significato di una parola che si finge di non conoscere per avere il tempo, prima della risposta, di pensare a cosa dire dopo;

b) *intenzionali*: con le quali, cioè, si vuole ottenere uno scopo preciso, come, per esempio, scusarsi di qualcosa oppure cambiare argomento di discussione, rivolgere una critica o rifiutare qualcosa in una maniera non troppo brusca che potrebbe essere offensiva per chi ci ascolta.

È molto importante che l'insegnante renda coscienti gli studenti della presenza e del possibile uso di questi elementi della comunicazione ed in particolare, naturalmente, dell'uso che se ne fa nella cultura della lingua target. Già l'*Approccio comunicativo* (cfr. *supra* CAP. 6) aveva dato importanza a queste espressioni, sottolineando la necessità di insegnare la *lingua d'uso* ma esse venivano, appunto, insegnate mentre nell'Interazione Strategica sono per lo più "agite".

Infine vediamo quelle modalità comunicative convenzionali, e socialmente riconosciute, presenti in ogni società, che possono essere:

– *ritualizzate*, come le forme di saluto, di augurio, di congratulazione ecc., oppure

– *routinizzate*, come l'interazione al telefono o con il cameriere per ordinare la cena al ristorante.

Queste forme di comunicazione proprio perché, come abbiamo detto, ritualizzate o routinizzate lasciano meno spazio all'inventiva del singolo parlante e l'interazione che ne nasce è molto più prevedibile. Ma mentre la loro involontaria e inconscia inosservanza può dare adito a malintesi, se violate volontariamente possono essere strategicamente utilizzate. Infatti se è vero che si tende a perdonare ad uno straniero certe "trasgressioni" di tipo sociale, è anche vero che continuare ad ignorare le regole sociali di una comunità vuol dire essere destinati a rimanere degli "stranieri". Di Pietro (1987, p. 4) a questo proposito riporta un'aneddoto interessante che ci fa riflettere sul fine che ci si deve proporre nell'insegnare tutte queste forme di comunicazione che esulano dalla lingua vera e propria. Un suo studente bilingue, nato e cresciuto in Argentina da genitori olandesi, abituato quindi a parlare olandese in famiglia, gli raccontò dell'esperienza avuta quando, a vent'anni, per la prima volta si era recato in Olanda. Il contrasto evidente tra la capacità di esprimersi in olandese, che faceva pensare appunto a un madrelingua, e l'inosservanza delle più elementari regole culturali e sociali, aveva creato un tale sconcerto tra i suoi interlocutori da fargli prendere la decisione di esprimersi con un accento straniero. Da quel momento si era ritagliato un suo ruolo sociale, quello di "straniero", che gli permetteva di venire meno a certe convenzioni senza conseguenze (cfr. *La competenza interculturale*, *infra* CAP. 9).

8.2
La sceneggiatura

8.2.1. Aspetti caratterizzanti

Abbiamo già indicato nel paragrafo precedente alcune caratteristiche della sceneggiatura. Riassumendo:
– deve essere motivante per lo studente e perché questo accada in genere è tratta dalla vita reale;
– chi la interpreta deve risolvere una situazione inaspettata, problematica e di divergenza di fini rispetto a un'altra persona, per far sì che si sia costretti a far uso di quelle strategie comunicative di cui sopra.

Per precisare questo quadro vediamo quale è la definizione che Di Pietro (1987, p. 41) dà della sceneggiatura, per passare poi ad analizzarne i singoli elementi: «A scenario is a strategic interplay of roles functioning to fulfill personal agendas within a shared context»[3].

Si è già detto come devono essere caratterizzati l'Interazione Strategica e il contesto, passiamo quindi ad analizzare i ruoli (cfr. PAR. 8.2.2) e i compiti individuali (PAR. 8.2.3).

8.2.2. Ruoli e classificazione delle sceneggiature

Per quanto riguarda i ruoli da interpretare nella *performance* questi possono essere caratterizzati psicologicamente, come il ruolo di genitore o di figlio, di amico o di rivale, di amante, di adulto ecc., oppure possono essere caratterizzati socialmente, come quello di insegnante, di negoziante, di turista, di poliziotto ecc.

I ruoli, inoltre, si classificano a seconda della loro complementarietà:

a) ruoli *complementari* sono quelli che hanno reciprocamente bisogno uno dell'altro per essere connotati e in cui la cooperazione nell'agire porta, o almeno dovrebbe portare, a realizzare un beneficio per entrambi. Sono ruoli complementari, per esempio, quello di medico e paziente, di datore di lavoro e impiegato, di donatore e benificiario del dono;

b) quando invece non si agisce per il raggiungimento di uno scopo comune i ruoli si definiscono *non complementari* come, per esempio, il negoziante e chi passa davanti a una vetrina senza l'intenzione di comprare ma solo per guardare.

È evidente che ruoli non complementari apporteranno al momento della *performance* un grado di ambiguità e di drammaticità maggiore all'azione e, quindi, di minore prevedibilità proprio in virtù della loro divergenza.

Un modo per classificare, per comodità, le sceneggiature è in base al numero dei ruoli che prevedono.

Un esempio di sceneggiatura a due ruoli è quello, riportato in precedenza, del fioraio e del cliente. I due ruoli in quel caso sono complementari da un punto di vista formale, ma divergenti da un punto di vista sostanziale.

Le sceneggiature proposte alle classi di principianti prevedono, solitamente, l'impiego di due soli ruoli, ma in classi di livello più avanzato possono essere di più.

3. «Una sceneggiatura è una rappresentazione di ruoli reali allo scopo di attuare compiti individuali all'interno di un contesto condiviso».

Un altro esempio di questo tipo di sceneggiature è il seguente (Di Pietro, 1987):

Titolo della sceneggiatura: *Sicuro che non ingrasserò?*

Ruolo A: (m o f) Sei il proprietario di una panetteria. Una delle tue specialità sono i dolci a basso contenuto calorico. Sfortunatamente hai venduto l'intera scorta di oggi. Gli unici dolci rimasti sono quelli tradizionali. Una persona entra per comprare dei dolci. Preparati a vendere quelli che hai.

Ruolo B: (m o f) Il dottore ti ha ordinato una rigida dieta. Non devi mangiare dolci molto calorici. Hai letto sul giornale la pubblicità di una panetteria in cui si vendono dolci a basso contenuto calorico. Vorresti mangiare qualcosa di dolce ma che non contenga molte calorie. Cosa chiederai al panettiere per essere certo che i dolci pubblicizzati non ingrassino?

Un esempio invece di sceneggiatura a più ruoli è il seguente (Di Pietro, 1987):

Titolo della sceneggiatura: *Dimmi la verità.*

Ruolo A: (marito) Hai appena avuto un grave attacco di cuore e sei in ospedale. Tua moglie e il medico sembrano sapere più di quanto non dicano riguardo le tue condizioni e possibilità di sopravvivere. Metti in atto un piano per fare in modo che ti dicano esattamente quali sono le tue possibilità di guarire completamente.

Ruolo B (moglie) *Ruolo C* (medico): Il marito di B ha avuto un attacco di cuore e si trova in ospedale. Nel frattempo, lui non lo sa, ha appena vinto il primo premio alla lotteria nazionale ed ora è ricco. Mettete in atto un piano per dargli la notizia senza eccitarlo al punto da causargli un altro attacco di cuore.

Nei due esempi riportati si chiede agli studenti di immaginare se stessi in una circostanza di cui è dato un solo elemento (l'aver finito i dolci che costituiscono la propria specialità, l'essere sottoposti ad una dieta, l'aver avuto un attacco di cuore o il dover comunicare una notizia emozionante ad una persona in condizioni cardiache precarie). Su questo elemento il gruppo farà leva per mettere in atto la propria strategia. Durante la *performance* però ci si renderà conto del fatto che c'è un imprevisto da risolvere. Probabilmente questo non si manifesterà apertamente, perché il ruolo assegnato per lo più prevede di cercare di raggiungere uno scopo senza dichiararlo, ma si desumerà dall'ambiguità dell'interazione fin dalle prime battute.

Esistono poi sceneggiature di gruppo come, per esempio, la seguente (Di Pietro, 1987):

Titolo della sceneggiatura: *Il serpente nella borsa.*

La sceneggiatura si svolge su un autobus. A sette o otto studenti si chiede di sistemare le sedie come se fossero i sedili di un autobus. A uno studente si chiede di interpretare l'autista. L'insegnante interpreta un passeggero che sale portando una sacca o una grossa borsa. L'insegnante si siede per un po' tenendo la borsa sulle gambe. Poi l'insegnante si alza e posa la borsa sul posto che ha appena lasciato libero. A questo punto la borsa si apre e si vede uscire la testa di un serpente di gomma gonfiabile.

La sceneggiatura a questo punto si svolge liberamente.

Questo tipo di sceneggiatura, sebbene non sia a due soli ruoli, si adatta bene per le classi di principianti assoluti perché non richiede l'uso di una lingua molto articolata, infatti possono essere sufficienti anche solo delle esclamazioni che l'insegnante provvederà a tradurre e a scrivere alla lavagna nella lingua target. Eventualmente, dopo qualche mese, le sceneggiature possono essere ripetute per valutare i progressi fatti.

Altri tipi di sceneggiature sono quelle che si basano su dati numerici (Di Pietro, 1987):

Titolo della sceneggiatura: *Una dieta mancata.*

Ruolo A e B: (ai due gruppi vengono date le stesse informazioni) Il vostro medico vi ha messo a dieta. Ognuno deve perdere 15 chili. Il medico vi pesa ogni due settimane. Vi si chiede di dare spiegazioni sia al medico che al vostro amico del peso da voi registrato in questo periodo. Qui ci sono i vostri pesi:

A:	Peso originario – 150	*B:*	Peso originario – 152
	Prime due settimane – 145		Prime due settimane – 143
A:	Seconde due settimane – 146	*B:*	Seconde due settimane – 141
A:	Terze due settimane – 146	*B:*	Terze due settimane – 140
A:	Quarte due settimane – 141	*B:*	Quarte due settimane – 146

Le informazioni sul cambiamento del peso sono date apertamente ai due gruppi. In questo caso le strategie da mettere in atto più che al raggiungimento di uno scopo opposto a quello del nostro compagno, dovranno permetterci di giustificare lo strano andamento del nostro peso; più che intenzionali dunque saranno comunicative.

Esistono infine sceneggiature cosiddette "a finale aperto". È chiaro che tutte le sceneggiature hanno un finale aperto, perché dipende dallo svolgimento che ne fanno gli studenti, ma con questo tipo di sceneggiature si intendono quelle che comprendono più di un episodio, come quella che segue (Di Pietro, 1987):

Titolo della sceneggiatura: *Una cena per due?*

Episodio 1.

Ruolo A: (Marina) Un importante cliente è venuto nella tua città per discutere un affare con la tua ditta. Tu stai per ricevere una promozione, così il tuo capo ti chiede di andare alla cena insieme a lui e al cliente. Tu hai già un appuntamento con il tuo fidanzato, Carlo, per la cena. Telefonagli per spiegargli perché devi cancellare l'appuntamento.

Ruolo B: (Carlo) La tua fidanzata, Marina, ti telefona per cancellare l'appuntamento che avevate preso per la cena questa sera. Come reagisci alla sua spiegazione? Prenderai un altro appuntamento?

Episodio 2.

Ruolo B: (continuazione) Dopo che Marina chiude il telefono, ti chiama tua sorella Giorgia per dirti che è appena arrivata in città per una visita e che vorrebbe cenare con te. Accetti di andare a cena con lei? Lei ha sentito di un ristorante molto buono e vorrebbe andare lì.

Ruolo C: (Giorgia) Sei in viaggio di lavoro nella città in cui vive tuo fratello Carlo. Non lo vedi da tempo. Telefonagli e vedi se ha voglia di venire a cena con te in un ristorante speciale che ti è stato raccomandato da un tuo collega.

Episodio 3.

Ruolo A: Tu ed il tuo capo state intrattenendo a cena il cliente. A metà della cena il tuo capo è chiamato per un fatto urgente. Tu ed il cliente rimanete da soli. Vedi Carlo, il tuo fidanzato, entrare nel ristorante con un'altra donna. Cosa gli dici?

Ruolo B: Tu e tua sorella Giorgia entrate nel ristorante e trovi Marina, la tua fidanzata, con un altro uomo. Cosa le dici?

L'ambiguità presente in questi i ruoli e in tutta la situazione rende piuttosto complicato il raggiungimento dello scopo ultimo di ogni personaggio oltre al fatto che si deve far uso di un vasto repertorio linguistico per giustificare il comportamento di ognuno. La *performance* di questi tre episodi quindi può richiedere anche diverse settimane di lavoro.

8.2.3. Compiti individuali

L'ultimo elemento della sceneggiatura che rimane da analizzare sono i compiti individuali (*personal agendas*). Si vedrà più dettagliatamente nel paragrafo seguente, relativo alle singole fasi, come gli studenti devono preparare la realizzazione di questi compiti, per ora è sufficiente dire che tali compiti sono costituiti dalla pianificazione delle possibili soluzioni e strategie per affrontare la situazione della sceneggiatura. La pianificazione viene discussa all'interno del gruppo e le strategie vengono decise – eventualmente anche prendendo appunti – prima della realizzazione della *performance* ma, come abbiamo visto, possono comunque essere modificate in qualsiasi momento, se necessario. Dall'accuratezza con cui verranno elaborati questi programmi, o compiti personali, dipenderà gran parte della riuscita della *performance* e poi della fase successiva.

A questo punto è importante sottolineare le differenze esistenti tra l'Interazione Strategica e i più comuni *role-plays* che spesso costituiscono una delle attività che si svolgono in classe e che sono stati molto pubblicizzati dai sostenitori dell'*Approccio comunicativo* (cfr. *supra* CAP. 6).

I *role-plays*, secondo Di Pietro, a differenza di quanto avviene nell'Interazione Strategica, richiedono un impiego abbastanza limitato e scontato della lingua target. Infatti nell'Interazione Strategica:

a) si interpreta se stessi all'interno di un ruolo, al contrario del *role-play* in cui si recita la "parte" di qualcuno diverso da sé;

b) allo studente è data una situazione all'interno della quale però non gli viene detto quello che deve fare o pensare, al contrario di quanto avviene nel *role-play* in cui l'interazione è abbastanza prevedibile;

c) il grado di incertezza e tensione drammatica nell'Interazione Strategica è di gran lunga superiore a quello che si ha nel *role-play* in cui il più delle volte viene chiesto di interpretare quelle situazioni ritualizzate o routinizzate di cui si è detto in precedenza;

d) si parte dal pratico per giungere al teorico, ovvero si parte dalla lingua prodotta durante l'interazione per arrivare a formulare un quadro teorico linguistico, mentre nel *role-play* prima vengono presentati e studiati gli aspetti teorici e poi vengono messi in atto.

Vediamo, quindi, praticamente cosa comporta tutto questo. Una situazione del tipo "Questa sera vorresti andare al cinema ma il tuo fidanzato non vuole" sarebbe tipica di un *role-play* in cui prima ancora di iniziare l'interpretazione del ruolo già si conosce la situazione e si possono immaginare le difficoltà che si incontreranno nella discussione con il partner. Lo stesso tipo di situazione nell'Interazione Strategica potrebbe essere presentata come segue:

Ruolo A: Hai letto sul giornale che questa sera eccezionalmente daranno al cinema un vecchio film che volevi vedere da tempo. Chiedi al tuo fidanzato di andare al cinema questa sera.

Quindi:

1. Sai quale è il tuo desiderio ma non sai quale sia quello del tuo fidanzato.

2. Esiste un grado di drammaticità dovuto al fatto che si tratta di un vecchio film che difficilmente avrai un'altra occasione di vedere al cinema.
3. Ti troverai ad affrontare le ragioni, che non conosci, di un Ruolo B che potrebbe, per esempio, essere di questo tipo:

Ruolo B: Un tuo amico ti ha acquistato dei biglietti, difficili da trovare e anche piuttosto costosi, per la finale di calcio della squadra per la quale tifi. Informa la tua fidanzata del fatto che questa sera uscirai con lui per andare alla partita.

Di conseguenza:
1. Anche tu sai quale è il tuo desiderio ma non sai quale sia quello della tua fidanzata.
2. Hai delle valide motivazioni (la difficoltà di trovare il biglietto, il suo costo elevato e il fatto che il biglietto è già stato acquistato e che si tratta della tua squadra del cuore) per cercare di far valere il tuo punto di vista.
3. Non sai, come del resto la tua fidanzata non sa, che dovrai scontrarti però con le altrettanto valide e sentite motivazioni della tua controparte.

8.3
Le fasi

Abbiamo già sommariamente detto quali sono e come sono strutturate le tre fasi della lezione (PAR. 8.1.1). Ora vediamo di analizzarle più nel dettaglio. Analizzeremo soprattutto le fasi di *rehearsal* e di *debriefing*, poiché la *performance* oltre ad essere solitamente la più breve, non può essere sottoposta a un'analisi particolare essendo il risultato delle scelte operate di volta in volta dagli studenti.
a) Fase 1: Rehearsal. È il momento della discussione all'interno del gruppo su come mettere in atto il proprio piano per affrontare la *performance*. Questa discussione può avvenire sia nella propria lingua madre che nella lingua target. È ovvio che, soprattutto tra i principianti, molto difficilmente l'intera discussione avverrà nella lingua target, ma questa dovrà essere usata per le espressioni che si vorranno utilizzare durante la fase successiva.

La fase di *rehearsal* è importante dal punto di vista didattico per due motivi:
1. Perché tanto più verrà curata la *performance*, vale a dire che più difficoltà verranno create all'interlocutore della *performance*, tanto più ci si avvicinerà al presupposto teorico del metodo.

2. Perché la lingua target e le strategie linguistiche e comportamentali che vengono generate in gruppo saranno superiori, per quantità e qualità, a quelle che potrebbe produrre una sola persona.

Ma è importante anche da un punto di vista psicologico, in quanto lavorare in gruppo riduce di molto quegli aspetti di ansia e stress che spesso gli studenti provano nel confrontarsi, soprattutto all'inizio, con una nuova lingua. Inoltre durante questa fase sarà possibile consultare libri, dizionari, o qualunque altra fonte di informazione che si ritenga necessaria, e chiedere consiglio e aiuto all'insegnante il quale in questo momento deve rivestire il ruolo di esperto, non solo della lingua ma anche della cultura della lingua target, di consulente e di guida cui fare riferimento. Tutti questi elementi faranno sì che si crei un'atmosfera rilassata all'interno della classe. Inoltre quegli studenti che per motivi caratteriali non si sentissero pronti ad affrontare la *performance* non sono obbligati a farlo, ma possono ugualmente partecipare alla lezione in modo anche molto attivo per i motivi che si vedranno tra poco.

b) *Fase 2: Performance.* L'elemento caratterizzante di questa fase è il fatto che continua, per tutta la sua durata, il sostegno del gruppo alla persona scelta per realizzarla. Quindi l'attenzione dell'intero gruppo deve rimanere viva per poter aiutare, sia linguisticamente che "strategicamente", il proprio compagno in qualsiasi momento. Durante questa fase la parte della classe non direttamente coinvolta e l'insegnante fungono da spettatori, ma spettatori attivi: la classe per sostenere il proprio rappresentante che sta attuando la *performance*, l'insegnante perché deve essere pronto a rientrare nel suo ruolo di guida qualora servisse, e perché utilizzerà la lingua prodotta durante la *performance* nella fase successiva.

c) *Fase 3: Debriefing.* È, forse, la fase che più di tutte ricorda una lezione di tipo tradizionale, ma con una differenza fondamentale: la lingua presa in esame è solo quella che gli studenti stessi hanno prodotto durante la *performance*, che per questo motivo si consiglia di registrare. Se la registrazione può essere facoltativa con classi di principianti è, invece, sicuramente necessaria con studenti di livello più avanzato in modo che l'insegnante abbia a disposizione tutta la lingua prodotta.

Il fatto di partire dalla lingua prodotta dagli studenti ha due aspetti importanti:

1. La lingua che verrà analizzata risulterà essere effettivamente quella del livello della classe, né superiore né inferiore, cosa che, in entrambi i casi, rischierebbe di far scendere il livello di attenzione e di interesse.

2. Essendo stati direttamente coinvolti nella *performance*, è molto probabile che gli studenti saranno interessati a conoscere in quali altri modi si sarebbe potuta realizzare, dove si è sbagliato, come si sarebbe potuto ottenere un risultato più funzionale, linguisticamente, in relazione alle proprie strategie.

L'analisi della struttura linguistica della *performance* deve avvenire solo dopo che siano stati presi in esame gli aspetti "comunicativi", questo perché «the priority in *debriefing* should be the edification of target language use within the context of live *performance*» [4] (Di Pietro, 1987, p. 89).
La lingua poi viene analizzata anche da un punto di vista grammaticale. Vengono fornite delle spiegazioni, si fanno esercizi di vario genere, gli studenti pongono delle domande. Nel rispondere alle domande rivoltegli dagli studenti l'insegnante deve sempre cercare di essere abbastanza conciso, andando dritto al nocciolo della questione che gli viene posta, senza dilungarsi in spiegazioni troppo dettagliate che potrebbero risultare noiose, oltre che non richieste, e in qualche caso creare dubbi o confusione con l'apporto di elementi linguistici che non erano stati presi in considerazione dagli studenti. L'insegnante durante questa fase di *debriefing* oltre ad essere, ovviamente, colui che conduce la lezione, deve però anche rientrare nella funzione di consulente e di esperto per i vari aspetti relativi alla *performance* appena conclusa.

Inoltre compito dell'insegnante sarà quello di stabilire dei collegamenti con le precedenti fasi di *debriefing* per far sì che alla fine si possa avere un'idea omogenea e coerente della lingua target da un punto di vista teorico, partendo però dall'uso che se ne è fatto. Gli studenti di una L2 infatti vengono paragonati a dei bambini e, come i bambini, devono prima imparare a chiamare gli oggetti con il loro nome per essere in grado in un secondo momento di creare astrazioni sulla base delle concrete conoscenze linguistiche [5].

Durante questa terza fase gli studenti possono decidere se compilare un resoconto degli elementi grammaticali che vengono presi in considerazione durante la lezione e questo dipenderà solo dalla loro personale necessità di avere o meno questo tipo di riferimenti.

Bisogna aggiungere che nelle classi di studenti principianti la prima e la seconda fase vengono sintetizzate in una sola, dal mo-

4. «Compito primario della fase di *debriefing* dovrebbe essere la strutturazione dell'uso della lingua target inserito all'interno di una rappresentazione reale».
5. Per un esempio di analisi di una sceneggiatura cfr. Bosco (1993).

mento che mancano loro gli strumenti linguistici per affrontare la fase di *rehearsal* e per mettere a punto strategie linguistiche nella L2. Quindi la lingua che verrà prodotta durante la *performance* ed analizzata durante il *debriefing* costituirà la base per le *performance* successive fino ad arrivare a possedere una conoscenza ampia a sufficienza da permettere di predeterminare strategie di comportamento.

Nelle classi di livello più avanzato si dovrebbe cercare di usare quanto più possibile la lingua target, anche durante le fasi di *rehearsal* e *debriefing*. Dal momento però che imporre l'uso della L2 potrebbe impoverire la discussione nella fase di *rehearsal* a discapito della *performance*, allora si tende a non stabilire una regola da questo punto di vista, ma viene lasciata facoltà all'insegnante di giudicare, secondo il livello e le caratteristiche della classe, quale lingua far usare agli studenti, cercando di far aumentare con il passare del tempo la quantità di L2 usata in ogni fase.

8.4
Altre possibili applicazioni

In questo paragrafo analizziamo brevemente alcuni possibili risvolti didattici offerti dalla scelta di usare l'Interazione Strategica per l'insegnamento della lingua straniera.

È interessante il suggerimento dello stesso Di Pietro di applicare l'Interazione Strategica allo studio della letteratura. Perché? E in che modo?

Alla prima domanda è abbastanza semplice rispondere anche perché avremo avuto modo, da studenti o da insegnanti, di sperimentare che spesso agli studenti, concentrati sull'aspetto linguistico di un testo di letteratura in lingua straniera, sfugge il suo significato artistico. Si arriva eventualmente a capire il significato letterale del testo ma non si è in grado di darne una valutazione critica "propria", personale. Se mai si accoglie, e si ripete, quella proposta dall'insegnante, sempre che ne proponga una. Invece un'attenta analisi può portare a conclusioni originali e non univoche da parte degli studenti. Secondo Di Pietro, coerentemente con la sua impostazione, la funzione principale dei testi, qualsiasi essi siano «is not their structure but their participation in dialogues that people share with each other» [6] (Di Pietro, 1987, p. 111). L'insegnante quindi

6. «Non è la loro struttura, ma il loro essere costituiti da un reciproco scambio di dialoghi tra i personaggi».

deve cercare di riportare il testo letterario alla sua componente interattiva e coinvolgere gli studenti in tale interazione. È così siamo venuti alla seconda domanda: in che modo? Due modi vengono proposti:

1. Discutere la situazione prima della lettura del testo. L'insegnante prepara una sceneggiatura incentrata sul tema del testo o su un suo episodio particolare. La sceneggiatura, nelle tre fasi, viene discussa, interpretata e analizzata. Alla fine della fase di *debriefing* viene assegnata la lettura del testo come compito da svolgere a casa. Dopodiché una ulteriore discussione sarà volta a confrontare il testo originale alla *performance* degli studenti tenendo presenti due aspetti: *a)* quello più propriamente interattivo, come la scelta delle strategie operata dai personaggi, la realizzazione di tali strategie e il loro esito finale; *b)* quello più specificamente storico-letterario, considerando il *background* culturale dell'autore, le modalità in cui si è rivolto ai lettori suoi contemporanei, per compararlo infine con altri autori dello stesso periodo.
2. La lettura del testo prima della discussione. Dopo aver studiato il testo letterario, gli studenti dovranno creare una sceneggiatura basata su di esso o su un suo episodio. Eventualmente più gruppi potranno lavorare su diversi episodi. L'importante è che si tengano presenti gli aspetti dei punti *a)* e *b)* perché il testo venga analizzato nei suoi risvolti "interattivi" e culturali.

Un altro possibile sfruttamento di questo approccio è l'applicazione che se ne può fare alla scrittura (cfr. Jackson, 1993). Una volta terminate le tre fasi si chiede agli studenti di riscrivere la sceneggiatura, così come è stata realizzata oppure dandole una diversa soluzione. In questo modo si offre loro l'opportunità di usare il nuovo vocabolario appreso durante le fasi precedenti e, molto importante, di familiarizzarsi con elementi della scrittura quali le figure retoriche, la coerenza logica e formale del testo, la grammatica e la sintassi. Infatti riscrivere la sceneggiatura permette una riflessione maggiore rispetto alla semplice realizzazione orale e, da un punto di vista più propriamente linguistico, è un modo per prendere confidenza con strutture come la subordinazione o l'uso del condizionale che creano spesso difficoltà.

Una proposta analoga è quella di Elahé Mir-Djalali (1993) secondo cui dovrebbe essere inserita una quarta fase, di rafforzamento, indirizzata specificatamente alla lettura e alla scrittura, prima individuale e successivamente di gruppo, della sceneggiatura effettuata.

Queste riportate non sono che delle possibilità di sfruttare l'Interazione Strategica in maniera più ampia rispetto alla semplice realizzazione delle tre fasi. Naturalmente l'insegnante può scegliere di usare in vario modo le sceneggiature trattandosi di testi, orali o scritti, di lingua prodotta dagli studenti.

8.5
Rapporto docente-discente

È importante sottolineare la centralità che riveste il discente in ogni fase. Infatti durante le prime due, mentre l'insegnante ha un ruolo di guida, intervenendo solo se chiamato a farlo, gli studenti tra di loro, lavorando in gruppo per organizzare la *performance*, si scambiano anche le reciproche conoscenze che hanno della L2. Così facendo l'apprendimento e l'insegnamento avvengono, spesso in modo inconscio, anche tra pari. Questo è ritenuto da Di Pietro didatticamente molto più efficace dell'insegnamento di tipo tradizionale in cui una persona dall'alto spiega senza tener sempre conto delle reali esigenze degli studenti. A queste esigenze, invece, si riserva un'attenzione fondamentale nell'Interazione Strategica proprio perché lo scopo è fare in modo che si possa arrivare fin dal primo momento a comunicare senza ansie nella lingua target.

Anche nella terza fase, quella del *debriefing*, in cui è apparentemente l'insegnante ad avere un ruolo principale, in realtà non si perde di vista la centralità degli studenti:

a) perché sono loro a dover porre le domande, e qualora non lo facciano l'insegnante deve stimolarli a questo facendo in modo che si sentano completamente liberi nel chiedere o commentare qualsiasi cosa in riferimento alla lingua target;

b) perché è a loro che si chiedono nuove e diverse possibili soluzioni per la *performance* appena terminata;

c) perché, infine, come abbiamo già detto, in ogni caso la lingua che si studia durante questa fase è quella prodotta da loro stessi.

E, in generale, tutta la lezione è strutturata in modo che lo studente si possa sentire a proprio agio, mentre la figura del docente, seppur centrale, nel senso che è il punto di riferimento continuo per lo studente, spesso ricopre un ruolo abbastanza defilato cercando piuttosto di stimolare gli studenti a prendere confidenza con la lingua target.

Anche il momento della valutazione non è riservato esclusivamente all'insegnante, il quale, ovviamente, è la persona più competente per dare una valutazione globale non solo di come sono stati interpretati i ruoli, ma anche di come le convenzioni culturali sono state rese durante la *performance*.

Gli studenti invece devono essere sollecitati a valutare gli altri studenti e se stessi. Questo perché:

1. Possono valutare il grado di originalità e intellegibilità della *performance* cui hanno assistito e l'uso che gli altri studenti hanno fatto delle limitate conoscenze della lingua target. Inoltre, avendo rispetto all'insegnante una conoscenza più limitata della L2 e quindi una capacità di previsione minore, potranno dare una valutazione migliore della pronuncia e degli eventuali errori di tipo grammaticale dei loro compagni.
2. Ognuno di loro è in grado di giudicare meglio di chiunque altro se sia riuscito effettivamente ad esperimere quello che aveva in mente. In altre parole gli è richiesto di comparare la propria conoscenza della L2 con l'applicazione pratica alla circostanza affrontata.

L'insegnante deve richiedere, e tenere in considerazione, anche queste altre forme di valutazione per cui, alla fine, il suo giudizio complessivo dovrà essere la somma dei tre giudizi separatamente considerati[7].

8.6
Conclusioni

In questo capitolo abbiamo esposto che cosa sia l'Interazione Strategica e come avvenga l'insegnamento della lingua straniera per mezzo di tale appoccio didattico.

Si è partiti dalla sceneggiatura, di cui sono stati analizzati gli elementi costitutivi per poi passare ad esporne le fasi di preparazione, realizzazione e analisi, dando brevemente esempi di altri possibili campi di applicazione, come lo studio della letteratura e la stesura di testi scritti.

Si è cercato di descrivere chiaramente tutti i passaggi mettendo in luce, di volta in volta, a quali aspetti, linguistici e non, rivolgere l'attenzione perché questa ci è sembrata la vera essenza di tale approccio didattico (il quale, d'altro canto, presenta delle gravi debolezze dal punto di vista dei presupposti metodologici). La lingua infatti, anche se a volte gli insegnanti sembrano dimenticarlo, prima ancora che essere teoria è un atto pratico. L'impostazione data da Di Pietro in cui si parte dall'utilizzazione pratica della L2 per giun-

7. Per una sintesi degli obiettivi del docente e del discente, cfr. anche D. P. Verity (1993).

gere ad una formulazione teorica, quindi, risponde bene alle esigenze dell'apprendimento di un lingua per usarla, per parlare, e non per farne un'analisi filologica. Lo studio teorico deve avere lo scopo di rendere coerente gli aspetti funzionali e non essere l'unico obiettivo dell'insegnamento.

Parlare significa interagire, ma l'interazione non avviene esclusivamente per mezzo di parole. Questo dovrebbe essere sempre tenuto presente da un insegnante che non voglia rendere la lingua che insegna una pura emissione di suoni che hanno poco senso per lo studente. Si dovrebbe quindi cercare di riproporre nella L2 la complessità dello scambio comunicativo esattamente come avviene nella L1.

Poiché l'aspetto interessante di questo approccio risiede proprio nell'uso e nell'applicazione della lingua alle situazioni, tutto quello che Di Pietro teorizza come approccio dell'Interazione Strategica, non sarebbe altro che una buona spiegazione di come andrebbe usato in classe un *role-play* ben fatto, inserito, però, all'interno di un contesto metodologico comunicativo generale. Il *role-play* che Di Pietro, giustamente, critica è semplicemente quello realizzato da un insegnante pigro.

Ci lascia infine abbastanza perplessi il fatto di ritenere che una lingua possa venire insegnata "esclusivamente" tramite l'Interazione Strategica, anche ai principianti. Utilizzare le sceneggiature parallelamente all'uso di altri metodi e approcci didattici risponderebbe meglio, a nostro avviso, alle esigenze di apprendimento degli studenti. Mentre per chi ha già una certa conoscenza della lingua realizzare le sceneggiature sarebbe sicuramente un modo per venire a contatto con quegli elementi che solitamente vengono trascurati nell'insegnamento, oltre al fatto che la novità di un'attività del genere contribuirebbe ad interrompere la monotonia della ripetitività delle lezioni.

Riferimenti bibliografici

ALATIS J. E. (ed.) (1993), *Georgetown University Roundtable on Languages and Linguistics*, Georgetown University Press, Washington DC.

BOSCO F. J. (1993), *The Place of Input in the Scenario Approach*, in Alatis (ed.) (1993), pp. 306-21.

DANESI M. (1993), *The Strategic Interaction View of Language: Robert J. Di Pietro's Vichian Paradigm for Theoretical and Applied Linguistics*, in Alatis (ed.) (1993), Washington, pp. 480-91.

DI PIETRO R. J. (1987), *Strategic Interaction. Learning Languages through Scenarios*, Cambridge University Press, New York.
JACKSON R. M. (1993), *Using Strategic Interaction in the Teaching of Writing*, in Alatis (ed.) (1993), pp. 109-15.
MIR-DJALALI E. (1993), *Strategic Interaction: Issues and Application to Second-Language Teaching and Acquisition* in Alatis (ed.) (1993), pp. 162-77.
O'NEILL C. (1993), *From Words to Worlds: Language Learning through Process Drama*, in Alatis (ed.) (1993), pp. 52-9.
SMITH RUTLEDGE L. (1993), *The Use of Scenarios in the Classroom for the Development of Higher-Level Foreign-Language Skills*, in Alatis (ed.) (1993), pp. 587-92.
VERITY D. P. (1993), *The Concept of Rehearsal in Strategic Interaction* in J. E. Alatis (ed.) (1993), pp. 60-8.

9

La competenza interculturale

di *Ute Weidenhiller*

Willst du dich selber erkennen, so sieh wie die anderen es treiben,
Willst du die anderen verstehen, blick in dein eigenes Herz [1].

(F. Schiller, J. W. Goethe, *Der Schlüssel* in *Tabulae Votivae*)

9.1 Introduzione

L'*apprendimento interculturale* è da alcuni anni un tema che suscita vivo interesse nell'ambito della ricerca sull'insegnamento delle lingue straniere e della lingua seconda, coinvolgendo anche altri ambiti di studio.

Sviluppatosi all'inizio degli anni Sessanta negli Stati Uniti, il *training* interculturale è stato usato per la prima volta dal Peace Corps e si è diffuso durante gli anni Settanta provocando una vera e propria "ondata interculturale" a partire dagli anni Ottanta. «Die Begriffe des "Interkulturellen Lernens", der "Interkulturellen Kommunikation" und der "Interkulturellen Erziehung" erleben seit Mitte der achtziger Jahre einen inflationären Gebrauch» [2], è il commento critico di Hans Jürgen Krumm (1995, p. 156) nei confronti dell'uso eccessivo della parola "interculturale", che finisce per diventare un termine di moda privo di senso.

La competenza interculturale risulta necessaria in primo luogo come conseguenza dell'internazionalizzazione del mercato del lavoro. I dirigenti di compagnie, istituzioni e organizzazioni con interessi internazionali richiedono ai loro dipendenti non solo la conoscenza di varie lingue straniere, ma spesso anche una conoscenza specifica di tipo sociale e culturale per poter trattare con gruppi e società che presentano ideologie, sistemi di valori e comportamenti differenti. Si richiede loro quindi di svolgere la funzione di *mediato-*

1. «Vuoi conoscere te stesso, guarda gli altri, vuoi comprendere gli altri, guarda nel tuo cuore».

2. «Dalla metà degli anni Ottanta l'uso dei concetti di "apprendimento interculturale", "comunicazione interculturale" e "educazione interculturale" è inflazionato».

ri tra culture diverse e perciò di familiarizzarsi con la nuova cultura assumendo una nuova visione del mondo (*Weltanschauung*) tramite l'interiorizzazione dei sistemi di valori linguistici ed esistenziali della cultura straniera.

Questa nuova qualificazione ha acquistato importanza non solo nel mondo imprenditoriale ma anche nella vita quotidiana. Una società sempre più multietnica richiede capacità di comprensione reciproca e flessibilità mentale soprattutto da parte di chi si sente "straniero" ed è esposto a una sensazione di disorientamento che secondo Schumann può essere di tre tipi (Schumann, 1975 cit. in Aarup Jensen, 1995, p. 43):

1. Language shock – originating from problems with finding the correct words for things and ideas, the feeling of insufficiency due to a lack of proficiency in the foreign language.
2. Culture shock – caused by the fact that the person's usual strategies for problem solving do not result in the expected and desired outcome in the foreign culture.
3. Culture stress – caused by questions of identity, for example due to a change of social status in the foreign culture compared to the person's status in the home culture[3].

9.2
Che cos'è la competenza interculturale?

Parlare di "apprendimento interculturale" va molto di moda, ma pochi sanno cosa significhi veramente. Il concetto di "competenza interculturale" è solidamente integrato nella teoria della "competenza comunicativa" e dovrebbe offrirne un ulteriore sviluppo. Sarebbe però sbagliato considerare l'orientamento interculturale dell'insegnamento delle lingue straniere come una fase "postcomunicativa" che introduce un nuovo metodo. Si tratta piuttosto di una revisione della concezione della capacità comunicativa che non è più considerata una capacità universale, in quanto i modelli della comunicazione quotidiana di

3. «1. Choc linguistico – provocato dalla difficoltà nell'individuare termini appropriati per cose ed idee, dovuto ad una mancanza di competenze nella lingua straniera. 2. Choc culturale – causato dal fatto che le strategie tradizionali adoperate dall'individuo per la soluzione di problemi personali e sociali si dimostrano inefficaci nel produrre gli effetti desiderati all'interno di una cultura straniera. 3 Stress culturale – dovuto a problemi d'identità per esempio legati al cambiamento dello status sociale nella cultura straniera rispetto allo status della persona nell'ambito culturale d'origine».

una cultura nazionale non sono semplicemente trasferibili a una situazione dialogica interculturale.

Il punto di partenza da cui sono scaturite queste riflessioni è una maggiore attenzione per l'apprendente e per i suoi bisogni nel momento in cui entra in contatto con un'altra cultura o quando ne incontra i rappresentanti. «Zweck dieser Programme ist [...] die Vorbereitung der Teilnehmer auf kulturelle Phänomene und auf Probleme, die in der Interaktion mit Mitgliedern einer fremden Kultur auftauchen können»[4] (Dadder, 1987 cit. in Jæger, 1995, p. 35).

La considerazione dell'aspetto pratico, ovvero del verificarsi di incontri concreti tra persone di culture diverse, è quindi indispensabile in una didattica impostata sulla base dei principi della comunicazione interculturale. Lo sfondo di tale didattica è costituito da una vasta gamma di "discipline madri" come la linguistica, la pedagogia, la sociologia, e soprattutto l'antropologia e l'etnografia che le forniscono i contributi più importanti.

L'apprendimento interculturale non accompagna automaticamente lo studio di una lingua straniera e va al di là della conoscenza dei contenuti (*Landeskunde*, *background studies*, *civilisation*). È un processo di apprendimento nel quale la lingua straniera viene riconosciuta e considerata come espressione di un pensiero e di un modo di vivere diverso. Il criterio fondamentale in base al quale misurare il successo non è l'acquisizione di informazioni, ma il cambiamento del proprio punto di vista, che, nella letteratura socio-psicologica, viene descritto con il termine di *empatia*. Lo sviluppo dell'empatia e della comprensione critica, come pure la capacità di superare i conflitti, costituiscono la dimensione sociale e pedagogica dell'insegnamento delle lingue straniere trascurato in approcci più tradizionali e in parte anche in quelli comunicativi.

9.3
Le tre dimensioni della competenza interculturale

Nella ricerca sulla competenza interculturale si distingue normalmente tra l'aspetto affettivo, l'aspetto cognitivo e l'aspetto comunicativo/comportamentale (cfr. Gertsen, 1995).

4. «Lo scopo di questi programmi è [...] la preparazione dei partecipanti a fenomeni culturali e problemi, che possono sorgere nell'interazione con membri di una cultura straniera».

9.3.1. La dimensione affettiva

Una parte delle ricerche sulla competenza interculturale si impegna a identificare le specificità che caratterizzano un individuo interculturalmente competente. Un requisito importante, citato frequentemente, è, come abbiamo detto, l'empatia, ovvero la capacità di vedere il mondo attraverso gli occhi di un'altra persona. Rilevanti sono inoltre l'apertura mentale, la flessibilità e la comprensione verso l'altro.

Le reazioni dei singoli individui in situazioni che non possono interpretare o capire immediatamente variano in maniera notevole: alcuni si sentono frustrati, altri rispondono con rabbia, mentre altri ancora non sembrano preoccuparsi dell'incomprensione.

9.3.2. La dimensione cognitiva

Si presume che una migliore conoscenza di un'altra cultura spiani la via ad una migliore comprensione e quindi all'accettazione del modo di pensare e del comportamento della cultura in questione. L'interpretazione corretta del comportamento di un individuo presuppone la conoscenza del suo *background* culturale. La componente cognitiva riguarda la comprensione generale della diversità culturale e la conoscenza specifica di determinate culture. Questa dimensione della competenza include il modo in cui gli individui considerano le altre culture, come le percepiscono attraverso metafore, stereotipi e pregiudizi. L'informazione può abbracciare aree, che appartengono tradizionalmente alla materia *Landeskunde* (lingua e cultura), come:

- geografia e clima;
- economia, sistema politico e struttura sociale (ciò includerebbe informazioni sul sistema gerarchico, sulle classi sociali, il concetto di status, la struttura del potere, la burocrazia ecc.);
- lavoro (compreso l'atteggiamento di fronte al lavoro);
- ruoli sociali nella famiglia, nel vicinato, sul posto di lavoro e nella vita associativa;
- comportamento/atteggiamento di fronte al tempo, allo spazio e alle emozioni (compresi il senso del pudore e la delimitazione della *privacy*);
- etica, religione, usi e costumi, superstizione, relazione con la natura e la metafisica, valori spirituali.

Questi temi hanno rilevanza in tutte le culture; tuttavia nello stilare un sillabo per un corso di educazione culturale vale il criterio contrastivo, ovvero vengono privilegiati i temi in cui c'è maggiore contrasto con la cultura dei soggetti partecipanti e scartati quindi gli altri. Può anche essere necessario integrare la lista con altri temi (ad esempio il concetto di alta/bassa contestualizzazione delle comunicazioni).

9.3.3. La dimensione comunicativa/comportamentale

La competenza interculturale può essere considerata come capacità di individuare il comportamento comunicativo adatto alla situazione e ai partecipanti dell'evento. Certi tipi di strategie comunicative – come ad esempio le espressioni di rispetto e empatia, di flessibilità e disponibilità ad ascoltare gli altri – sono state considerate estremamente importanti.

La componente comunicativa si riferisce alla capacità di agire con "sensibilità culturale" e abbraccia sia la capacità di esprimersi, sia quella di capire l'altro. In particolare in ambito interculturale la componente comunicativa si esplica nella capacità di:

– creare e mantenere relazioni personali con individui di altre culture;
– svolgere ruoli sociali specifici in maniera culturalmente accettabile;
– capire la comunicazione verbale e non verbale espressa da persone di altre culture, allo stesso modo in cui sarebbe capita da un membro di quella cultura;
– "meta-comunicare" sulla competenza interculturale.

Poiché un comportamento positivo e una buona conoscenza di un'altra cultura non aiutano molto se non si è capaci di esprimersi, la dimensione comunicativa è la colonna portante delle tre dimensioni che sono comunque strettamente collegate (cfr. FIG. 9.1).

FIGURA 9.1
Relazione di interdipendenza

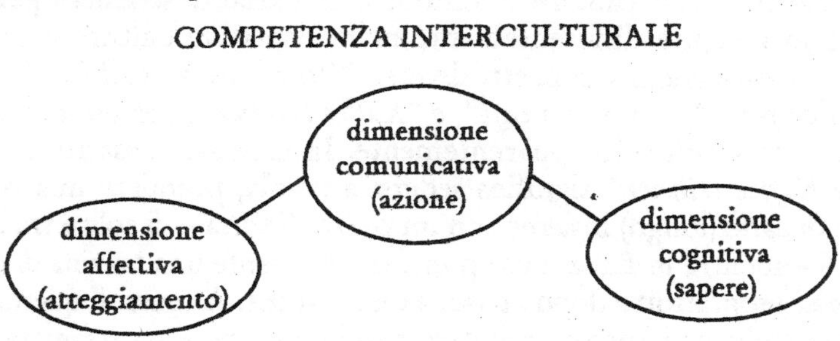

Fonte: adattato da Gertsen, 1995, p. 287.

9.4
Fonti di possibili malintesi in situazioni interculturali

Due parlanti possono comunicare su vari argomenti, riferirsi a concetti astratti (libertà, divertimento ecc.), oggetti concreti (bambino, casa, cane ecc.), istituzioni (scuola, teatro ecc.), esprimere giudizi, valutazioni (carino, scortese, straordinario) e *speech acts* (promettere, confermare, presumere ecc.).

Il problema di base di una comunicazione diretta è quello di diventare coscienti delle strutture percettive con cui i parlanti "recepiscono" la situazione in cui si trovano ad interagire.

Gli apprendenti di una lingua straniera infatti devono comprendere che la lingua che stanno imparando è l'espressione di un'entità culturale chiaramente distinta dalla propria cultura nonostante le somiglianze di singoli elementi.

La ricerca di parametri di misura nella cultura straniera è allo stesso tempo la scoperta delle abitudini di valutazione nella propria cultura. Riuscire a stabilire questa relazione ed esserne consapevoli è indispensabile per lo studio dello "straniero" e deve diventare conseguentemente parte di ogni programma di insegnamento interculturale di una lingua straniera.

Il confronto tra lingua e cultura rivela numerosi settori in cui si manifestano rilevanti differenze. Alcune delle più importanti per la comunicazione diretta saranno esaminate di seguito.

9.4.1. Lessico

L'incontro con un'altra visione del mondo inizia a livello lessicale. Singole parole ed espressioni sembrano spesso facili da tradurre, possono però causare malintesi con parlanti stranieri perché vengono recepite differentemente nelle rispettive culture e implicano di conseguenza concetti diversi. "Prendere un caffè", "*have a cup of coffee*", "*prendre un café*", e "*Kaffee trinken*", per esempio, sono attività simili solo apparentemente. In Germania essere invitati "*zum Kaffee trinken*" significa sedersi a tavola, prendere una o più tazze di caffè (lungo) insieme con un pezzo di torta – di solito tra le 15 e le 16 – mentre in Italia si usa prendere solamente una tazzina di caffè (espresso) soprattutto dopo i pasti, a casa o al bar. A causa di questa differenza sono nati spesso malintesi, poiché una persona straniera che non conosce tale usanza tedesca potrebbe sentirsi offesa essendo stata invitata "solamente" a prendere un caffè e non a pranzo o a cena.

I parlanti non sono sempre coscienti di questo legame tra espressione linguistica e pratiche o valori culturali e quando se ne accorgono devono fare sforzi, quasi sempre metalinguistici, per mostrare come usano alcune espressioni in una data situazione culturale e come vogliono che ciò che dicono sia interpretato. Imparare a vivere con comportamenti linguistici dalle connotazioni culturali differenti significa sviluppare una particolare attenzione, una cosidetta "consapevolezza linguistico-culturale" (*linguistic-cultural awareness*).

9.4.2. Atti linguistici (*speech acts*)

La diversa realizzazione degli atti linguistici è probabilmente la causa più frequente di problemi in una comunicazione interculturale. I parlanti di una lingua straniera in una situazione interculturale hanno difficoltà a distinguere ciò che si voleva dire da ciò che si è detto realmente.

Il dialogo riportato di seguito è un esempio di malinteso dovuto alla traduzione letterale da parte di due persone di nazionalità diverse che usano l'inglese come lingua franca, ma che attribuiscono alle parole non i valori culturali anglossassoni bensì i valori culturali di ognuno dei loro paesi (Müller, 1995a, p. 68).

A French manager (F), department head in the French subsidiary of a German company, is in Germany for a work visit at the parent company. On the second day he meets the managing director (D) by chance:
(D): Oh Mr. Marret, nice to see you. Hello.
(F): Hello, Dr. Gruber...
(D): How are your talks going so far? We have an appointment for a wrap up talk tomorrow at 14:00, isn't that so?
(F): Yes. So far everything's going fine. We'll be able to discuss it in detail tomorrow.
(D): Yes, I thought we shouldn't put ourselves under any time pressure and wanted to have my secretary call you, but since I've met you now. Let me invite you to lunch tomorrow, not in the canteen but in a little restaurant about 2 km from here.
(F): Yes, if you want to.
(D): (thinks: does he have another appointment?) [5].

5. «Un manager francese (F), caporeparto della filiale francese di una compagnia tedesca, si trova in Germania per una visita di lavoro alla compagnia madre. Il secondo giorno incontra per caso l'amministratore delegato (D):
(D): Oh Signor Marret, che piacere vederLa! Salve!

Il malinteso è nato qui a causa di una interferenza. In francese dire: "*Si vouz voulez* (*if you want to*)" compie l'atto linguistico di "dare un assenso garbato" (il grado di positività dell'assenso può naturalmente essere modificato dai gesti o dall'intonazione). Invece dire: "*Wenn Sie wollen* (*if you want to*)" in tedesco compie l'atto linguistico di "ipotecare l'assenso", cioè l'affermazione suona piuttosto indifferente o cautelativa e viene usata in situazioni in cui si accetta ma senza grande entusiasmo.

Questo esempio mostra chiaramente il problema che le traduzioni spesso trasportano semplicemente le parole da una lingua all'altra, senza riuscire a rendere lo *speech act* che queste esprimevano.

9.4.3. Registro

Generalmente quando parliamo la maggior parte di ciò che esprimiamo dipende:
- dal tipo di situazione (se è formale/informale, se ci sentiamo a nostro agio, se ci è familiare ecc.);
- dalla relazione tra i partecipanti;
- dalla nostra età e quella del nostro interlocutore ecc.;
- dal nostro status/potere e quello del nostro interlocutore ecc.

Ci sono lingue nelle quali alcune di queste variabili vengono espresse grammaticalmente, come ad esempio nel giapponese, dove le desinenze dei verbi e dei soggetti di una frase cambiano a seconda di chi parla, del suo interlocutore e della situazione.

Anche se nelle lingue europee non esiste un sistema così complesso di distinzioni come quello accennato, ci sono molte regole sul modo di esprimersi in date situazioni. La maggior parte di queste regole viene appresa durante l'infanzia; si tratta di solito di regole inconsce che divengono "visibili" non appena sono state violate. In questi casi suscitano reazioni come ad esempio:
- "È terribile che alla mia età debba sentirmi dire cose del genere!";

(F): Salve, Dr. Gruber...
(D): Come stanno andando i Suoi incontri? Noi abbiamo un appuntamento per un incontro riepilogativo domani alle 14:00, non è vero?
(F): Sì. Sta andando tutto per il meglio. Avremo modo di discutere dei dettagli domani.
(D): Sì, pensavo che non dovremmo farci prendere dall'urgenza, e L'avrei fatta chiamare dalla mia segretaria, ma dal momento che L'ho incontrata ora, vorrei invitarLa a pranzo per domani, non alla mensa, ma in un piccolo ristorante a circa due km da qui.
(F): Sì, se vuole.
(D): (pensa: ha un altro appuntamento?)».

– "Un po' di rispetto! Qui siamo in una chiesa/in un posto pubblico!":
– "Con chi credi di parlare??!" "Chi credi di essere??!";
– "Un bambino non dovrebbe parlare così!";
che dimostrano come in certe situazioni si faccia riferimento a comuni "regole di conversazione" che sono in realtà regole di comportamento culturale.

9.4.4. Comunicazione paraverbale

Il termine "paraverbale" si riferisce all'aspetto orale dell'enunciato, cioè all'intonazione (la melodia), al ritmo, al volume e alla scansione temporale (pause) del parlato.

Un esempio di malinteso causato dalla comunicazione paraverbale viene riportato da Müller (1995b): in una transazione tra uomini d'affari tedeschi e finlandesi (tenuta in lingua tedesca) si era creato un clima piuttosto teso perché i finlandesi avvertivano un comportamento scortese e aggressivo nei loro confronti. L'analisi del problema, fatta da un gruppo di specialisti di comunicazione, ha mostrato che ciò si era verificato per la diversa intonazione e il diverso uso delle pause da parte dei finlandesi. A causa di un'interferenza con la propria lingua madre questi lasciavano discendere l'intonazione alla fine delle frasi. L'intonazione discendente segnalava ai tedeschi la fine del discorso e così essi prendevano il turno di parola, interrompendo sistematicamente i discorsi dei finlandesi senza rendersene conto. Un'ulteriore analisi ha mostrato che attraverso delle pause leggermente più lunghe tra una frase e l'altra i finlandesi rafforzavano inconsciamente l'impressione di aver finito di parlare.

9.4.5. Comunicazione non verbale

Almeno il settanta per cento del significato di una comunicazione viene trasmesso a livello non verbale (cfr. Binon, Claes, 1995). Le espressioni possono essere più o meno forti, i gesti più o meno frequenti secondo la cultura; al variare dell'uso delle espressioni e dei gesti variano anche i loro significati come si vede dalla tabella 9.1.

9.4.6. Stile comunicativo

La distinzione tra *culture a contesto debole* (tutto viene spiegato dettagliatamente e non si può contare sul fatto che il proprio interlocutore desuma il senso delle parole dal contesto) e *culture a contesto forte* (tutto deve essere interpretato tenendo conto del contesto in cui ci si trova) evidenzia l'importanza dell'implicito nella comunicazione non verbale.

TABELLA 9.1

Gesto	Significato
Fare una O con il pollice e l'indice.	USA: O.K. FRANCIA: zero, niente. GIAPPONE: soldi.
Battersi la tempia con l'indice	NELLA MAGGIOR PARTE DEI PAESI EUROPEI: questa persona è matta. EGITTO: questa persona è intelligente.
Ammiccare col capo una o più volte.	EUROPA OCCIDENTALE: sì. EUROPA ORIENTALE: no.
Fare il segno della V con l'indice e il medio.	INGHILTERRA: con la palma della mano rivolta all'interno = gesto osceno; con la palma rivolta all'esterno = vittoria (introdotto da Winston Churchill). NELLA MAGGIOR PARTE DEI PAESI EUROPEI: vittoria anche con la palma della mano rivolta all'interno.

Fonte: adattato da Binon, Claes, 1995, p. 344.

La tabella 9.2 illustra i possibili gradi di comunicazione implicita ed esplicita che caratterizzano la comunicazione tipica in vari paesi.

Un tedesco che usa il suo stile comunicativo in Italia potrebbe apparire pedante, un italiano che usa il suo stile comunicativo in Germania invece evasivo. Ecco perché nei *training* interculturali si cerca di insegnare soprattutto lo stile comunicativo che caratterizza l'espressione linguistica del paese target.

TABELLA 9.2
Comunicazione implicita ed esplicita

Paese	Comunicazione implicita	Comunicazione esplicita
Germania		****
Svizzera		****
Stati Uniti d'America		***
Francia	*	*
Inghilterra	**	
Italia	***	
Medio Oriente	***	
Cina	***	
Giappone	****	

Fonte: adattato da Binon, Claes, 1995, p. 346.

9.5
Tipologia di esercizi per insegnare la competenza interculturale

Il raggiungimento di una *linguistic-cultural awareness* attraverso l'apprendimento interculturale presuppone che vengano fatti collegamenti espliciti tra le forme linguistiche e i contesti socioculturali in cui queste sono collocate, e che le differenze tra le forme della lingua madre e della lingua straniera e i loro contesti culturali vengano programmaticamente analizzate.

Gli obiettivi globali della didattica interculturale sono la capacità di orientarsi in una cultura straniera e di comportarsi – parlando, gesticolando, offrendo un caffè o accettando un invito – in modo consono alle abitudini del paese target. Il discente arriverà a questo risultato imparando a distanziarsi dalla propria cultura e divertendosi ad imitare le usanze e ad intuire i valori che contraddistinguono il paese in cui deve integrarsi. Strada facendo egli migliora notevolmente la padronanza della lingua di quel paese. Infatti, «l'interiorizzazione di nuovi valori culturali rappresenta non solo il punto di arrivo, ma il processo stesso attraverso il quale si acquisisce una lingua straniera» (Boylan, 1992, p. 81). Competenze, queste, che si possono acquisire gradualmente passando attraverso gli obiettivi parziali che saranno illustrati nei paragrafi successivi (cfr. Bachmann, Gerhold, Wessling, 1996) [6].

9.5.1. Formazione delle facoltà percettive

In primo luogo deve essere messo in chiaro che la percezione è selettiva, guidata da interessi personali e determinata da specifiche esperienze culturali. Per spiegare questo fenomeno al discente vengono svolti esercizi con materiale illustrativo o materiale video.

La descrizione di illustrazioni che rappresentano scene e situazioni della vita quotidiana risulta interessante sia per arricchire il vocabolario, sia per capire ed analizzare le reazioni dell'apprendente. È utile chiedere agli apprendenti, ad esempio, perché hanno percepito alcuni elementi e non altri, perché li hanno descritti in una determinata maniera e non in un'altra.

Un'altra attività consiste nell'associare alla stessa immagine didascalie diverse (ad esempio un gruppo di studenti leggerà: "l'uomo nella fotografia è un amico del professore", mentre l'altro gruppo leggerà: "l'uomo nella fotografia è un agente del fisco"). Ogni gruppo deve caratterizzare l'uomo che si vede nell'immagine (che in realtà è lo stesso) e confrontare i risultati.

Questo esercizio mette in evidenza la difficoltà di evitare condizionamenti e di "vedere qualcosa" senza usare stereotipi e categorie abituali. È utile raccogliere le osservazioni dei discenti e evidenziare quali interpretazioni sono dettate dagli stereotipi del paese.

Per arrivare ad un giudizio più guidato e controllato, vale a dire per non interpretare e giudicare subito secondo le proprie categorie è necessario un procedimento che si articola nelle seguenti tre fasi:

1. Percepire: descrivere dettagliatamente senza interpretare.
2. Interpretare: stabilire dei rapporti tra le cose, cercare motivi, anticipare conseguenze, sottolineare la propria prospettiva.
3. Valutare: fissare le proprie impressioni dei dettagli o del quadro generale, caratterizzare le valutazioni come tali e spiegarle.

Da ognuna delle tre operazioni si possono trarre risultati diversi. La divisione dei passi "percepire" – "interpretare" – "valutare" crea spazio per delle ipotesi (che cosa potrebbe essere o significare?) e risveglia il desiderio di verifica.

6. Bachmann, Gerhold e Wessling sono insieme a Müller gli autori del corso di tedesco *Sichtwechsel – neu*, tra i primi corsi esplicitamente orientati verso un insegnamento interculturale.

Infine, il raccontare situazioni o storie dalla prospettiva di persone o figure diverse allena la capacità di prestare attenzione a fattori che potrebbero essere importanti da un altro punto di vista e quindi la capacità di empatia. Per questo esercizio si prestano testi letterari, sequenze di film, fumetti ecc.

9.5.2. Acquisizione di strategie per la comprensione del lessico

Poiché i significati dei concetti nelle diverse lingue non sono identici, bisogna chiedersi come si può scoprire che cosa "significhi" veramente una parola nella lingua straniera (cfr. PAR. 9.4.1). Il dizionario aiuta poco perché contiene generalmente solo il significato denotativo e dà poche informazioni sulle sue connotazioni e nessuna indicazione della funzione delle parole nel contesto sociale; è perciò fondamentale sensibilizzare l'apprendente al contesto che codetermina il significato di una parola e alle sue relazioni con parole correlate.

Un esercizio adatto a questo scopo sono i cosidetti *associogrammi* (cfr. *infra* CAP. 10). Gli associogrammi spiegano e illustrano, in una forma piuttosto schematica, i significati connotativi di quasi ogni concetto. Gli apprendenti formano in un primo momento gli associogrammi relativi a una nozione nella lingua madre ed interrogano poi, in un secondo momento, i parlanti della lingua target sulla stessa nozione. Se questo non è possibile è compito dell'insegnante illustrare la parte "straniera".

Di solito le associazioni culturali specifiche fatte da persone della propria lingua vengono riconosciute anche se non sono di rilevanza personale. Così gli abitanti degli stati dell'ex URSS, per esempio, sanno che il termine "vietato" associato alla nozione di "bosco" si riferisce a Chernobyl, mentre la stessa associazione rimane oscura per persone di altre culture.

9.5.3. Attività di confronto culturale e di empatia

Le attività di comprensione e di formazione delle facoltà "percettive" implicano – inevitabilmente – un paragone tra le culture. Sarebbe importante far presente al discente che le esperienze e le nozioni della propria cultura falsano la sua percezione del paese straniero e che l'immagine che ne deriva è deformata. Per evitare ciò non basta paragonare fenomeni "stranieri" e i presunti fenonemi analoghi del proprio paese, bisogna definire le equivalenze e le differenze funzionali. Particolarmente adatti a tale scopo sono gli esercizi di *multiple choice* relativi a anedotti della vita quotidiana, cfr. l'esempio 9.1:

ESEMPIO 9.1
Esercizio di multiple choice "interculturale"

Qual è l'aggettivo più adatto per qualificare i seguenti comportamenti?

1. Attenersi al limite di velocità di 30 km/h, anche se non c'è nessuno per strada è da considerarsi
   a) prudente *b) stupido* *c) disciplinato* *d) altro*
2. Un ragazzo, che è stato invitato a una festa, beve solo succo di frutta, perchè deve tornare a casa con la macchina. Il suo comportamento può essere definito
   a) asociale *b) ragionevole* *c) scortese* *d) altro*
3. Quando un gruppo di persone mangia in un ristorante ognuno paga separatamente quello che ha consumato. Questo è un atteggiamento
   a) pratico *b) corretto* *c) scorretto* *d) altro*
4. Due persone in un ristorante sono sedute a un tavolo da quattro. Un'altra persona entra e chiede se può sedersi al loro tavolo. Questo è un atteggiamento
   a) indiscreto *b) corretto* *c) socievole* *d) altro*
5. Lei è stata/o invitata/o a una cena per le ore 20 e arriva con venti minuti di ritardo. Secondo Lei è
   a) ancora in tempo *b) molto in ritardo* *c) altro*

I giudizi di valore dati sono relativi alle culture di appartenenza anche se ci sono sicuramente sistemi di valori diversi all'interno della stessa cultura, poiché questa in realtà è tutt'altro che omogenea, essendo costituita da un tessuto di culture etniche e regionali, stratificato per sesso, età, condizione lavorativa, religione ecc. Nasceranno senza dubbio accese discussioni in classi multiculturali, come anche in classi monoculturali, in cui ognuno cercherà di difendere e spiegare il proprio punto di vista e di sensibilizzare gli altri su possibili reazioni diverse.

Un altro esercizio utile è la visione di brevi brani, tratti da film in lingua originale, con la successiva imitazione in aula dei comportamenti osservati negli attori. Dal momento che i personaggi di film di qualità raramente sono macchiette, seppure in qualche maniera tipici di una determinata cultura, l'analisi e l'imitazione di un personaggio sviluppano la capacità di prestare attenzione alle componenti specifiche di una cultura e di rivolgere allo stesso tempo l'attenzione dei discenti al pericolo – sempre presente nel paragone tra le culture – di generalizzare troppo e di usare stereotipi.

9.5.4. Capacità discorsiva in situazioni interculturali

Non avendo in comune un *background* culturale, la comunicazione tra parlanti di culture diverse presenterà caratteristiche differenti rispetto alla comunicazione tra parlanti di lingua madre. Ciò è particolarmente vero per quanto riguarda la gestione efficace della comunicazione non verbale, della cui importanza poche persone si rendono conto. In una situazione interculturale è quindi essenziale potersi intendere sui significati delle parole e dei comportamenti.

Per imparare a paragonare i processi di comunicazione della propria cultura con quelli delle altre si possono tradurre letteralmente dei dialoghi (ad esempio: chiedere un favore a qualcuno, svolgere una trattativa d'affari, stringere contatti, scusarsi, criticare ecc.) e poi verificare se il messaggio del testo si è conservato anche nella traduzione, se si è perso, o se si sono addirittura creati dei malintesi (cfr. PAR. 9.4.2).

Dopo aver analizzato la causa del malinteso bisogna cercare la traduzione adatta, cioè la cosidetta traduzione comunicativa che non miri come la traduzione letterale a un'equivalenza sintattica e testuale, ma a un'equivalenza in termini d'efficacia. Questo è possibile solo attraverso il *transfer culturale*, cioè solo se la traduzione diventa un nuovo testo autentico nella lingua target. Per ottenere ciò il discente deve diventare una sorta di antropologo e intervistare il docente – come nella vita intervisterà i suoi interlocutori – per raccogliere i suoi giudizi sui vari adattamenti traduttivi che egli man mano propone.

9.6 Conclusioni

L'apprendimento interculturale è un processo strettamente interattivo, cioè una riflessione conscia sull'effetto che "l'altro" ha su di me in una situazione concreta, su come questo influisce sul mio comportamento linguistico e su quali effetti provoca la mia diversità sul comportamento linguistico del mio interlocutore.

La competenza interculturale può essere valutata solo quando i discenti sperimentano nella vita privata o professionale la loro capacità di "funzionare" in una società multiculturale. Poiché tali esperienze sfuggono a un'osservazione sistematica e a una verifica oggettiva, non esiste unanimità sulla possibilità di apprendere la competenza interculturale con riconoscimenti ufficiali.

Inoltre il valore dell'insegnamento della competenza interculturale varia a seconda delle condizioni in cui si svolgono le lezioni. L'insegnamento nel paese della L2, l'insegnamento bilingue e l'insegnamento in classi multiculturali offrono naturalmente possibilità migliori rispetto all'insegnamento in classi monoculturali.

I migliori materiali autentici non sono i normali testi per l'insegnamento della lingua, che spesso riportano scene e situazioni stereotipate o culturalmente asettiche, bensì videoregistrazioni, fumetti, manuali di comportamento, giochi di società e riviste di sociologia.

L'approccio interculturale nell'insegnamento delle lingue straniere dovrebbe essere il punto di partenza per una didattica interculturale nel senso più ampio, che si estenda e divenga modello anche per altre discipline (storia, letteratura, geografia, filosofia-ermeneutica ecc.).

Nell'esperienza concreta dell'insegnamento delle lingue straniere poco si è fatto finora in questa direzione. Spesso l'insegnamento interculturale si riduce alla *Landeskunde* (lingua e cultura), al semplice paragone tra culture (per esempio: "Come funziona questo nel tuo paese?") o a informazioni spicciole su come adattarsi agli usi e costumi del paese di destinazione (per esempio: "Non offendere la gente in Arabia Saudita mostrando loro le suole delle proprie scarpe").

Tuttavia la multiculturalità dei paesi europei diventa una realtà sempre più attuale e perciò l'orientamento interculturale dell'insegnamento delle lingue straniere acquisterà sempre più importanza se inteso come sviluppo della capacità di rispettare e di accettare "l'altro" e di scoprire, con l'aiuto di una lingua, non solo una nuova cultura, ma anche la propria cultura. Hunfeld parla a questo proposito della *Normalität des Fremden*[7] sostenendo che bisogna affrontare "l'altro" con un atteggiamento (Hunfeld, 1992, p. 43)

> [...] die das Fremde weder stilisiert (das Exotische), noch übersteigert (das Idealisierte), noch herabsetzt (das Minderwertige), noch ganz allgemein nur

7. Normalità dell'"altro".

aus der Perspektive des je eigenen Weltbildes bestimmt (Stereotyp, Klischee). [Man] sollte das jeweils Andere/Fremde schlicht als ebenso normal wie sich selbst annehmen [8].

Secondo Boylan (1992) invece questa visione (apprezzamento benevolo dell'altra cultura, rimanendo fissi nella propria cultura) impedisce un'autentica comprensione e un'efficace comunicazione interculturale. Egli sostiene infatti che un'effettiva competenza interculturale non possa prescindere dall'immedesimazione. Ciò non implica che i discenti italiani di un corso di comunicazione interculturale in inglese (ivi, p. 82)

debbano abbandonare definitivamente il loro modo di essere italiano, per imitare servilmente le maniere di un popolo straniero. Al contrario, questa didattica, incoraggiando il discente ad abbandonare il suo modo di essere italiano momentaneamente (per il tempo dell'interazione con la persona dell'altra cultura), vuole mettere l'allievo italiano in grado di far meglio apprezzare la sua cultura nel mondo, sfruttando abilmente le modalità comunicative a cui i suoi interlocutori stranieri sono abituati.

A suo parere le culture che conservano caparbiamente le proprie caratteristiche culturali, esigendo che gli altri facciano lo sforzo di capirli, rischierebbero di essere meno efficaci rispetto ai loro concorrenti nelle trattative diplomatiche o commerciali - dove molto si decide durante i pranzi o le cene di lavoro o nelle pause caffè – e i turisti provenienti da questi paesi "conservativi" rischierebbero di venir spesso raggirati dalle popolazioni locali nei normali contesti quotidiani. Lo sforzo di avvicinarsi agli altri, invece, pagherebbe con intese più durevoli e genuine e con legami di solidarietà più sentiti.

Riferimenti bibliografici

AARUP JENSEN A. (1995), *Defining Intercultural Competence. A Discussion of its Essential Components and Prerequisites*, in Sercu (ed.) (1995), vol. I, pp. 41-52.

BACHMANN S., GERHOLD S., WESSLING G. (1996), *Aufgaben- und Übungstypologie zum interkulturellen Lernen*, in "Zielsprache Deutsch", XXVII, 2, pp. 77-91.

8. «[...] che non stilizza "l'altro" (l'esotico), non lo sopravvaluta (l'idealizzato), non lo sminuisce (l'inferiore), né lo definisce genericamente solo dalla prospettiva della propria visione del mondo (stereotipo, cliché). [Si] dovrebbe semplicemente accettare "l'altro" come normale tanto quanto se stessi».

BACHMANN S. *et al.* (1996-97), *Sichtwechsel - neu*, Klett Verlag, Edition Deutsch, Stuttgart.

BINON J., CLAES M. TH. (1995), *Intercultural Communication and Negotiation in a Business Environment*, in Sercu (ed.) (1995), vol. II, pp. 323-54.

BOYLAN P. (1992), *Finalità e obiettivi dell'alfabetizzazione culturale e comunicativa*, in T. De Mauro, E. Padalino, M. Vedovelli (a cura di), *L'alfabetizzazione culturale e comunicativa*, Giunti Marzocco, Firenze, pp. 71-157.

GERTSEN M. C. (1995), *Intercultural Training as In-Service Training. A Discussion of Possible Approaches*, in Sercu (ed.) (1995), vol. II, pp. 305-15.

HUNFELD H. (1992), *Die Normalität des Fremden als Ziel des frühen Fremdsprachenunterrichts*, in "Deutsch für den Unterricht", 1, pp. 42-4.

JÆGER K. (1995), *Teaching Culture - State of the Art*, in Sercu (ed.) (1995), vol. I, pp. 31-40.

KRUMM H. J. (1995[3]), *Interkulturelles Lernen und interkulturelle Kommunikation*, in K. R. Bausch, H. Christ., H. J. Krumm (hrsg.) *Handbuch Fremdsprachenunterricht*, Francke, Tübingen, Basel, pp. 156-61.

MÜLLER B. D. (1995a), *An Intercultural Theory of Teaching German as a Foreign Language*, in Sercu (ed.) (1995), vol. I, pp. 59-76.

ID. (1995b), *Steps Towards an Intercultural Methodology for Teaching Foreign Languages*, in Sercu (ed.) (1995), vol. I, pp. 71-116.

SERCU L. (ed.) (1995), *Intercultural Competence - A New Challenge for Language Teachers and Trainers in Europe*, vol. I - *The Secondary School*, vol. II - *The Adult Learner*, Aalborg University Press, Aalborg.

10

“L’approccio lessicale”

di *Carlo Serra Borneto*

10.1 Introduzione

«Quando si viaggia non si portano appresso le grammatiche; piuttosto ci si porta appresso un dizionario». Questo motto, attribuito a Stephen Krashen, potrebbe essere preso come una sorta di manifesto di quello che da taluni è stato chiamato “l’approccio lessicale”[1]. Da una parte, infatti, esso riconosce l’importanza del lessico ai fini pratici, dall’altra fa riferimento ad una contrapposizione tra grammatica e lessico che è un po’ alla base di questo “approccio”.

– Il termine “approccio lessicale” non è diffusissimo e lo si può considerare di comodo. Con esso vogliamo qui riassumere varie tendenze che pongono lo studio del lessico al centro della prassi didattica. L’idea centrale è che si possa, anzi si debba, arrivare alla competenza nella lingua straniera attraverso un insegnamento basato sul lessico e in particolare che la stessa grammatica vada appresa contemporaneamente e *assieme al* lessico, poiché essa è integrata *nel* lessico. Questa tesi prende le mosse sia da alcuni fatti e riflessioni sulla prassi didattica sviluppatasi in ambito comunicativo, sia dagli studi teorici sull’apprendimento delle lingue straniere. Tali fatti e riflessioni sono riassumibili nei seguenti punti:

– l’osservazione che – malgrado la diffusione dell’approccio comunicativo – la grammatica continua a rivestire un ruolo predominante nell’esperienza pratica dell’insegnamento e viene il più delle volte trasmessa ancora in maniera tradizionale;

1. Vedi in particolare Willis (1990) e Lewis (1993). Va inoltre rimarcato che Krashen ha in realtà ben poco a che vedere con l’approccio lessicale qui illlustrato, tuttavia egli ha certamente contribuito con alcune sue idee ad aprire la strada ad una maggiore consapevolezza dell’importanza del lessico nell’apprendimento delle lingue straniere.

– la sempre più diffusa consapevolezza – derivata da accurate analisi degli errori, analisi delle strategie di produzione ecc. – chele maggiori difficoltà di produzione in una lingua straniera (sia in termini di corrispondenza tra quanto si intende e quanto si riesce a dire, sia in termini di comprensibilità di quanto si è detto) sono legate soprattutto a problemi lessicali (cfr. Meara, 1984);
– la sempre maggiore attenzione che nel corso degli anni Ottanta si è andata concentrando sulle caratteristiche del discente e in particolare sulle sue strategie di apprendimento, spesso incentrate sull'acquisizione del lessico (cfr. O'Malley, Chamot, 1990 e Oxford, 1990);
– l'ipotesi teorica che il lessico mentale, cioè la rappresentazione delle relazioni semantiche nella nostra mente, sia organizzato in forma di reti e di nodi interconnessi (e non in partizioni, o "cassetti" separati e distinti, in cui sarebbero immagazzinati i singolo vocaboli), in cui l'informazione lessicale e quella grammaticale sono codificate simultaneamente – in pratica una parola è un conglomerato di significati in cui confluiscono vari tipi di informazioni, tra cui quelle sulle possibili relazioni che può instaurare con altre parole o parti del discorso e non è quindi un'entità libera di combinarsi a piacimento – (cfr. Aitchinson, 1987);
– la costruzione di materiali basati su testi autentici e su studi statistici del vocabolario con scopi didattici (per esempio il progetto COBUILD, vedi oltre) che evidenziavano l'importanza delle cosiddette "collocazioni", cioè delle relazioni di compatibilità tra vocaboli nei contesti di occorrenza.

Questi vari fenomeni mostrano aspetti convergenti e spiegano come mai il tema del lessico sia entrato sempre più nella "coscienza pedagogica" di teorici e insegnanti e abbia assunto un peso sempre più rilevante nella prassi didattica. Se da una parte, quindi, lo studio del lessico non è certamente una prerogativa di quello che definiamo "approccio lessicale", lo studio *a partire* dal lessico e che *attraverso* il lessico si fa carico di introdurre anche altri aspetti dell'apprendimento linguistico (dalla grammatica alla testualità e al discorso) rappresenta una peculiarità che solo recentemente si è sviluppata in tutte le sue potenzialità.

L'approccio lessicale non ha un suo *status* teorico definito e indipendente: lo studio del lessico ha molti padri. In questa prima parte del capitolo prenderemo come testo di riferimento il lavoro di Lewis (1993), che se ne è occupato in maniera abbastanza strutturata (ma faremo all'occorrenza riferimento ad altre fonti). La seconda parte del capitolo sarà invece dedicata ad un aspetto più pratico, legato all'apprendimento individuale: le strategie e le tecniche che possono essere adottate per l'apprendimento del lessico. Abbiamo voluto dedicare loro uno spazio cospicuo, perché in esse si coniugano due delle tendenze dominanti degli ultimi anni: quella dell'autorganizzazione dell'apprendimento e quella appunto della centralità del lessico.

10.2
Presupposti teorici

In una visione tradizionale l'apprendimento del lessico riguarda l'acquisizione delle parole, cioè del "vocabolario". In questa visione (che qui illustriamo in forma volutamente estremizzata) vocabolario e grammatica sono due entità separate, che si possono studiare indipendentemente: da una parte si acquiscono le regole della grammatica, dall'altra si studiano i vocaboli. In sostanza la lingua è vista come un edificio, di cui la grammatica rappresenta la struttura portante e il vocabolario ne costituisce il "riempimento" contenutistico. In questa metafora il vocabolario consisterebbe in singoli mattoni di significato fisso che – correttamente utilizzati (cioè utilizzati in accordo con le regole grammaticali) – si inserirebbero nelle strutture in modo da "costruire" frasi adeguate. La lingua si identificherebbe così prevalentemente con la struttura grammaticale piuttosto che con il lessico, considerato come un insieme di "pacchetti di significato" fissi (i vocaboli). Il lessico, inoltre, non vi appare differenziato: le parole da imparare sono tutte uguali nella sostanza, a parte qualche eccezione considerata particolarmente "grammaticalizzata", come le preposizioni (di cui si postula infatti un "uso" particolare) o i verbi modali ecc.

Quella appena delineata è – come si diceva – una visione estremizzata di come tradizionalmente viene concepito il lessico, ma probabilmente non si discosta troppo da certe idee diffuse fra gli stessi apprendenti. Le conseguenze sul piano dell'apprendimento si possono riassumere nei seguenti punti:

– grammatica e lessico sono entità linguistiche separate, che vanno separatamente studiate;
– il lessico è costituito di parole che si possono imparare singolarmente per poi utilizzarle combinandole in frasi;
– pur essendo evidentemente non uguali, le parole possono essere imparate sostanzialmente tutte con lo stesso metodo.

L'approccio lessicale contesta questa concezione in ogni suo punto, sia dal punto di vista teorico che dal punto di vista didattico, attribuendo sia alla grammatica che al vocabolario caratteristiche e funzioni diverse.

10.2.1. Carattere e ruolo della grammatica

Secondo i rappresentanti dell'approccio lessicale la grammatica ha ancora oggi un ruolo troppo centrale nella prassi didattica; c'è bisogno di molta meno grammatica di quanto non si creda per imparare una lingua straniera. Inoltre, la maniera in cui la grammatica viene presentata è poco adeguata alla realtà della lingua e in generale tiene troppo poco conto dell'importanza del significato. Lo studio della grammatica enfatizza infatti per sua natura gli aspetti formali della lingua e quelli che si possono rendere consapevoli (le "regole"); in realtà la lingua – sostengono i lessicalisti – è assai meno strutturata di quanto vorrebbero farci credere i grammatici e consiste di molti fenomeni sfumati, spesso idiosincratici (o "irregolari"), con molte "categorie di passaggio" che la grammatica tende a mantenere distinte. In altri termini, la lingua è piuttosto una serie di *continua* che una struttura di discreti. La grammatica – così come viene in generale sistematizzata – darebbe quindi un'impressione distorta della realtà della lingua. Questo sembra confermato dalla presenza nei materiali didattici di frasi ben formate possibili, ma ben poco plausibili o naturali dal punto di vista dell'uso. Inoltre, lo studio della grammatica enfatizza tradizionalmente gli aspetti consapevoli dell'apprendimento (una "regola" è una rappresentazione a livello conscio di caratteristiche, vere o supposte, riscontrabili nei fenomeni della lingua) e porta a sottovalutare la parte più autentica dell'apprendimento linguistico che si svolge invece in larga misura in maniera non consapevole.

La separazione artificiosa tra grammatica e significato rappresenta, secondo i lessicalisti, l'aspetto più critico degli approcci centrati sulla grammatica: le "strutture" (e in buona misura anche le "regole") sono astratte, poco legate ai contesti in cui nella realtà compaiono, presentate come indipendenti dal significato che le determina. Si studia, ad esempio, il comparativo perché vi sono "forme" aggettivali che lo manifestano, ma si dimentica che il comparativo è solo un aspetto particolare della più generale categoria semantica della comparazione. Se si partisse da questa, si richiederebbe una trattazione contestuale anche di frasi in cui il comparativo non si manifesta con una forma grammaticale esplicita ma è presentissima a livello di significato, come per esempio nelle seguenti frasi inglesi (Lewis, 1993, p. 5):

1. He hasn't got the background his brother has.
2. A disappointingly small crowd was waiting at the airport.
3. The educated class has always been relatively mobile.

Qui il significato, la nozione della comparazione viene evocata tramite una negazione o un avverbio (*disappointingly*, *relatively*), cioè attraverso elementi lessicali che una trattazione puramente grammaticale dell'argomento trascurerebbe, ignorando in tal modo il carattere intrinsecamente comparativo degli esempi in questione.

La "critica alla grammatica" non va intesa tuttavia come rifiuto della grammatica nell'insegnamento delle lingue straniere. Si tratterebbe in tal caso di un'evidente forzatura. Lo studio della grammatica va piuttosto calibrato e soprattutto *integrato in* quello del lessico in quanto il lessico è esso stesso una componente intrinsecamente portatrice di informazione grammaticale.

10.2.2. Carattere e ruolo del lessico

Come si è già detto, il concetto di lessico è fondamentale in questo approccio. Il lessico non si identifica con la tradizionale voce di vocabolario, definita in termini generali e piuttosto astratti. Il lessico è piuttosto la vita della lingua: variabile, mobile nel significato, combinabile e pervasivo. Il lessico è la comunicazione codificata in parole, in gruppi di parole, in frasi intere. Vale la pena elencare separatamente le principali caratteristiche che questa concezione attribuisce al lessico:

a) le parole non sono uguali: il fatto che alcune parole abbiano sostanzialmente un solo significato (per esempio: *termosifone*), altre siano intrinsecamente polisemiche (si pensi ad un verbo comunissimo come *dare* che ha valori ben differenti in frasi come: "Paolo mi ha dato un libro", "Rubinstein ha dato un concerto straordinario", "Mia moglie mi ha dato tutto", "Elena si è data da fare" ecc.) indica che il loro peso è ben diverso all'interno del sistema linguistico e che quindi vanno affrontate in maniera diversa anche in fase di apprendimento;

b) il significato di una parola non è determinabile una volta per tutte: esso varia nel tempo, ma soprattutto è codeterminato dalle parole con cui essa occorre. Le parole non si combinano liberamente fra loro ma seguono alcune preferenze di selezione che sono caratteristiche di ciascun vocabolo ("collocazioni"). Le collocazioni conferiscono un carattere di prevedibilità al significato in base alla compatibilità fra le parole (certe parole si presentano con frequenze verificabili e prevedibili accanto ad altre di un certo tipo), consentendo di individuare anche nel lessico aspetti sistematici, che non rivestono il carattere di vere e proprie "regole" ma almeno quello di "tendenze". Un contributo pratico a questo tipo di consapevolezza lo ha fornito il progetto COBUILD, basato su un'analisi computerizzata in termini di frequenza e di contestualizzazione di un vasto *corpus* dell'inglese (circa 20 milioni di occorrenze di lingua scritta e parlata; cfr. Sinclair, 1987). L'analisi ha riservato non poche sorprese, anche dal punto di vista della verifica delle regole grammaticali generalmente diffuse nei materiali didattici: per esempio, si è constatato che l'uso di *any* in frasi affermative (tipo: *Any child under two years is given a bottle*; *the young man went for any job* ecc.) è assai più comune di quello delle frasi negative e interrogative; nelle grammatiche, invece, *any* viene descritto come la controparte sintattica dell'affermativo *some* ("*some* compare nelle frasi affermative, *any* in quelle negative e interrogative"). Il progetto COBUILD ha dato luogo a un dizionario, una grammatica e un corso di lingua ampiamente descritti da Willis (1990);

c) le parole non vengono processate singolarmente: oltre al fenomeno appena accennato, per il quale le parole appaiono come entità "collocate" in contesti svariati, è essenziale notare come una gran parte del lessico viene processato sotto forma di gruppi di più unità, a partire dai verbi preposizionali (*give up*, *carry on* ecc.), dalle parole composte o polirematiche (*record player*, *of course*), fino ad arrivare alle espressioni formulaiche (*as far as I know*, *for that matter*, *you know*? ecc.), ai proverbi e le forme idiomatiche, alle espressioni metaforiche, alle forme convenzionali socialmente sancite (*Sorry to interrupt you, but*, *I see what you mean, but*...) ecc. Caratteristica comune a tutte queste entità è che il loro significato non è riducibile alla somma dei significati delle loro componenti (cioè delle parole che le costituiscono) e che quindi esse non possono essere apprese come elementi singoli e discreti ma vanno assunte nel loro insieme come unità a se stanti, non analizzate nelle loro componenti (*chunks*).

Come si è già detto, se il lessico appare come elemento centrale dell'apprendimento, ciò non significa tuttavia che la grammatica debba essere bandita. Anzi, l'approccio lessicale richiede esplicitamente che lessico e grammatica vengano strettamente integrati nel processo di apprendimento, fino a formare l'oggetto di un'unica procedura di presentazione e esercitazione. Il concetto chiave cui ci si riferisce a questo proposito è quello di "lessicogrammatica".

10.2.3. La "lessicogrammatica"

Il concetto di "lessicogrammatica" deriva immediatamente da quanto detto finora: il lessico è un elemento centrale nella lingua e appare in unità complesse e contestualizzate. Tali unità (*chunks*) evocano immediatamente anche una struttura di relazioni tra le parole che le costituiscono, cioè in pratica una struttura grammaticale (o sintattica). La grammatica in questo senso è già implicita nel lessico perché in esso contenuta. Una organizzazione dei dati grammaticali può partire da nozioni semantiche, come negli esempi riportati sopra a proposito della nozione di comparazione (cfr. esempi 1-3 tratti da Lewis, 1993, nel PAR. 10.2.1), ma può partire anche da una semplice forma lessicale, cui sia possibile associare diverse strutture grammaticali. Ad esempio, nell'ambito di una trattazione tradizionale della grammatica, si potrebbero avere (generalmente distribuite su diversi capitoli del libro di testo) le seguenti tre regole per l'inglese (le enuncio grossolanamente):

a) La forma infinita del verbo in inglese è preceduta da *to*.
b) Dopo preposizioni (*of*, *for* ecc.) si usa la forma con *-ing*.
c) Il pronome relativo si può omettere in determinati contesti («The person I met yesterday»).

Queste tre regole appaiono astratte e irrelate tra loro: non si capisce quando possano essere effettivamente utilizzate, sono spesso illustrate con esempi poco naturali e non è chiaro che possono essere usate in alternativa l'una all'altra in determinati contesti. Una impostazione lessicogrammaticale affronterà queste difficoltà, riportando, ad esempio, l'uso dell'unità lessicale *way* (Willis, 1990, p. VI):

4. ...different *ways* of cooking fish.
5. A pushchair is a handy *way to take* a child shopping.
6. I don't like the *way he talks*.

Qui le tre "regole" appaiono all'interno di frasi naturali e di senso comune; si mostra che possono essere associate alla stessa parola (e quindi sono in qualche maniera alternative l'una all'altra) e nello stesso tempo si mostra che la parola *way* non è un'entità fissa da inserire all'interno di una struttura predeterminata, ma che si associa preferibilmente a certe strutture e non ad altre, codeterminando essa stessa il contesto d'uso. Quindi, sia che si parta dalla semantica (cfr. esempi 1-3), sia che si parta dall'unità lessicale (cfr. esempi 4-6), l'approccio lessicale mostra che l'uso delle forme grammaticali è strettamente collegato al lessico e da esso potentemente condizionato. Sembra inoltre esistere una correlazione tra la frequenza delle parole e la frequenza dei modelli grammaticali in cui esse occorrono («the commonest words occur with the commonest patterns», Willis, 1990, p. VI), per cui concentrandosi sulle parole di maggiore frequenza, che sono anche comunicativamente le più rilevanti, si finisce per illustrare tutti i principali aspetti della grammatica di base.

Lessico e grammatica non vanno quindi appresi separatamente (come del resto non vengono acquisite separatamente da parte dei bambini o in generale in situazione di apprendimento spontaneo) poiché l'identificazione corretta di unità del lessico comporta contemporaneamente anche una processazione dei nessi sintattici e degli altri aspetti tradizionalmente trattati dalla grammatica. La grammatica, in quanto sistema internalizzato di relazioni tra parole, è ancora una volta una grammatica d'uso che riflette non regolarità prescrittive e formali ma la varietà e complessità dell'uso effettivo della lingua come compare negli enunciati; in quanto tale essa è una grammatica di significati, una "grammatica semantica", una "lessicogrammatica". È chiaro che una concezione di questo tipo privilegerà il contesto – in particolare il contesto d'uso – rispetto alla struttura astratta, la variante rispetto alla norma, la potenzialità creativa insita nella scelta fra alternative grammaticali per poter esprimere la propria intenzione comunicativa. In questo senso essa si avvicina agli assunti centrali di quella tendenza della linguistica teorica che va sotto il nome di "linguistica cognitiva" (cfr. Lakoff, 1987; Langacker, 1987 e 1991; Serra Borneto, 1993).

10.3
La didattica

Come si è già accennato, l'approccio lessicale non può contare su basi teoriche univoche e coerentemente elaborate. Si tratta piuttosto di una tendenza, nel complesso abbastanza diffusa ma di diversa ispirazione, cui si richiamano coloro i quali intendono porre l'accento su determinati aspetti trascurati o male interpretati della prassi dell'insegnamento delle lingue straniere (come dice lo stesso Lewis: «The Lexical Approach is not a revolution, but it is a radical and helpful change of emphasis» – Lewis, 1993, p. 1). L'approccio lessicale è comunque vicino alla didattica comunicativa, di cui rappresenta in certo senso una evoluzione. Di questa condivide e accentua l'importanza dell'accesso alla lingua straniera attraverso i contenuti (che rappresentano il punto di partenza di ogni comunicazione) in contrapposizione agli approcci di tipo formale; la tendenza ad organizzare l'apprendimento in termini di compiti (*tasks*); la rivalutazione della varietà e della creatività linguistica. Per conseguenza l'approccio comunicativo e l'approccio lessicale hanno in comune una visione non drammatica dell'errore, visto come condizione necessaria di ogni apprendimento: la produzione linguistica in lingua straniera è considerata infatti soprattutto per suoi aspetti dinamici e creativi e richiede quindi un atteggiamento di assunzione di rischio che implica necessariamente una certa quantità di errori («The student who never made a mistake never learned anything» - Lewis, 1993, p. 1).

Gli aspetti didattici più peculiari dell'approccio lessicale derivano in maniera conseguente dall'ipotesi teorica generale e possono essere riassunti nei seguenti punti:

– il discente va esposto ad un materiale il più possibile autentico, linguisticamente ricco e differenziato. In un approccio lessicale il materiale autentico è essenziale perché in esso sono esemplificate tutte le varianti che costituiscono la base della lingua oggetto di insegnamento (lessico d'uso, modi di dire, metafore, collocazioni, aspetti sociali e pragmatici ecc.). Questa esigenza implica necessariamente il rifiuto di materiale linguistico semplificato, specialmente se la semplificazione non riflette strategie "naturali" (per esempio la maniera in cui si parla ai bambini o agli stranieri poco esperti) ma rappresenta una costruzione *ad hoc* per illustrare punti grammaticali o addirittura "regole";

– le abilità ricettive (anche quelle orali) vengono privilegiate, soprattutto nelle prime fasi dell'apprendimento. Forzare i discenti a produrre sin dall'inizio provoca la produzione di frasi troppo semplici, poco realistiche, nate sostanzialmente come applicazione di regole o modelli grammaticali. Il discente deve prima acquisire un "senso semantico" della lingua attraverso l'esposizione alla lingua autentica e poi tentare di esprimere contenuti conformi alle proprie esigenze. Questo diviene possibile solo dopo essere entrati in contatto per un tempo sufficientemente lungo con vari materiali, debitamente analizzati e assimilati;

– sono incoraggiate le attività di analisi e confronto linguistico che evidenziano le caratteristiche collocazionali e di raggruppamento delle unità linguistiche (*chunking*). Il *chunking* è una segmentazione del testo o discorso in unità in genere superiori alla parola, che si presentano come espressioni significative globali. È importante considerare tali unità (*chunks*) nel loro insieme, come una cosa sola, e non analizzarle ulteriormente nelle loro componenti morfosintattiche: il discente memorizza questi gruppi di parole in maniera olistica, quasi fossero una parola sola, con il vantaggio di poter disporne in maniera immediata al momento opportuno, senza dover operare faticose ricostruzioni "mattone per mattone" che interromperebbero il flusso dell'espressione e metterebbero in pericolo la realizzazione dell'intenzione comunicativa e dell'adeguatezza semantica;

– in generale viene incoraggiata l'autonomia del discente: l'attenzione ai contenuti, l'analisi della lingua parlata, la propensione al rischio, lo stimolo della creatività, la sdrammatizzazione dell'errore, il confronto nella lingua e tra le lingue, la ricerca delle caratteristiche semantiche della lingua di apprendimento, l'analisi lessicale del materiale linguistico autentico, che richiama procedure di *problem solving* ecc.;

– si lascia all'apprendente anche una certa libertà nelle scelte dei materiali didattici da rendere oggetto di apprendimento, in base agli interessi e alle motivazioni personali piuttosto che in base ad un sillabo preordinato. Concentrarsi sugli aspetti lessicali e non sulla progressione grammaticale rende possibile tale scelta, in linea con l'idea di provocare nell'apprendente un atteggiamento attivo che stimoli in ultima analisi l'apprendimento individuale e autonomo.

10.4
Le strategie e le tecniche di apprendimento del lessico

Come si è visto nell'ultimo paragrafo, l'approccio lessicale promuove l'indipendenza e l'attività autonoma dell'apprendente, in conformità con il principio di stimolarne la capacità di elaborazione nei confronti di un materiale estremamente vario ed eterogeneo e di favorirne la creatività. Più in generale, l'autonomia dell'apprendente presuppone una sua indipendenza di studio, che si realizza attraverso *strategie di apprendimento* sviluppate sulla scorta di abitudini acquisite (nell'apprendimento di altre lingue straniere, ma anche come strategie di studio in generale), sulla base di preferenze legate alle modalità individuali di apprendimento (c'è chi impara meglio facendo ricorso a stimoli visivi, chi a stimoli auditivi, chi impara meglio lavorando da solo, chi in gruppo, chi attraverso uno studio sistematico, chi più nell'interazione in contesto reale ecc.).

Lo studio delle strategie di apprendimento nell'ambito delle lingue straniere si è sviluppato notevolmente negli ultimi anni, dopo gli studi pionieristici sul "buon apprendente" (*good language learner*) degli anni Settanta in Canada (cfr. in particolare Naiman,

Froehlich, Stern, Todesco, 1978; nuova ediz. 1995). Bialystock (1990) discute e tipologizza attentamente le varie *strategie di compensazione* (cioè quelle che il parlante mette in atto al fine di superare un ostacolo nella produzione, per esempio la mancanza di un vocabolo, o una difficoltà ad esprimersi ad un livello linguistico adeguato alle proprie intenzioni comunicative ecc.), mentre Oxford (1990) e O'Malley, Chamot (1990) si concentrano soprattutto sulle *strategie di studio* degli apprendenti di lingue straniere che sono riusciti a raggiungere con successo una buona competenza in lingua straniera, sia seguendo corsi di studio istituzionale, sia in maniera del tutto autonoma, sia – il più delle volte – combinando lo studio in contesto istituzionale con quello individuale e autonomo. Una parte non indifferente di queste strategie è sempre stata rivolta all'apprendimento del lessico, considerato in generale come un prerequisito essenziale per il buon successo da parte del "buon apprendente". La concezione del *lessico* implicita in questi studi non corrisponde esattamente alla concezione dinamica e "collocazionale" che abbiamo illustrato finora; talvolta lo studio del lessico viene inteso ancora come memorizzazione di vocaboli isolati. Tuttavia le strategie (e le tecniche di realizzazione di tali strategie) di maggior successo vanno esattamente nella direzione di una contestualizzazione sempre più articolata del materiale lessicale e rappresentano quindi una conferma indiretta della validità dei principi enunciati dai fautori dell'approccio lessicale. Nel resto di questo capitolo queste strategie e tecniche di apprendimento del lessico, sviluppate e utilizzate direttamente dagli apprendenti, verranno elencate e tipologizzate in maniera da renderle accessibili agli interessati in maniera sistematica.

Le principali strategie di processazione del lessico (illustrate di seguito singolarmente) sono (cfr. Morfeld, 1998):

- la ripetizione;
- l'elaborazione;
- la strutturazione;
- l'esercitazione o applicazione.

10.4.1. Strategie di ripetizione

Ripetere rappresenta la più ovvia e diffusa strategia per memorizzare il vocabolario. La ripetizione si rende necessaria perché i dati memorizzati (per esempio i vocaboli) tendono a non essere più disponibili (in termini poveri: si dimenticano) dopo un certo periodo di tempo (si calcola che dopo 20 minuti si è dimenticato circa il

30-45% del materiale memorizzato, dopo un giorno il 50-65%, dopo un mese circa l'80%; cfr. Kleinschrot, 1992). Quindi la memorizzazione è in parte proporzionale alla quantità di ripetizione del materiale da memorizzare (alcune teorie professano – o hanno professato – addirittura il principio dell'*overlearning* che consiste nell'applicare tecniche di ripetizione anche quando l'elemento da memorizzare sembra già acquisito, in modo da rinforzarne la stabilità). La ripetizione si avvale in linea di massima di procedure meccaniche e sistematiche che non intervengono e non modificano l'oggetto della ripetizione. Le tecniche utilizzate con più frequenza sono:

– imparare a memoria singoli vocaboli con la loro traduzione nella lingua madre. Questa procedura, ancorché estremamente diffusa, è considerata relativamente poco efficace perché presuppone che ogni parola abbia un solo significato, che esso abbia una corrispondenza univoca nella lingua madre e soprattutto tende a segmentare il vocabolario in unità non contestualizzate, non rendendo conto del suo carattere collocazionale. Una tecnica sistematica per ottimizzare questa procedura consiste comunque nell'approntare una serie di schede con il vocabolo da apprendere scritto su un lato e la traduzione sull'altro. Le schede vengono distribuite in uno schedario (basta un cassetto) suddiviso in sezioni: nella prima sezione (la più piccola) sono collocate le schede relative ai vocaboli di recente acquisizione (quelli studiati nelle ultime lezioni) che vengono sottoposti ad una seduta di memorizzazione; al termine le schede-vocabolo che si ritiene di conoscere vengono trasferite alla seconda sezione, leggermente più ampia; qui verranno riprese per essere sottoposte a verifica dopo un periodo di tempo fissato (qualche giorno, una settimana) assieme a quelle che si sono aggiunte a mano a mano a seguito delle nuove lezioni. I vocaboli che si ritiene abbiano passato la verifica vengono trasferiti nella terza sezione, sottoposta a sua volta a verifica dopo un altro periodo di tempo (poniamo: due settimane), e così via fino a che le schede-vocabolo non raggiungono l'ultima sezione dello schedario da dove possono essere rimosse una volta che il vocabolo sia entrato a far parte del patrimonio stabile della competenza dell'apprendente;

– ripetere i vocaboli a voce alta. Questa procedura ha, rispetto alla precedente, il vantaggio di aggiungere alla modalità visiva (lettura della parola) una modalità articolatoria (cioè sia acustica che di movimento articolatorio dei propri organi di fonazione) che dovrebbe rendere la memorizzazione più stabile (più sono le modalità attivate in un atto di memorizzazione più è facile la ritenzione);

– registrare i vocaboli su un registratore, riascoltarli e ripeterli a voce alta. Questa procedura (che potremmo definire "da laboratorio linguistico") rinforza, rispetto alla precedente, la modalità uditiva, inserendo una fase indipendente di ascolto. In questo contesto vanno ricordati i programmi didattici approntati per il computer che contengono esercizi di vocabolario (con ascolto nel caso di programmi multimediali); tali esercizi, oltre ad essere storicamente tra i primi ad essere stati implementati, sono anche tra quelli che meglio si adattavano alle esigenze del mezzo, almeno fino all'avvento della multimedialità.

Come si diceva, la strategia di ripetizione è poco attiva ma non per questo da sottovalutare. Si addice abbastanza nelle prime fasi dell'apprendimento, quando è necessario costituire una base di vocaboli da utilizzare nelle varie attività della pratica linguistica (dalla lettura al parlato) e si può fare a meno di perseguire una conoscenza articolata del vocabolario. Assai meno adatta in fasi successive, per i motivi di astrattezza e mancanza di attività citati. Va ricordato comunque che la ripetizione è una procedura più generale che non investe solo unità singole come i vocaboli ma si applica proficuamente a unità più ampie fino ad arrivare ai testi di lettura.

10.4.2. Strategie di elaborazione

Le strategie di elaborazione consistono nella manipolazione mentale del materiale da apprendere, in modo da facilitarne l'integrazione nella struttura cognitiva dell'apprendente. Esse non sono di tipo meccanico e richiedono una partecipazione attiva, talvolta creativa, dell'apprendente. Le strategie di elaborazione includono le seguenti operazioni mentali:

- associare;
- contestualizzare;
- confrontare e contrastare;
- visualizzare.

Le esamineremo ora singolarmente, assieme alle relative tecniche di apprendimento.

L'operazione di associare

Le associazioni tra vocaboli sono spesso spontanee anche nella lingua madre (ci viene in mente una parola, dato lo stimolo di un'al-tra parola) e riflettono in generale l'organizzazione semantica del lessico mentale, sia a livello di paradigma (per esempio: sale ⇒ pepe ⇒ olio ecc.; tutti condimenti), sia a livello di sintagma (per esempio: sale ⇒ acqua; che riflette la "collocazione": «Hai messo il sale nell'acqua?»). Esse possono essere oggetto di esercizi mirati. Esistono inoltre altri tipi di associazione, anch'essi passibili di tecniche specifiche, che riguardano gli aspetti formali delle unità da memorizzare, come per esempio la struttura ritmica, la rima, l'elencazione numerica ecc. Elenchiamo qui di seguito alcune delle tecniche associative più diffuse:

– collegare singoli vocaboli a immagini spaziali o di altro genere: si immagina, ad esempio, di collocare gli oggetti corrispondenti ai vocaboli da memorizzare in vari punti di una stanza e se ne memorizzano le posizioni assieme alla forma acustica. È una vecchia tecnica mnemonica utilizzata anche dai mnemotecnici di professione (cfr. Sperber, 1989);

– metodo delle parole chiave: la principale difficoltà nell'apprendimento del vocabolario di una lingua straniera consiste nel dover associare ad un significato un'immagine acustica generalmente diversa e lontana da quella della lingua madre. Il metodo delle parole chiave cerca di approfittare delle somiglianze casuali tra l'immagine sonora della lingua madre e quella di apprendimento: per esempio, se la parola inglese *tree* (albero) risulta difficile da apprendere, si assocerà ad essa il vocabolo italiano *tre* (che è molto simile graficamente e abbastanza simile acusticamente). A questa associazione se ne può aggiungere una di carattere spaziale, del tipo di quelle illustrate nel paragrafo precedente, immaginando per esempio di avere di fronte a sé tre alberi. L'associazione procederà quindi attraverso i seguenti passaggi: immagine dei tre alberi ⇒ parola italiana *tre* ⇒ parola inglese (scritta) *tree* ⇒ immagine acustica della parola inglese (= [tri:] [2]) ⇒ significato: albero, ricavato dalla prima immagine. Il procedimento delle parole chiave può essere utilizzato nei due sensi, sia per riconoscere parole straniere poco note, sia per aiutarsi a riprodurle. Sembra tuttavia funzionare meglio nel primo caso e adattarsi maggiormente alle parole concrete; inoltre è più efficace se l'associazione viene elaborata direttamente dall'apprendente e non suggerita dall'insegnante (meno che nel caso di bambini piccoli, che invece approfittano maggiormente di un *input* da parte dell'insegnante); infine si adatta sia ad apprendenti dotati per le lingue che a soggetti con difficoltà di apprendimento (cfr. Sperber, 1989 e, per un esperimento nella scuola italiana, Roth, 1997);

2. La trascrizione fonetica è qui non tecnica e approssimativa per motivi di comprensibilità generale.

– creare associogrammi. Gli associogrammi sono diagrammi che rappresentano in forma di rete i legami intercorrenti tra vocaboli: si parte da un vocabolo-base (ad esempio: *casa*) e si sollecitano varie associazioni (ad esempio *cucina*, *poltrona*, *balcone*, *camino*, *architetto*, *mutuo*, *porta*, *finestra* ecc.); tali associazioni si collegano fra loro secondo criteri di affinità semantica (per esempio tutte quelle relative all'interno della casa, quelle relative all'esterno, alle funzioni sociali ecc.) e si inseriscono in un diagramma di nodi interconnessi a forma di rete, in cui ciascun nodo corrisponde ad una delle associazioni evocate. Gli associogrammi corrispondono grosso modo alle relazioni del lessico mentale e riflettono i rapporti di vicinanza/lontananza, maggiore/minore rilevanza delle associazioni rispetto alla parola stimolo. Si tratta di un esercizio attivo che rende consapevoli delle associazioni alle volte lontane tra vocaboli, mettendone in evidenza rapporti talvolta insospettati;
– creare associazioni di tipo affettivo. Le parole che hanno una connotazione affettiva (che ci vengono in mente perché si riferiscono a fatti per noi emotivamente rilevanti) sono più facili da memorizzare: a tutti è capitato per esempio di aver fatto una brutta figura, o una figura buffa, per aver utilizzato una certa parola in maniera inappropriata in una lingua straniera; tale parola, e la sua variante corretta, non vengono più dimenticate. Cercare di associare esperienze affettive a determinati vocaboli rappresenta in genere un ausilio per la loro memorizzazione.

L'operazione di contestualizzare

Questa è senza dubbio l'operazione più affine alle esigenze dell'approccio lessicale, nella maniera in cui è stato descritto nei capitoli precedenti. Tale approccio privilegia infatti il lessico nelle sue forme contestualizzate, sia quando si presenta sotto forma di materiale autentico, sia in quanto potenzialmente combinabile con altri vocaboli di tipo diverso (collocazioni). L'operazione di contestualizzare consiste infatti nella rielaborazione delle unità semantiche (vocaboli) ad un livello superiore, come coppie di parole, parole inserite in frasi, o addirittura a livello di testo. Essa risponde anche a esigenze mnemoniche: il processo di memorizzazione è infatti facilitato se si prendono in considerazione unità di una determinata lunghezza dotate di coerenza semantica (in generale i gruppi di parole di lunghezza di 10-15 sillabe sono più facili da memorizzare; anche le coppie di parole con relazione di senso si memorizzano meglio delle parole singole ecc.)

Le tecniche principali che caratterizzano l'operazione della contestualizzazione sono:
- formare frasi a partire da una parola;
- analizzare le parole nelle loro collocazioni tipiche (cfr. paragrafi precedenti);
- inserire e memorizzare parole in "catene di azioni". Una catena di azioni consiste in un'attività complessa suddivisa in singole fasi successive, ciascuna rappresentata da almeno una frase. Per esempio, l'azione "*A car ride*" (Kleinschrot, 1992, p. 79) può venire suddivisa nelle seguenti fasi: «Take the keys/Go to the garage/Open the garage door/Unlock the car door/Release the hand brake/Start the engine/Push the clutch/Put the car in the first gear» ecc. Il procedimento è di origine tutt'altro che recente (si ritrova già in Gouin, 1880 e in Palmer, Palmer, 1925) e può essere arricchito con frasi con connotazioni affettive o drammatiche che rendono la catena più facile da memorizzare (cfr. PAR. 10.4.2).
- apprendere proverbi o frasi idiomatiche. Questo procedimento è particolarmente adatto per la memorizzazione di parole astratte, per le quali è altrimenti difficile trovare corrispondenze con oggetti visivi o altrimenti richiamabili alla mente. Per esempio: «Fortune favours fools», «No news is good news», «Prevention is better then cure» ecc.
- ricorrere a filastrocche, acronimi o frasi riassuntive con forte impatto mnemonico. Questa tecnica può essere utilizzata anche per illustrare regole grammaticali. Classico esempio per il latino: «Spero, promitto e iuro reggono l'infinito futuro».
- ricorrere a frasi umoristiche contenenti le parole da memorizzare (ad esempio: «A teacher is someone who speaks in other people's sleep»). Le frasi umoristiche possono essere utilizzate anche per illustrare punti grammaticali. Ad esempio, per la relativa inglese con *which*: «Jesus loves you, which proves that he has a good sense of humour».

L'operazione di confrontare e contrastare

Il confronto è il primo passaggio di ogni strategia che punti a definire e distinguere. Il confronto può avvenire all'interno della lingua straniera (confronto intralinguistico) o fra la lingua madre e la lingua straniera (confronto interlinguistico). Quest'ultima forma, benché spesso criticata, è molto utile a livello di apprendimento lessicale, perché facilita la presa di coscienza delle differenze di significato e soprattutto di implicazione culturale tra il lessico della propria lingua e quello della lingua di apprendimento. Il confronto si fa quindi contrasto e il contrastare implica il distinguere, differenziare e separare gli oggetti nella memoria. Si tratta di strategie altamente cognitivizzanti che servono a mettere ordine nel lessico mentale dell'apprendente. Le tecniche utilizzate ricordano in parte quelle applicate nei dizionari:

– definire parole;
– descrivere il significato di una parola attraverso una parafrasi;
– portare uno o più esempi che illustrano il significato di una parola (in questo il ricorso alle collocazioni può risultare particolarmente utile);
– ordinare le parole su una determinata scala (per esempio la scala della temperatura: *icy-cold-chilly-tepid-warm-hot*);
– cercare sinonimi e antonimi;
– cercare le equivalenze (quando sono più d'una) di un vocabolo nella lingua madre;
– rendere consapevoli le equivalenze parziali o ingannevoli (*false friends*);
– parafrasare parole delle quali non esiste equivalenza (che connotazioni sono implicate in parole come *cozy*, *cool* riferito ad una persona ecc.);
– sviluppare le implicazioni culturali collegate a termini o concetti particolari (che valore ha il tè in Inghilterra o in Giappone? Come viene valutata la coerenza nel mondo occidentale in contrasto con altre culture, per esempio nel mondo arabo? ecc.). Raccogliere e discutere i termini relativi.

Come si vede, le tecniche adottate per implementare l'operazione di confrontare e contrastare sono concettualmente abbastanza complesse e richiedono una certa dote di sensibilità e consapevolezza linguistica (rientrano nelle tecniche di cognitivizzazione dell'apprendimento linguistico); esse si adattano in modo particolare agli apprendenti adulti, che possono trarre profitto da un buon bagaglio di preconoscenze e tecniche di apprendimento acquisite nell'ambito della propria lingua e trasferibili a livello di lingua straniera.

L'operazione di visualizzare

Visualizzare è una forma di elaborazione nella quale il materiale di apprendimento viene associato a immagini reali o grafiche. Il procedimento della visualizzazione migliora le capacità di memorizzare i vocaboli probabilmente perché lo stimolo viene elaborato sulla base di due accessi diversi alla memoria (visivo-grafemico e visivofigurativo). Vi si può aggiungere anche una modalità auditiva o acustica, come già descritto nel PAR. 10.4.1, oppure spaziale, come descritto sopra. La visualizzazione può comportare una notevole attività elaborativa nel caso la si voglia applicare a concetti astratti che, per poter essere visualizzati, devono in primo luogo essere resi concreti, implicando attività di simbolizzazione e metaforizzazione. Le tecniche relative sono:

– associare vocaboli a fotografie, disegni, pittogrammi;
– rappresentare parole in ambiente grafico (per esempio in forma di edifici, o alberi con rami, foglie ecc., cui vengano associati concetti o vocaboli);
– sottolineare o marcare vocaboli in un testo;
– combinare un'informazione con un'immagine mentale (un simbolo, una metafora);
– tecnica dei *loci*. Questa tecnica è assai simile a quella già illustrata nel caso delle associazioni spaziali descritta sopra: si immaginano oggetti localizzati in determinati punti di uno spazio strutturato (una casa, una strada) e si ripercorrono con la mente riattivando a mano a mano gli oggetti mentalmente collocati, visualizzandoli assieme ai relativi vocaboli.

Le strategie di visualizzazione sono molto adatte per l'insegnamento ai bambini e più in generale – ovviamente – per gli apprendenti con forte preferenza per un'approccio visivo all'informazione.

10.4.3. Strategie di strutturazione

Le strategie di strutturazione tendono a sistematizzare i significati, raggruppandoli secondo vari criteri. La loro utilità parte dall'assunto che il lessico mentale sia organizzato secondo principi di ordine (il che non è dimostrato, anche se è probabile, perché altrimenti sarebbe difficile accedervi rapidamente e con facilità). In effetti si può dimostrare che concetti classificati, gerarchizzati e strutturati logicamente vengono ricordati a distanza di tempo con molta maggiore accuratezza che i concetti raggruppati in maniera casuale. Tuttavia non bisogna dimenticare che vi è anche un effetto di memorizzazione legato a fattori emotivi e affettivi, già citato in precedenza, che invece àncora stabilmente i concetti in memoria in base a criteri non sistematici o logici. Le principali tecniche di strutturazione sono:

– costituire campi semantici (cioè raggruppare parole affini che si riferiscono a oggetti o nozioni di uno stesso genere, ad esempio *se-*

dia, *tavolo*, *divano*, *poltrona* ecc. oppure – più astrattamente – *pensare*, *ritenere*, *considerare*, *ponderare*, *riflettere* ecc.), eventualmente organizzandoli graficamente o in associogrammi;

– raggruppare parole secondo caratteri semantici (per esempio esseri animati/inanimati, che volano/che strisciano sulla terra, oppure, più astrattamente: azioni volontarie/involontarie/controllate /spontanee ecc.), secondo caratteri funzionali (cose che servono a cucinare/a raggiungere un certo luogo/a ottenere un certo risultato), secondo caratteri grammaticali (nomi concreti/astratti, verbi di stato/di movimento, transitivi/intransitivi ecc.), secondo criteri fonologici o grafemici (parole che iniziano con gruppi consonantici complessi come *str-*, *sci-*/con vocali lunghe/bisillabi che terminano in *-tà*, *-eso*, *-etto* ecc.), secondo criteri soggettivi (parole legate all'esperienza soggettiva di un viaggio, di un amore ecc.);

– strutturare i concetti in maniera gerarchica (rapporti parte/tutto, termini specifici/concetto generale ecc.) o in base a rapporti di causa-effetto (origine-esito, causa-conseguenza, produttore-prodotto ecc.).

Le strategie di strutturazione sono particolarmente adatte per apprendenti adulti che sfruttano un approccio analitico all'apprendimento.

10.4.4. Strategie di esercitazione o applicazione

La ritenzione del lessico diviene stabile solo se il lessico viene costantemente applicato.

Come abbiamo già visto a proposito dei criteri generali propugnati dall'approccio lessicale, il concetto di applicazione non si limita alla produzione ma include anche il confronto ricettivo (lettura e ascolto) con materiale autentico, che richiede una continua elaborazione e raffronto del lessico nelle sue varie realizzazioni di uso. Le tecniche di applicazione sono quindi sia di tipo ricettivo che produttivo e sono nel complesso abbastanza ovvie. La loro caratteristica è che vengono realizzate in maniera autonoma in accordo con le preferenze individuali:

– leggere in lingua straniera (giornali, libri, opuscoli ecc.);
– scrivere brevi lettere, comunicazioni, appunti in lingua straniera;
– ascoltare e vedere programmi radiotelevisivi, canzoni, film ecc.;
– tentare di utilizzare i vocaboli in situazioni corrispondenti a quelle in cui sono stati ascoltati e memorizzati.

10.5
Conclusioni

In questo capitolo abbiamo voluto delineare alcune tendenze che mirano ad accentuare la portata del lessico – inteso in un senso ampio di vocaboli visti nei loro contesti tipici di frasi e di discorso – nell'ambito del processo di apprendimento di una lingua straniera. Il lessico, assai più che la grammatica, è un sistema aperto, difficile da ricondurre a regole, vasto e pieno di potenzialità creative. Per questo appare a prima vista più facile concentrarsi sulla grammatica, che per sua natura tende a essere più sistematizzabile e le cui caratteristiche ("regole") ricorrono con più frequenza nella frase e nel discorso. Tuttavia, malgrado l'evidente difficoltà di ricondurre il lessico a generalizzazioni, passi avanti si stanno facendo nella direzione di una maggiore consapevolezza del funzionamento di questa importantissima parte della lingua, del suo effettivo comportamento nel sistema (vedi i lavori di analisi di vasti *corpora* in tutte le principali lingue di cultura del mondo), dell'impatto e le implicazioni che esso ha sulla stessa grammatica, cioè sulla parte più regolare e ricorsiva della lingua. Una maggiore attenzione per il lessico ha per conseguenza anche una maggiore attenzione per le strategie di apprendimento del lessico. Per questo motivo procedure e tecniche antiche e moderne si pongono oggi sempre più al centro dell'attenzione di metodologi e insegnanti, che mirano ad un loro sfruttamento sistematico anche in relazione alle caratteristiche individuali degli apprendenti. Il lessico, con la sua vastità e varietà, con le diverse possibilità di accesso che presenta, è il luogo di elezione dell'apprendimento individualizzato, oggi sempre più diffuso e per questo oggetto di attenzione e sperimentazione sempre più serrata.

Riferimenti bibliografici

AITCHINSON J. (1987), *Words in the Mind – An Introduction to the Mental Lexicon*, Blackwell, Oxford.

BIALYSTOCK E. (1990), *Communication Strategies: A Psychological Analysis of Second Language Use*, Blackwell, Oxford.

GOUIN F. (1880), *L'art d'enseigner et d'étudier les langues*, Libraire Fischbacher, Paris.

KLEINSCHROT R. (1992), *Sprachen Lernen. Der Schlüssel zur richtigen Technik*, Rohwolt, Reinbeck.

LAKOFF G. (1987), *Women, Fire, and Dangerous Things. What Categories Reveal about the Mind*, Chicago University Press, Chicago.

LANGACKER R. (1987), *Foundations of Cognitive Grammar*, vol. I: *Theoretical Prerequisites*, Stanford University Press, Stanford, CA.

ID. (1991), *Foundations of Cognitive Grammar*, vol. II: *Descriptive Applications*. Stanford University Press, Stanford, CA.

LEWIS M. (1993), *The Lexical Approach*, Language Teaching Publications, Hove.

LEWIS M. (1997), *Implementing the Lexical Approach: Putting a Theory into Practice*, Language Teaching Publications, Hove.

MEARA P. (1984). *The Study of Lexis in Interlanguage*, in A. Davies, C. Criper, A. P. R. Howatt (eds.), *Interlanguage*, Edinburgh University Press, Edinburgh.

MORFELD P. (1998), *Wissend Lernen = Effektiver Lernen? (Vokalbel-) Lerntraining im Anfängerunterricht Englisch an der Volkshochschule*, Narr Verlag, Tübingen.

NAIMAN N. *et al.* (1978; nuova ediz. 1995), *The Good Language Learner*, Multilingual Matters, Clevedon.

O'MALLEY M., CHAMOT A. (1990), *Learning Strategies in Second Language Acquisition*, Cambridge University Press, Cambridge.

OXFORD R. (1990), *Language Lerning Strategies. What Every Teacher Should Know*, Newbury, New York.

PALMER H. E., PALMER D. (1925), *English Through Action*, Longman, London.

ROTH S. M. (1997), *Acquisizione di lessico durante le lezioni di tedesco come lingua straniera. Una ricerca con il metodo delle parole chiave nelle scuole superiori italiane*, in "Studi Italiani di Linguistica Teorica e Applicata", XXVI, 1, pp. 133-49.

SERRA BORNETO C. (1993), *The Place of Cognitive Grammar in Modern Linguistics*, in "Studi Italiani di Linguistica Teorica e Applicata", XXII, 3, pp. 445-63.

SINCLAIR J. M. (ed.) (1987), *Looking Up. An Account of the COBUILD Project in Lexical Computing*, Collins, London-Glasgow.

SPERBER H. G. (1989), *Mnemotechniken im Fremdsprachenerwerb*, Iudicium Verlag, München.

WILLIS D. (1990), *The Lexical Syllabus. A New Approach to Language Teaching*, Collins, London-Glasgow.

Parte terza
Approcci basati sull'individuo

In questa parte sono raccolti contributi piuttosto eterogenei che tuttavia possono essere ricondotti ad una delle tendenze più diffuse nell'attuale didattica delle lingue straniere: quella di valorizzare le caratteristiche dell'individuo e la sua capacità di organizzarsi e autorganizzarsi.

Esistono motivi teorici e motivi pratici che hanno favorito questa tendenza. Quelli teorici si richiamano sostanzialmente al fatto, ormai universalmente riconosciuto, che gli aspetti psicologici e cognitivi dell'individuo sono tra i fattori più influenti tra quelli che determinano il successo dell'apprendimento di una lingua straniera. In altre parole, un individuo motivato, che segua una via di apprendimento consona alle sue caratteristiche culturali, alle sue abitudini di studio, alle sue preferenze ecc. incrementa le possibilità di successo in maniera decisiva. Va da sé che questo implica che l'offerta didattica venga differenziata e adattata il più possibile alle caratteristiche e richieste dell'individuo, ma esige anche che sia lo stesso apprendente ad assumersi il carico di individuare, almeno in parte, le vie a lui più adatte e quindi a elaborare strategie per organizzare e sviluppare il suo percorso di studio.

Tra gli approcci basati sull'individuo abbiamo voluto inserire qui innanzi tutto il *Natural Approach* (cfr. *infra* CAP. 11), che si rifà essenzialmente alle teorie di Krashen. Non tutti saranno d'accordo su questa collocazione ma è indubbio che questo approccio, di impostazione teorica cognitivista, si richiami esplicitamente ai fattori affettivi e nello stesso tempo proponga una forma di avvicinamento ai materiali della lingua straniera "non governato dall'esterno" ma piuttosto affidato alle potenzialità che l'apprendente ha di assorbire quanto gli viene offerto dall'input di volta in volta.

I capitoli sull'*Autoapprendimento* (cfr. *infra* CAP. 13), e le *Nuove tecnologie* (cfr. *infra* CAP. 14), sono per definizione quelli che con maggiore evidenza hanno per argomento l'apprendimento basato sull'individuo. Ambedue rispondono ad un'esigenza anche pratica e organizzativa dell'apprendimento delle lingue straniere nel mondo attuale, in cui la richiesta sempre più massiccia di conoscenze linguistiche ha spinto a ricercare nuove soluzioni didattiche ambientali, oltre a quelle tradizionali impostate su corsi affidati ad un insegnante. L'apprendimento autonomo, e in buona misura anche quello che si avvale di nuove tecnologie, si adatta inoltre meglio ai ritmi e alla varietà delle esperienze della vita moderna, consentendo di programmare lo studio in tempi e condizioni favorevoli. Sia l'autoapprendimento che l'uso delle tecnologie hanno naturalmente dei limiti, in particolare per quanto riguarda il loro uso esclusivo, cioè non integrato da una didattica di classe. L'ipotesi che l'apprendimento in classe, in gruppi e con l'insegnante, possa essere integralmente sostituito da queste forme strettamente individuali cozza infatti contro l'evidenza che la lingua è fondamentalmente un fatto di comunicazione e di comunicazione sociale, che richiede interazione e creatività. Inoltre, specialmente nelle prime fasi in cui ci si avvicina ad una lingua straniera, l'insegnante risulta una guida preziosa e insostituibile, proprio per poter rispondere alla varietà delle richieste dei singoli individui che nessun programma tecnologico potrà mai prevedere in maniera completa e soddisfacente. Cionondimeno tecnologia e autoapprendimento appaiono strumenti e strategie integrative estremamente utili, forse decisive, in una fase di sviluppo come quella che l'organizzazione dell'apprendimento delle lingue straniere sta attraversando in questi anni.

Dei problemi di tale organizzazione e della promozione dell'apprendimento delle lingue straniere in genere si occupa da tempo l'Unione Europea con una serie di iniziative e programmi che mirano a facilitare l'integrazione fra i suoi cittadini, specie dei giovani. L'Europa, e ancor di più l'Europa del futuro, è una comunità plurilingue e multiculturale tra le più complesse: attualmente vi si parlano 11 lingue nazionali diverse (con un rapido incremento in una prospettiva assai prossima) con tradizioni culturali assai solide e diversificate. Il problema dell'intercomprensione tra i suoi cittadini si pone quindi con sempre maggiore urgenza. Una delle strade che si stanno tentando per risolverlo consiste nel concentrarsi sulle competenze ricettive (ascolto e lettura) per gruppi linguistici affini. Il programma EuRom4, cui è dedicato il capitolo su *L'apprendimento multilingue* (cfr. *infra* CAP. 12), ne illustra alcuni aspetti. EuRom4 si rivolge ai parlanti delle lingue romanze e mira a sviluppare la capacità di lettura in tutte le lingue affini di questo gruppo. Attraverso un metodo di confronto e di presa di coscienza delle similarità lessicali e grammaticali, ciascun parlante di una lingua romanza riesce ad "esplorare" testi delle altre lingue romanze, raggiungendo in breve tempo una competenza di lettura sufficiente a creare un contatto "operativo" con le culture vicine. EuRom4 non si propone di per sé una competenza "alta" della lingua straniera ma spinge l'apprendente a un'attività autonoma o semiautonoma di scoperta e gli fa comprendere che la strada per avvicinarsi a lingue e culture europee affini è percorribile e intellettualmente stimolante. In una prospettiva europeista l'ideale cui mirano i programmi di questo genere è quello di una comunità in cui ciascuno possa esprimersi nella propria lingua, per scritto e oralmente, e possa essere inteso dai parlanti delle altre lingue, che a loro volta risponderanno nella propria. Non è detto che questa debba o possa essere la soluzione definitiva dell'incombente problema della comunicazione plurilingue all'interno della comunità unificata delle nazioni europee ma è comunque una via interessante che attualmente viene attivamente esplorata.

11

Natural Approach

di *Ilaria Longo*

11.1
Natural Approach: una "nuova" filosofia

La caratteristica che distingue il *Natural Approach* da altri approcci e da altri metodi di insegnamento delle lingue è quella di essere quasi esclusivamente una filosofia, una teoria. Da qui scaturiscono sia la sua forza, sia la sua debolezza. Infatti questa filosofia fu sviluppata con tale enfasi dai suoi fautori che influenzò molto il mondo della glottodidattica, ma la concentrazione sui suoi aspetti teorici è andata a discapito dei suoi aspetti pratici. Il *Natural Approach* non offre strumenti precisi come fa il *Silent Way* (cfr. *supra* CAP. 5) con i regoli, non organizza il lavoro da svolgere in classe con progetti o copioni come fanno *Project work* (cfr. *supra* CAP. 7) e *Strategic Interaction* (cfr. *supra* CAP. 8), non dà indicazioni particolari sull'organizzazione dello spazio come fanno la *Suggestopedia* e l'*Approccio Comunicativo* (cfr. *supra* CAPP. 4 e 6).

Il *Natural Approach* formula cinque ipotesi alla luce delle quali l'insegnante deve impostare le lezioni. Tutto gira intorno alle cinque ipotesi sottolineando la predominanza della teoria sulla pratica.

A parlare di "nuova" filosofia nell'insegnamento delle lingue è stato, nella seconda metà degli anni Settanta, Tracy Terrell (1977), un insegnante di spagnolo. La sua esperienza nell'insegnamento, unita all'esperienza di Stephen Krashen nel campo della linguistica applicata, hanno posto le basi per il *Natural Approach*.

Perché "naturale"? Il termine "naturale" indica che nell'apprendimento di una lingua straniera (L2) si procede secondo ritmi e principi simili a quelli sottostanti l'acquisizione naturale della lingua madre (L1) da parte dei bambini. Arrivati ad una certa età i bambini si trovano a parlare una lingua che hanno assorbito in maniera naturale nel loro primo periodo di silenzio. Allo stesso modo, sostengono Krashen e Terrell, un adulto esposto ad una lingua straniera, dopo una prima fase di silenzio, comincerà a parlare seguendo, appunto, il ritmo naturale dell'acquisizione di una lingua.

Il termine "naturale" ci porta a fare qualche passo indietro. La corrente di pensiero secondo la quale l'insegnamento di L2 segue le orme dell'acquisizione di L1 è comune a vari metodi di insegnamento (cfr. TPR, *supra* CAP. 3), ed è principale fonte di ispirazione di altri approcci e metodi prima ancora del *Natural Approach*. Già nel 1860 a Boston venne aperta una scuola di lingua che seguiva un metodo d'insegnamento chiamato *Natural Method*. Si sosteneva che una lingua straniera potesse essere insegnata senza far ricorso alla lingua madre perché la comprensione avveniva "direttamente", attraverso movimenti e azioni. L'insegnante doveva incoraggiare l'uso spontaneo e diretto di L2 nella classe [1]. Bisogna comunque dire che il *Natural Approach* non è discendente diretto del *Natural Method*, anzi, ha in comune con esso solamente la base di partenza. Se così si può dire, il *Natural Approach* sembra "più naturale" del *Natural Method*. Nel *Natural Approach* si dà primaria importanza all'esposizione dell'apprendente alla lingua, alla quantità di input da offrirgli, piuttosto che alla pratica, come invece nel *Natural Method*. Il *Natural Approach* aspetta che nell'apprendente maturi il momento della produzione senza sollecitare in lui una produzione prematura, come invece nel *Natural Method*, in cui c'è uno scambio di comunicazione fra insegnante e studenti fin dall'inizio secondo uno schema di ripetizioni e di domande e risposte (in realtà più che di scambio, si tratta di monologhi dell'insegnante). Infine, nel *Natural Approach* si è più tolleranti nella correzione degli errori e nell'uso (seppur limitato) della lingua madre in classe.

Trattare il *Natural Approach* quindi significa parlare di una teoria, di una filosofia, e per la precisione, di una teoria che non nasce con intenti di rivoluzione, piuttosto con intenti di evoluzione. Il *Natural Approach*, infatti, si appoggia ad altri approcci usandone liberamente tecniche e attività. L'impronta "nuova" è da cercarsi nella teoria sottostante il *Natural Approach* che porta l'insegnante ad usare in maniera innovativa tecniche e materiali certamente non nuovi.

1. Il *Natural Method* prende anche il nome di *Direct Method*.

11.2
Aspetti teorici

Secondo Krashen e Terrell una lingua viene acquisita in un solo modo: attraverso un processo di comprensione. Questo è il perno attorno il quale ruota la teoria del *Natural Approach*. Il momento di comprensione precede la produzione e ne costituisce la base. Krashen e Terrell sostengono che una lingua si acquisisce quando si capisce ciò che si sente e si legge. La base di partenza quindi non è parlare, ma capire. In una classe di livello elementare lo scopo è quello di fornire un input comprensibile, portando gli apprendenti ad un livello che permetta loro di capire la L2 anche fuori dalla classe, rendendoli così autonomi.

Accanto alla suddetta affermazione che fa del *Natural Approach* uno dei cosiddetti *approcci di comprensione*, ci sono le basilari cinque ipotesi che ne costituiscono la struttura portante. Sono queste le cinque ipotesi seguendo le quali un insegnante diventa insegnante del *Natural Approach*.

11.2.1. Le cinque ipotesi

Acquisizione e Apprendimento

Nel *Natural Approach* due termini di uso comune come "acquisizione" e "apprendimento" vengono definiti in modo nuovo. Dal momento che in questa trattazione i due termini in questione potrebbero essere citati sia secondo la "nuova" identità, sia secondo la "vecchia", per motivi di chiarezza useremo il corsivo per contraddistinguere la nuova identità data da Krashen a questi due termini.

Per *acquisizione* Krashen intende un processo di assorbimento spontaneo e naturale attraverso comprensione e uso della lingua target. Si tratta di un processo simile, se non addirittura identico, a quello con cui i bambini acquisiscono la loro lingua madre. La lingua viene usata per comunicare e non si è coscienti delle regole di cui si fa uso per parlare.

Per *apprendimento* si intende un processo di studio cosciente della lingua target attraverso le regole. L'apprendente conosce le regole, le usa in modo consapevole ed è in grado di parlarne.

La distinzione fra *acquisizione* e *apprendimento* è forse fra le più significative per quanto riguarda lo sviluppo della competenza di L2 negli adulti: si ipotizza infatti che gli adulti abbiano due modi diversi di sviluppare la loro competenza linguistica, seguendo un processo di *acquisizione* o un processo di *apprendimento*. Per quanto riguarda il fenomeno dell'*acquisizione* non si deve pensare che, proprio perché tipico dei bambini, non si verifichi anche negli adulti. Krashen (1995, p. 10) afferma che «the ability to "pick-up" languages does not disappear at puberty» [2].

Acquisizione e *apprendimento*, naturalmente, non costituiscono due compartimenti stagni. Krashen, però, sottolinea che la relazione fra questi due aspetti non è biunivoca. Se dall'*acquisizione* si può passare all'*apprendimento*, non è però vero il contrario: infatti l'*apprendimento* non porta all'*acquisizione*. Questo significa che ciò che viene *appreso* coscientemente (attraverso presentazione di regole e/o spiegazioni grammaticali) non può diventare base per l'*acquisizione* della lingua target. Durante lo studio di una lingua si possono verificare, invece, casi in cui ci sia *acquisizione* senza *apprendimento*, ossia si possiede una buona competenza in L2 senza conoscerne le regole. A volte, inoltre, nella sfera dell'*acquisizione* si rilevano interventi dell'*apprendimento* che possono dare una maggior correttezza alla produzione. Invece l'*apprendimento* non diventa mai *acquisizione*: un apprendente che conosce le regole può parlare, ma la sua produzione sarà frutto unicamente delle regole da lui studiate senza alcun intervento da parte dell'*acquisizione*. È come se una volta avviato il fenomento dell'*apprendimento* non ci sia più possibilità di interventi dell'*acquisizione*.

Queste affermazioni secondo le quali non ci sarebbe passaggio da *apprendimento* ad *acquisizione* sono diventate note come l'*ipotesi forte* di Krashen e sono state aspramente criticate da McLaughlin (1987), il quale sostiene che sì, esistono casi come quelli riportati da Krashen, ma che questi non esauriscono tutta la gamma delle possibilità. L'ipotesi formulata da Krashen secondo la quale l'*apprendimento* non si trasforma in *acquisizione* è troppo forte, e McLaughlin, seguito da altri linguisti, opta per un'*ipotesi debole* che ammetta contatti e scambi fra *acquisizione* e *apprendimento*. McLaughlin sottolinea inoltre che Krashen non dà una chiara definizione né di *acquisizione*, né di *apprendimento*, ma che si serve solamente di termini un po' vaghi come *subconscious* opposto a *conscious* e di *feel* opposto a *rule* (Krashen, 1995, pp. 10-1). A questo punto, se concetti chiave come *acquisizione* e *apprendimento* non sono chiari, non è difficile trovarsi in accordo con McLaughlin nel

2. «L'abilità di "catturare" le lingue non scompare con la pubertà».

criticare la leggerezza di Krashen che formula l'ipotesi dell'opposizione *acquisizione/apprendimento* in modo così determinato.

Nella sfera della dicotomia *acquisizione/apprendimento* si inserisce il problema della correzione degli errori. Proprio per la natura particolare dell'*acquisizione*, una correzione che venga dall'esterno potrebbe avere scarso effetto su conoscenze linguistiche *acquisite*. Anche in questo caso si fa ricorso ad esempi dal mondo dei bambini: un bambino, corretto da un adulto, ripeterà nuovamente il suo errore, finché non scatterà in lui un meccanismo tale da indurlo ad un'autocorrezione, che, stavolta, si rivelerà efficace. Più in generale, quando si parla, la "correttezza" consiste nient'altro che in una certa sensazione: chi parla crede di aver detto qualcosa che, a suo parere, "suona" corretta, e poiché la produzione è frutto dell'*acquisizione*, una correzione proveniente dall'esterno non avrà molta influenza. Al contrario, nell'ambito dell'*apprendimento* la correzione può avvenire con maggior frequenza e con risultati migliori [3].

Monitor

Il *monitor* è un meccanismo mentale di controllo e correzione ed il suo ruolo è legato ai concetti di *acquisizione/apprendimento*. Per Krashen l'*acquisizione* è responsabile della produzione spontanea e della scorrevolezza del discorso, mentre l'*apprendimento* è responsabile della produzione controllata e delle correzioni nel discorso.

Abbiamo già detto che, per quanto si cerchi di non eccedere nella correzione degli errori, l'*apprendimento* è il momento più indicato per la correzione e costituisce anche l'area entro la quale agisce il *monitor*. Bisogna comunque precisare che quando si parla di *monitor* non si parla di una correzione che viene dall'esterno, ma di un meccanismo di controllo apportato dal parlante stesso. Questa funzione di controllo può avvenire prima della produzione, scritta o orale, o dopo (autocorrezione).

Un eccesso nella correzione degli errori può ostacolare la comunicazione, quindi il *monitor* interverrà solo in presenza di tre condizioni. Queste, necessarie ma non sempre sufficienti per l'intervento del *monitor*, sono:

– tempo (spesso in condizioni normali di conversazione, il parlante non ha tempo di pensare e di usare le regole);

3. Per la correzione degli errori, cfr. *Approccio Comunicativo, supra* CAP. 6.

– attenzione alla forma (spesso il parlante è così preso dal contenuto del suo messaggio che non fa attenzione alla forma in cui si sta esprimendo);
– conoscenza delle regole.

L'uso del *monitor* non è facilissimo. Ci saranno casi in cui apprendenti, forse vittime di un *apprendimento* basato solo sulla grammatica, useranno troppo il *monitor*, controllando eccessivamente le loro produzioni. I risultati saranno continue esitazioni e interruzioni: l'attenzione sarà talmente focalizzata sulla correttezza della forma da interferire con la comunicazione. Al contrario, ci saranno casi in cui gli apprendenti non useranno affatto il *monitor*, basandosi solamente sul sistema dell'*acquisizione*, accontentandosi di rilevare che la loro frase "suona bene".

Il *Natural Approach* vuole insegnare ad utilizzare il *monitor* nel miglior modo possibile, riconoscendo il momento giusto per farlo intervenire senza ostacolare la comunicazione e dando luogo a produzioni scorrevoli e corrette.

Ordine naturale

Scoprire che l'*acquisizione* delle strutture grammaticali segue un ordine prevedibile è stato un passo importante per il *Natural Approach*. Chi si dedica allo studio di una lingua *acquisisce* delle strutture grammaticali prima di altre, a seconda della difficoltà, della frequenza d'uso, e questo accade non solo nel caso di L2, ma anche nel caso di bambini alle prese con la loro lingua madre. Per esempio Brown (1973) afferma che bambini che imparano l'inglese come L1 *acquisiscono* il morfema del plurale *-s*, e il morfema *-ing* prima del morfema della III persona sing. *-s*. Ulteriori studi (Fathman, 1979) confermano l'esistenza di un ordine naturale di *acquisizione* della lingua target, anche negli adulti. Sono state anche redatte liste di morfemi che seguono l'ordine naturale di *acquisizione*.

Se in un primo momento Krashen suggeriva agli insegnanti di costruire un sillabo naturale che fosse un'applicazione dell'ordine naturale, successivamente si allontana da questa posizione. Basterà infatti che, durante la lezione, l'insegnante si preoccupi di mantenere un livello di input comprensibile, all'interno del quale ogni piccolo passo avanti seguirà automaticamente l'ordine naturale dell'*acquisizione*.

Bisogna comunque sottolineare che l'ordine naturale dell'*acquisizione* di L2 non sempre segue l'ordine di *acquisizione* della lingua madre, anzi, una sorta di deviazione dall'ordine naturale avviene proprio a causa dell'attaccamento dell'apprendente alla propria lingua madre. McLaughlin (1987), facendo leva su questo, sostiene l'impossibilità di un ordine naturale fisso, dal momento che apprendenti alle prese con aspetti linguistici difficili di L2 risolveranno i loro problemi ricorrendo alla loro lingua madre, laddove ci siano somiglianze sintattiche e morfologiche. McLaughlin solleva, inoltre, il problema di apprendenti la cui lingua madre non abbia somiglianze sintattiche e morfologiche con L2. Se infatti uno spagnolo o un italiano che studiano inglese come L2 *acquisiscono* in tempi relativamente brevi i morfemi degli articoli determinativi e indeterminativi *a*, *the*, un apprendente coreano incontrerà notevoli difficoltà poiché la sua lingua madre non possiede gli articoli: quindi, non seguirà la lista dell'ordine naturale redatta da Krashen, che vede gli articoli fra i primi morfemi *acquisibili*.

Input (i + 1)

Anche per quanto riguarda questa ipotesi ci troviamo nella sfera dell'*acquisizione*. A questo punto è di rigore una domanda: come *acquisiamo* la lingua? Come ci muoviamo da un livello di competenza *i* al livello di competenza successivo *i + 1*? Krashen sviluppa un'ipotesi secondo la quale condizione necessaria (ma non sufficiente) per muoversi dal livello *i* al livello *i + 1* è che l'apprendente comprenda un input il cui contenuto sia *i + 1*. "Comprendere" in questo caso significa che l'attenzione dell'apprendente è concentrata sul significato del messaggio e non sulla forma. Infatti la lingua viene assorbita meglio quando l'apprendente comprende un messaggio con contenuti e/o strutture leggermente al di sopra della sua conoscenza. Questo è un processo naturale: nel processo di comprensione noi facciamo uso non solo delle nostre conoscenze linguistiche, ma anche del contesto, delle nostre conoscenze del mondo, delle nostre esperienze. Tutte le informazioni linguistiche ed extralinguistiche ci aiutano ad andare oltre la soglia delle informazioni a noi già note. Ed è quando si verifica una situazione *input i + 1* che si fa un passo avanti, inconsciamente, nell'*acquisizione* del linguaggio.

Seguendo l'ipotesi *input i + 1*, si cerca di presentare un lessico ricco muovendosi su una base lessicale già nota agli apprendenti. Quando non ci sia questa possibilità, come per esempio ad uno stadio iniziale, il nuovo lessico viene introdotto aiutandosi con gesti, parafrasi, ripetizioni.

Filtro affettivo

Alle precedenti quattro ipotesi appena trattate se ne aggiunge una quinta, senza la quale queste potrebbero addirittura perdere consistenza. Krashen sottolinea qui l'estrema importanza dello stato d'animo personale dell'apprendente: le emozioni, i caratteri, gli atteggiamenti delle persone, l'atmosfera di studio possono influire positivamente o negativamente sul successo dell'*acquisizione* di una lingua. Un'atmosfera carica di tensione e di influssi negativi scoraggerà anche il più motivato degli apprendenti. Questa è l'ipotesi che Krashen chiama filtro affettivo. Il filtro affettivo è una specie di barriera interiore alzata dall'apprendente per evitare di esporsi a influssi che hanno a che fare con la lingua e che vengono percepiti come negativi o pericolosi. Proteggendosi dietro al filtro però, l'apprendente non si espone più alla lingua e viene meno il fondamentale processo di *acquisizione*.

Un'atmosfera di studio tranquilla e stimolante agisce positivamente sulla disposizione degli apprendenti che abbasseranno subito il loro filtro/scudo di protezione, lasciando via libera all'*acquisizione*. Per quanto riguarda apprendenti il cui atteggiamento verso L2 non sia motivato, essi non solo avranno un input minore, ma avranno anche un forte filtro affettivo che bloccherà il processo di *acquisizione*. Anche capendo un certo messaggio, l'input non raggiungerà quella parte del cervello responsabile dell'*acquisizione*. Invece, apprendenti che abbiano un atteggiamento favorevole nei confronti di L2 cercheranno sia di avere un alto input, sia di abbassare il livello del filtro affettivo.

È doveroso sottolineare in questa sede che Krashen utilizza il termine di filtro affettivo riferendosi alla sfera emotiva personale del singolo apprendente, e lo sforzo per abbassare il filtro deve essere opera della volontà interiore dell'apprendente. Non si tratta quindi dell'affettività sociale, di gruppo, di cui si parla nei cosiddetti metodi affettivi. In generale, comunque, lo scopo rimane quello di creare un'atmosfera priva di tensioni atta a favorire l'apprendimento.

11.2.2. Grammatica

È interessante partire dall'affermazione di Krashen che usando il termine grammatica rimanda direttamente all'*apprendimento* cosciente, per arrivare a capire i due ruoli da lui assegnati alla grammatica: *grammatica-monitor* e *grammatica-regole*.

1. Per quanto riguarda la *grammatica-monitor*, Krashen in realtà si trova ad approfondire la trattazione sulle funzioni del *monitor* e sull'uso ottimale che si deve fare di esso. L'apprendente dovrebbe utilizzare le regole da lui imparate per curare la propria correttezza grammaticale a patto di non interferire con la comunicazione. Le numerose ricerche fatte in questo campo arrivano tutte ad una conclusione: l'uso cosciente della grammatica è limitato: non tutti fanno uso del *monitor*. Chi lo usa lo usa solo per una piccola parte della grammatica, e comunque non sempre.
2. Passiamo ora a considerare l'altro ruolo della grammatica: la *grammatica-regole*, la grammatica come materia di studio. Ci troviamo di fronte ad un'ulteriore divisione su come affrontare lo studio della grammatica, induttivamente o deduttivamente. Prima di procedere, è bene specificare che sia l'approccio induttivo che l'approccio deduttivo alla grammatica si muovono nella sfera dell'*apprendimento*: nessuno dei due aspetti ha a che fare con l'*acquisizione*. L'*apprendimento* induttivo apparentemente condivide con l'*acquisizione* la base di partenza: si parte da un esempio pratico per arrivare alla regola. Se nell'*acquisizione* la regola appare a livello inconscio, l'attenzione verte sul contenuto e il procedimento richiede molto tempo ed una grande raccolta di dati linguistici; nell'*apprendimento*, invece, la regola si impara a livello conscio: l'attenzione è sulla forma, il procedimento sarà veloce e richiederà una minore raccolta di dati linguistici.

Quando lo scopo sia lo studio cosciente, bisognerà tener presente un ordine specifico con cui introdurre le regole calibrato su parametri quali l'ordine naturale, la frequenza d'uso, la semplicità strutturale, l'utilità. In ogni caso, oggetto di insegnamento deve essere solo qualcosa che possa essere imparato, trattenuto nel cervello dell'apprendente, e, naturalmente, non ancora *acquisito*.

Krashen non si schiera esplicitamente a favore o contro la grammatica, preferisce comunque ricorrervi non troppo spesso. Nell'*apprendimento* della grammatica Krashen trova in ogni caso qualche utilità anche per l'*acquisizione*. Questo succede nel caso in cui un apprendente di L2 verifichi con l'esistenza di una regola grammaticale qualcosa da lui acquisito in precedenza. L'apprendente guadagnerà maggior fiducia nel fenomeno dell'*acquisizione* e abbasserà il livello del filtro affettivo.

Inoltre la grammatica, quando insegnata e *appresa* nella lingua target, può rientrare nel processo di *acquisizione*, perché usata come mezzo di istruzione. Krashen (1995, p. 120) afferma che «both teachers and students are deceiving themselves. They believe that it is the subject matter itself, the study of grammar, that is responsible for the students' progress in second language acquisition, but in reality their progress is coming from the medium and not the message» [4]. Finché l'apprendente considererà la grammatica utile per lui, questa gli offrirà un buon input anche per l'*acquisizione*.

11.3
Aspetti pedagogici

11.3.1. Obiettivi didattici

Scopo del *Natural Approach* è sviluppare abilità di base per la comunicazione, sia orali che scritte.

Sono esempi di attività per la comunicazione orale:
- partecipare ad una conversazione con uno o più parlanti di L2;
- ascoltare una conversazione fra altri parlanti;
- ascoltare annunci pubblicitari;
- ascoltare annunci pubblici (stazione, aeroporto ecc.);
- ascoltare radio, televisione, film, musica ecc.

Sono esempi di attività per la comunicazione scritta:
- leggere e prendere appunti;
- leggere segnali e istruzioni;
- leggere e compilare moduli;
- leggere pubblicità ed annunci;
- leggere e scrivere lettere personali;
- leggere per il puro piacere di leggere.

Naturalmente, le finalità elencate qui sopra non pretendono di essere esaustive, né, tantomeno, innovative. Saranno, anzi, comuni a molti corsi di lingua. La cosa più importante è che un insegnante che si ispira al *Natural Approach* definisca gli scopi finali delle sue lezioni e li renda noti agli apprendenti, i quali, a loro volta, esprimeranno loro bisogni, dubbi e preferenze.

11.3.2. Tecniche, materiali e attività

Prima di addentrarci in questo campo, vogliamo ribadire che le tecniche, i materiali e le attività non sono nuovi, come potrebbe

4. «Tanto gli insegnanti quanto gli studenti ingannano se stessi. Credono che sia la materia stessa, lo studio della grammatica, ad essere responsabile del progresso degli studenti nell'*acquisizione* di una lingua straniera, mentre in realtà il loro progresso è dovuto al mezzo, non al contenuto».

sembrare non nuovo l'uso che se ne fa. Si fa uso di mimica, comandi, gestualità, giochi di gruppo, giochi di ruolo, scenette e situazioni. Il materiale consiste in *realia*: fotografie, immagini, disegni, depliant informativi, volantini pubblicitari, cartine geografiche.

L'innovazione consiste nel modo di proporre attività e materiali: l'insegnante si deve preoccupare di osservare i principi del *Natural Approach*, mantendo un livello di *input* $i + 1$ costante, tenendo basso il filtro affettivo e rispettando il momento in cui la produzione avverrà spontaneamente negli apprendenti.

Si può cominciare impartendo semplici comandi come nel *Total Physical Response* ("alzati in piedi; alza la mano destra"), rendendoli sempre più complessi ("toccati prima i capelli, poi il naso, poi le orecchie") e aggiungendo termini nuovi di tanto in tanto, fino a formare frasi più lunghe e articolate ("prendi il gesso, vai alla lavagna, disegna una farfalla che, una persona da te chiamata, colorerà di giallo e blu"). In questo modo si possono introdurre numeri, oggetti e nomi facendo riferimento a persone e cose presenti in classe.

Ad uno stadio più avanzato si comincia a far uso di giornali, fotografie ed altri *realia*, introducendo nuovo lessico. Le attività da svolgersi intorno a questo materiale dovranno sempre rispettare la fase di produzione in cui si trovano gli apprendenti.

A questo punto si possono combinare comandi e uso di *realia* ("sul giornale di oggi trova la foto della bambina con il cane e dalla all'unica persona che nella classe indossa il maglione rosso").

Giochi di ruolo, scenette e *problem solving* verranno introdotti in una fase più avanzata.

11.3.3. Ruolo dell'insegnante e dell'apprendente

Se è vero che l'insegnante che segue i principi del *Natural Approach* rappresenta la fonte di informazione primaria di L2 per gli apprendenti, è anche vero che non focalizza l'attenzione su di sé, ma lavora in funzione degli apprendenti. Prima di tutto, cerca di creare un'atmosfera rilassata e stimolante, informa subito gli apprendenti dei risultati che otterranno alla fine delle lezioni, non sollecita loro produzioni premature e non ne corregge "dittatorialmente" gli errori.

Come è facile immaginare, le lezioni possono prendere una strada diversa da quella prevista inizialmente. È compito dell'insegnante essere sensibile a come gli apprendenti rispondono ai suoi stimoli e avanzare tenendo presente la situazione della classe.

Quindi non sarà solo l'insegnante a stimolare la classe, seguendo l'ipotesi *input i + 1*, ma è anche la classe con le sue risposte a lanciare una sfida all'insegnante. Gli apprendenti devono specificare i loro interessi e le loro richieste all'insegnante che dovrà seguirli nei loro sviluppi.

Da quanto si è detto finora, vista la centralità del ruolo dell'*acquisizione* in questo approccio, appare evidente che un'abilità come la produzione orale non possa essere insegnata, né tantomeno appresa. La produzione orale è un'abilità che emerge spontaneamente. Gli apprendenti parleranno solo quando si sentiranno pronti. Prima di arrivare alla produzione vera e propria devono passare attraverso tre fasi:

1. *Fase di preproduzione*: gli apprendenti partecipano alle attività senza dover rispondere in L2. La loro partecipazione si limiterà per esempio a rispondere fisicamente a dei comandi.
2. *Fase di prima produzione*: gli apprendenti cominceranno a dare risposte brevi alle domande, a dire piccole frasi, a riempire moduli, ad inscenare dialoghi convenzionali ("Come ti chiami?", "Quanti anni hai?").
3 *Fase di produzione spontanea*: gli apprendenti partecipano a giochi di ruolo, danno loro opinioni personali durante discussioni, cercano di risolvere problemi.

11.4
Conclusioni

Se da una parte il *Natural Approach* ha il merito di rivisitare attività, tecniche e materiali alla luce di una teoria che enfatizza la comprensione, ponendo attenzione alla diversità dei processi di *acquisizione* e *apprendimento*, dall'altra sembrano numerosi anche i punti deboli di questo approccio. Senza seguire ciecamente le critiche di McLaughlin che parla del *Natural Approach* come «an unsuccessful theory of second language» [5] (1987, p. VII), vorremmo evidenziare alcuni punti deboli lasciando aperta la discussione.

Prima di tutto, come già si è accennato, Krashen dà una definizione di *acquisizione* e *apprendimento* che lascia spazio a qualche dubbio, ma soprattutto è veramente difficile, se non addirittura impossibile, capire cosa è frutto di *acquisizione* e cosa di *apprendimento* nel corso di una conversazione. Se già per il parlante è difficile giudicare cosa nella sua produzione proviene dalla sfera

5. «Una teoria fallimentare sulla seconda lingua».

dell'*acquisizione* e cosa dalla sfera dell'*apprendimento*, sarà stato ancora più difficile giudicare la produzione di tutti i parlanti usati negli esperimenti fatti da Krashen. Inoltre, non è esatto dire che negli adulti il fenomeno dell'*acquisizione* ha la stessa funzione che ha nei bambini: è chiaro che un adulto non è allo stesso stadio iniziale del linguaggio come può esserlo un bambino, anzi, ha sicuramente conoscenze pregresse molto più sviluppate e complesse.

A questo punto dalla teoria ci spostiamo a considerare i limiti della sua applicazione nell'insegnamento in classe. Per quanto riguarda l'ipotesi dell'input, il risvolto pratico è di difficile attuazione. È raro che in una classe gli apprendenti abbiano tutti lo stesso livello di competenza ed è quindi difficile partire da un livello che sia comprensibile per tutti e di lì portare la classe a fare il passo avanti *i + 1*. Anche supponendo un livello omogeneo di competenza, non tutti gli apprendenti seguiranno allo stesso modo l'avanzamento di livello ed avranno comunque tempi diversi per immagazzinare il materiale nuovo.

Cosa ancora più difficile, poi, è stabilire quali competenze in un apprendente siano state apprese e quali acquisite per poi procedere con l'insegnamento delle regole grammaticali che, fra l'altro, Krashen non chiarisce quanto siano necessarie. Certo è che, se si punta a stimolare negli apprendenti il processo di *acquisizione* piuttosto che quello di *apprendimento*, allora sarebbe più coerente non fare della grammatica una materia di studio, ma lasciare che l'apprendente si autocorregga aspettando un intervento, magari tardivo, dell'*acquisizione*.

Se poi volessimo proprio minare alle basi il *Natural Approach* utilizzando la teoria stessa di Krashen e quindi considerando centrali le funzioni di *acquisizione*, *monitor* e *input*, non sarebbe forse sufficiente esporsi ad una fonte spontanea di L2 quale il paese dove si parla la L2 in questione ed eliminare così la "classe"?

In realtà alcune delle affermazioni di Krashen sono accettabili, ma in modo meno totalizzante. Le sue ipotesi appaiono più ragionevoli se proposte nella loro variante debole.

Riferimenti bibliografici

BROWN R. (1973), *A First Language*, Harvard Press, Cambridge.

FATHMAN A. (1975), *The Relationship between Age and Second Language Productive Ability*, in "Language Learning", 25, pp. 245-66.

ID. (1979), *The Value of the Morpheme Order Studies for Second Language Learning*, in "Working Papers on Bilingualism", 18, pp. 179-99.

KRASHEN S. D. (1988), *Second Language Acquisition and Second Language Learning*, Prentice Hall International, London.

ID. (1995), *Principles and Practice in Second Language Acquisition*, ELT, Phoenix.

KRASHEN S. D., TERRELL T. D. (1995, I edizione 1983), *The Natural Approach. Language Acquisition in the Classroom*, ELT, Phoenix.

MCLAUGHLIN B. (1987), *Theories of Second Language Learning*, Edward Arnold, London.

TERRELL T. D. (1977), *A Natural Approach to Second Language Acquisition and Learning*, in "Modern Language Journal", 61, pp. 325-37.

12

L'apprendimento multilingue: l'intercomprensione fra le lingue romanze nel progetto EuRom4

di *Elisabetta Bonvino*

12.1
Premessa

Questo capitolo tratterà il concetto di *intercomprensione linguistica*, e il connesso fenomeno del *multilinguismo* prendendo come principale riferimento la metodologia didattica elaborata e sperimentata nel progetto EuRom4. L'obiettivo di tale progetto non è l'apprendimento di una sola lingua considerata nei suoi diversi aspetti, ma l'apprendimento simultaneo di più lingue, volto a sviluppare le abilità di comprensione, e non quelle di produzione. Gli argomenti affrontati riguardano aspetti rilevanti dell'insegnamento delle lingue, quali, per esempio, la competenza linguistica ricettiva (*capire* e non *parlare*), il ruolo dell'insegnante e l'impiego di nuove tecnologie. Le tematiche trattate nel progetto si inseriscono nel dibattito linguistico europeo con una soluzione possibile per l'Europa di domani.

12.2
Una lingua per l'Europa

Nel 1958 gli Stati fondatori della Comunità Europea hanno adottato il principio per il quale ogni cittadino europeo deve avere la possibilità di esprimersi e farsi capire nella propria lingua. Il Consiglio dei ministri della CEE, nel suo regolamento n. 1, riconosceva allora quattro lingue ufficiali: il francese, l'italiano, il tedesco e il nederlandese. Le lingue ufficiali della Comunità Europea sono aumentate in seguito con l'aumentare degli stati membri (1973 inglese e danese; 1981 greco; 1986 spagnolo e portoghese; 1995 finlandese e svedese) e sono destinate ad aumentare ancora: è infatti probabile che nei prossimi anni l'Unione Europea sarà composta da venticinque Stati con culture e lingue molto diverse [1]. Il problema della comunicazione, e quindi dell'intercomprensione, diventa perciò sempre più importante.

Nella discussione che si è accesa in questi ultimi anni riguardo a quale o quali lingue si debbano parlare in Europa, le proposte sono molteplici. Tra queste: la scelta di una lingua ufficiale, che cadrebbe probabilmente sull'inglese, la designazione di un gruppo di lingue veicolari, o anche l'adozione di una lingua artificiale quale l'esperanto. Il problema è complesso e ampiamente dibattuto. Scegliere una sola lingua ufficiale significa da un lato sicuramente favorire uno o più paesi rispetto ad altri. Chi può parlare nella propria lingua è sicuramente agevolato per molti aspetti (innanzi tutto non deve fare lo sforzo di imparare altre lingue, ha una maggiore facilità di espressione, più capacità argomentativa ecc.), per non parlare dei vantaggi economici legati alla gestione della traduzione, della ripubblicazione e della distribuzione dei testi e dell'insegnamento della propria lingua. D'altra parte, la lingua che è scelta come veicolo di comunicazione fra persone di lingue e culture diverse risulta inevitabilmente impoverita: quando più parlanti di origini diverse utilizzano per comunicare una lingua che non è la loro tendono naturalmente a semplificarla, ad alterarla avvicinandola alle loro L1 e comunque a trasformarla allontanandola da quella dell'uso vivo e spontaneo dei parlanti nativi. Si pensi alle contaminazioni del latino medievale o al suo irrigidimento nella prosa cancelleresca, o anche all'uso internazionale dell'inglese, che va sempre più somigliando ad un *pidgin*.

È anche legittimo domandarsi, come fa Umberto Eco (1993, p. 358), se è davvero possibile imporre una lingua ufficiale. Sino ad oggi le lingue veicolari si sono imposte per vari motivi, generalmente legati all'egemonia economica, politica o culturale. È allora possibile imporre una lingua ufficiale in Europa, decidendola magari a tavolino? E questa dovrà essere necessariamente l'inglese?

Molti paesi europei, in particolare la Francia, mal sopportano l'egemonia mondiale dell'inglese. Claude Hagège (1993) si fa portavoce di questo malcontento e auspica di far fronte all'egemonia dell'inglese, contrapponendogli una federazione di paesi dell'Europa centrale raggruppati intorno al francese. Umberto Eco sembra a tratti simpatizzare per l'esperanto. E c'è invece chi, come Raffaele Simone (1997), invita le lingue romanze ad unirsi, non attorno al

1. Per maggiori dettagli sull'argomento si veda l'articolo del direttore onorario della Commissione Europea, Jean Zinck (1997).

francese, bensì in un patto linguistico basato sulla reciproca comprensione.

Una soluzione praticabile potrebbe essere appunto quella del multilinguismo. Il multilinguismo può essere inteso a più livelli: dal senso più ampio di una prima sensibilizzazione ad altre lingue, fino alla completa padronanza di molte lingue. Tra questi due estremi si trova l'ipotesi di una competenza ricettiva di più lingue europee, ovvero l'ipotesi di un'Europa in cui le persone possano intendersi, ognuno parlando la propria lingua e che intendendosi «sia pur a fatica, intendessero il *genio*, l'universo culturale che ciascuno esprime parlando la lingua dei propri avi e della propria tradizione» (Eco, 1993, p. 377).

12.3
Vari modi di attuare il multilinguismo

Il multilinguismo è una modalità di comunicazione interlinguistica praticata sin da tempi remoti. Si pensi al multilinguismo dell'impero romano, a quello attuale di molti paesi dell'Africa o alla consuetudine all'intercomprensione dei paesi scandinavi. L'interesse crescente per l'argomento, sviluppatosi sia nell'ambito della ricerca teorica e dell'insegnamento delle lingue sia all'interno della Commissione della Comunità Europea, ha favorito la creazione di strumenti volti alla sensibilizzazione al multilinguismo.

Il multilinguismo può essere inteso anche in relazione al gruppo di lingue interessate. In effetti, l'intercomprensione può coinvolgere lingue appartenenti alla stessa famiglia, che hanno cioè un'origine comune, come ad esempio le lingue romanze, oppure seguire altri schemi e coinvolgere lingue non geneticamente imparentate [2]. La modalità che ha più probabilità di realizzarsi è quella fra lingue appartenenti alla stessa famiglia, in quanto hanno molte caratteristiche strutturali e lessicali in comune. Per questo motivo è più facile imparare lingue imparentate con la propria. A partire da questa osservazione, hanno preso le mosse diversi progetti che hanno come obiettivo lo sviluppo dell'intercomprensione tra lingue romanze. I principali sono: il progetto EuRom4 (cfr. PAR. 12.4); il progetto promosso da un gruppo di studiosi di Grenoble, diretto da Louise Dabène; il progetto di un'équipe danese dell'uni-

2. C'è infatti chi propone progetti di intercomprensione che riguardano lingue tipologicamente affini, che presentano cioè solo un'affinità di struttura, o addirittura riguardanti lingue molto diverse fra loro (Slodzian, 1997).

versità di Aarhus, diretto da Jørgen Schmitt Jenssen (1997); e quello diretto da Tilbert Stegman a Francoforte sul Meno (Klein, Stegman, 1994).

Prima di analizzare più da vicino il progetto EuRom4, sarà bene esaminare quali sono le direttrici che ispirano questo nuovo modo di intendere l'apprendimento linguistico. In generale l'apprendimento di più lingue ha come obiettivo una competenza intermedia: non si tratta di diventare poliglotti, ma di accedere ad un certo livello di comprensione di una o più lingue. La definizione di questo livello dipende da vari parametri, tra i quali primeggiano gli interessi individuali. Gli obiettivi, i metodi e le tecniche possono variare, ma l'idea centrale è che la lingua materna sia un punto importante di partenza, una via privilegiata d'accesso alle altre. Sono infatti le similitudini con la propria lingua che fanno da riferimento nel percorso che porta alla comprensione delle altre lingue. Come dice Claire Blanche Benveniste (1995), ideatrice e coordinatrice del progetto EuRom4, l'obiettivo principale della sensibilizzazione alla comprensione multilingue è quello di ridare il gusto di scoprire le lingue anche fermandosi a una «competenza imperfetta». Il gusto per la scoperta di nuove lingue può essere il trampolino di lancio per un approfondimento ulteriore, che non si limiti alla competenza ricettiva. Infatti, tra le persone che hanno intrapreso lo studio simultaneo delle lingue romanze "passive", si registrano molti casi di studenti che hanno poi deciso di continuare e di approfondire almeno una delle lingue affrontate. Questo forte stimolo alla curiosità verso lingue diverse e l'incoraggiamento ad affrontarle senza timore sono forse le caratteristiche che permettono di avere fiducia nell'applicazione di questo approccio anche allo studio di lingue appartenenti ad altre famiglie.

12.4
Descrizione del progetto EuRom4

Nel quadro sin qui delineato si inserisce il progetto EuRom4, che ha come obiettivi principali quello di promuovere la competenza ricettiva e l'intercomprensione tra le lingue romanze, nonché quello di offrire una soluzione, seppur parziale, ai problemi di politica linguistica dell'Unione Europea. EuRom4 è nato come progetto universitario di ricerca nell'ambito dell'analisi contrastiva delle lingue romanze, e si è poi sviluppato in relazione alle nuove esigenze di insegnamento e ai bisogni di intercomprensione nella politica linguistica europea. Hanno condotto questa esperienza le Università di Aix-en-Provence, rappresentata da Claire Blanche Benveniste e André Valli; Lisbona, rappresentata da Antonia Mota; Salamanca, da Isabel Uzganga de Vivar, e Roma Tre da Raffaele Simone.

12.4.1. Una forma "modesta" di conoscenza della lingua

Claire Blanche-Benveniste, ideatrice del progetto, in un'intervista sul quotidiano francese "Le Monde", spiega com'è nata l'idea di insegnare simultaneamente le lingue romanze:

> Pendant des siècles, les voyageurs du Sud, les marchands de la Méditerranée se comprenaient sans nécessairement parler d'autre langue que la leur. Nous avons voulu faire revivre cette intercompréhension des langues romanes [3].

Non è difficile del resto incontrare persone abituate a viaggiare che sono in grado di capire e farsi capire in portoghese, spagnolo, italiano e francese (Blanche-Benveniste, Valli, 1997b, pp. 33-7).

> L'aisance est faite aussi d'une certaine évaluation de ce qu'est sa propre langue pour les autres. Un Français averti sait que, pour être facile à comprendre, il vaut mieux utiliser les mots dont l'équivalent existe dans les trois langues [4].

Da queste semplici osservazioni nasce l'idea che gli adulti che parlano una lingua romanza possono imparare, in tempi molto brevi, a capirne altre. La condizione è che si limiti opportunamente l'obiettivo da perseguire: "capire", non usare produttivamente la lingua. In questo contesto "capire" non significa comprendere tutto quello che si dice e si scrive in queste lingue, ma intenderne il senso globale, sapersi orientare e cogliere le informazioni più importanti.

Il metodo si applica a quattro lingue romanze (francese, italiano, portoghese, spagnolo), e si rivolge a parlanti di una di queste lingue che vogliano arrivare ad una competenza ricettiva delle altre tre, a partire dalla comprensione dello scritto. A tal fine sono necessari testi scritti in uno stile il più possibile vicino allo standard, il cui contenuto si riferisca a una sorta di *sapere condiviso*, e non richieda quindi una particolare conoscenza della cultura e della storia

3. «Per secoli i viaggiatori del Sud, i commercianti del mediterraneo si capivano senza necessariamente parlare altre lingue oltre alla loro lingua materna. Abbiamo voluto far rivivere questa intercomprensione delle lingue romanze».

4. «Questa facilità deriva da una valutazione di quello che la nostra lingua rappresenta per gli altri. Un francese "accorto" sa che per farsi capire deve utilizzare parole di cui esista l'equivalente nelle altre lingue».

dei diversi paesi. Sono stati perciò scelti articoli di giornale (quotidiani o settimanali), che, sebbene presentino alcune abitudini retoriche peculiari, seguono in genere regole di redazione comuni nei diversi paesi e presentano tipologie di informazioni ricorrenti. Inoltre, si è sfruttato il fatto che in alcuni ambiti settoriali, come in quello della politica estera, buona parte del lessico è quello a base greco-latina che contribuisce a formare lo *Standard Average European* [5].

Nel progetto EuRom4, per ognuna delle quattro lingue si studiano 24 articoli di giornale, la cui comprensione è agevolata da note, traduzioni, informazioni grammaticali ed enciclopediche, e da altri documenti annessi. Il corso prevede 24 sedute, in ciascuna delle quali viene affrontato un articolo scritto in ognuna delle tre lingue non conosciute dall'apprendente. Per ogni lingua, il lavoro dura da venti a trenta minuti circa, per un totale di un'ora e trenta a seduta. Alla fine del corso, gli studenti sono in grado di leggere da soli testi stranieri, aiutandosi con un dizionario per cercare le poche parole che non conoscono. Ovviamente, non si può certo dire che il corso permetta di raggiungere una piena competenza nelle lingue studiate. In un tempo così limitato (36 ore) si può arrivare solamente a una conoscenza approssimativa. Ma questa forma di competenza si è dimostrata sufficiente a far sparire le angosce dei principianti (che hanno spesso cattivi ricordi scolastici dello studio delle lingue), e a rafforzare la fiducia nella capacità di continuare da soli.

12.4.2. Cos'è materialmente EuRom4

Il progetto ha portato all'elaborazione di un manuale (Blanche-Benveniste *et al.*, 1997) che comprende:

– ventiquattro lezioni nelle quattro lingue: ogni lezione consiste in un articolo di giornale, preceduto da un breve riassunto in tutte e quattro le lingue. Per ogni articolo sono fornite informazioni di varia natura, riguardanti il lessico meno accessibile, le strutture sin-

5. Con questo termine Benjamin Lee Whorf (1958) voleva indicare la somiglianza, soprattutto a livello di categorie grammaticali, condivisa dalle maggiori lingue europee rispetto a lingue appartenenti a famiglie lontane, come ad esempio le lingue amerindiane. Questo concetto è ripreso e approfondito da altri linguisti, tra cui Paolo Ramat, secondo il quale, oltre alle affinità nella struttura delle frasi e nei loro costituenti, le lingue dell'Europa centro-occidentale formano una *koinè* in cui «il fenomeno di affinità più macroscopicamente evidente [...] è costituito dal lessico intellettuale, dai termini astratti costruiti con varie tecniche sul modello greco-latino» (Ramat, 1993, p. 7).

tattiche complesse, la morfologia, le conoscenze enciclopediche ecc.;
– un'appendice con un breve studio comparato delle grafie delle quattro lingue, e degli aspetti fonetici e fonologici a cui corrispondono. Ciò è particolarmente importante in quanto le caratteristiche grafiche, nonché le convenzioni tipografiche di queste quattro lingue europee sono totalmente ignorate dai principianti delle altre lingue;
– un'appendice contenente una grammatica contrastiva mirata, volta cioè a mettere in evidenza quelle differenze e quelle similitudini, soprattutto sintattiche, che più hanno interessato gli studenti nella fase di sperimentazione o che hanno creato maggiori difficoltà;
– tavole morfologiche, contenenti le corrispondenze nelle varie lingue, per quelle classi di parole che compaiono nei testi studiati;
– tabelle contenenti informazioni di carattere enciclopedico, quali i giorni della settimana, i nomi geografici nelle varie lingue ed altri riferimenti contenuti nei testi che abbiano effettivamente creato difficoltà agli studenti;
– un glossario delle parole ed espressioni non inferibili dal contesto;
– il metodo utilizza le nuove tecnologie informatiche per l'insegnamento linguistico, in un CD-ROM che fa ricorso all'intera-zione dell'ascolto e della lettura dei testi con possibilità di consultazione *on line* delle informazioni grammaticali ed enciclopediche necessarie alla comprensione.

12.4.3. Lezione tipo

Il progetto EuRom4 prevede una modalità di insegnamento in classe assistita da un tutore. I materiali del corso però, grazie al manuale dotato di una guida e all'ausilio di un CD-ROM, si prestano anche all'utilizzo in autoapprendimento (cfr. PAR. 12.6).

Qui di seguito verrà fornita una descrizione esemplificativa di come si svolgono le lezioni quando i discenti sono seguiti da un tutore.

Il discente è posto di fronte ad un articolo in una delle tre lingue che non conosce. Il suo compito è quello di tradurre l'articolo nella sua lingua madre. Gli vengono forniti la traduzione del titolo e un breve riassunto del contenuto, ascolta poi una lettura dell'intero articolo eseguita da un parlante nativo della lingua target. Il discente dovrà tradurre (nei venti minuti dedicati a quella lingua) tra dieci e venti righe nelle prime lezioni, per passare a più di sessanta nelle ultime

Si procede, quindi, alla lettura della prima frase. L'obiettivo dello studente è tradurre il testo arrivando fino alla fine della frase. Se incontra una parola che non conosce dovrà ugualmente andare avanti saltandola o sostituendola con una parola "vuota" appartenente alla categoria grammaticale opportuna (ad esempio, in italiano *cosa*, *cosare*, o in francese *machin*, *machiner*). Ci tornerà in seguito: una volta capito il senso della frase potrà "riempire" le parole "vuote" con del lessico. Eventuali traduzioni di termini particolarmente difficili vengono fornite solo dopo che il discente avrà formulato delle ipotesi in proposito, tenendo conto dell'argomento dell'articolo e del contesto della frase. Lo studente ha sempre la possibilità di consultare tabelle grammaticali per chiarire eventuali dubbi, o di riascoltare un passaggio del testo, se lo ritiene utile o necessario. Qualora il testo presenti difficoltà (di lettura o di sintassi), viene fornito un aiuto volto prevalentemente ad agevolare la comprensione della struttura della frase, indicando dove si trovano il soggetto, il verbo e l'oggetto. Se ci sono parentesi o incisi, si consiglia di saltarli ad una prima traduzione, e tradurre questi passaggi in una fase successiva. Sono accettate traduzioni incomplete o approssimative, che potranno essere migliorate ritornando in seguito sull'insieme del testo. Si passa quindi alla seconda frase e così via. Quando è terminato il testo, si chiede di fornirne nuovamente una traduzione, che viene spontaneamente corretta e sistemata dal discente. A questo punto si possono chiarire gli eventuali problemi grammaticali o di vocabolario rimasti insoluti, anche con l'ausilio di apposite tabelle quadrilingui. Il testo tradotto viene quindi ascoltato nuovamente, questa volta senza guardare lo scritto. Il lavoro su ciascuna lingua dura in tutto venti minuti.

12.4.4. Quale traduzione?

La traduzione non è qui un obiettivo in sé, bensì uno strumento per verificare che gli studenti siano riusciti a capire il senso del testo. Il discente non deve perciò essere un buon traduttore bensì un buon lettore. È possibile che, al termine di queste sedute, alcuni partecipanti siano in grado di capire gli articoli senza essere capaci di darne una traduzione adeguata.

L'esercizio di lettura nelle lingue vicine sfrutta al massimo le somiglianze. Porta talvolta a fare delle traduzioni "calco", che dal punto di vista lessicale o grammaticale possono risultare scorrette.

Per esempio, i lettori francesi hanno ricalcato l'espressione portoghese *todas as pessoas*, che in francese si dovrebbe tradurre con *tout le monde*, nel modo seguente:

Se todas as pessoas fossem cristiãs (portoghese)
Si toutes les personnes étaient chrétiennes (francese: *tout le monde*)

Per verificare che il testo sia stato compreso, questo stadio sembra sufficiente. Un vero lavoro di traduzione richiederebbe un'elaborazione diversa.

12.4.5. Fase di sperimentazione

La sperimentazione è stata condotta simultaneamente, per tre anni, nelle quattro università di Lisbona, Salamanca, Roma e Aix-en-Provence. Le sedute di sperimentazione si sono svolte nel modo indicato nel PAR. 12.4.3, in presenza di un tutore, che aveva principalmente il ruolo di osservatore, con gruppi di 5-10 studenti universitari di età compresa tra i 20 e i 25 anni. Gli studenti – della stessa L1 e senza alcuna conoscenza delle altre tre lingue romanze – avevano il compito di affrontare i testi nelle lingue diverse dalla loro. I testi venivano letti da lettori madrelingua (che in una seconda fase della sperimentazione sono stati sostituiti da registrazioni.)

Dalle esperienze della fase di sperimentazione è scaturita la forma finale delle lezioni. Si è osservato il comportamento di adulti principianti, messi davanti al compito di cominciare a "leggere" in una lingua che pensano di non capire affatto. Gli studenti sono estremamente sorpresi di riuscire a tradurre testi che a prima vista sembravano inaccessibili. La comprensione risulta enormemente agevolata dall'ascolto dei brani letti, grazie all'intonazione e all'associazione fra realizzazione sonora e alcune forme grafiche. Dopo le prime sessioni, gli studenti scoprono da soli, con qualche piccolo aiuto, le somiglianze tra le lingue e le adottano come base inconscia per stabilire delle corrispondenze. Da queste corrispondenze gli studenti arrivano, poco a poco, a costruire una grammatica comparata che li aiuta a capire le altre lingue, nonché a conoscere meglio la loro. Questa *grammatica comparata mentale* (Simone, 1997) consiste in un sistema di regolarità e di attese che guida le tappe del loro apprendimento.

Da queste lezioni sperimentali è emerso che le principali difficoltà sono dovute ad errori nelle strategie di lettura, a lessico non identificabile né inferibile, oppure a strutture sintattiche troppo complesse ed articolate. È interessante notare che gli studenti francesi sono quelli che hanno incontrato più difficoltà a capire i testi [6]. In particolare, i francesi sono disorientati dalla libertà nell'ordine delle parole frequente nelle altre lingue e dalla possibilità di omettere il soggetto (in italiano in frasi come: *parte domani*). Bisogna dire però che anche i parlanti di lingue con un ordine più libero sono a volte disorientati da un ordine delle parole diverso da quello Soggetto-Verbo-Oggetto. In generale si osservano le seguenti fasi di apprendimento:

a) gli studenti si preoccupano soprattutto del lessico e non mostrano alcun interesse per la grammatica; non si accorgono dei problemi e hanno bisogno di sapere da dove cominciare ed eventualmente cosa saltare; in questa fase è anche opportuno spiegare le differenze ortografiche perché alcune sono tali da pregiudicare la comprensione;

b) gli studenti hanno acquisito sicurezza, possono usufruire di alcune spiegazioni grammaticali di carattere morfologico e sintattico, ad esempio le desinenze del plurale;

c) solo ad uno stadio più avanzato gli studenti si interessano alla comparazione tra le lingue;

d) dopo 50-60 ore si è constatato che la maggior parte degli studenti è in grado di leggere un articolo di giornale di media lunghezza.

12.5
Aspetti linguistici

Questo metodo, essendo orientato alla comprensione ricettiva della lingua scritta, privilegia gli aspetti morfosintattici e lessicali della lingua. Sono carenti gli aspetti relativi allo scambio comunicativo sia orale che scritto e gli aspetti culturali (cfr. PAR. 12.6).

12.5.1. Intonazione

Pur essendo applicato alla comprensione della lingua scritta, e in nessun modo alla produzione, il metodo tiene conto degli aspetti fonetici della lingua. Nel corso della fase di sperimentazione si è vi-

6. Le ragioni sono sicuramente complesse e molteplici e non è questa la sede per discuterle. Certo è che il francese ha delle caratteristiche tipologiche che lo discostano dalle altre lingue romanze, «come se fosse su una traiettoria di fuga» rispetto alle altre lingue romanze (Simone, 1997).

sta infatti l'importanza dell'intonazione: la lettura ad alta voce effettuata da un parlante nativo è fondamentale nel processo di comprensione del testo. Sebbene i *patterns* intonativi delle varie lingue siano diversi, la lettura, grazie all'intonazione, agevola enormemente la comprensione. L'intonazione serve a disambiguare alcune strutture, aiuta a raggruppare la frase in costituenti e quindi ne facilita la decodifica. È inoltre fondamentale, per cogliere l'informazione saliente di ogni enunciato, il suo ruolo nel discorso complessivo (inciso, premessa, elenco ecc.) e l'atteggiamento dello speaker (ironia, narrazione, preoccupazione ecc.). Ciò aiuta gli studenti ad orientarsi e a capire il significato. Tutte le lingue trattate hanno, ad esempio, un modo simile di rendere gli incisi dal punto di vista intonativo (c'è un abbassamento di tono, la frase viene pronunciata sotto lo stesso contorno intonativo, ed in generale sono preceduti da una pausa). In una prima fase di studio si consiglia ai discenti di saltare gli incisi, per ritornarvi poi, una volta che il senso della frase è più chiaro. L'intonazione è in questo caso uno strumento utilissimo per gli studenti, in quanto li aiuta ad individuare ciò che passa momentaneamente in secondo piano. Sono i discenti stessi, sin dalle prime sedute, a riconoscere l'importanza della fase di lettura ad alta voce. Ad esempio, in una classe italiana, al momento di tradurre il primo testo portoghese, gli studenti si trovano smarriti di fronte ad una serie di parole rese in una grafia che non sempre riconoscono. L'ascolto da solo li disorienterebbe ancora di più, ma il testo scritto, congiuntamente alla sua versione orale, li guida nella ricerca del significato.

12.5.2. Tra grafematica e fonetica storica

Altri aspetti presi in considerazione in questo metodo, che non fanno parte della fonetica in senso stretto, ma che riguardano comunque l'aspetto sonoro della lingua, sono i rapporti tra suono e grafia, le corrispondenze tra le grafie delle varie lingue e anche le corrispondenze tra suoni nelle varie lingue (in uno studio che si avvicina alla fonetica storica). In effetti, portoghese, spagnolo, italiano e francese hanno dovuto risolvere, nel corso della loro storia, problemi simili: gestire l'eredità della scrittura greca e latina; rendere conto di alcune evoluzioni tipiche delle consonanti romanze come *c* e *g* seguite da *a* o da *i*; *l* palatale o *n* palatale; dare espressione grafica agli accenti delle parole; in portoghese e in francese rendere graficamente le vocali nasali. Le quattro lingue hanno risolto questi problemi in modi molto diversi. Ad un primo approccio ai testi, è questa differenza che sorprende maggiormente gli studenti. Ad esempio, il francese è la lingua che conserva il numero maggiore di lettere che sono adattamento diretto dell'alfabeto greco, e l'italiano quella che ne ha meno. I portoghesi, gli spagnoli e gli italiani sono spesso spaventati dal numero di lettere greche che si riscontrano nei testi francesi. I francesi d'altra parte stentano a riconoscere parole come *hypnose* nell'italiano *ipnosi* o *rhum* nel portoghese *rum*. Gli italiani sono in grado di ricondurre il portoghese *mão* a *mano* solo quando capiscono che la tilde (~) indica un suono nasale. Altri aspetti che sorprendono i lettori sono i segni tipografici: segni interpuntivi invertiti dello spagnolo, ¿ e ¡; la codifica iconica dei plurali dello spagnolo (come in *EEUU* = *Estados Unidos* = Stati Uniti); l'abbreviazione *M.* (= Monsieur) davanti ai nomi propri francesi, spesso scambiata per il nome puntato; la doppia *ll* iniziale in spagnolo è stata inizialmente scambiata per un refuso ecc. Si rendono perciò necessarie sin dall'inizio delle spiegazioni di base sull'ortografia. A tal fine, come si è visto (cfr. PAR. 12.4.2), il manuale è accompagnato da un breve studio comparato delle grafie delle quattro lingue. Per quanto riguarda la corrispondenza tra i suoni, l'esperienza mostra che gli studenti non sono interessati, all'inizio del corso, da queste liste di corrispondenze sistematiche (fornite sotto forma di tabella), che diventano utili dopo una decina di lezioni, quando hanno accumulato una certa esperienza della forma delle parole nelle altre lingue (Blanche-Benveniste *et al.*, 1997).

12.5.3. Lessico

In una prima fase, gli studenti, posti di fronte ad un testo in una lingua che ignorano, sono bloccati principalmente dalle parole che non capiscono, e non tanto da strutture complesse, da verbi irregolari, tempi verbali ecc. Persino i temuti *falsi amici* sono disambiguati dal contesto e vengono spesso interpretati correttamente.

Il metodo cerca di sfruttare al massimo le zone trasparenti, in cui, dal punto di vista lessicale, le quattro lingue presentano parole affini e facili da comprendere. Si cerca poi di evincere dal contesto le parole il cui significato non sia trasparente, sviluppando il più possibile la capacità dell'inferenza. Le associazioni lessicali stereotipate, ad esempio, possono essere decifrate in questo modo: quando si incontra *ozono* in una frase portoghese quale: *a camada de ozono*, è probabile che *a camada* in italiano sia *la cappa*. Il verbo *superare* – nell'espressione *superare il limite* – non è conosciuto dai parlanti francesi, ma la parola *limite* (identica in francese), fa scattare l'inferenza. Delle parole difficili, che gli studenti non arrivano a decifrare o a memorizzare, viene fornita la corrispondenza quadrilingue. Viene riconosciuta l'importanza del ruolo della memoria nel processo di apprendimento. Si è tenuto sempre conto di ciò che si riesce a memorizzare con facilità. Si è visto ad esempio che, forse per un principio cognitivo di carattere iconico, i lettori hanno difficoltà a memorizzare le "paroline", cioè le parole che presentano "poco materiale sonoro" (e grafico), sia di carattere prettamente grammaticale che lessicale. Si tratta di avverbi, preposizioni, congiunzioni o anche semplicemente di parole molto brevi. In tutti questi casi, anche se si tratta di una parola incontrata in precedenza, viene fornita la traduzione.

12.5.4. Morfologia

La morfologia è un aspetto che suscita la curiosità dei lettori in una fase successiva all'iniziale. Una volta superato l'impatto con il lessico di una lingua sconosciuta, sono gli studenti stessi a ricavare certe regolarità e a riconoscere aspetti morfologici. Alcuni chiarimenti, riguardanti aspetti che gli studenti non hanno capito o non possono decifrare, vanno forniti (ad esempio una tavola degli articoli portoghesi può essere utile sin dalle prime traduzioni). Siccome però l'obiettivo è una competenza ricettiva, è ritenuto sufficiente che il significato "passi". Ad esempio, il funzionamento di articoli, dimostrativi e possessivi, particolarmente difficili in fase di produzione, non pone particolari problemi al momento della comprensione: l'italiano "ho *la* macchina" viene quasi automaticamente riconvertito nel francese "j'ai *ma* voiture" e anche se così non fosse e si avesse una traduzione italianizzante, sarebbe ugualmente accettata.

12.5.5. Sintassi

Se è vero che in una frase in cui tutte le parole sono trasparenti difficilmente la sintassi è fuorviante, è anche vero che alcuni problemi legati alla sintassi devono essere risolti subito per poter capire.

Il primo passo necessario è l'identificazione dei costituenti: capire dove si trovano il soggetto e il verbo. Il che può, a volte, rappresentare un problema, in particolare nel caso di ordine diverso dall'ordine canonico degli elementi proprio delle lingue romanze (cioè diverso da SVO = Soggetto-Verbo-Oggetto). Si sono registrati, infatti, molti problemi da parte dei parlanti francesi (il francese è una lingua in cui l'ordine delle parole diverso da SVO è molto raro), che stentano a riconoscere frasi italiane del tipo «Nascerà monca l'Europa [...]» [7] (Blanche-Benveniste *et al.*, 1997, p. 392) dove il soggetto segue il verbo. Fenomeno frequente in italiano, portoghese e spagnolo, ma molto raro in francese. Tuttavia anche i parlanti delle altre lingue sono spesso turbati da un ordine diverso da SVO [8].

Ancora più problematica per i francesi è l'assenza del soggetto. Il francese, come l'inglese e il tedesco, esige il soggetto espresso, anche per i verbi impersonali. In francese si dice *il pleut* dove in italiano, spagnolo e portoghese si dice rispettivamente *piove*, *lleuve*, *chove*. Per converso gli italiani possono essere ingannati dalla presenza del pronome francese *il*.

Di comprensione molto difficile sono inoltre le frasi estremamente complesse con incisi lunghi che "scombinano" la struttura sintattica della frase.

Un ulteriore problema è costituito dalle interruzioni della catena verbale. Qualunque cosa si interponga, ad esempio, tra l'ausiliare e il participio (come nel francese *il n'a certainement pas compris* dove tra l'ausiliare e il participio c'è *certainement pas*) è fonte di difficoltà per il lettore e ritarda l'identificazione del sintagma verbale.

Per ovviare a questi inconvenienti, un aiuto volto ad agevolare la lettura viene fornito ogni volta lo si ritenga necessario. Questo aiuto consiste in schemi che agevolano l'identificazione dei costituenti della struttura sintattica della frase. Tali schemi sono realizzati in forme grafiche che evidenziano cosa deve essere colto ad una prima lettura e cosa deve essere saltato (gli incisi, gli elementi che interrompono la catena verbale ecc.). Ad esempio sotto il testo francese contenente una frase del tipo «L'explosion d'une voiture piégée, lundi 30 novembre, en début d'apres-midi, dans un faubourg de Madrid, a causé la mort [...]» (Blanche-Benveniste *et al.* 1997, p. 422), con tre incisi posti tra il soggetto e il verbo, si troverà un'annotazione in cui si indicano i costituenti della frase e, tra parentesi o con carattere in corpo minore in posizione di apice, quegli elementi che interrompono e che ad una prima lettura possono essere saltati a vantaggio della comprensione essenziale del testo:

l'explosion d'une voiture piégée,	(...) (...) (...)	a causé	la mort
S		v V	O

7. Gli esempi riportati in queste pagine sono tratti dal manuale.

8. Per un approfondimento delle tematiche relative all'ordine delle parole e alla tipologia linguistica, si vedano Comrie (1981) e Ramat (1984 e 1993).

Oppure per la frase «L'explosion a vraisemblablement été déclenchée [...]» (Blanche-Benveniste *et al.*, 1997, p. 423) si avrà:

l'explosion	a	vraisemblablement	été	déclenchée
S	v		v	V

Per l'italiano, un esempio tratto dall'articolo *Aereo cade su una casa* (Blanche-Benveniste *et al.*, 1997, p. 330):

fiamme	...,	che	(...) sono state	rapidamente	domate
		S	v		V

Oppure per aiutare il discente ad identificare il soggetto, in frasi come «Nascerà monca l'Europa senza frontiere» (Blanche-Benveniste *et al.*, 1997, p. 392):

Nascerà	monca	l'Europa
V	attr.	S

Gran parte dei problemi sintattici vengono ripresi nella grammatica contrastiva che è stata messa a punto nel corso delle lezioni sperimentali.

12.6 Principi didattici

Riportiamo qui di seguito le caratteristiche più salienti del metodo (che già sono in parte emerse durante la descrizione delle sue varie fasi) e i loro effetti.

1. Manca la *figura del docente* depositario della lingua. Al suo posto c'è un tutore che ha il compito di proporre i materiali e suggerire le strategie (cfr. PAR. 12.4.3). Con l'ausilio delle nuove tecnologie, il tutore può sparire del tutto. Per quanto riguarda EuRom4, esiste già una versione informatizzata su CD-ROM che prescinde completamente da una figura guida. Questo metodo infatti si presta ad un approccio in autoapprendimento.
2. *Ruolo del discente*: il discente è il responsabile del proprio apprendimento e lo sa sin dall'inizio. È lui che deve tradurre, sforzarsi di capire, creare collegamenti, cercare di ricordare, decifrare i meccanismi di una lingua, rapportandoli a quelli di un'altra. Il metodo gli fornisce degli strumenti, qualche strategia (ma altrettante strategie le scoprirà da solo) e in certa misura gli stimoli. Il resto lo

studente lo dovrà fare da sé. Va anche sottolineato che EuRom4 si rivolge ad un discente adulto, motivato e che abbia già una certa consapevolezza linguistica.

3. Oltre a sviluppare abilità linguistiche che lo portano a riconoscere parole affini alla sua lingua, individuare le categorie a cui appartengono, orientarsi nella complessa struttura sintattica di un testo (cfr. PAR. 12.5), il discente deve imparare a trarre informazioni dal titolo, dalle illustrazioni, dai nomi, dall'argomento. Queste strategie, unite alle ***strategie di lettura***, lo portano alla comprensione del testo. Per quanto riguarda, appunto, le strategie di lettura, riprendendo adesso i punti fondamentali già accennati nel corso di questo articolo, va detto in primo luogo che un lettore abile nella L1 lo sarà anche nella L2. I lettori abili sviluppano una serie di strategie – spesso completamente personali – che facilitano loro il compito. In generale si può osservare che un bravo lettore è anche un lettore veloce, che non si ferma sugli ostacoli, che non incespica sulle parole, e ha una comprensione globale del testo (Hosenfeld, 1984). Queste osservazioni, valide per la L1, si possono applicare anche alla L2. Molti adulti principianti sono persuasi di non poter prendere possesso del testo, avanzano parola per parola e si bloccano di fronte ad ogni vocabolo sconosciuto, senza cogliere il senso generale delle frasi e del testo. La strategia di comprensione suggerita da EuRom4 è quella di un approccio globale al testo. Per questo motivo viene fornito all'inizio un breve riassunto dell'articolo per inquadrare l'argomento e viene data una lettura ad alta voce dell'intero testo. La traduzione sarà affrontata frase per frase, ma in modo da coglierne il significato complessivo. Si suggerisce infatti di saltare gli incisi, le parentesi, e di andare avanti nella traduzione sostituendo ciò che non si capisce con una parola vuota (cfr. PAR. 12.4.4). Infatti è la comprensione generale che favorisce l'inferenza. Si è visto comunque che gli studenti mettono a punto strategie personali, che funzionano, e a volte prescindono da quelle suggerite.

4. *Diritto all'approssimazione*: come è stato detto più volte, l'obiettivo non è ambizioso, non si punta ad una competenza perfetta nelle lingue target (cfr. PAR. 12.4.1). Il discente ha il diritto all'approssimazione, all'errore e a fornire delle traduzioni "calco" (cfr. PAR. 12.4.4). Ciò ha senza dubbio due effetti molto positivi. In primo luogo tranquillizza lo studente, spesso traumatizzato dall'esperienza scolastica dello studio delle lingue (questo vale per gli studenti provenienti da tutti gli stati che hanno partecipato al progetto). Il fatto di "lanciarsi", di procedere per tentativi, lo rende padrone di se stesso, gli fa scoprire da solo tecniche e strumenti ren-

dendolo più sicuro di sé e quindi più portato ad affrontare nuovi testi.

5. Il metodo parte da un presupposto di *fiducia nelle capacità del discente*, nella sua capacità di inferire, di intuire il significato, di ricostruire quella grammatica contrastiva che gli permetterà di muoversi tra le varie lingue romanze. Questo viene chiaramente avvertito dallo studente che ne ricava a sua volta un senso di fiducia nelle proprie capacità.

6. Il metodo implica una riflessione sulla propria lingua e sul rapporto di questa con le altre, il che contribuisce ad una *presa di coscienza linguistica* di notevole rilievo. Si toccano con mano i concetti di parentela tra le lingue e di corrispondenza, e la natura dei fenomeni di mutamento. Lo studente deve sviluppare una sorta di "grammatica comparata mentale", fatta di sistemi di regolarità e di principi di attesa che guidano il suo processo di apprendimento. Questa grammatica mentale deve essere costituita da un sistema di regole che permettano di esprimere, con una sorta di formula astratta, l'insieme delle somiglianze incontrate nelle varie lingue, una sorta di «romanzo comune mentale» (Simone 1997, p. 29).

7. Come si è già accennato (cfr. PAR. 12.3), la *L1* è la chiave di accesso alle altre lingue. Il confronto delle altre lingue con la L1 guida nel percorso che porta alla comprensione ed ha una ricaduta benefica sulla consapevolezza della propria lingua.

8. Un *approccio simultaneo* alle lingue della famiglia romanza agevola notevolmente la comprensione: quello che si impara su una lingua può essere utile per un'altra. Le lingue romanze infatti si raggruppano in maniera diversa a seconda dei fenomeni. Una parola può essere uguale per tre lingue e diversa per una, in tal caso basta conoscere due lingue romanze per avere accesso a tutta la famiglia. Per un altro fenomeno la ripartizione può cambiare. Il francese si differenzia in molti casi, rispetto alle altre lingue. Dal punto di vista sintattico è sicuramente la lingua tipologicamente più innovativa. Lo spagnolo e il portoghese presentano spesso fenomeni o rese lessicali affini. L'italiano è spesso vicino alle lingue iberiche ma talvolta si accosta al francese e così via.

9. In un metodo dove mancano la decodifica situazionale e l'interazione, in cui la competenza che si vuole ottenere è passiva e i materiali sono composti da articoli di giornali che presentano una forte adesione a standard europei, gli *aspetti culturali* specifici della lingua non possono che passare in secondo piano. Il progetto EuRom4 fornisce brevi cenni culturali in una rubrica che non vuole essere esaustiva e si limita per lo più a spiegare quei termini che

fanno parte della cultura nazionale di un dato paese e non possono essere desunti dal contesto o ricavati intuitivamente.

12.7 Conclusioni

Le caratteristiche principali del progetto EuRom4 consistono nel nuovo modo di concepire l'apprendimento linguistico, centrato sulle capacità e sulle esigenze del discente; nell'approccio simultaneo alle lingue (più lingue romanze insieme); nel raggiungimento di una competenza passiva della lingua scritta (*leggere* e non *parlare* o *scrivere*), che richiede e facilita un affinamento delle strategie di lettura e di inferenza (cfr. PARR. 12.4.4 e 12.6); nell'utilizzo delle nuove tecnologie informatiche che ne rendono possibile un comodo utilizzo in autoapprendimento.

I limiti di EuRom4 sono una conseguenza delle scelte metodologiche adottate, e cioè del fatto che si vuole ottenere una competenza passiva e quindi parziale delle lingue studiate: una completa padronanza della lingua non può prescindere dalla possibilità di esprimersi. Si può obiettare che raggiungendo quella conoscenza "modesta" di una lingua delineata nel PAR. 12.4.1, non si è in grado di entrare nell'universo linguistico di un paese, di impregnarsi della sua cultura. Il livello di competenza che si può raggiungere seguendo questo metodo non potrà essere che superficiale e addirittura generare equivoci e incomprensioni. Tuttavia questo limite è chiaramente esplicitato dagli ideatori del progetto. Il discente perciò non si aspetta di diventare poliglotta. Entra però in contatto con un universo linguistico cui non credeva di poter avere accesso in così breve tempo, e questo può rappresentare un punto di partenza per approfondire la conoscenza di una o più lingue del progetto.

Si è visto (cfr. PARR. 12.2 e 12.3) che l'intercomprensione – intesa come capacità di comprendere più lingue, parlando solo la propria – potrebbe essere la soluzione al problema di trovare una lingua veicolare per l'Unione Europea. In questo quadro si inserisce il progetto EuRom4, che parte da un interesse per la linguistica contrastiva delle lingue romanze e approda ad una soluzione per i problemi di politica linguistica europea. Si potrebbe infatti immaginare un'Europa in cui oltre al *patto di mutua comprensione* prospettato da EuRom4 per le lingue romanze, ve ne fossero altri (ad esempio, tra lingue germaniche, tra lingue slave) che funzionino da punto di contatto, esaltando le caratteristiche comuni rispetto alle diversità fra le lingue.

Riferimenti bibliografici

BLANCHE-BENVENISTE C. (1995), *Le projet EuRom4, comprendre les langues aujourd'hui*, La TILV, Paris.

BLANCHE-BENVENISTE C. *et al.* (1997), *EuRom4, metodo di insegnamento simultaneo delle lingue romanze*, La Nuova Italia, Firenze.

BLANCHE-BENVENISTE C., VALLI A. (1997a), *L'expérience d'EuRom4: comment négocier les difficultés*, in "Le français dans le monde", janvier, numéro spécial, Hachette, Paris, pp. 110-5.

IDD. (1997b), *Une grammaire pour lire en quatre langues*, in "Le français dans le monde", janvier, numéro spécial, Hachette, Paris, pp. 33-7.

CADDÉO S., VILAGINÉS SERRA E. (1997), *Observations de quelques mécanismes d'apprentissage*, in "Le français dans le monde", janvier, numéro spécial, Hachette, Paris, pp. 116-9.

COMRIE B. (1981), *Language Universals and Linguistic Typology. Syntax and Morphology*, Basil Blackwell Publisher Ltd, Oxford (trad. it. *Universali del linguaggio e tipologia linguistica*, Il Mulino, Bologna 1989).

ECO U. (1993), *La ricerca della lingua perfetta*, Laterza, Roma-Bari.

HAGÈGE C. (1993), *Le souffle de la langue*, Odile Jacob, Paris.

HOSENFELD C. (1984), *Case Studies of Ninth Grade Readers* in J. Ch. Alderson, H. Urquart, *Reading in a Foreign Language*, pp. 231-44.

KLEIN H.G., STEGMAN T.D. (1994), *EuroCom. Die Sieben Siebe. Ein Sprachenlehrbuch für Europa*, Institut für Romanischen Sprachen, Universität Frankfurt am Main.

RAMAT P. (1984), *Linguistica tipologica*, Il Mulino, Bologna.

ID. (1993), *L'italiano lingua d'Europa*, in A. A. Sobrero (a cura di), *Introduzione all'italiano contemporaneo*, Laterza, Roma-Bari.

SCHMITT JENSSEN J. (1997), *L'expérience danoise et les langues romanes*, in "Le français dans le monde", janvier, numéro spécial, Hachette, Paris, pp. 14-24.

SIMONE R. (1997), *Langues romanes de toute l'Europe, unissez-vous!*, in "Le français dans le monde", janvier, numéro spécial, Hachette, Paris, pp. 25-33.

SLODZIAN M. (1997), *Quels utils pour l'apprentissage multilingue*, in "Le français dans le monde", janvier, numéro spécial, Hachette, Paris, pp. 14-24.

WHORF B. L. (1958), *Language, Thought and Reality*, Wiley and Sons, London (trad. it. *Linguaggio, pensiero e realtà*, Boringhieri, Torino 1971).

ZINCK J. (1997), *L'Union européenne et le multilinguisme*, in "Le français dans le monde", janvier, numéro spécial, Hachette, Paris, pp. 10-4.

13

L'autoapprendimento

di *Antonio Iori*

13.1
Che cos'è

Sotto l'etichetta di *autoapprendimento* ed altre analoghe, diffusamente e variamente utilizzate nella bibliografia specializzata, potremmo facilmente intendere una pratica e un'esperienza che fa parte del vissuto di ciascuno di noi. In effetti, dando al termine l'accezione più generica possibile, e cioè quella di *imparare da soli*, basta riflettere un momento per riconoscere che buona parte di ciò che abbiamo appreso e di ciò che apprenderemo nel corso della nostra vita è in larga misura frutto del nostro autonomo e responsabile impegno, del desiderio o del bisogno di superare i nostri limiti, di valorizzare noi stessi, accrescendo ed allargando il campo delle nostre conoscenze e capacità. In sostanza, in molte circostanze, tutti ci siamo trovati a dover o a voler imparare senza l'aiuto di un insegnante e magari anche senza che ciò ci fosse direttamente o indirettamente imposto. È ovvio che il processo di apprendimento che stiamo sommariamente descrivendo presuppone un apprendente fortemente motivato verso il suo oggetto di studio, pienamente autonomo e dotato delle capacità necessarie a intraprendere un tale cammino, capace cioè di distinguere chiaramente i suoi obiettivi e di trovare il modo per raggiungerli. È altrettanto evidente che una tale situazione, senza dubbio ottimale e pertanto auspicabile, non è sempre quella in cui ci si viene effettivamente a trovare. Si potrebbe, infatti, dare il caso di un apprendente che, pur essendo motivato, non è oggettivamente in grado di definire in dettaglio i suoi obiettivi, o di stabilire i tempi e i modi del percorso didattico da realizzare. Analogamente, possiamo facilmente ipotizzare un apprendente che, per le più diverse ragioni, si trova a dover studiare, senza l'aiuto di un insegnante, qualcosa cui non è minimamente interessato.

Le considerazioni fin qui fatte hanno carattere generale e le ipotesi cui abbiamo accennato non sono che una piccola parte dell'infinita casistica che è possibile riscontrare.

Per quel che riguarda in concreto l'apprendimento delle lingue, in primo luogo è necessario delineare più chiaramente quali concrete esperienze e modalità di studio possono essere comprese sotto l'etichetta di autoapprendimento e fare un minimo di chiarezza sulla terminologia, tenendo ben presente quella più comunemente adottata dagli studiosi. In effetti, basta sfogliare la bibliografia sull'argomento, in larga misura in lingua inglese, per imbattersi in tutta una serie di termini che spesso sottintendono concetti analoghi, strettamente collegati o addirittura identici: *self-learning*, *self-study*, *self-teaching*, *self-education*, *self-instruction*, *self-planned learning*, *self-directed learning*, *self-access learning*, *autonomous learning*, *individualised instruction*, o, in francese, *auto-apprentissage*, *apprentissage autodirigé* e *autonomie guidée*.

Non sarebbe utile ora, né sarebbe questo il luogo appropriato, verificare in dettaglio come ciascun autore usi i diversi termini qui elencati. In questo capitolo, anche per semplificare il quadro di riferimento, useremo un numero assai limitato di termini e daremo a quello di *autoapprendimento* un'accezione neutra e generica, riferendoci con esso a quei contesti e a quelle situazioni in cui l'apprendente si trova, o per sua scelta o per necessità, a studiare senza il continuo e diretto controllo di un insegnante, il quale può comunque esercitare, nei tempi e nei modi stabiliti, una fondamentale funzione di guida e supervisione.

Appare chiaro, da quanto detto sinora, che il concetto di autoapprendimento, pur non presupponendoli, è strettamente legato a quelli di autonomia e responsabilità. Ma il punto è proprio questo: a seconda delle circostanze, del contesto, dell'oggetto di studio, dell'età e delle abilità dell'apprendente, si può essere autonomi e responsabili a un'infinita scala di livelli. Non sono la stessa cosa, ad esempio, uno studente di scuola media costretto a fare a casa i compiti di inglese (anche questo è autoapprendimento) dall'ovvia pressione dell'istituzione scolastica, e un professionista o uno studioso che decide di studiare questa lingua o di approfondirne la conoscenza per allargare le sue possibilità di studio, di lavoro e di rapporti. È per questo che è necessario dare un senso più esatto ai concetti di autonomia e responsabilità nel contesto che ci riguarda. A questo proposito Dickinson (1987, pp. 9-13) fa una precisa distinzione fra *self-direction* ed *autonomy*, secondo la quale al primo termine corrisponde un «apprendente che accetta responsabilità per tutte le decisioni che riguardano il suo apprendimento ma che non intraprende necessariamente la realizzazione di tali decisioni» e al secondo un «apprendente che è totalmente responsabile per tutte le decisioni che riguardano il suo apprendimento e per la loro realizzazione». In questo senso, nell'ambito di un programma di autoapprendimento, potremmo avere le situazioni più diverse a seconda appunto del livello di responsabilità e autonomia che l'apprendente è disposto o in grado di accettare. Tale livello, come dicevamo, potrebbe essere nullo come nel caso dell'alunno che, solo per obbligo, svolge i compiti assegnatigli dall'insegnante o massimo come nel caso dello studioso o professionista cui abbiamo accennato.

Questa premessa era necessaria per meglio capire la realtà, lo spirito e i possibili futuri sviluppi delle numerose esperienze di autoapprendimento che sono andate realizzandosi negli ultimi anni con la nascita di centri e strutture finalizzate a questo scopo nell'ambito delle università e di istituzioni scolastiche e culturali. In tutti i casi si tratta di strutture il cui compito è quello di potenziare la capacità di autonomia e di assunzione di responsabilità degli apprendenti fornendo loro i mezzi e il supporto necessario ad affrontare lo studio di una lingua straniera senza contare sulla continua e determinante presenza di un insegnante. Come meglio vedremo in seguito, a seconda della sua natura, dei suoi specifici obiettivi istituzionali e delle sue concrete possibilità, ognuna di queste strutture può scegliere diverse modalità organizzative ed operative. Ma prima di procedere all'analisi di queste realtà didattiche, di quelle già operanti e di quelle in costruzione, è opportuno rispondere a una serie di questioni di fondo. Innanzi tutto, perché l'autoapprendi-mento? Cosa lo giustifica, sia dal punto di vista del singolo individuo che da quello sociale e istituzionale? E ancora: è veramente possibile (e come?) avvicinarsi da soli allo studio di una lingua, realtà così complessa e articolata da essere molto più che uno strumento con l'ovvia ed evidente funzione di metterci in comunicazione con gli altri?

13.2
Perché

Le risposte a questa prima domanda sono molteplici e ci permettono di offrire soluzioni a tutta una serie di problemi.

In una società che vede accelerarsi sempre più rapidamente i processi di globalizzazione e internazionalizzazione, sia a livello economico che a livello culturale, processi ulteriormente favoriti dalle nuove tecnologie multimediali che permettono continui e rapidissimi scambi di dati e informazioni, il bisogno di conoscere una o più lingue straniere sta diventando sempre più pressante. A questo punto, diventa inevitabile chiedersi fino a che punto le istituzioni preposte all'istruzione e alla formazione, pubbliche o private che siano, potranno oggettivamente farsi carico di una tale crescente domanda. La questione ha un suo fortissimo rilievo se pensiamo ai costi economici e organizzativi, in termini di strutture e personale, di una qualsiasi attività didattica. Ma è chiaro che il problema dei costi non si pone solo a livello sociale e istituzionale, ma anche per il singolo. Pensiamo, ad esempio, a tutti coloro che, nella necessità di dovere imparare una lingua, non sono in grado di sostenere le spesso ingenti spese di un corso presso una struttura privata. In sostanza, l'autoapprendimento potrebbe essere uno dei possibili modi, forse uno dei più realisticamente attuabili, per andare incontro a quel bisogno di formazione permanente sempre più sentito nella società dei nostri giorni. E questo non solo per quel che riguarda l'apprendimento delle lingue, ma, molto probabilmente, anche per altri campi del sapere.

Sempre dal punto di vista del singolo, ulteriori ragioni di carattere pratico possono intervenire a giustificare la strada dell'autoapprendimento. Pensiamo, ad esempio, a chi, per i suoi impegni di lavoro o familiari, si trova nell'assoluta impossibilità di frequentare, nei tempi e nei modi normalmente previsti, un tradizionale corso di lingua. Lo stesso dicasi per chi si trova a vivere a una notevole distanza da una qualsiasi struttura didattica. C'è poi il caso di chi ha bisogno di imparare una lingua per soddisfare esigenze comunicative assai specifiche, ad esempio per leggere testi scientifici o intraprendere affari e trattative commerciali, o chi è interessato a praticare e potenziare solo una delle abilità linguistiche, quali ad esempio la lettura o la comprensione della lingua parlata. O chi si trova a dover studiare una lingua fra le meno diffuse per la quale non è prevista nessuna tradizionale offerta didattica. O ancora, il caso di chi, avendo già adeguate conoscenze linguistiche, ha solo bisogno di mantenersi in esercizio. Ebbene, in tutti questi casi, le risposte che una struttura didattica fondata sui tradizionali corsi in classe, sotto la diretta responsabilità di un insegnante, è in grado di dare sono spesso insufficienti o molto parziali.

L'autoapprendimento può inoltre offrire risposte a un altro importante problema. Infatti, chiunque abbia una qualche esperienza di insegnamento sa bene che gli allievi, ben lungi da qualsiasi irrealistica uniformità, imparano in tempi e modi diversi. È questo un dato tanto evidente e importante quanto così spesso del tutto dimenticato o sottovalutato e sepolto sotto montagne di parole e di inutili diatribe sul miglior metodo per insegnare le lingue. Abbiamo a che fare con quelli che vengono normalmente definiti stili o strategie di apprendimento. I diversi studi e ricerche sull'argomento non sono giunti a conclusioni definitive [1]. Appare però chiaro, e l'esperienza degli insegnanti lo dimostra ampiamente, che una buona didattica dovrebbe rispettare e, nei limiti del possibile, assecondare le personali propensioni, i tempi e i modi di chi apprende. Nel caso delle lingue straniere è ben noto che esistono allievi che apprendono, almeno all'inizio, attraverso l'analisi e lo studio delle strutture grammaticali della lingua, i quali non si sentono in grado di affrontare attività più nettamente comunicative se prima non hanno raggiunto una sufficiente sicurezza su questo terreno. Altri, invece, che chiedono di lanciarsi subito o al più presto in attività che richiedono un uso reale e immediato della lingua. Alcuni che preferiscono dedicare molto tempo ad esercizi grammaticali ed altre attività ripetitive, i cosiddetti *drills*, altri ancora che sono disponibili solo ad attività che mettono in campo le loro capacità creative e attitudini personali. Ancor più chiara è poi la differenza fra coloro che imparano *imitando* e coloro che imparano *studiando*. E, infine, ci sono quelli che non imparano affatto. Come vediamo, in questo campo, come sempre quando si ha a che fare con le persone, la realtà offre una vastissima serie di possibili casi. Ebbene, possiamo ora chiederci fino a che punto un tradizionale corso in classe, più o meno rigidamente strutturato, e senz'altro basato sulle convinzioni metodologiche e professionali di un determinato insegnante, possa andare incontro alle personali attitudini e preferenze di ciascun allievo. La risposta non è né facile né univoca, anche perché dipenderà, in larga misura, dalla capacità dell'insegnante di trarre il massimo profitto nelle effettive condizioni in cui si trova a dover operare. È comunque evidente che un programma di autoapprendimento opportunamente strutturato può assai più facilmente rispondere alla concreta realtà di ciascun individuo, ai suoi tempi e al suo stile di apprendimento, riducendo il senso di frustrazione o ansia che può accompagnare un percorso di studio non adeguato alle proprie capacità e caratteristiche personali.

Inoltre, come in molti casi già avviene, delle strutture appositamente organizzate per l'apprendimento delle lingue, e cioè dotate di laboratori, biblioteche e quant'altro, possono facilmente avere

1. Su questo punto, cfr. l'eccellente studio di P. Skehan (1989).

l'effetto di *moltiplicare* e rendere più produttivo il lavoro degli insegnanti in classe. Questi ultimi, infatti, potrebbero dedicare le ore di lezione a quelle attività didattiche per le quali è più direttamente necessaria la loro presenza, ad esempio la fonetica e la conversazione, mentre per altre attività, tipo lo studio e la pratica delle strutture grammaticali o l'ascolto e la lettura, lo studente potrebbe utilizzare, in altri orari, le strutture predisposte.

Alcuni studiosi, fra cui Dickinson (1987, pp. 23-35), hanno messo in rilievo ulteriori fattori che vengono ad accrescere il potenziale didattico dell'autoapprendimento. In primo luogo, è ben chiaro che una modalità di studio che tende a dare la massima responsabilità possibile all'apprendente viene a raggiungere in questo modo un obiettivo educativo più generale e importante di quanto non sia la semplice conoscenza di una lingua straniera, in quanto permette di rafforzare l'autonomia dell'individuo, aiutandolo a sfruttare al massimo le sue reali potenzialità e sviluppando quella fondamentale capacità di *imparare ad imparare* che è alla base di ogni conoscenza. In secondo luogo, l'autoapprendimento, laddove attribuisce un ruolo attivo all'apprendente, permettendogli di controllare man mano i suoi progressi e il raggiungimento degli obiettivi prefissati, può facilmente contribuire a migliorare l'efficienza dell'apprendimento e a rafforzare la motivazione allo studio. Inoltre, l'autoapprendimento, se adottato come modalità complementare e coordinata col tradizionale insegnamento in classe, potrebbe, anche se non necessariamente, ridurre al minimo l'impatto negativo di certi fattori affettivi che possono compromettere il processo di apprendimento di una lingua. In effetti, l'ansia e l'inibizione che spesso accompagnano le prime "prestazioni" in lingua straniera potrebbero più facilmente essere superate in un contesto che, togliendo centralità all'insegnante e alle tradizionali pratiche di valutazione del profitto, cerchi di potenziare la cooperazione nell'ambito del gruppo di apprendenti, i quali, in strutture adeguate, possono lavorare insieme per raggiungere determinati obiettivi.

Riguardo alla seconda domanda che ci ponevamo alla fine del paragrafo precedente, e cioè se sia veramente possibile avvicinarsi da soli allo studio di una lingua, crediamo di avere in parte già risposto. Vorremmo comunque aggiungere qualche altra considerazione allo scopo di sgombrare il campo da possibili errori di percezione. Si tratta, infatti, di aver ben chiaro che un programma di autoapprendimento non implica in alcun modo l'isolamento di chi studia. E questo non solo perché è sempre possibile, oltre che auspicabile, affrontare lo studio insieme ad altre persone, visto che un buon centro didattico può anche essere un prezioso punto d'incontro, ma soprattutto perché una tale struttura, se adeguatamente organizzata, specie a livello universitario, è in grado di offrire all'apprendente tutto il supporto umano e professionale di cui questi può aver bisogno, il che comprende anche la possibilità di praticare la lingua con esperti o entrando in contatto con parlanti nativi.

13.3 Dove

Ferma restando la possibilità, per ogni apprendente che sia capace di distinguere chiaramente i propri obiettivi e di stabilire un adeguato cammino per raggiungerli, di fissare da sé i tempi e i modi dell'apprendere e di scegliere gli opportuni materiali didattici, ci preme qui parlare di quello che potremmo definire l'autoapprendimento *istituzionalizzato*, di quello cioè organizzato da apposite e specifiche strutture, quali sono i centri linguistici universitari o le scuole di lingue.

In diversi casi, si tratta di realtà già operanti da decenni, la cui esperienza dimostra come i principi e la pratica dell'autoapprendimento siano adattabili, con grande flessibilità, ai più diversi contesti e che non solo è possibile, ma anche auspicabile, organizzare sistemi e strutture per l'autoapprendimento in grado di soddisfare le diverse esigenze sia dei singoli che delle istituzioni che, per motivi economici, didattici e organizzativi, vogliono intraprendere tale strada. Ma prima di descrivere tali strutture, è il caso di fare qualche considerazione a proposito delle scarse esperienze di autoapprendimento realizzate nell'ambito della scuola secondaria. Infatti, pur essendo ovvio che, in un tale contesto, non sono direttamente trasferibili i criteri operativi e organizzativi adottati nell'ambito di strutture universitarie o di scuole specializzate di lingue, sono pochissimi gli sforzi fatti finora in questa direzione, specialmente in Italia. In realtà, nulla impedirebbe l'utilizzazione dei locali scolastici per allestire strutture didattiche in grado di funzionare oltre il normale orario dedicato alle lezioni come centri polivalenti che, sotto l'opportuna guida e supervisione di personale specializzato, potrebbero, e non solo per quanto riguarda le lingue, avere il benefico effetto di accrescere e moltiplicare le possibilità di studio e di socializzazione.

Come dicevamo, sono ormai sempre più numerose le università che hanno scelto di arricchire e potenziare la propria offerta didattica dotandosi di strutture specializzate nell'insegnamento delle lingue straniere, col preciso e ambizioso obiettivo di offrire a tutti gli studenti universitari, indipendentemente dalla facoltà frequentata, quelle conoscenze linguistiche indispensabili oggi a chi si troverà a dover operare in una realtà scientifica e professionale sempre più libera dai limiti imposti dalle frontiere nazionali. Tali centri, oltre ai tradizionali corsi in classe con insegnanti madrelingua, si avvalgono, come meglio vedremo più avanti (cfr. PAR. 13.4), dell'uso di avanzate tecnologie multimediali che permettono di moltiplicare le possibilità e le occasioni di studio e apprendimento, adattandosi flessibilmente alle esigenze dell'utenza. Alcune di queste strutture stanno funzionando anche come centri di ricerca in glottodidattica e nell'ambito della formazione e aggiornamento degli insegnanti di lingue e, in diversi casi, sono riuscite a varcare i confini dell'università proponendo i loro servizi a un pubblico molto più vasto.

Scelta analoga è stata operata, negli ultimi anni, anche da molti istituti di cultura ufficiali. Stiamo parlando di ben note istituzioni, quali il British Council, l'Instituto Cervantes, l'Alliance Française o il Goethe Institut, tutte assai attive nel campo della promozione culturale e della formazione nell'ambito delle rispettive lingue. Ebbene, gran parte delle scuole associate a tali istituzioni, come anche molte scuole di lingue pubbliche e private, sono oggi dotate di moderni laboratori linguistici e fornitissime biblioteche, aperte al pubblico per un gran numero di ore, che, con formule e soluzioni diverse, offrono comunque la possibilità di approfondire e incrementare la pratica della lingua senza più limitare il lavoro didattico e lo studio alle attività svolte in classe sotto la guida dell'insegnante.

13.4
Come

I centri e le strutture di cui stiamo parlando hanno adottato soluzioni e criteri organizzativi diversi a seconda degli specifici obiettivi prefissati, ma anche a seconda dell'effettiva disponibilità di spazi e di risorse umane ed economiche. Quasi tutte le strutture dispongono, comunque, di attrezzature audio e video e spesso anche di postazioni computer, nonché delle più tradizionali sale di lettura e biblioteche. Cerchiamo di vedere più in dettaglio quale percorso didattico viene normalmente offerto all'utente.

13.4.1. Organizzazione e attrezzature

In tutti i centri ove si è operata una precisa e forte scelta per l'autoapprendimento è possibile riscontrare alcune costanti fondamentali. In primo luogo, infatti, è facilmente intuibile che esiste la necessità di orientare gli apprendenti nella scelta e nell'uso dei materiali didattici e delle attrezzature tecniche, così come nella scelta di un adeguato itinerario di studio e lavoro, frutto di una concreta analisi dei loro bisogni linguistici e di una verifica del livello iniziale di conoscenza della lingua. Ciò impone la presenza di una qualche forma di guida e assistenza da parte degli insegnanti del centro o di altro personale qualificato. Su questo punto, e cioè sul ruolo dell'*helper*, altrimenti detto *adviser*, *counsellor* o anche *tutor* – figura in qualche modo prevista e presente in tutti i centri e le strutture per l'autoapprendimento – torneremo più avanti (cfr. PAR. 13.5).

L'altro aspetto comune riguarda il modo di rapportarsi all'utenza, riscontrabile nei chiari ed accessibili sistemi di catalogazione e presentazione dei materiali e nella scelta a favore di strutture *a scaffale aperto* (*self-access*), che permettono di vedere, prendere ed utilizzare il materiale desiderato e di rimetterlo al suo posto senza dover necessariamente ricorrere all'aiuto o alla mediazione di un operatore. In sostanza, tutto è organizzato per offrire agli utenti la massima facilità d'uso.

Per quel che riguarda la catalogazione dei materiali didattici, non bisogna però dimenticare i particolari problemi che essa pone. Infatti, i criteri normalmente utilizzati in una qualsiasi biblioteca, e cioè la semplice suddivisione dei libri per soggetto e per autore, sarebbe del tutto improponibile, viste le particolari caratteristiche di tali materiali e le specifiche esigenze di chi li usa. In effetti, bisogna tener presente che i materiali a disposizione, per quanto simili in questa o quella caratteristica, rispondono a finalità didattiche diverse e, volendo procedere a una seppur sommaria suddivisione delle varie categorie funzionali, ne potremmo distinguere almeno quattro:

- materiali relativi o collegati al lavoro svolto in classe con l'insegnante;
- materiali per la preparazione di esami universitari o di altro genere;
- materiali per lo studio di linguaggi speciali o settoriali;
- materiali per lo studio linguistico generale.

Ebbene, nonostante sia possibile l'uso di diversi sistemi ed accorgimenti, appare però chiaro che, volendo rendere tali materiali immediatamente disponibili in funzione delle specifiche esigenze di chi studia, la loro catalogazione e conseguente suddivisione viene fatta, essenzialmente, in base al livello e al principale obiettivo didattico che il materiale in questione si propone di raggiungere. In sostanza, possiamo aver a che fare con corsi a carattere generale, che si propongono di sviluppare tutte le abilità dell'apprendente in funzione di una conoscenza globale della lingua, o con materiali che vogliono sviluppare un'abilità più specifica e limitata. Pensiamo, ad esempio, alla comprensione orale o scritta, allo studio della grammatica, alla capacità di produrre testi scritti di diverso genere, alla possibilità di incrementare e arricchire il vocabolario, o ancora alla necessità di approfondire la conoscenza di linguaggi settoriali, per l'economia, la scienza o quant'altro (Bernini, Pavesi, 1994).

Oltre a ciò, nella maggior parte dei casi, i corsi e i materiali in commercio ed anche quelli autonomamente prodotti dai centri linguistici prevedono l'integrazione di diversi supporti. Si tratta, cioè, di materiali che, in varie combinazioni, integrano libri, riviste, audio e videocassette, *floppy disk* e CD-ROM. Come presentare tale materiale all'utente e come aiutarlo a farne un uso immediato e proficuo non è, quindi, problema di facile ed univoca soluzione. Oltre ai tradizionali indici e schedari che, come accennavamo, possono combinare, in vario modo, suddivisioni logiche basate su diverse chiavi d'accesso (livello di difficoltà e obiettivo didattico, ma anche argomento, tipo di attività, funzione, argomento grammaticale ecc.), è assai frequente l'uso del computer che permette di offrire all'utente, dopo aver inserito i dati richiesti, la lista dei materiali più adatti al suo livello e al suo scopo.

È comunque evidente che tutto il materiale in questione sarà fisicamente distribuito all'interno del centro anche in funzione del supporto tecnico richiesto per la sua utilizzazione. Così, i corsi basati su audio o videocassette si troveranno in prossimità, rispettivamente, delle postazioni audio e video, quelli su CD-ROM accanto ai computer, mentre i libri di lettura, di grammatica e le riviste e i giornali in lingua si troveranno in un altro apposito spazio ad essi riservato.

A proposito poi della concreta organizzazione degli spazi, è ovvio che, come dicevamo all'inizio, molto dipenderà dagli obiettivi del centro in questione e dalle sue effettive disponibilità di risorse. Nei casi migliori, come ad esempio in molte università, con centri specializzati nella didattica di un gran numero di lingue, si può contare su diverse sale con molte attrezzature avanzate. Ad esempio, postazioni per il cosiddetto studio audioattivo comparativo, cioè registratori che permettono di ascoltare audiocassette e di registrare sulle stesse le proprie produzioni linguistiche in modo da procedere ad un opportuno confronto. Lo stessi dicasi per la disponibilità di collegamenti Internet o di antenne paraboliche che permettono di entrare in contatto diretto e senza alcuna mediazione con la lingua di studio. O, ancora, per la disponibilità di computer e materiali su CD-ROM e videodischi, supporti la cui principale caratteristica consiste nel permettere l'immagazzinamento di un'enorme quantità di dati, disponibili in modo rapido e non sequenziale (per un esauriente esame delle opportunità offerte da queste tecnologie, cfr. *Nuove tecnologie e didattica delle lingue*, *infra* CAP. 14).

A questo punto però, anche allo scopo di non alimentare falsi *miti tecnologici*, è bene ricordare che tali attrezzature e materiali, nonostante le loro enormi potenzialità, non sempre vengono utilizzati al meglio, spesso anche per lo scarso o nullo addestramento che viene offerto all'utente.

13.4.2. Quale materiale didattico

È ora opportuno dedicare qualche attenzione alle concrete caratteristiche didattiche del materiale attualmente in commercio. In questo senso, anche se è impossibile, oltre che ingiusto, procedere a qualsiasi generalizzazione in merito, appare evidente che non sempre tale materiale, a parte quello su supporto informatico, è adatto allo studio in autoapprendimento. Anche se, in molti casi, gli editori e i curatori delle opere si preoccupano di offrire all'utente le soluzioni degli esercizi e delle attività proposte e una serie di spiegazioni supplementari, lo sforzo per sopperire all'assenza di un insegnante-guida dovrebbe essere di gran lunga maggiore. In particolare, sono ancora pochi i corsi globali in autopprendimento, quelli cioè interamente costruiti in funzione di questa modalità di studio.

In questo campo, pur essendo assai opportuna la preparazione, da parte di ogni centro, di propri materiali didattici, finalizzati alle specifiche esigenze dei propri utenti, bisogna riconoscere che non sempre è possibile, almeno non in tempi rapidi, procedere in tal senso. Delle caratteristiche e particolarità che dovrebbe avere il materiale eventualmente autoprodotto da un centro linguistico ci occuperemo fra poco. Quel che ora vorremmo sottolineare è la necessità di provvedere, in molti casi, a un lavoro di adattamento dei materiali pubblicati e attualmente in commercio.

Quali sono, infatti, le caratteristiche che un materiale appositamente studiato per l'autoapprendimento dovrebbe avere?

In primo luogo, oltre a un gradevole ed attraente aspetto grafico o presentazione, tali materiali dovrebbero essere improntati al massimo della chiarezza e semplicità d'uso. Quando parliamo di chiarezza ci riferiamo non soltanto alle istruzioni e alle opportune spiegazioni che, necessariamente, devono accompagnare ogni esercizio o attività proposta. Ci riferiamo anche all'immediata percepibilità degli obiettivi didattici che si intendono raggiungere. Questo rafforzerà le motivazioni dell'apprendente, aiutandolo a stabilire se e quanto impegnarsi nello svolgimento di quell'attività. Oltre a ciò, trattandosi di autoapprendimento, tali materiali dovrebbero essere in grado di offrire un valido ed adeguato *feedback* che consenta all'apprendente di autovalutare il lavoro svolto. Ciò non significa, è bene averlo presente, limitarsi alle sole soluzioni degli esercizi o, nel caso di attività di ascolto, alle trascrizioni dei testi. La revisione del lavoro svolto, infatti, può essere occasione per sviluppare nell'apprendente, attraverso opportuni commenti e spiegazioni che si accompagnino alle risposte esatte, la massima consapevolezza sulle concrete dinamiche della lingua, sul perché quella determinata risposta sia corretta oppure no, e per indurlo, attraverso opportuni rimandi e stimoli, ad approfondire o integrare l'argomento affrontato. È inoltre evidente che tutto ciò va fatto evitando il più possibile di usare termini o nozioni che potrebbero risultare di difficile e non immediata comprensione. In questo senso, è anche importante fare precise e coerenti scelte sulla lingua che verrà usata in tali commenti e spiegazioni: quella che si sta studiando o la lingua madre dell'apprendente.

Provvedere a una tale integrazione di materiali didattici già esistenti non è né facile né realizzabile in tempi brevi. Si pone poi il problema di come realizzarla, materialmente parlando. La soluzione più comune, visto che le rigide leggi sul *copyright* impediscono di fotocopiare libri o quant'altro, è quella di inserire all'interno degli stessi delle schede o dei fogli aggiuntivi, magari suddividendo i libri in diverse parti o unità, ciascuna delle quali viene poi integrata e arricchita nel modo opportuno e presentata separatamente dalle altre in una busta di plastica o rilegata a parte. Questo è, tra l'altro, un modo per rendere lo stesso libro disponibile a più persone e per rendere più facile la possibilità di lavorare con materiali diversi.

In stretta correlazione con quanto finora detto, va fatta un'ulteriore precisazione circa la scelta dei materiali da mettere a disposizione degli apprendenti. Se, come abbiamo visto, uno dei principali vantaggi dell'autoapprendimento è quello di poter andare incontro ai più diversi stili di apprendimento, è assolutamente ovvio che un buon centro finalizzato a questo scopo non dovrebbe in alcun modo operare scelte restrittive rispetto alla tipologia dei materiali esistenti. Ci riferiamo, in particolare, a eventuali possibili preclusioni volte a favorire questo o quell'approccio o metodo didattico a danno di altri. Gli apprendenti devono poter disporre di un'ampia offerta didattica che permetta loro di usare i materiali più adatti alle loro caratteristiche cognitive e al loro particolare modo di processare e accumulare conoscenze e informazioni.

Dicevamo, poc'anzi, della possibilità di disporre di materiale autonomamente prodotto dal centro. Una simile scelta è in molti casi auspicabile, se non altro perché è questo l'unico modo per andare incontro a eventuali specifiche esigenze dei propri utenti. È possibile procedere in diversi modi, anche se le difficoltà e i tempi di realizzazione varieranno a seconda del tipo di materiale che si intende produrre. In questo campo, come ogni buon insegnante sa, la fantasia non ha limiti.

Assai facile è, ad esempio, arrivare a disporre di un buon numero di letture sui più diversi argomenti o materie di studio. Questi testi, presi da libri, giornali e riviste, alla cui ricerca potrebbero contribuire gli stessi apprendenti, saranno poi corredati, come dicevamo, da tutte le attività e le note esplicative che si ritengano opportune.

Lo stesso dicasi per la preparazione di testi d'ascolto. È possibile mettere a disposizione non solo registrazioni di programmi TV, notiziari e quant'altro, ma anche produrre registrazioni di dialoghi e brani di diverso genere, corredandoli delle necessarie trascrizioni e di attività di verifica dell'ascolto.

Più difficile è, invece, ipotizzare materiali didattici, autoprodotti o meno, adeguati per la pratica delle cosiddette abilità produttive, e cioè il parlare e lo scrivere. Qui il problema che si pone è quello della necessità di offrire all'apprendente una qualche forma di *feedback*. Nel caso di attività di scrittura è, infatti, chiaramente percepibile la necessità di verifica del lavoro svolto da parte di un insegnante. Lo stesso vale per attività di espressione orale e simulazione, per le quali, a meno che non si tratti di dare risposte semplici e pressoché obbligate a domande relative a brani letti o ascoltati, si rende necessaria la presenza di un interlocutore. È comunque possibile supplire a ciò mettendo l'apprendente in contatto con parlanti nativi, con altre persone che studiano la stessa lingua o anche attraverso il servizio di assistenza didattica svolto dai docenti o da altro personale. È però il caso di aggiungere alcune considerazioni. Infatti, se l'obiettivo è quello di imparare a essere autonomi, sfruttando al massimo le proprie possibilità, l'apprendente deve capire che l'uso e la pratica della lingua, sia orale che scritta, sono importanti di per sé, indipendentemente dalla presenza di qualcuno che abbia il ruolo di controllare e verificare ciò che si è prodotto. In questo senso, ogni apprendente, guadagnando sempre maggiore fiducia in se stesso e nelle sue possibilità, dovrebbe arrivare a essere in grado di valutare autonomamente il livello raggiunto e le relative capacità e conoscenze (Sheerin, 1989).

13.5
Verso la piena autonomia: la necessità di un valido supporto didattico e il ruolo del *tutore*

Se l'obiettivo auspicabile e perseguito è quello di rendere l'apprendente sempre più autonomo, cioè capace di accettare responsabilità per tutte le decisioni che riguardano il suo apprendimento e di fare i necessari passi verso la realizzazione di tali decisioni, appare evidente che un tale obiettivo non è sempre immediatamente perseguibile. In effetti, l'esperienza accumulata in più di venti anni da istituzioni e centri didattici di tutto il mondo dimostra che la piena autonomia è quasi sempre una meta difficile da raggiungere e che è del tutto infruttuoso pensare, a priori, che un qualsiasi apprendente sia in grado di determinare da sé il percorso da seguire o di orientarsi nell'enorme quantità di diversissimi materiali didattici oggi disponibili sul mercato.

Questa semplice constatazione ha anche permesso di superare le riserve che molti insegnanti di lingue avevano espresso, e in parte continuano a esprimere, circa le concrete possibilità di qualsiasi ipotesi di autoapprendimento. È evidente che tali riserve erano motivate anche dal timore, che oggi sappiamo del tutto infondato, che la nuova pratica didattica venisse a implicare un impoverimento o addirittura una messa al bando del loro tradizionale ruolo. Come abbiamo cercato di dire, l'autoapprendimento va, invece, inteso come una possibilità in più, come un ulteriore strumento verso il raggiungimento di essenziali finalità didattiche.

Più in concreto, la pratica dell'autoapprendimento, laddove realizzata, ha portato a una trasformazione e a un ulteriore arricchimento della figura del docente. Per alcuni, si tratterebbe addirittura di «a new pedagogical profession, that of "counsellor" (helper, tutor, adviser etc.)» (Gremmo, Riley, 1995, p. 159).

Qual è dunque il ruolo di quello che noi chiameremo *tutore* nell'ambito dello studio in autoapprendimento?

Nella pratica dei centri e delle istituzioni dove si pratica l'autoapprendimento, a mediare il primo contatto dell'utente, interviene non solo, come abbiamo detto, un adeguato ed accessibile sistema di catalogazione dei materiali, o un qualche opuscolo, o quant'altro, relativo al funzionamento della struttura. Particolare centralità riveste il servizio di accoglienza e orientamento didattico offerto dai tutori, il cui principale compito è, oltre a quello di verificare il livello di conoscenza linguistica di partenza dell'apprendente, quello di aiutarlo a chiarire i suoi reali obiettivi e a segnare le tappe del percorso da seguire, creando le condizioni necessarie, a livello organizzativo e didattico, perché tale processo possa svolgersi al meglio. In sostanza, si tratta di aiutare l'apprendente a raggiungere la massima autonomia possibile in ogni determinato momento. Tutto questo ha non poche implicazioni, visto che si tratterà di comprendere e focalizzare, insieme all'apprendente, le sue idee e rappresentazioni relative all'apprendimento e, in particolare, all'apprendimento di una nuova lingua. Non solo perché, come ogni insegnante sa, le pregresse esperienze di studio, soprattutto se negative o infruttuose, con tutto il loro bagaglio di false o superficiali opinioni sul cosa e come apprendere, possono condizionare nel peggiore dei modi l'apprendente, ma anche perché è assolutamente necessario che chi si accinge a intraprendere un percorso di studio che richiederà comunque sforzi ed impegno sappia esattamente qual è *il suo modo di apprendere* e cioè il suo concreto modo di processare ed accumulare informazioni e conoscenze. Ogni persona ha, infatti, precise e riconoscibili preferenze riguardo ai supporti da utilizzare per lo studio (libri, video, giornali ecc.), un suo *stile di apprendimento* (induttivo, deduttivo, attraverso la scoperta o attraverso il "fare") che implica una maggior attitudine per certe attività didattiche e non per altre, e anche delle preferenze di carattere più pratico relative ai luoghi in cui studiare (casa, scuola, biblioteca ecc.), al tempo e al momento in cui farlo e alla possibilità di farlo da soli o in compagnia di altri (Rodgers, 1978). Tutto ciò sarà oggetto di verifica fra il tutore e l'apprendente o attraverso un questionario da sottoporre a successiva discussione o attraverso un confronto diretto di carattere più informale. Obiettivo di tale verifica sarà anche, come dicevamo, quello di accertare i reali bisogni linguistici dell'apprendente mettendoli in rapporto alla sua effettiva motivazione allo studio. È bene aver chiaro che il risultato di un tale processo potrebbe anche essere quello di non riconoscere l'autoapprendimento come modalità adeguata alle caratteristiche o esigenze dell'apprendente. In questi casi, si potrà scegliere o di guidarlo gradualmente verso una maggiore autonomia o anche di orientarlo, se possibile, verso i tradizionali corsi in classe che possono essere seguiti in alternativa o in aggiunta alle attività in autoapprendimento. Nel caso, invece, in cui si ritenga che l'apprendente è in grado di intraprendere un lavoro almeno in parte autonomo, il risultato sarà la stipulazione di una sorta di "contratto" di apprendimento, che stabilirà gli obiettivi da raggiungere di volta in volta e i tempi per la loro realizzazione, costruendo un adeguato percorso di studio e lavoro, un programma personalizzato che permetta di orientarsi fra le tante possibilità.

Per tutta la durata di tale percorso, il tutore, oltre a preparare il necessario materiale didattico e a garantire la massima funzionalità del centro, continuerà ad essere quell'essenziale punto di riferimento cui l'apprendente in dubbio o in difficoltà può ricorrere in qualsiasi momento per ottenere ogni necessario consiglio, spiegazione o correzione e, perché no, per praticare concretamente la lingua.

13.6
Conclusioni

La pratica e l'esperienza di molti centri didattici che hanno realizzato, negli ultimi decenni, programmi di autoapprendimento dimostrano che si tratta di una strada non solo percorribile ma anche auspicabile. Lungi dal costituire un modello o un metodo ben definito e delineato, l'autoapprendimento costituisce una prassi per la quale è possibile ipotizzare contesti e livelli di intervento assai diversi. Proprio questo sembra essere il maggior punto di forza di questo particolare approccio: il permettere di andare incontro, con la massima flessibilità, alle più diverse esigenze di chi impara, offrendogli la possibilità di stabilire i tempi e i modi dell'apprendere, avendo piena coscienza dei propri obiettivi.

Anche dal punto di vista istituzionale, l'autoapprendimento permette, a costi relativamente contenuti, di aumentare l'offerta didattica, non solo raggiungendo settori di utenza altrimenti irraggiungibili, ma anche potenziando e allargando il lavoro degli insegnanti in classe.

Per quel che riguarda gli insegnanti, infine, l'autoapprendimento, lungi dall'essere una messa in discussione o uno svuotamento del loro fondamentale ruolo, ne comporta un ulteriore arricchimento professionale con nuovi impegni e importanti responsabilità.

Riferimenti bibliografici

AA.VV. (1995), *Autonomy, Self-Direction and Self-access in Language Teaching*, in "System", XXIII, 2, Special Issue.

BERNINI G., PAVESI C. (a cura di) (1994), *Lingue straniere e Università. Aspettative e organizzazione didattica*, Angeli, Milano.

DICKINSON L. (1987), *Self-instruction in Language Learning*, Cambridge University Press, Cambridge.

GREMMO M. J., RILEY P. H. (1995), *Autonomy, Self-Direction and Self-access in Language Teaching*, in AA.VV. (1995).

RODGERS T. (1978), *Strategies for Individualized Language Learning and Teaching*, in J. C. Richards (ed.), *Understanding Second and Foreign Language Learning: Issues and Approaches*, Newbury House, New York.

SHEERIN S. (1989), *Self-access*, Oxford University Press, Oxford.

SKEHAN P. (1989), *Individual Differences in Second-language Learning*, Edward Arnold, London.

14

Nuove tecnologie e didattica delle lingue

di *Carla Vergaro*

14.1
Introduzione

Quando parliamo di nuove tecnologie nell'ambito della didattica delle lingue intendiamo parlare dell'apprendimento linguistico tramite l'utilizzazione di un computer dotato di software interattivo, possibilmente multimediale (cioè basato su suoni e immagini). Il termine più comunemente usato per descrivere l'utilizzazione dell'informatica nelle didattica delle lingue è CALL (*Computer-assisted Language Learning*). Le prime ricerche sul valore del computer come mezzo educativo sono cominciate negli anni Sessanta e hanno avuto un incremento continuo e costante col passare del tempo. Nonostante ciò, l'impatto dell'informatica sulla didattica delle lingue ha cominciato ad essere particolarmente evidente solamente dall'inizio degli anni Novanta, con la diffusione degli *ipertesti*, della *multimedialità*, e con l'accesso alla rete informatica mondiale *Internet* tramite congegni che permettono l'interattività anche a grandi distanze (la *telematica*).

Purtroppo la storia dell'introduzione di nuove tecnologie nella didattica è stata contrassegnata da un atteggiamento di ricerca della panacea piuttosto che dalla riflessione critica sulle possibilità offerte dai nuovi mezzi. La mancanza di riflessione è stata ed è tuttora favorita anche dalla rapidità con cui le innovazioni tecnologiche si diffondono nella società. Non appena cominciamo ad acquisire le conoscenze sufficienti per pensare ad un modo adeguato per poter utilizzare i nuovi mezzi, questi ultimi sono già obsoleti. L'utilizzazione acritica del computer nelle scuole è il risultato di una insufficiente riflessione sull'uso delle tecnologie, della mancanza di scelte pedagogiche e di progetti didattici ben definiti: «New technological capabilities should not determine language teaching practice, but rather sound pedagogical approaches and design and procedure considerations should guide the adoption of new technologies in the FL classroom»[1] (Hackett, 1996, pp. 15-6).

Pensiamo che le tecnologie debbano essere usate nella didattica non perché sono di moda ma come momento formativo, ovvero come strumenti per imparare, laddove imparare significa costruire le proprie conoscenze in modo attivo, creativo e socialmente interattivo.

Inizieremo il capitolo chiarendo, anche con esempi, i termini citati precedentemente. Continueremo illustrando il costruttivismo quale teoria in cui inquadrare lo studio delle applicazioni multimediali e telematiche. Passeremo infine all'analisi delle loro potenzialità didattiche.

14.2
Facciamo un po' di chiarezza

Cominciamo spiegando alcuni termini che incontreremo nel corso del capitolo.

14.2.1. Gli ipertesti

Nella sua forma più semplice un ipertesto è costituito da un insieme di *videate* (ossia pagine di testo e/o immagini che riempiono lo schermo del computer) collegate tra di loro. Il tutto costituisce un grande testo scritto per essere letto non in una sequenza fissa come un normale libro, ma seguendo un percorso a piacimento. Infatti in ogni videata compaiono varie parole-chiave evidenziate, ossia sottolineate, o scritte in **grassetto** o in *corsivo*, oppure con un carattere o un colore diverso. Le parti evidenziate vengono chiamate *hotwords* o "àncore" e permettono, se scelte, con un semplice clic del mouse, di richiamare un altro testo collegato a quello di partenza tramite legami tematici o di approfondimento. Il testo richiamato è anch'esso dotato di *hotwords* o "àncore" che permettono di richiamare altre videate che conterranno anch'esse altre parole-chiave che le collegano ad altre pagine ancora. Ogni videata viene chiamata *nodo*; il collegamento tra i nodi viene chiamato *link*, e l'insieme dei nodi e dei *links* costituisce, appunto, un ipertesto.

1. «Non dovrebbero essere le nuove capacità della tecnologia a determinare la pratica dell'insegnamento; piuttosto dovrebbero essere solidi approcci pedagogici e riflessioni su strutturazione didattica e tecniche a guidare l'adozione di nuove tecnologie nell'insegnamento della lingua straniera».

Le connessioni sono dunque ciò che caratterizza l'ipertesto e che permette all'utente di costruirsi il proprio percorso di lettura sfruttando la rete di nodi fittamente intrecciata. Se le informazioni contenute nei nodi non sono solo costituite da testi ma anche da immagini, video, suono ecc., l'ipertesto assume una dimensione multimediale.

Come si è detto, l'utente può accedere alle informazioni non in modo lineare e sequenziale come avviene in un libro, ma usando più chiavi di accesso e seguendo il percorso più adatto ai propri bisogni di informazione. Questo libero spostamento all'interno della rete di nodi viene normalmente indicato con i termini *navigazione* e *navigare*.

La quantità di informazioni disponibili in programmi di questo tipo può essere enorme, tanto è vero che gli ipertesti, pur esistendo come idea da circa 50 anni[2], hanno potuto essere realizzati e resi commerciabili solo negli ultimi anni con l'aumento delle prestazioni e delle capacità di memoria dei computer.

Quello che segue è un esempio molto elementare di ipertesto tratto dal programma *Guide*.

La pagina di un ipertesto (FIG. 14.1) può presentarsi come quella di un testo stampato (in questo caso è un indice). Alcune parole sono però evidenziate. Sono cioè *hotwords* o "àncore" collegate ad altre pagine.

Facendo clic con il mouse sulla parola MONEY nella prima pagina, si apre la seconda pagina contenente altre parole evidenziate (in grassetto) che permettono di aprire altri testi. Facendo clic sull'espressione "The Cost of Living" si apre un'altra pagina in cui di nuovo ci sono dei frammenti evidenziati che permettono il collegamento ad altri testi.

14.2.2. Le applicazioni multimediali

Abbiamo detto che, se al testo si aggiungono immagini, suoni, musica, video, e la possibilità di registrare la propria voce, si passa alla multimedialità (= utilizzazione di più mezzi).

La presentazione multimediale delle informazioni sarà necessariamente più piacevole e anche più ricca e dettagliata di un normale testo stampato; infatti, l'integrazione di più mezzi consente di sviluppare meglio degli aspetti in cui il testo scritto a stampa è per sua

2. La commercializzazione degli ipertesti è cominciata nel 1986-87 (*Guide* e *Hypercard*) anche se la prima idea di ipertesto risale al 1945 (Vannevar Bush). Il termine *ipertesto* fu coniato da Ted Nelson nel 1960. La storia della genesi e dello sviluppo degli ipertesti è ampiamente trattata in D. Scavetta (1992).

FIGURA 14.1
Esempio di ipertesto

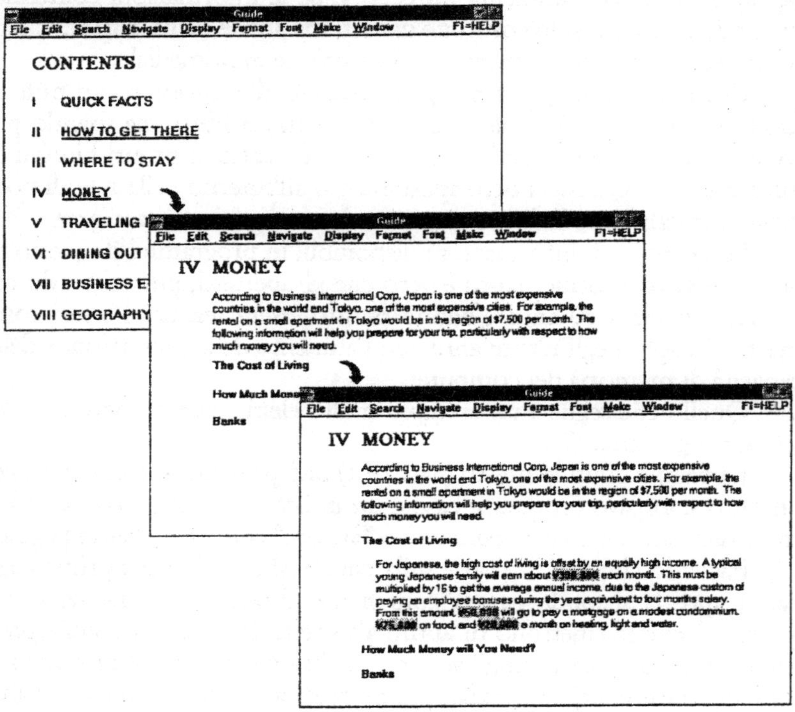

natura carente. Pensiamo per esempio allo studio della fonetica in una lingua straniera. La multimedialità permette di:

1. Vedere la realizzazione grafica della curva di intonazione.
2. Vedere l'articolazione del suono attraverso un filmato.
3. Sentirne la pronuncia.

Un testo ci permette solo il punto 1; un'audiocassetta solo il 3; un video la combinazione di 1, 2 e 3 ma senza l'interattività. Un'applicazione multimediale permette di superare i limiti di ciascun mezzo combinando le caratteristiche di ognuno su un computer.

Nelle applicazioni multimediali l'utente può scegliere le informazioni a cui accedere e le modalità (=audio, video o testuale). Come nell'ipertesto, cioè, può decidere di seguire un percorso piuttosto che un altro attivando le connessioni che vuole.

14.2.3. Le reti telematiche (Internet)

Il computer è uno strumento che consente di elaborare e gestire le informazioni. È possibile condividere le informazioni possedute da più utenti in una stessa area collegando fisicamente più computer attraverso le reti telematiche. Questi collegamenti diffusi su piccola scala (più uffici contigui, anche più edifici contigui) generano una rete locale che viene chiamata LAN (*Local Area Network*). Per condividere un maggiore numero di informazioni è possibile collegare più reti locali tra loro. Internet nasce dal collegamento su scala mondiale di numerosissime reti locali. In modalità *http://www.* (ossia *h*yper*t*ext *t*ransfer *p*rotocol per il *w*orld *w*ide *w*eb) diventa una specie di enorme ipertesto contenente una quantità altrettanto enorme di informazioni accessibili attraverso la libera navigazione. Internet è considerato la *Rete* per eccellenza poiché è il più vasto sistema di comunicazione tra computer esistente al mondo.

Chiunque voglia mettere a disposizione le informazioni contenute nel proprio computer o desideri collegarsi in Internet deve attrezzare il computer con un *modem* (congegno che trasforma i segnali che viaggiano sulla linea telefonica in segnali leggibili dal computer e viceversa) e stipulare un abbonamento con un fornitore (*provider*) che gli permetterà, tramite la linea telefonica, di accedere al suo mega computer (*server*), collegato in permanenza alla rete Internet.

Ogni computer individuale può non solo leggere i documenti contenuti nei vari server collegati in rete, ma può anche accedere, passando per un server, ai singoli computer ad esso collegati purché quei computer siano accesi e dotati di un indirizzo richiamabile. Inoltre, ogni utente può rendere il proprio computer, se collegato a un server, richiamabile da qualsiasi altro computer nel mondo, chiedendo al fornitore di dotare il PC appunto di un indirizzo Internet. Tale indirizzo viene chiamato URL (*Uniform Resource Locator*). Un esempio di URL è

http://www.shef.ed.ac.uk

che significa: *h*yper*t*ext *t*ransfer *p*rotocol://*w*orld *w*ide *w*eb. università di *Shef*field. rete degli istituti *ed*ucativi. *ac*cademici. del Regno Unito (*U*nited *K*ingdom).

L'utente che dà accesso al proprio computer tramite Internet può rendere solo parte dei propri archivi accessibili al pubblico. L'archivio o gli archivi accessibili al pubblico costituiscono un *sito*.

Non esiste alcun organo centrale che esamini attentamente i documenti contenuti nei vari siti, dunque non c'è limite alla quantità di informazioni che vi si possono trovare né alla loro qualità.

Poiché le informazioni riguardanti un determinato argomento possono trovarsi sparse in diversi siti, per facilitarne l'acquisizione l'utente può effettuare delle ricerche per soggetto o per autore utilizzando i *motori di ricerca*. Un motore di ricerca è un programma che interroga i vari siti utilizzando le parole-chiave immesse dall'utente. Alcuni fra i motori di ricerca più conosciuti sono:

– *AltaVista* <http://altavista.digital.com>: non è difficile da usare e offre la possibilità di effettuare ricerche per serie di parole oltre che parole singole (fig. 14.2);
– *Yahoo* <http://www.yahoo.com>: ha molti siti di interesse accademico. Ha inoltre un filtro editoriale che valuta la qualità dei materiali presenti nei vari siti prima di includere questi ultimi nel database dei siti che il programma va a interrogare;
– *Magellan* <http://www.Mc.kinley.com>: ha le stesse caratteristiche di Yahoo ma qualche volta è meno aggiornato;
– *Lycos* <http://www.lycos.com>;
– *Web Crawler* <http://webcrawler.com>;
– *Excite* <http://www.excite.com>.

L'impianto che permette il collegamento a distanza tra persone fisicamente lontane offre due tipi di comunicazione:

– in tempo reale (sincrona)
– non in tempo reale (asincrona).

Un esempio di comunicazione sincrona sono le *videoconferenze* su schermo PC realizzate collegando una telecamera al computer. Un esempio di comunicazione asincrona è la *e-mail* ossia la posta elettronica. La e-mail è un sistema di spedizione e ricezione di messaggi elettronici con tempi di trasmissione quasi istantanei.

14.3 Nuove tecnologie: aspetti teorici

Il costruttivismo[3] (Piaget) sembra essere la teoria educativa all'interno della quale meglio si possono inquadrare le nuove tecno-

3. Per ulteriori approfondimenti *Essays on Constructivism and Education* all'indirizzo <http://www.inform.umd.edu/UMS+State/UMD-Projects/MCTP/www/Essays.html>. Ancora sul costruttivismo è molto utile la sintesi di G. Swan, B. Hughes, *Constructivism: Definitions and Implications for Implementation*, all'indirizzo <http:// mcmuse. mc.maricopa.edu/~swan/constructivism.html>.

logie. Una delle premesse fondamentali del costruttivismo in ambito educativo è che l'apprendente costruisce le conoscenze in modo attivo invece di assorbirle nella forma trasmessa dall'insegnante.

FIGURA 14.2
La pagina principale di AltaVista

Cerchiamo di capire che cosa si intende con la parola "costruire". Secondo il costruttivismo l'apprendimento implica la riorganizzazione delle conoscenze in reti associative che permettono all'apprendente di combinare idee, fare estrapolazioni ed estrarre inferenze. Queste reti sono costituite dalle informazioni preesistenti e dai legami tra di esse. L'apprendimento sarebbe il risultato dell'inserimento di nuovi dati e dell'istituzione di collegamenti con la struttura conoscitiva preesistente. Questa attività di collocazione dei dati e di elaborazione di reti di associazioni sarebbe, per il costruttivismo, del tutto soggettiva e quindi non può essere insegnata

Sull'apporto delle scienze cognitive all'educazione si veda D. Corno, G. Pozzo (1991).

ma semmai favorita dalla discussione, dal richiamo di esperienze precedenti, dall'incoraggiamento ad elaborare in modo personale le informazioni e così via.

Le conoscenze quindi non vengono trasmesse verticalmente dal docente al discente. Quest'ultimo svolge, nell'ottica costruttivista, un ruolo molto attivo nel senso che apprende per mezzo dell'esperienza personale e della scoperta, non attraverso la memorizzazione passiva dei concetti. L'apprendente è una specie di esploratore che decide che cosa andare a cercare: è capace di definire i suoi obiettivi, riflettere sulle scoperte e valutare i risultati.

Possiamo riassumere la prospettiva costruttivista nei seguenti punti:

– l'apprendimento è basato sulla scoperta personale, o non è apprendimento creativo bensì mero condizionamento;
– l'apprendimento dovrebbe perciò essere basato sull'esplorazione;
– l'apprendimento dovrebbe essere guidato dagli obiettivi del discente che è in questo modo intrinsecamente motivato;
– l'ambiente di apprendimento deve avere una grande quantità (e qualità) di informazioni a cui il discente può avere accesso liberamente;
– l'apprendimento implica anche una dimensione sociale di confronto e discussione con gli altri.

Che ruolo dunque possono svolgere le nuove tecnologie nella costruzione di siffatte conoscenze da parte dell'apprendente? Se teniamo presenti i punti appena elencati, sia la multimedialità che la telematica hanno potenzialità didattiche enormi e vedremo in particolare quali siano. Vorremmo tuttavia premettere fin da ora che il mezzo non è determinante per l'apprendimento: condividiamo pienamente la visione espressa da Boylan (Boylan *et al.*, 1997) secondo cui il computer è uno strumento come tanti altri e può risultare utile, ma non è né ciò che genera né ciò che impedisce l'apprendimento. In ogni operazione didattica che possa essere definita tale deve esserci una pianificazione con obiettivi precisi. Non è sufficiente esporre l'apprendente all'input ampio in ambiente multimediale o telematico perché egli elabori automaticamente le strategie giuste per *imparare ad imparare*. Il discente deve essere prima aiutato a perfezionare i suoi strumenti naturali per imparare, cioè deve capire come trovare le informazioni, come strutturarle e come usare i mezzi per cercarle.

Queste premesse chiariscono il ruolo dell'insegnante in rapporto all'uso delle nuove tecnologie. La sua funzione è quella di guida e facilitatore. Più precisamente, (Ligorio, in Trentin, 1996, p. 74) l'insegnante ha il compito di sostenere le attività dell'allievo dapprima con una puntuale dimostrazione ed esemplificazione di come si svolgono certi particolari compiti, quale metodologia utilizzare, fino ad una progressiva emancipazione dello studente che conquista una propria e specifica competenza e una indipendenza di pensiero e di azione. Il sostegno offerto dall'insegnante è simile a quello delle impalcature dei "lavori in corso" (il cosiddetto *scaffolding*): man mano che "l'edificio" si va costruendo, l'impalcatura viene tolta fino a sparire completamente. Gli studenti sono incoraggiati a procedere nelle attività di apprendimento sempre più autonomamente, pur confrontandosi continuamente con i propri pari e sapendo di avere l'insegnante comunque pronto per una guida e un aiuto.

14.4
La multimedialità

Come abbiamo già detto precedentemente, per programmi multimediali intendiamo quelli in cui si combinano testo, grafica, audio e video. La multimedialità non è un metodo, è un modo di organizzare le informazioni per promuovere l'apprendimento. Ci sembra che i programmi multimediali possano essere utili all'apprendimento soprattutto per due ragioni:
- la presentazione dell'input linguistico
- il grado di controllo che l'utente può esercitare sul materiale.

14.4.1. L'input

In un ambiente multimediale l'input linguistico (parole e strutture) può essere reso saliente, ovvero evidente, affinché venga notato dall'apprendente e può essere contestualizzato con modalità di più immediata comprensione (suono, immagini). L'apprendente può avere accesso, vedere e ripetere brevi brani audiovisivi, di conversazione ecc., riccamente contestualizzati in virtù della combinazione di più media.

La co-occorrenza di modalità di presentazione diverse, ovvero il fatto che l'input venga presentato in diversi modi, sembra facilitare non solo l'inferenza, cioè la capacità di dedurre i significati utilizzando il contesto, ma anche la memorizzazione dell'input linguistico e la sua riproduzione (Bush, Terry, 1997). Per esempio, nel caso dell'ascolto in ambiente multimediale, le informazioni contenute nelle immagini forniscono un supporto alla costruzione delle rappresentazioni mentali del significato. Questo significa che ci sarà un'utilizzazione minore di energie cognitive a livello di decodifica linguistica ed una canalizzazione delle energie cognitive per processi quali l'elaborazione dell'input (Meskill, 1996; Schnotz, 1993 cit. in Chun, Plass, 1997).

La necessità di avere un input linguistico ricco e che rifletta le proprietà essenziali di ciò che dovrebbe essere imparato si ricollega ad approcci quali la *Suggestopedia* (cfr. *supra* CAP. 4), il *Comunicativo*, (cfr. *supra* CAP. 6), l'*Approccio Lessicale* (cfr. *supra* CAP. 10) e il *Natural Approach* (cfr. *supra* CAP. 11), nonché alla ricchezza di informazioni che secondo il costruttivismo dovrebbe avere un ambiente di apprendimento ideale. Inoltre essa permette di recuperare la ricchezza dell'atto comunicativo faccia a faccia: vengono assorbiti insieme ai fonemi gli omofoni che danno colore sociolinguistico al parlato, l'intonazione che svela l'intenzionalità, il linguaggio del corpo e il vestiario portatori di un gran numero di messaggi culturali.

Alcuni teorici sostengono che l'elaborazione di informazioni provenienti da più canali richiede all'apprendente uno sforzo cognitivo troppo elevato, soprattutto se il materiale è in lingua straniera. Si parla a questo proposito di *sovraccarico cognitivo*. Si ha un sovraccarico cognitivo quando l'utente deve elaborare troppe informazioni e rimane confuso. In verità il rischio non riguarda tanto la presentazione multimediale in sé, quanto la scarsa idoneità della cornice informatica. Infatti, molto spesso, a generare confusione sono i troppi bottoni, le troppe finestre, le troppe cose da fare con cui i progettisti di applicazioni multimediali riempiono lo schermo rendendo alcuni programmi pesanti e inutili perché ingestibili.

14.4.2. Il controllo

I programmi multimediali, grazie all'interattività che è uno degli attributi principali del computer, permettono all'apprendente di controllare la quantità di materiale linguistico che gli viene presentata. Questo tipo di controllo sul mezzo può essere esercitato a due livelli diversi: a livello micro l'utente può delimitare la quantità di input su cui lavorare, riascoltarla, ripeterla, andare avanti e tornare indietro per fare collegamenti con altre sezioni, confrontare la propria produzione linguistica orale con quella di un parlante nativo, con una facilità e una comodità maggiori rispetto ad altre tecnologie quali i registratori del laboratorio AAC (Audio Attivo Comparativo) o il video, che pure offrono queste possibilità.

A livello macro il software multimediale offre la possibilità di accedere al materiale nell'ordine che si desidera. In base ai propri interessi, alla preparazione, alle conoscenze pregresse, e infine in base al feedback ricevuto in itinere, lo studente può decidere quali sezioni affrontare e quali no. Decidere un percorso da seguire e quindi personalizzare il proprio iter didattico non è sicuramente qualcosa che possa avvenire solo grazie a un computer e a un programma multimediale. Chiaramente con la multimedialità diventa molto più comodo in quanto è tutto concentrato su un solo mezzo.

Ora, la maggiore facilità di accesso alle informazioni non è un reale valore aggiunto all'apprendimento. Il valore aggiunto sembra essere piuttosto l'effetto che la maggiore quantità di controllo ha sulla motivazione.

La quantità di controllo esercitata dall'apprendente sul materiale è direttamente collegata alla motivazione. Ne possiamo distinguere due tipi: motivazione intrinseca ed estrinseca. La prima dipende dagli interessi, dalla curiosità e dalle esigenze personali dell'individuo. La seconda è collegata a fattori esterni quali per esempio la necessità di lavoro.

Esiste un legame tra controllo da parte dell'apprendente e motivazione intrinseca. Secondo la *Cognitive Evaluation Theory* (Deci, Ryan, 1985 cit. in Becker, Dwyer, 1994) una delle componenti principali della motivazione intrinseca è la percezione del controllo su un compito. L'aumento del livello di controllo, se percepito, può portare ad un aumento della motivazione intrinseca, dell'autodeterminazione e quindi della volontà di creare legami propri e connessioni tra le conoscenze. Lavorare in ambiente multimediale, quindi con un maggiore controllo delle attività e dei processi da parte dell'apprendente, favorirebbe perciò in quest'ultimo un aumento della motivazione intrinseca e dell'apprendimento (Becker, Dwyer, 1994).

14.5
La telematica

La diffusione delle reti telematiche ha dato luogo ad una specie di rivoluzione tecnologica: i personal computer sono diventati macchine sempre meno personali (Calvani, Rosso, 1994) ed è ormai possibile non solo condividere documenti ed informazioni attraverso le reti, ma anche esperienze. È possibile per esempio lavorare a progetti comuni e comunicare in modo sincrono (cioè in tempo reale, come nella comunicazione faccia a faccia) con partner che si trovano a migliaia di chilometri di distanza con un computer ed una telecamera.

Come abbiamo già detto, una delle caratteristiche principali delle innovazioni tecnologiche è la rapidità con cui si diffondono e con cui cessano di essere innovazioni: non è ancora ben chiaro a livello formativo che tipo di uso si possa fare della multimedialità che già si parla di Internet e di comunicazione a distanza sincrona e asincrona (non in tempo reale).

La telematica può offrire alla didattica:

- accesso a risorse (Internet);
- facilitazione della comunicazione tra persone fisicamente distanti (e-mail e videoconferenze).

Essa inoltre può avere solo un ruolo di supporto alle attività di insegnamento oppure essere uno strumento essenziale per la realizzazione di alcune forme di apprendimento. In genere si parla di *telematica nella didattica* nel primo caso e di *didattica attraverso la telematica* nel secondo.

14.5.1. La telematica nella didattica

Con l'espressione *telematica nella didattica* intendiamo dunque la possibilità di sfruttare le risorse disponibili in rete nel processo di apprendimento-insegnamento. Esse sono un supporto all'attività didattica e l'introduzione o meno nel curriculum è chiaramente a discrezione dell'insegnante che decide se vuole utilizzare o meno questi aiuti.

Rientrano in questa categoria:

- l'uso di Internet per la ricerca di informazioni e materiale;
- la corrispondenza internazionale tramite la posta elettronica (e-mail).

Internet

Analizziamo quali sono le possibili applicazioni di Internet nella didattica delle lingue.

1. *Internet come risorsa di materiali autentici.* Uno degli orientamenti prevalenti nella glottodidattica è l'enfasi che viene data all'uso della lingua per comunicare e alla necessità di esporre gli apprendenti a testi autentici in lingua straniera. L'uso di materiali autentici risulta necessario per poter inserire la lingua nel suo contesto culturale e per comprendere i valori etici e sociali di un popolo. Inoltre l'orientamento comune è che una lingua straniera venga acquisita in modo più efficace quando viene usata come strumento per insegnare un contenuto rispetto a quando l'acquisizione delle strutture viene considerata l'obiettivo primario.

Un curriculum *content-based* o *task-oriented* presenta le seguenti caratteristiche:

– tiene in considerazione gli interessi e i bisogni dell'apprendente;
– comprende gli usi reali che egli farà della lingua target;
– si basa sull'esperienza di apprendimento preesistente dell'apprendente;
– si concentra sia sulla competenza comunicativa che sulle regole linguistiche;
– offre al discente le condizioni necessarie per l'apprendimento esponendolo ad esempi significativi in contesti d'uso[4].

Da questo punto di vista una delle possibili applicazioni di Internet alla didattica delle lingue è quella di essere una fonte inesauribile di materiali autentici il cui contenuto culturale può facilitare la comprensione della cultura veicolata dalla lingua target. Chiaramente questa applicazione non è rivoluzionaria ma può risultare molto utile soprattutto nei casi in cui il reperimento di materiali autentici risulta difficile. Nell'articolo di L. Hackett (1996) viene riportato a tale proposito l'esempio di un'insegnante di francese in Australia. Non solo per lei è più facile reperire materiale usando Internet, ma per i suoi studenti lavorare con la Rete diventa un momento di esposizione a materiali autentici e aggiornati in lingua francese, altrimenti difficile. Su Internet si trovano praticamente materiali per tutte le lingue. Secondo la logica ipertestuale infatti basta trovare un punto di partenza per avere rimandi ad altri siti contenenti materiali relativi alla lingua studiata. Di seguito forniamo alcuni indirizzi di siti interessanti che abbiamo potuto analizzare.

– *Human Language Page* <http://www.june29.com/HLP/>: è un catalogo di risorse Internet per moltissime lingue (sono circa 150 le lingue coperte). Contiene lezioni on-line (con attività audio), dizionari, notizie sul software per la didattica delle lingue, su scuole di lingue ecc.
– *Agora Language Marketplace* <http://agoralang.com>: è un sito ricco di informazioni su materiali per molte lingue europee e asiatiche. Contiene una *Agora Request Line* che chiunque può utilizzare per richiedere informazioni riguardo a materiali di ogni tipo.

4. Invece un curriculum *form-based* si concentra fondamentalmente sulle strutture linguistiche presentate al discente in un ordine predeterminato, lineare, e con una sequenza che va da quelle che si pensa siano le strutture più semplici a quelle più complesse.

Vorremmo inoltre segnalare per la lingua francese *Hapax* <http://hapax.be.sbc.edu/>, che contiene una grande varietà di materiali con tipologie testuali molto varie che vanno dall'articolo di stampa al discorso politico, dalle poesie al linguaggio pubblicitario. Gli argomenti sono anch'essi molto vari. Ne diamo alcuni esempi: Arte, Architettura, Musica, Turismo, Trasporti, Cinema ecc. [5].

Per la lingua inglese sono moltissimi i siti Internet. Per esempio *The Applied Linguistics Virtual Library* <http:// alt.venus.co.uk/VL/AppLingBBK/VLESL.html> ha una sezione dedicata all'inglese con *links* a altri siti tematicamente collegati. Tra di essi uno dei più famosi è sicuramente *Dave's Esl Cafe* <http://www.eslcafe.com/> che contiene una grande varietà di esercizi sui più svariati argomenti. L'ESL Quiz Centre ha domande su argomenti di carattere storico, geografico e scientifico. Vi sono inoltre esercizi di grammatica e comprensione alla lettura. Interessante è la ESL Idea Page in cui si trovano consigli e idee per l'insegnamento dell'inglese.

Materiali utili per studenti e insegnanti di lingua inglese si trovano anche in *Linguistic Funland TESL* <http://math.unr.edu/linguistics/tesl.html>.

2. *Internet come mezzo per l'esplorazione e la scoperta.* L'uso di Internet favorisce un tipo di apprendimento attivo, costruttivo e collaborativo. Attivo perché implica la decisione su quali percorsi seguire; costruttivo perché permette di integrare le nuove conoscenze con quelle già acquisite; collaborativo perché i discenti possono vedere ed usare ciò che altre persone hanno immesso sulla rete e a loro volta mettere le proprie esperienze a disposizione degli altri creando anch'essi un sito. Comunque leggere o vedere non implica necessariamente imparare. Con questo vogliamo dire che la tecnologia è sì molto potente ma senza un insegnante che strutturi e organizzi le risorse le potenzialità del mezzo andranno sicuramente perse. Inoltre, la ricchezza di informazioni che si possono trovare su Internet rischia di disorientare l'utente e di ridurre l'apprendimento invece di arricchirlo. È necessario quindi pensare ad un approccio che possa fornire allo studente le strategie per poter orientare la ricerca e valutare le informazioni trovate.

La posta elettronica (e-mail)

Il modo in cui un discente interiorizza l'input linguistico è stato e continua ad essere un importante argomento di discussione nella

5. Per ulteriori approfondimenti sui materiali in lingua francese presenti su Internet si veda M. N. Lamy (1997).

letteratura sull'acquisizione di una lingua straniera. Le teorie più recenti ipotizzano che la lingua venga acquisita attraverso la negoziazione del significato e che nuove strutture sintattiche vengano sviluppate quando l'apprendente costruisce il discorso in modo collaborativo con un interlocutore di cui percepisce lo spessore psicologico e culturale e al quale deve sforzarsi di adattare il suo output linguistico sia fonologicamente e che dal punto di vista lessico-grammaticale e culturale (Boylan, 1997).

La e-mail è una tecnologia che permette agli studenti di interagire con i parlanti nativi della lingua target in modalità asincrona. Essa offre l'opportunità di utilizzare la lingua per scopi comunicativi e quindi richiede agli apprendenti di fare uso della loro competenza comunicativa, seppure limitatamente alla sola codifica/decodifica scritta. Le dimensioni di tale competenza, come è noto, sono le seguenti:

1. *Competenza grammaticale*: la capacità di produrre e comprendere forme linguistiche corrette a livello sintattico, lessicale e fonologico.
2. *Competenza sociolinguistica*: la capacità di usare la lingua in modo appropriato nei diversi contesti socioculturali.
3. *Competenza strategica*: la capacità di trasmettere effettivamente le informazioni ad un ascoltatore, essendo anche in grado di usare le strategie comunicative (persuasive, riparatorie, ecc.) per risolvere i problemi che possono insorgere durante l'interazione.

Diamo di seguito un esempio di utilizzazione della e-mail per l'apprendimento di una lingua straniera: il *tandem e-mail*. Come ci suggerisce l'espressione, un tandem e-mail è lo studio della lingua in tandem, cioè in coppia, utilizzando la posta elettronica. Studiare una lingua in tandem significa che due persone di diversa lingua madre lavorano insieme con lo scopo di aiutarsi l'un l'altro a migliorare la conoscenza della lingua straniera, approfondendo anche aspetti delle cultura del paese del partner. L'apprendimento avviene attraverso un'autentica comunicazione, in questo caso asincrona e scritta, con un parlante nativo.

Due sono i principi fondamentali su cui si basa lo studio delle lingue in tandem:

a) principio della reciprocità: ciascuno dei partner deve impegnarsi e contribuire in modo equo qualitativamente e quantitativamente al lavoro svolto insieme;

b) principio dell'autonomia: ogni partner è responsabile del proprio apprendimento, ovvero decide che cosa vuole imparare, che cosa vuole che il partner gli corregga, che cosa chiedere.

Potremmo riassumere gli scopi di un tandem e-mail nei seguenti punti:
- fornire agli studenti opportunità di contatto con parlanti nativi di un'altra lingua;
- migliorare le loro abilità di scrittura;
- aiutarli a sviluppare strategie di studio autonomo;
- fargli conoscere e imparare ad usare le innovazioni tecnologiche [6] (Little, Brammerts, 1996).

L'apprendimento in tandem non segue, come abbiamo visto, le modalità di un normale corso di lingua. Normalmente si tratta di uno studio autonomo che comunque può avere anche ricadute positive all'interno della classe. Per esempio, si potrebbe chiedere agli studenti di fare una ricerca su un argomento riguardante la cultura del partner e con l'aiuto di quest'ultimo. I risultati del lavoro possono poi essere illustrati a tutta la classe.

14.5.2. La didattica attraverso la telematica

Con l'espressione *didattica attraverso la telematica* intendiamo quelle situazioni in cui la telematica non viene considerata un ausilio tra tanti altri al processo di apprendimento-insegnamento, bensì uno strumento indispensabile per la realizzazione di nuove forme di interazione e apprendimento (Trentin, 1996).

Abbiamo già parlato dell'interazione asincrona tramite la e-mail. Sembra aprire nuovi orizzonti allo studio delle lingue la recente comparsa delle stazioni per *DeskTop Conferencing* (DTC) [7] che offrono la possibilità di comunicare in tempo reale attraverso l'interazione audio-video: i partecipanti si vedono e si sentono per mezzo del monitor del computer, e possono quindi simulare le caratteristiche della comunicazione faccia a faccia [8].

6. Per avere informazioni sul tandem e-mail è possibile consultare Internet al seguente indirizzo <http://www.slf.ruhr-uni-bochum.de>. Inoltre è possibile avere informazioni per scambi tra classi contattando *l'Intercultural E-mail Classroom Connections* al seguente indirizzo <http://www.stolaf.edu/network/iecc/>. L'IECC, a differenza del tandem e-mail, è orientato alla comunicazione classe-classe piuttosto che alla corrispondenza individuo-individuo.

7. Il DTC è una stazione per la comunicazione multimediale che consente ai partner di interagire sentendosi e vedendosi per mezzo dello schermo di un computer. È possibile inoltre lavorare insieme in tempo reale, per esempio ad un testo o ad un'immagine grafica mediante la condivisione dello schermo.

8. Nella comunicazione tramite il *videoconferencing* però il linguaggio del corpo per gestire l'interazione risulta distorto (Goodfellow *et al.*, 1996).

Il dialogo è importante nell'acquisizione di una lingua straniera e la possibilità di avere un feedback sulla produzione è una componente fondamentale dell'esercizio orale. Matthews *et al.* (cit. in Goodfellow *et al.*, 1996, p. 6), riferendosi alle possibilità offerte dal DTC all'apprendimento delle lingue straniere, ne descrivono i benefici come segue:

> [...] the system is very good for practising several language skills at the same time: listening, speaking, reading and writing [...]. It has already demonstrated that it can provide a rapid way of resurrecting "lost" language skills of speaking and listening, which are the first to be eroded by lack of practice/exposure [9].

La dimensione previlegiata nella didattica attraverso la telematica è sicuramente quella collaborativa. Secondo Kaye (1994, p. 11)

> Collaborare (co-labore) vuol dire lavorare insieme, il che implica una condivisione di compiti, e una esplicita intenzione di "aggiungere valore" – per creare qualcosa di nuovo o differente attraverso un processo collaborativo deliberato e strutturato, in contrasto con un semplice scambio di informazioni o esecuzione di istruzioni. Un'ampia definizione di apprendimento collaborativo potrebbe essere l'acquisizione da parte degli individui di conoscenze, abilità o atteggiamenti che sono il risultato di un'interazione di gruppo, o, detto più chiaramente, un apprendimento individuale come risultato di un processo di gruppo.

In una situazione didattica cooperativa che utilizzi la telematica due fattori sono indispensabili:
– un gruppo di studenti motivati a collaborare con un altro gruppo che si trova fisicamente a distanza;
– un compito o un obiettivo comune (cfr. Trentin, 1996).

La telematica viene usata (ivi, p. 51)

> per mediare e supportare la comunicazione all'interno di gruppi impegnati in attività comuni. Nella didattica questo si traduce non solo nel rimuovere i limiti spaziali e temporali ma anche nell'offrire nuove possibilità allo sviluppo di percorsi educativi basati sull'apprendimento cooperativo.

9. «[...] il sistema è molto buono per esercitare contemporaneamente diverse abilità linguistiche: ascolto, parlato, lettura, scrittura [...]. Ha già dimostrato di poter essere un mezzo rapido per far ricomparire le abilità linguistiche "perdute" del parlato e dell'ascolto che sono le prime ad essere erose dalla mancanza di pratica/esposizione».

Il lavoro cooperativo svolto utilizzando la telematica segue normalmente il modello pedagogico delle *Communities of Learning*[10]. In una *community of learners* non ci sono ruoli rigorosamente stabiliti e tutti possono assumere ruoli diversi. Si condividono le proprie conoscenze con gli altri membri del gruppo e si impara insieme, in *community*, appunto (cfr. CLL, *supra* CAP. 2). L'insegnante da parte sua non è l'unico depositario delle conoscenze ma è una guida.

Un'attività didattica svolta nelle *communities of learners* sembra particolarmente riproponibile per un progetto di didattica in rete: il *jigsaw* (Trentin, 1996, pp. 48-9).

Il metodo jigsaw è organizzato in una sequenza di fasi che nel loro insieme formano un ciclo di ricerca. Eccole in breve:

1. attraverso un brainstorming gli studenti scelgono l'argomento su cui lavorare;
2. l'argomento viene scomposto in cinque sottoargomenti;
3. si creano tanti gruppi di ricerca quanti sono i sottoargomenti con l'obiettivo di creare un pool di esperti per ciascuno di essi;
4. i gruppi si scompongono e si ricompongono in cinque nuovi gruppi in modo tale che via sia un esperto per ciascuno dei sottoargomenti. Ogni componente del nuovo gruppo possiede quindi un quinto delle conoscenze sull'argomento;
5. all'interno del gruppo avviene la "ricucitura" delle singole sottoconoscenze al fine di formare l'unità, o meglio la conoscenza sull'intero argomento di studio.

Le fasi descritte sono quelle che normalmente si seguono nell'apprendimento cooperativo attraverso la telematica. Esse prevedono interazione e scambi comunicativi tra i partecipanti e fasi in cui è necessario lavorare insieme. Gli scambi possono avvenire in differita o in tempo reale. L'uso del DTC è consigliabile in quelle situazioni in cui è necessaria un'interazione in tempo reale oppure per cui è necessario il canale visivo. Negli altri casi, per esempio quando si tratta solo di scambiare informazioni, è meglio usare la comunicazione asincrona che è molto più flessibile.

Le forme di apprendimento previlegiate da un lavoro di questo tipo sono le seguenti:

- lavoro di gruppo;
- attività di ricerca documentale;
- richiesta di informazioni;
- condivisione di esperienze;

10. Per una trattazione ampia dell'argomento cfr. Ligorio (1996).

– confronto culturale;
– cooperazione nel raggiungimento di obiettivi didattici comuni (cfr. Trentin, 1996).

Ancora non è possibile dire con certezza quali benefici porterà alla didattica la telematica e il DTC in particolare. Le stazioni di DTC hanno ancora costi proibitivi e non sono molte le esperienze a cui possiamo fare riferimento. Pensiamo che in un futuro molto prossimo, però, essa possa essere uno strumento veramente utile per comunicare oralmente con parlanti nativi e di sicuro effetto motivante sui discenti.

14.6
Conclusioni

L'informatica fa ormai parte della vita di tutti. Non tutti sanno che cosa significa la parola telematica ma Internet è un fenomeno di massa. Nel corso del capitolo abbiamo evidenziato le possibili applicazioni didattiche delle nuove tecnologie sottolineando che, nonostante l'informatica nella didattica vada di moda, non è il mezzo che determina o impedisce l'apprendimento.

Le nuove tecnologie hanno potenzialità didattiche che possono essere impiegate nell'insegnamento-apprendimento delle lingue straniere soprattutto nello sviluppo di abilità di ricezione scritta e orale. Nell'ambito della produzione possono essere usate fondamentalmente per esercizi di produzione guidata.

Ultimamente la diffusione delle reti telematiche, e quindi di applicazioni quali le videoconferenze, sembra rendere possibile una comunicazione a distanza che simuli in parte le caratteristiche della comunicazione faccia a faccia. Inoltre la telematica ha provocato un'espansione dei confini della classe che non ha precedenti nella storia della didattica, ma è difficile stabilirne l'impatto effettivo poiché mancano i dati sperimentali per poterlo fare.

Per quanto riguarda il ruolo del docente in uno scenario dominato dalle tecnologie, egli è sempre più colui che accompagna, assiste il discente nel processo di apprendimento. È colui che "sa come fare" ma non è l'unico dispensatore della conoscenza. Ha sempre un ruolo molto importante che è innanzitutto quello di pianificare le attività e di dare allo studente gli strumenti che gli permettano di imparare facendo. Ci sembra a questo proposito che la metafora dello *scaffolding* (cfr. PAR. 14.3) esemplifichi molto bene il ruolo del docente nell'utilizzazione dei nuovi strumenti a disposizione della didattica.

Riferimenti bibliografici

BECKER D. A., DWYER M. M. (1994), *Using Hypermedia to Provide Learner Control*, in "Journal of Educational Multimedia and Hypermedia", III, 2, pp. 155-72.

BOYLAN P. *et al.* (1997), *Foreign Language Tutoring Systems Today: Old-fashioned Teaching with New-fangled Gadgets*, in "Cognitive Systems", V, pp. 37-56.

BUSH M. D., TERRY R. M. (eds.) (1997), *Technology-Enhanced Language Learning*, National Textbook Company, Lincolnwood, ILL.

CALVANI A., ROSSO L. (1994), *Informatica per Educatori*, Garamond, Roma.

CHUN D. M., PLASS J. L. (1997), *Research on Text Comprehension in Multimedia Environments*, in "Language Teaching and Technology", I, 1, pp. 60-81 (<http://polyglot.cal.msu.edu/llt>).

CORNO D., POZZO G. (a cura di) (1991), *Mente, linguaggio, apprendimento*, La Nuova Italia, Firenze.

GOODFELLOW R. *et al.* (1996), *Face-to-face Language Learning at a Distance? A Study of a Videoconference Try-out*, in "ReCALL", VIII, 2, pp. 5-16.

HACKETT L. (1996), *The Internet and E-mail: Useful Tools for Foreign Language Teaching and Learning*, in "ON-CALL", X, 1, pp. 15-20.

KAYE A. (1994), *Apprendimento collaborativo basato sul computer*, in "Tecnologie Didattiche", IV, pp. 9-21.

LAMY M. N. (1997), *The Web for French Grammar: a Tool, a Resource or a Waste of Time?*, in "ReCALL", IX, 2, pp. 26-32.

LIGORIO B. (1996), *Le Comunità di Apprendimento: tutti apprendisti, tutti insegnanti, tutti scienziati*, in Trentin (1996), pp. 71-81.

LITTLE D., BRAMMERTS H. (1996), *A Guide to Language Learning in Tandem via the Internet*, Trinity College Dublin, CLCS Occasional Paper n. 46.

MESKILL C. (1996), *Listening Skills Development Through Multimedia*, in "Journal of Educational Multimedia and Hypermedia", V, 2, pp. 179-201.

SCAVETTA D. (1992), *Le metamorfosi della scrittura: dal testo all'ipertesto*, La Nuova Italia, Firenze.

TRENTIN G. (1996), *Didattica in rete*, Garamond, Roma.

Appendice

Per comodità del lettore e per un'efficace resa didattica si è ritenuto utile collocare in appendice un quadro riassuntivo contenente una sintesi dei punti fondamentali degli approcci trattati nel libro. Di ogni approccio vengono quindi riassunti gli aspetti teorici linguistico-pedagogici, gli obiettivi didattici, i tipi di attività e i materiali impiegati, il ruolo dell'apprendente e dell'insegnante. In questo modo possono essere facilmente individuate sia le peculiarità dei singoli approcci sia le affinità o le tendenze comuni esistenti fra di loro.

Quadro riassuntivo

	Aspetti teorici	Obiettivi	Tipi di attività e materiali	Ruolo apprendente	Ruolo insegnante
Community Language Learning	La lingua è più di un sistema per comunicare. Coinvolge la persona nella sua interezza, e il suo apprendimento è un processo di crescita verso l'indipendenza.	Raggiungimento di una padronanza della lingua simile a quella dei parlanti nativi.	Combinazione di attività innovative e convenzionali: traduzioni, lavori di gruppo, registrazioni, trascrizioni, riflessioni e osservazioni, ascolti, conversazioni libere. I materiali vengono elaborati nel corso delle attività.	È membro di una comunità. Apprende insieme agli altri, non in modo individuale.	Deve agire da *counselor* creando un ambiente sicuro in cui gli appprendenti possano crescere e imparare.
Total Physical Response	Concezione grammaticale della lingua, derivata dallo strutturalismo. Processo di apprendimento di L2 in analogia all'apprendimento di L1. Priorità della comprensione. Interiorizzazione della lingua basata su processi di tipo intuitivo (associazione comando verbale–attività motoria).	Acquisizione di una competenza linguistica di base nella lingua orale.	Attività essenzialmente incentrate sul *drill* dell'imperativo e quindi sulla dinamica comando verbale-movimento fisico.	"Ascoltatore" e "attore". Il suo ruolo è essenzialmente ricettivo. Non ha influenza sui contenuti dell'apprendimento ma è coinvolto attivamente nella lezione. Decide autonomamente quando iniziare ad esprimersi in L2.	"Regista", figura centrale e dominante, ma non in senso prescrittivo. Determina i contenuti della lezione ma è molto attento a non forzare il discente, rispettando i suoi tempi di apprendimento. Fa uso di tecniche che promuovono l'aspetto ludico dell'apprendimento.
Suggestopedia e psicopedia	Non segue una particolare teoria linguistica, dal punto di vista pedagogico insiste sull'importanza del rilassamento, della suggestione e dell'apprendimento inconscio/globale della lingua.	Apprendimento rapido della lingua target, vengono sviluppate soprattutto ricezione e produzione orali.	Ascolto e ripetizione di dialoghi accompagnati dalla gestualità, ascolto in stato di rilassamento con sottofondo musicale, lettura e ripetizione in coro, giochi, *role plays*.	Non oppone resistenza alle novità pedagogiche e alle proposte dell'insegnante dal quale si lascia giudare (infantilizzazione).	L'insegnante "influenza" il discente "suggestionandolo" positivamente e lo convince della sua capacità di apprendimento, ha grande autorità. È l'unico responsabile delle decisioni relative al contenuto e all'apprendimento.

	Aspetti teorici	Obiettivi	Tipi di attività e materiali	Ruolo apprendente	Ruolo insegnante
Silent Way	Non si ispira ad alcuna teoria linguistica. L'apprendimento è un processo di "crescita" individuale che avviene attraverso la sperimentazione, la formulazione e la verifica di ipotesi.	Raggiungimento da parte dell'apprendente. della piena "autonomia", intesa come consapevolezza delle proprie risorse, capacità di operare delle scelte, fiducia nelle proprie capacità di giudizio.	Esercizi linguistici a partire da stimoli soprattutto visuali. Utilizzo di tecniche e materiali peculiari, ideati nell'ambito dell'approccio (regoli, tabelle ecc.).	È responsabile del proprio percorso di apprendimento. È uno "scienziato" che lavora sulla lingua attraverso l'osservazione, la sperimentazione e la formulazione di ipotesi.	Guida l'apprendente verso la piena autonomia; gli fornisce gli stimoli necessari ma non si pone mai come modello. Non invade lo spazio degli apprendenti e ne rispetta i tempi e il lavoro.
Approccio Comunicativo	La lingua è vista come un mezzo per comunicare e per "fare le cose". Oltre agli aspetti strutturali, si pone particolare attenzione all'*uso* e agli aspetti funzionali della lingua.	Raggiungimento nella L2 delle competenze: comunicativa, d'azione e interculturale.	Attività basate sullo scambio comunicativo, sulla negoziazione e sul *gap* d'informazione: *task* e *role play*. Utilizzo di materiali autentici e lingua d'uso.	Consapevole del proprio processo e del proprio stile di apprendimento, autonomo, responsabile, direttamente coinvolto nella didattica.	Facilita il processo di apprendimento - acquisizione; favorisce lo scambio comunicativo; si offre come risorsa.
Project Work	La didattica è basata fondamentalmente sui contenuti (*content oriented*). Importanza della partecipazione attiva dell'apprendente e dell'interazione con il mondo esterno.	Riuscire ad usare la lingua per scopi pratici.	*Tasks* i ideati dagli studenti e svolti in gran parte fuori della classe. I materiali sono autentici e presi dall'ambiente esterno.	Gli apprendenti sono il focus del progetto in quanto partecipano attivamente alla sua pianificazione e realizzazione. Determinanti sono la motivazione, l'autonomia e la capacità di lavorare in gruppo.	L'insegnante ha il ruolo di organizzatore delle varie fasi del progetto; è inoltre guida e animatore, e figura di riferimento per le questioni linguistiche.

	Aspetti teorici	Obiettivi	Tipi di attività e materiali	Ruolo apprendente	Ruolo insegnante
Interazione strategica	La comunicazione è intesa come scambio linguistico tendente al raggiungimento di uno scopo, e la lingua è lo strumento per realizzarlo. Il processo di apprendimento avviene agendo come protagonisti direttamente all'interno di situazioni coinvolgenti che ricalcano la realtà.	Familiarizzarsi con tutti gli aspetti e le strategie della comunicazione per rendere il più ampia possibile la gamma degli strumenti con cui raggiungere lo scopo che ha originato lo scambio linguistico.	Realizzazione in gruppo di interazioni a tema in cui si presenti la necessità di risolvere una situazione di divergenza tra i singoli interpreti di ogni ruolo. Attività di preparazione e analisi delle sceneggiature.	Preparazione e realizzazione dei ruoli da interpretare ricorrendo a strategie linguistiche e comportamentali. Valutazione dell'adeguatezza dell'espressione linguistica, propria e degli altri studenti, alla situazione data.	Guida, consigliere, esperto della L2 e della sua cultura, a disposizione delle esigenze e delle richieste degli studenti, deve inventare per loro situazioni coinvolgenti e interessanti, stimolandoli alla ricerca di tutte le possibili soluzioni nell'interpretazione dei ruoli assegnati.
Competenza interculturale	La lingua straniera viene vista come espressione di un modo di vivere diverso; teoria integrata in quella della "competenza comunicativa".	Acquisire la capacità di orientarsi in una cultura straniera e di comportarsi in modo consono alle abitudini del paese; interiorizzare nuovi valori culturali.	Simulazione di situazioni interculturali; attività di confronto culturale e di empatia.	Diventa antropologo e "ricercatore culturale", deve distanziarsi dalla propria cultura e imitare comportamenti della cultura straniera.	"Mediatore" tra culture diverse.
Approccio lessicale	Il lessico, centrale per l'apprendimento di una lingua, include anche buona parte della grammatica. Fondamentali sono le sue varie forme di contestualizzazione (collocazioni, *chunks*, forme idiomatiche ecc.).	Raggiungere una competenza avanzata della lingua autentica basata sulla capacità di trattare situazioni e materiali assai vari; stimolare la creatività nella produzione e l'acquisizione delle strutture da applicare in contesti reali.	Sviluppo delle strategie di apprendimento e di studio basate sulla consapevolezza; confronto con materiale autentico vasto e differenziato.	Sostanzialmente autonomo e in grado di valutare l'offerta linguistica proveniente da fonti diverse (materiali autentici, dizionari, esemplificazioni).	Incoraggia, consiglia, prepara il materiale da esaminare; aiuta a sviluppare strategie di apprendimento e incoraggia la creatività e il ruolo autonomo dell'apprendente.

	Aspetti teorici	Obiettivi	Tipi di attività e materiali	Ruolo apprendente	Ruolo insegnante
Natural Approach	La lingua straniera si impara seguendo due diversi percorsi: acquisizione: processo di assorbimento naturale e spontaneo; apprendimento: processo di studio cosciente.	Sviluppare abilità di base per la comunicazione orale e scritta negli studenti di livello principiante e intermedio.	Qualsiasi attività che consenta di introdurre nuovo lessico rispettando il livello di competenza raggiunto.	In un primo momento: ascoltare e comprendere, poi, cominciare a parlare e scrivere, sempre lasciandosi coinvolgere in attività senza opporre barriere difensive.	Fonte primaria delle informazioni, deve lavorare in funzione degli studenti, creando un'atmosfera rilassata e stimolante.
EuRom4	Impostazione traduttivo-grammaticale. Applicazione glottodidattica degli studi in ambito di linguistica contrastiva delle lingue romanze. Sviluppo teorico delle strategie di lettura.	Acquisizione di una competenza ricettiva (che mira unicamente alla comprensione di testi scritti) simultaneamente in quattro lingue romanze.	Lettura e traduzione. Testi scritti tratti da articoli di giornale (Manuale).	Figura centrale. Responsabile e consapevole del proprio apprendimento.	Guida, con il compito di proporre i materiali e suggerire le strategie. Con l'ausilio delle nuove tecnologie, la guida potrebbe sparire del tutto a favore di un approccio in autoapprendimento.
Auto-apprendimento	Non è legato a una specifica teoria dell'apprendimento. Da più parti si è comunque sottolineata la necessità di potenziare la capacità di organizzazione autonoma del percorso formativo da parte dell'apprendente.	Moltiplicare le possibilità di studiare e apprendere andando incontro a diversi stili di apprendimento e offrendo soluzioni alternative a chi ha particolari esigenze di tempo e di studio o scarse disponibilità economiche.	Le attività e i materiali didattici possono essere i più diversi, dipendendo dai bisogni e dalle richieste dell'apprendente, dal suo stile cognitivo e dalle concrete disponibilità di supporti didattici.	Viene richiesto il massimo grado di autonomia e responsabilizzazione, in funzione delle capacità e della disponibilità dell'apprendente.	Ha il compito di guidare l'apprendente verso livelli sempre maggiori di autonomia e di capacità decisionale e di autovalutazione.
Nuove tecnologie e didattica delle lingue	Non c'è una teoria linguistica specifica. Dal punto di vista pedagogico ci si affida alla prospettiva costruttivista.	Facilitare l'apprendimento autonomo fornendo un ambiente di apprendimento ricco di input e altamente interattivo.	Attività di ricezione scritta e orale sia a livello di discorso che a livello di frase. Attività di produzione scritta e orale soprattutto di tipo guidato. Materiali informatici.	Soggetto attivo del proprio apprendimento: costruisce le proprie conoscenze tramite la scoperta personale e l'esplorazione, guidato dai propri obiettivi.	Guida, aiuto e facilitatore: sostiene le attività dell'allievo aiutandolo a perfezionare i suoi strumenti naturali per imparare.

R2 0030312830
C'ERA UNA VOL
TA IL METODO
BORNETO CARLO
CAROCCI